U0803465

中国少数民族科技与文明

主编 — 万辅彬

养殖卷

朱冠楠 曹幸穗◎著

『十三五』国家重点出版物出版规划项目

国家出版基金项目
NATIONAL PUBLICATION FOUNDATION

中国科学技术出版社
·北 京·

图书在版编目（CIP）数据

中国少数民族科技与文明. 养殖卷 / 万辅彬主编；朱冠楠，曹幸穗著. -- 北京：中国科学技术出版社，2025.8

ISBN 978-7-5046-9401-0

Ⅰ. ①中… Ⅱ. ①万… ②朱… ③曹… Ⅲ. ①少数民族—科学技术—技术史—中国②少数民族—农业史—中国 Ⅳ. ① N092 ② S-092

中国版本图书馆 CIP 数据核字（2021）第 263590 号

总 策 划	秦德继　宁方刚
策划编辑	王晓义　赵　晖
责任编辑	王晓义
装帧设计	中文天地
责任校对	吕传新
责任印制	徐　飞

出　　版	中国科学技术出版社
发　　行	中国科学技术出版社有限公司
地　　址	北京市海淀区中关村南大街 16 号
邮　　编	100081
发行电话	010-62173865
传　　真	010-62173081
网　　址	http://www.cspbooks.com.cn

开　　本	720mm × 1000mm　1/16
字　　数	405 千字
印　　张	28.5
版　　次	2025 年 8 月第 1 版
印　　次	2025 年 8 月第 1 次印刷
印　　刷	河北环京美印刷有限公司
书　　号	ISBN 978-7-5046-9401-0
定　　价	288.00 元

（凡购买本社图书，如有缺页、倒页、脱页者，本社销售中心负责调换）

《中国少数民族科技与文明》

丛书编委会

顾　　问　华觉明　陈久金　梅建军

主　　编　万辅彬

副 主 编　郭世荣　李晓岑

委　　员（按姓氏拼音排序）

曹幸穗　陈　悦　陈久金　董　杰　郭世荣　贺　琛

黄　羽　蒋　英　李晓岑　梁　峻　全小国　万辅彬

汪常明　王　晨　王　琳　王进玉　王晓义　韦丹芳

韦丹辉　杨大禹　仪德刚　张剑文　郑　蓉　朱冠楠

诸锡斌　庄乾竹

总 序

纵观人类发展史，科学技术的每一次重大突破，都会引起生产力的深刻变革，带来人类文明的巨大进步。我们对人类发展史的分期常常用旧石器时代、新石器时代、青铜器时代、铁器时代、蒸汽机时代、电气时代、原子能时代、信息化时代等表述，这些分期无一不是以当时最先进且对人类文明进程影响最大的技术来界定的。由此可见，“科学技术是第一生产力”“创新是第一动力”的论断不言而喻。

对于一个国家而言，包括科学技术在内的优秀传统文化是其传承和发展的根本。传承中华优秀传统文化，就是在保护“中华民族的基因”“民族文化的血脉”和“中华民族的精神命脉”，有利于增强民族自信心、民族自豪感和民族凝聚力，为实现中华民族伟大复兴注入强大的精神力量。中国各民族的科学技术遗产是中华优秀传统文化的重要组成部分。

中国是一个多民族的国家，多元一体，各民族互相影响，互相学习，通过数千年的交流融合，形成中华民族大家庭。每个民族在科学技术方面都有自己独特的成就和贡献。我们记录下来，加以研究，不仅会丰富中国科学技术史的内容，也是对世界科学技术史的重要补充。自然界的无穷奥秘和规律等待着人们去探索发现并加以利用，人类为了幸福生活而发明的、与大自然和谐相处的技术层出不穷。不同国家、地区或民族，因所处的地理环境、社会状态和文化背景不同，对大自然规律的发现有先有后，对自然现象的解释各有不同，因而绘染出科学技术发展的国家特色、地区特色和民族特色。越是在悠远的时代，越是在偏僻的地方，这种特色也越显著。正如中国科学院席泽宗院士所说：“就世界范围来说，观察的都是日月星，希腊天文学、玛雅天文学和中国天文学就迥然不同；都是治病救人，西医和中医则是完全不同的两大体系。以中国境内而论，汉医、蒙医、藏医也有不同；汉历、藏历、傣历、彝族‘十月历’也各具特色；建筑技术的民族风格更是百花齐放，各有千秋。”这就是宝贵的文化多样性。

费孝通说得好，各民族都应该本着“各美其美，美人之美，美美与共，天下大同”的理念互相尊重，国内如此，国际上也应如此。“各美其美”强调了尊重文化多样性，首先要尊重自己民族包括科学技术在内的文化，培育好、发展好本民族的文化。因为尊重文化多样性是发展本民族文化的内在要求。每个民族的文化都有自己的精粹。在一个民族的历史与现实中，包括科学技术在内的民族文化起着维系社会生活、保障社会稳定的重要作用，是本民族生存与发展的物质与精神根基。“美人之美”则强调尊重其他民族的文化。承认世界文化的多样性、尊重不同民族的文化，必须遵循各民族文化一律平等的原则。在文化交流中，要尊重差异，理解个性，和睦相处，共同促进包括科学技术在内的世界文化繁荣发展。“美美与共，天下大同”就是要在尊重文化多样性的基础上实现文化共享共荣，因为这是实现世界文化与科学技术繁荣的必然要求。文化既是民族的，更是世界的。各民族文化都以其鲜明的民族特色不断丰富着世界文化，共同推动着人类文明的发展和繁荣。只有保持世界文化的多样性，世界才更加丰富多彩，充满生机和活力。人们既要懂得欣赏自己创造的美，更要包容和欣赏他人创造的美。当自己的美和他人之美融合在一起，便会实现理想中的大同美。我们先是发现自身之美，然后是发现、欣赏他人之美，再到相互欣赏、赞美，最后达到一致和融合。“各美其美”和“美美与共”是相辅相成的，而且前者是后者的前提和保障。我们应当对中华文化的全部历史（包括少数民族科学技术与文明）有所自觉，有清醒的认识，有自知之明，有自信，同时要拥有发展和选择的自主权利。

李约瑟编纂的《中国科学技术史》(*Science and Civilisation in China*)在全世界有巨大影响，主要依据汉语文献编写，较少涉及中国各少数民族的内容，而中华民族的文明是56个民族共同创造的。各民族在创造中华民族文明的同时，通过交往、交流、交融，形成了中华民族共同体。为了弘扬少数民族科技史的灿烂成果，研究中国少数民族科技史的先驱、国际科学史研究院通讯院士、中国少数民族科技史研究会首任理事长李迪教授领衔，携手广西科学技术出版社，于1988年组织编写《中国少数民族科学技术史丛书》，1996年出版了《通史卷》《天文历法卷》《地学·水利·航运卷》《纺织卷》《农业卷》《医学卷》共6卷。当时，席泽宗院士在丛书的序言中写道："我是从这样一个高度来看待少数民族科学技术史研究工作的：就研究对象来说具有开创性，就工作意义来说具有世界性。所以我认为这套丛书的出版，是我国科学技术史界的一件大事，值此出版之际，愿意为它摇旗呐喊，希望有更多的人来关心这项工作，有更多的人来从事这项工作，把中华民族的各个组成部分对人类所做的贡献都发掘出来，使已经开始受世人注目的中国科学技术史更加丰富多彩。"这套丛书被国家新闻出版署列入国家"八五"重点图书。丛书问世后，好评不断，并于1996年获得国家图书奖提名奖。但也留下了遗憾，丛书原计划编写11卷，由于种种原因没能如愿。

时间过得真快，从1988年组织《中国少数民族科学技术史丛书》编委会算起，36年过去了；从这一套丛书出版的那一年算起，快30年了，真可谓弹指一挥间。当年做出了贡献的诸多学者已经作古，新一代研究中国少数民族科技史的学者成长起来了，队伍壮大了。中国少数民族科技史国际学术研讨会相继召开了8届，还组织了多届中国技术史论坛。2023年，在中国科学技术史学会少数民族科学技术史专业委员会联合中国传统工艺研究会举办了多届全国性研讨会的基础上，两个专业委员会在云南省腾冲市再次联合举办了第16届中国少数民族科技史学术研讨会暨传统工艺论坛。如今，中国少数民族科技史研究覆盖面更广，新人辈出，成果层出不穷。时代呼唤我们再次集合力量，组织新一轮编纂工作。

在中国科学技术出版社的大力支持下，我和中国科学技术史学会少数民族科学技术史专业委员会前任理事长郭世荣、李晓岑密切合作，组织全国 20 多家高校及科研单位的专业委员会理事与会员们，共同努力，历时 12 载，编纂了《中国少数民族科技与文明》丛书，共 17 卷，被列入国家“十三五”重点出版物规划，获得国家出版基金重大项目资助。它的出版不仅是 6 卷本《中国少数民族科学技术史丛书》的继承与发展，更是对中国少数民族科技史研究成果的一次系统集成和展示。讲好中国少数民族的科技史，必须靠翔实的史料和扎实的研究。该丛书各分卷的主编老中青三结合，阵容强大。其中，既有老一辈从事少数民族科技史研究的著名学者，如中国科学院自然科学史研究所德高望重的少数民族天文学史家陈久金研究员、农业农村部资深农史专家曹幸穗教授、广西民族大学万辅彬教授、云南农业大学科技史家诸锡斌教授、昆明理工大学建筑史家杨大禹教授、中国中医科学研究院梁峻研究员、敦煌研究院王进玉研究员；也有少数民族科学技术史专业委员会的领导、国际科学史研究院两位通讯院士——内蒙古师范大学郭世荣教授和南京信息工程大学李晓岑教授；还有研究少数民族科技史的中青年才俊，如苏州丝绸博物馆研究员级高级工程师王晨、广西民族大学科技史与科技文化研究院汪常明教授、东华大学仪德刚教授、贵州师范学院音乐学院蒋英教授、贵州师范大学韦丹芳教授、内蒙古师范大学董杰教授、华中农业大学朱冠楠教授、广西壮族自治区民族文化艺术研究院黄羽研究员、中国民族博物馆贺琛副研究员、丽水学院韦丹辉副教授、昆明理工大学张剑文副教授、内蒙古民族文化产业研究院全小国研究员等。各卷主编大部分有长期研究的积累，成果扎实，经得起检验。

这套丛书的出版虽然得到国家出版基金重大项目资助，但编纂工作相当艰难。一是汉语文献和外文文献中关于中国少数民族科技与文明的记载与论述较少，而在少数民族文献方面，除了蒙古族、藏族有丰富的典藏，维吾尔族、回族、彝族、白族、朝鲜族有一定的文献资料，我国大部分少数民族因未曾建立过方国政权，没有系统的宗教典籍，没有自己的文字和历史文献。因此，为了尽可能钩沉和发掘各种资料，比较全面地反映中国少数民族科学技术与文明，需要各卷作者尽可能利用最新的考古资料，辅以必要的田野考察，有的还需要做科学实验，难度可想而知。二是一段时间以来，各高校和科研机构对教师和研究人员考核体系中的评价指标向学术论文倾斜，不看重著作，严重影响了作者编写的积极性。三是我们遴选的各卷负责人都是“能人”，“能人”手头项目多，教学任务重，有的行政事务缠身，有的甚至带病坚持写作。虽然困难重重，但全体编撰人员抱着为中华民族保护、传承和发扬传统文化的情怀，克服了无数困难，终于完成了既定任务。

丛书 17 卷总共 900 多万字，有插图 6000 余幅，图文并茂地展示了中国少数民族天文历法、数学、医药、农业、养殖、饮食、水利航运、建筑、化学化工、冶金、陶瓷、造纸、纺织技术、服饰、兵器、乐器等方面的成就，还有《通史卷》的总体研究，几乎涵盖了少数民族科技史的各个领域。它至少有以下四方面的价值。

其一，该丛书系统梳理和论述了中国少数民族科技文明的历史成就，是全世界读者了解中国各少数民族的科学技术与文明的重要窗口和必要参考。

其二，通过该丛书可以全面、科学、客观地了解中国少数民族的历史传承与历史记忆、生活方式与生态智慧、社会结构与精神文化、艺术表达与审美观念，可以深刻领悟中华民族的文化多样性。

其三，阅读该丛书能具体了解各少数民族科技文化与中原汉族科技文化的关联，以及少数民族科技文化彼此间的关联，从而能更深刻地认识到通过交往、交流与交融实现中华民族融合和中华民族共同体意识形成的必然性。

其四，通过深入挖掘和整理少数民族的科技文化遗产，可以为新时代的科技创新和文化传承提供借鉴和启示。

在编写伊始，丛书编委会讨论丛书定位时，曾明确其为科技史丛书。不过，后来考虑到各卷研究内容存在差异，且已有的研究积累也不尽相同，编委会对各卷采取了较为包容的态度——能够成史便成史，若实在成不了史，就将各少数民族科技与文明相关史实以及当下继承的科技文化遗产记录下来，为后人接续研究提供便利。

我们愿以《中国少数民族科技与文明》丛书出版为契机，进一步推动中国少数民族科技史的研究。

祝愿中国少数民族科技史研究的繁花开得更加绚丽！

祝愿中华民族为构建人类命运共同体做出更大的贡献！

中国科学技术史学会少数民族科学技术史专业委员会原主任

丛书主编　万辅彬

2024 年 12 月于广西民族大学相思湖畔

《中国少数民族科学技术史丛书》序

1980年5月在成都召开的一次天文学史会议期间，李迪先生问我，有哪些题目可做？我说：“老兄身居内蒙古，地处少数民族区域，少数民族科学技术史就是一个很好的题目，大有文章可做。”我当时只是随便说说，不料李先生当真地干起来，而且做得很出色。在短短的十四年中，他做出了如此巨大的成绩，令我非常敬佩。他就如何开展少数民族技术史研究，提出了许多纲领性的见解；他组建了中国少数民族科学技术史研究会，这个研究会主持召开了三次全国性的学术讨论会和两次国际会议；他主编的《中国少数民族科技史研究》已出版了七辑；而今又组织研究会成员编写这套《中国少数民族科学技术史丛书》，更是集其大成，蔚为壮观，可喜可贺。

中国是一个多民族的国家，每个民族在科学技术方面都有自己的贡献。正本清源，研究清楚这些成就和贡献，不仅对民族史研究是一个重要贡献，而且会丰富中国科学技术史的内容，甚至对世界科学技术史做出贡献。科学技术是全人类的共同财富，物质的属性和自然界的规律等待着人们去发现、去利用，但不同的国家、地区或民族，因所处的地理环境、社会状态和文化背景的不同，对它们的发现有先后，对它们的解释和利用有差别，因而就形成了科学技术发展的国家特色、地区特色和民族特色。越是在古代，越是在交通不便的地方，这种特色也越显著。就世界范围来说，观察的都是日月星，希腊天文学、玛雅天文学和中国天文学就迥然不同；都是治病救人，西医和中医却是完全不同的两大体系。以中国境内而论，汉医、蒙医、藏医也有不同；汉历、藏历、傣历、彝族“十月历”也各具特色；建筑技术的民族风格更是百花齐放，各有千秋。

矛盾的普遍性寓于矛盾的特殊性之中，对矛盾的特殊性研究得越彻底，对矛盾的普遍性就了解得越深刻。对各民族、各地区、各国家的科学技术史研究得越透彻，对它们之间的异同、传播、交流和影响也就摸得越清楚，科学技术发展的普遍规律也就容易找出来。我是从这样一个高度来看待少数民族科学技术史的研究工作的：就研究对象来说具有开创性，就工作意义来说具有世界性。所以我认为这套丛书的出版，是我国科学技术史界的一件大事，值此出版之际，愿意为它摇旗呐喊，希望有更多的人来关心这项工作，有更多的人来从事这项工作，把中华民族的各组成部分对人类所做的贡献都发掘出来，使已经开始受世人瞩目的中国科学技术史更加丰富多彩。

是为序。

中国科学院院士　席泽宗

1994 年 9 月 14 日

编委会按：1996 年，李迪先生主编、广西科学技术出版社出版的《中国少数民族科学技术史丛书》（6 卷）付梓之际，席泽宗院士为之作序。他在序中高度评价了李迪先生开创的中国少数民族科技史研究工作，并希望“有更多的人来关心这项工作，有更多的人来从事这项工作，把中华民族的各组成部分对人类所做的贡献都发掘出来，使已经开始受世人瞩目的中国科学技术史更加丰富多彩”。我们现在编写的这套《中国少数民族科技与文明》丛书，就是响应席泽宗院士的号召，继续李迪先生未竟的事业，所以我们特地将席泽宗院士的这篇序转载于此。

序　言

亦师亦友的曹幸穗教授将他与朱冠楠博士合著的《中国少数民族科技与文明·养殖卷》交给我，嘱我作序，这是我的荣幸。曹幸穗教授是国内培养的第一位农业史博士，丰富的人生阅历和深厚的学术底蕴，使他在农业史、农业文化遗产保护、农业现代化研究，以及参政议政方面都有不菲的贡献。朱冠楠博士师从畜牧史专家李群教授，曹幸穗教授也是她的指导教师之一。作为后起之秀，她在畜牧史，农业文化遗产保护和农业民俗等领域也多有建树。今由师生二人合著《中国少数民族科技与文明·养殖卷》，实在是太合适了。值此著问世之际，谨作数语，以表祝贺。

中国自古以来就以农立国，“五谷”“桑麻”“六畜”构成中国传统大农业的三大支柱。但在长期的历史演进过程中，由于自然条件的限制和文化传统的影响，在广袤的中华大地上形成了农区和牧区。牧区的面积约占全国总面积的2/3。农区的居民以汉族为主，而牧区则是以少数民族为主。农区虽然也有畜牧业，但一直处于种植业的附庸地位。牧区虽然也有一定的种植业存在，但畜牧在少数民族的生活中占据绝对中心的地位。

少数民族与汉族相比有更为发达的畜牧业。笔者在研习中国农业史的过程中也零散了解到，早在汉唐时期，中国内地就从乌孙、大宛、康居、波斯等域外地区引进伊犁天马（西极马）、阿哈尔捷金马（汗血马）等优良马种和苜蓿等饲料作物。这些举措对中原马种的改良和畜牧业的发展起了积极作用。如《新唐书·兵志》所说：“既杂胡种，马乃益壮。”虽然上面提到的这些地方有的今天已不在中国境内，但生活在这些域外国家和中原内地之间的少数民族在畜牧技术的发明和引进方面扮演着关键角色。中国培育的优良品种，如蒙古马、河曲马、西南马、三河马、伊犁马、焉耆马、岔口驿马等，就是在少数民族地区培育出来的。契丹人还发明了用麻醉法切除马肝部病块的兽医外科术。

少数民族的农牧业不仅保障了本民族的生息和繁衍，也为中华民族大家庭的发展做出了贡献。北宋每年都要从契丹、党项等进口成千上万只羊以供皇宫及各级政府官员食用。元代来自西域高昌（今新疆维吾尔自治区吐鲁番市）的维吾尔族农学家鲁明善（名铁柱，1271—1368 年）在他的著作《农桑衣食撮要》中介绍了一些少数民族的生产技术和经验，如收羊种，防治羊的疥疮、口鼻疮、茧蹄等病症，制造酪、酥油、干酪的方法等。这样的史实，如果没有出现在中国农业通史这样宏大的叙事之中，那真是少了一处生动鲜活而美妙的风景，就会像宋人的餐桌上少了一道美味。而书写少数民族农牧业的历史，弘扬少数民族的畜牧文化也是农史学者义不容辞的职责。

20 世纪 90 年代，中国农业历史学会在酝酿编纂《中国农业通史》的时候，原本是有计划写作一本《少数民族农业卷》的。但是，这卷内容该写些什么，如何区分少数民族农业和汉族农业，对这些问题并没有一个完整而又准确的把握，于是现已出版的《中国农业通史》最终还是舍弃了这部分内容。同一时期，南京农业大学中国农业遗产研究室畜牧兽医史组邹介正教授等五人编著了《中国古代畜牧兽医史》一书。该书主要关注的还是以汉族为中心的畜牧兽医史，少数民族畜牧兽医史的内容非常有限。暂时的回避留下了长久的遗憾，缺少对于少数民族农牧业的历史书写，对于《中国农业通史》和《中国畜牧兽医史》来说都是不完整的，与中国古代农牧业的实际情况是不相符的。可喜的是由朱冠楠、曹幸穗合著的《中国少数民族科技与文明·养殖卷》终于为此增添了亮丽的一笔，填补了一处重要空白。

《中国少数民族科技与文明·养殖卷》是第一部较为全面而又完整的中国少数民族养殖史著作。该书在讨论民族畜牧史时，遵循历史文献的记载，按照当时的民族称谓进行叙述，涉及肃慎族、女真族、乌桓族、鲜卑族、扶余族、高句丽族、粟末靺鞨族、蒙古族、满族、朝鲜族、匈奴族、党项族、突厥族、回纥族、维吾尔族、契丹族、氐羌族、黎族、瑶族、壮族、苗族、土家族、畲族等历史上几十个少数民族，并依据地域将中国历史上少数民族分为东北、西北、西南、东南和中部五大区域，详解不同地域的少数民族养殖史。书名“养殖卷”显然比一般意义上的畜牧史内容更广阔。书中除了马、牛、羊、驴、骡、骆驼、猪、鸡等常见的家养动物，还广泛地涉及特种畜禽，包括家蚕、淡水鱼、蛙、蜜蜂等具有较高经济价值的动物，猫、犬、鹰、鸬鹚、信鸽、金鱼等助猎、陪护、观赏的动物，以及鹿、兔等特用动物。第二章专论民族地区的历代官营牧场，从畜牧管理机构与畜牧政策、民族地区牧场的历史沿革、国营畜牧对民族地区的影响等方面，论述少数民族地区养殖发展的外部环境，凸显中华民族多元一体的格局，更好地强化了该书第一章的主题——中华民族共创共享的畜牧文化。

辽阔的国土，众多的民族，悠久的历史，灿烂的文化和种类繁多的动物，要将这些宏大的主题整合在一本书中，无疑是一项极具挑战的工作，现在经由二位作者的努力把不可能变成了可能，是一项特别值得祝贺的事情。虽然书中可能还存在一些不完美，比如，写作所依据的史料基本上是汉文史料。这些汉文史料只是部分地反映了历史上汉族先民对少数民族养殖实践的认知，只能部分代表少数民族的养殖实际。要真正全面、系统地反映少数民族的养殖史，还需要深入民族内部，从该民族的历史语言和文字中去寻找史料。这有待于未来更加艰苦和细致的工作。在此之前，如果我们想大致了解少数民族的动物养殖历史和文化，则本书将是一部不可多得的著作。

祝贺本书的出版，期待更深入更全面的中国少数民族养殖史著作的出现。

曾雄生

2024 年 3 月 23 日

前　言

中国是一个统一的多民族国家，自古拥有为数众多的民族。数千年来，各民族既创造了本民族悠久的文化，又共同创造了统一多民族国家发展的辉煌历史。中国各民族都对统一的多民族国家做出了独特的贡献。历史上，由北向南依次形成北方草原牧业、中原旱作农业和江南稻作农业三大农牧业分区。农牧业的地域性特点，决定了北方少数民族具有比较典型的游牧经济特征，南方少数民族则更为接近农牧兼营的经济特征。

一、本书使用的基本概念

关于民族的定义　民族是特指在人种、文化、语言、历史、宗教，以及生产、生活方式等方面相互区别的社会人群。在本书的叙事场景中，民族只是依据不同的生产、生活、语言等划分出来的族群，并不涉及诸如人种、种族等血缘因素。历史上，随着地域迁徙和文化认同，不同族群通过生活聚合或婚姻融合而形成新的聚居群体，而不是通过不同人种间的交配而产生新的种族。

关于民族养殖史的区域划分　本书以秦岭—淮河一线作为北方地区和南方地区的分界线。为了便于与历史上的民族文献记载以及民族文化渊源相对应，在区域划分时不完全与当前的行政区划一致。具体的分区是：东北地区包括黑龙江省、辽宁省、吉林省、内蒙古自治区等；西北地区包括新疆维吾尔自治区、甘肃省、青海省、宁夏回族自治区、陕西省等；西南地区包括重庆市、四川省、云南省、贵州省、西藏自治区等；

东南地区除了少数民族集中的广西壮族自治区，还包括安徽省、江苏省、浙江省、湖北省、湖南省、江西省、广东省、福建省、台湾省、海南省等。

少数民族畜牧史　中国少数民族地区地域辽阔、资源丰富。民族自治的区域面积超过617万平方千米，占全国陆地总面积的64.3%；民族地区的草原面积有45亿亩（1亩=666.7平方米），占全国草原面积的94%；著名的五大草原牧场，都分布在少数民族地区[①]。此外，还有丰富的动植物资源和森林水系资源。少数民族畜牧文化是相对于中原农耕文化而存在的养殖文化。中原王朝与少数民族政权之间的民族关系，是农与牧的产业异质性所产生的既共存又冲突的关系。中原王朝的更迭或分立，除了内在的阶级矛盾，大多与北方民族入主中原或建立与中原王朝相抗衡的民族政权有关。历史上的中原王朝，都需要处理好来自北方游牧民族的关系。从秦汉时期的匈奴族，到隋唐的突厥族，再到宋明时期的契丹族、女真族、党项族、蒙古族、满族等，莫不如此。那些入主中原或逐渐完成农耕化转变的民族政权，也需要面对更北方的游牧民族的矛盾与冲突。历史上南匈奴与北匈奴、熟女真与生女真，以及清代的噶尔丹与大小和卓之间的冲突，都可以看作中原政权与北方民族之间的农与牧的矛盾和融合。

少数民族多聚居于山区、高原、草原、森林地带，这为中国农牧业多样性发展提供了多样的环境，也多种性物种、多样性生产类型，奠定了坚实的基础。此外，中国的少数民族地区大多处于疆防边陲、交通要道，成为天然的农牧文化传播的便捷通道。不同民族之间的经济文化交流，如先秦时期中原华夏族都有频繁迁徙的经历，活动范围或达当时的少数民族地区。农可富国、牧可强兵，奠定了周秦汉唐统一天下的基本模式。少数民族农牧业促成了不同的民族共同体在活动地域内的独特农牧业文化。

---

① 指呼伦贝尔草原、锡林郭勒草原、祁连山草原、鄂尔多斯大草原、桑科草原。——作者注

农与牧的更替演变 中国古代农耕地区和游牧地区的形成和变化，各有自然的因素和人为的作用。一般来说，自然的因素往往超过人为的作用。人类固然可以利用自然，进而改造自然，但在自然因素相对不适宜的地区，就不一定都能够充分利用，甚至还难以改造。在这样的情况下，农耕区和畜牧区是很容易区别的。如果在可农可牧的地区，则人为的作用就显得非常重要。习于农耕的族类就可尽量开辟田亩，从事耕耘。而习于畜牧的族类却要改变田亩为草原，其间的进退更易都会促成农牧业地区分界线的变化。① 农业民族或游牧民族对农牧交错地带的占有和经营，往往和他们的军事、经济、科技实力密切相关。由于中原农业民族的社会、经济水平明显高于各游牧民族，他们对农牧交错地带的开发经营，推动了中国农业文明的地域性拓展。至战国末年，秦筑长城以防御匈奴内侵，将农牧区分界线推到了与今日所谓复种区北界大致重合的地域。历史上尽管不时有游牧民族南下，凭借强大的武力优势变农田为牧地，但大多不能持久，最后还是被迫接受耕稼文明，无法阻止农区逐渐北移的趋势。②

二、中国农牧文化的特点

农牧文化的地域多样性 中国地域辽阔，各地的地形地貌和气候环境千变万化。农牧业的地域类型十分丰富多样。农牧文化实质上是带有很强的环境生态特点的地域文化，这就是所谓的“一方水土养一方人”，甚至还有“五里不同风、十里不同俗”的说法。为了便于研究，我们根据农牧业文化的地域特点，将中国农牧业文化分为东北地区、西北地区、西南地区、东南地区和中部地区 5 种地域性少数民族农牧业类型。

农牧文化的民族多元性 中国民族众多，除了人口最多的汉民族，还有 55 个少数民族。历史上，每个民族都对中国的农牧业发展做出了特殊的贡献。一部中国农牧业史，就是各民族的独特文化多元交汇的历

① 史念海．论两周时期农牧业地区的分界线［J］．中国历史地理论丛，1987（1）：55-56．
② 樊志民．传统农业与中华文明（上）［J］．农村农业农民，2024（17）：52-54．

史。各民族在繁衍生息过程中，依据不同的环境资源特点，因地制宜地创造了自己的农牧业文化。比如，北方的游牧文化、东北的狩猎文化、南方的圈养畜禽文化，都是自成体系的农牧业生产方式，都有与之相应的生产生活习俗。同时，各民族之间，各地区之间，在文化的传播和传承中，相互借鉴，相互学习，形成了多元融合的特点。例如，各地的动植物品种、生产工具、农牧业技术乃至生活习俗等，都有文化交流传播的印记。这其中既包括中国各民族之间的农牧业文化传播，也包括中华民族与世界其他民族之间的农牧业文化传播。

农牧文化的历史传承性 农牧业民俗是人类最古老的原生性民俗，至今依然可以在乡村的某些习俗中发现原始民俗的踪影。由于环境、经济、文化等方面的差异，中国各民族的农牧业文明进程具有明显的历史阶梯性。有的地区发展程度较高，传统的农牧业技术已经退出了历史的舞台，而在一些相对后进的地区依然在传承。在一些少数民族地区，历史上某些原始性的农牧业技术，至今仍可在偏僻的民族地区寻见踪迹，成为可以印证农牧业历史的鲜活的“技术化石”和“文化遗存”。

三、本书重点探讨的问题

从历史发展进程看，中国关于民族的划分，呈现出年代越往后民族族名越多的特点。本书在讨论民族养殖史时，主要遵循历史文献的记载，按照当时的民族称谓进行叙述，不作各民族的古今考证和血缘支脉对照。在后世出现新的民族名称时或分支时，追溯与前代族名的关系，以使读者便于理解和记忆。

关于历史上的农与牧的关系问题 农牧关系是中国古代的重要民族关系之一。主要体现在三个层次上：一是农区与牧区的关系演变成农耕文化与游牧文化的关系、农耕民族与游牧民族的关系。这个关系可以表现为和平时期的姻亲和谐关系，或者矛盾冲突时期的战争与掠夺关系。二是民族内部的农牧业关系。严格地说，历史上极少有纯粹的游牧民族，也没有完全不饲养畜禽的农耕民族。在民族内部，也存在农牧消长和兴衰的关系。三是养殖业内部的畜禽品种比例变化的关系。比如，有的民族在某个时期以牛羊等草食大牲畜为主，后来农耕发展了，则变为以饲养猪鸡等圈养畜禽为主。因此，本书在讨论某个民族的养殖史时，基本遵循这三个关系依次展开，由此描绘出民族农牧业的多层面、多类型的全貌。

关于驯化饲养的畜禽动物的分类 本书在讨论驯化饲养的畜禽动物时，主要根据相关民族的饲养目的来区分：供给肉奶为主的草原家畜养殖、以役使驮运为主的农区役畜养殖、以肉食禽蛋为主的农区圈养禽畜养殖、助猎陪护的动物养殖、观赏品玩的宠物养殖，以及桑蚕、蜜蜂、鱼类等特殊用途的经济动物养殖等。

目　录

CONTENTS

第一篇　综　论

第二篇　北方民族地区的养殖

第三篇　南方民族地区的养殖

第一篇

综论

综论篇共设三章，主要论述包括汉族在内的中国各民族共创共享的农牧文化。中国是多民族和谐共处的国家。历史上，每个民族都对中国的农牧业发展做出了特殊的贡献。一部中国农牧史，就是各民族农牧文化多元交汇的历史。因此，在叙述少数民族的养殖史之前，首先，集中论述各民族共创共享的畜牧科技成就与经验。例如，畜禽的起源驯化、普通饲养方法、相畜育种技术、动物疫病防治等。这些都是中华民族农牧文化的共同基础，是民族文化的源泉和流脉。其次，简略叙述中国历史上各个朝代在少数民族地区设立的官营牧场。这些官营牧场加强了中央与边疆的联系，促进了边疆开发和民族文化融合，促进了民族地区的畜牧良种选育和农牧技术传播，促进了民族地区的文化交流和邮驿通信的发展。最后，在综论篇里还叙述了各少数民族普遍饲养的特种畜禽和经济动物，诸如桑蚕饲养，养鱼虾，养珍珠，养蜜蜂，养助猎陪护的犬、猫、鹰、信鸽、鸬鹚等，以及种类繁多的观赏宠物、戏斗宠物、演技宠物和特用动物等。

第一章
总　论
——中华民族共创共享的畜牧文化

民族是人类社会重要的存在形式。民族之间存在历史、文化、风俗、习惯等多方面的差异，但是可以共生共存于同一个自然环境、同一个社会群体之中。中国各民族都有着悠久的历史和灿烂的文化。各民族在经济上有着相依共存的关系，在文化上相互学习、相互交流、相互吸收，共同创造了中华民族的灿烂文化。

中国是多民族和谐共处的国家。历史上，每个民族都对中国的农牧业发展做出了特殊的贡献。一部中国农牧史，就是各民族农牧文化多元交汇的历史。因此，我们在叙述少数民族的养殖史之前，首先集中论述各民族共创共享的畜牧科技成就与经验，如畜禽的起源驯化、普通饲养方法、相畜育种技术、动物疫病防治，等等。这些都是中华民族农牧文化的共同基础，是民族文化的源泉和流脉。

第一节　动物的驯化与饲养

动物养殖业和作物种植业，合称农业，是国计民生的“第一产业”。家畜驯养在人类文明进程中具有滥觞肇启的意义。它的产生甚至早于农作物的种植。距今 10000 多年前，人类的祖先逐渐摆脱依赖狩猎野生动物的谋生方式，开始对动物进行捕捉、豢养、饲喂和繁育，以满足人类对动物及其产品的多种功能的需求。从此，人类与万千动物形成了相互依存、同生共长的紧密关系。

一、畜禽驯化的考古依据

动物从野生到驯化家养，经历了一个渐进而漫长的历史过程。因此，无法断定“何种动物、何地、何时、何法”驯化成功。虽然这个过程无法还原，但是在长期人工定向选育和豢养环境的共同作用下，最终还是在个体形态上，特别是骨骼结构形状上，将野生动物和驯养畜禽区别开来了，把家猪和野猪、家鹅和天鹅区别开来了。这就为考古学家鉴定远古年代动物骨骼化石是否属于家畜提供了客观的物理形态上的依据。目前，考古学的动物鉴定主要依据 3 种方法。

一是从骨骼形态进行判断。通过测量和观察动物的骨骼、牙齿等的形状大小等特征，判定属于驯养动物还是野生动物。

二是根据考古学的文化现象进行推测，如依据某些种类的动物骨骼相当完整地出土于墓葬、灰坑或特殊的遗迹中。这是远古时代用动物陪葬的习俗。这种习俗产生的前提是人们可以随时获得用于陪葬祭仪的“牺牲”，[①] 需要在人工豢养的条件下才能实现。因此，在墓葬、灰坑等考古遗迹中发现了较多的完整的狗、猪、牛、羊等动物的骨架，可以认为它们已经属于家畜。

三是依据骨龄学进行分析判断。比如，按照形态学的标准判断出土猪骨的年龄，如果 1 岁左右的猪骨占据大多数甚至绝大多数，表明这是按照动物年龄进行选择性宰杀的。由此可以认定这些猪是被饲养的家猪。如果是捕猎得来的，则不可能每次都猎获同龄的野猪。再如，观察出土的牛掌骨，发现关节部位比较肥大，关节顶端与趾骨的相连处因摩擦出现沟槽，关节附近发现了骨质增生，等等。通常这是由于长期挽犁

---

① 牺牲是古代流行的用动物祭祀的习俗，整只动物祭祀曰“牺”，宰杀分割祭祀曰“牲”。——作者注

或拉车，劳役过重引起的骨节病变。可以确认该牛掌骨来自饲养的役用牛。还有，利用显微镜观察出土马骨的两侧臼齿。如果臼齿前端呈一定角度的磨损，这是为了驾驭马而在马的臼齿前端放置木棍，由于多次拉紧系于木棍两端的缰绳，木棍与牙齿不断摩擦，形成臼齿前端的磨损。这种马自然可以认定是家养的。①

农牧业的起源不是一项偶然的发明，而是人类社会发展到一定阶段的必然产物。原始居民对野生动物进行拘系驯化的时代距离今天已经太遥远，因此无法知道驯化动物的过程。在浙江省的河姆渡遗址中出土了木桩围成的小围栏，每个围栏的直径约为 1 米，也有两个围栏相互交错的。由于围栏的面积太小，缺乏活动场所，因此视为已经驯化后的家畜圈棚显得空间太小，推测是用来拘禁未完全驯服的野兽更为合理。圈禁动物是驯化的最初阶段。在当代的一些少数民族中，可以找到圈禁驯化的实例。例如，云南省怒江西岸的怒族和傈僳族，经常把闯入他们周围的扭角羚捉回来，放进木栅栏关起来，养大后再宰食。②

二、马的驯养

马的驯化饲养，在年代上晚于羊、犬、猪、牛。从历史传说与文献记载来看，中国马的家养，大致在公元前 21—前 16 世纪，即传说中的夏王朝中期以前。考古遗迹表明，北京山顶洞及黄河河套地区等，都发现了距今 20 万—2 万年的野马和野驴。全新世以后，野马和野驴依然频繁地出现在中国大地上，现今世界上唯一存在的蒙古野马就是一直生活在中国西部的高原上。③这说明中国是野马的起源地之一，但是这并不表明中国现在饲养的马种是从中国的野马驯化而来（图 1-1）。现代生物种源的识别，已经有了生物遗传基因的鉴定手段。

① 袁靖．中国新石器时代家畜起源的问题［J］．文物，2001（5）：51-52.

② 李根蟠，黄崇岳，卢勋．中国原始社会经济研究［M］．北京：中国社会科学出版社，1987：160-166.

③ 邹介正，等．中国古代畜牧兽医史［M］．北京：中国农业科技出版社，1994：71-73.

图 1-1　内蒙古乌审马（兰君林　摄）

中国南北各地史前居民留下来的好多岩画、岩刻反映了先民利用马的事实。新疆维吾尔自治区的阿尔泰山、库鲁克山区，内蒙古自治区的阴山、乌兰察布草原、克什克腾旗百岔河地区，宁夏回族自治区贺兰山，甘肃省嘉峪关市黑山，云南省沧源佤族自治县，广西壮族自治区宁明县花山，贵州省开阳县画马岩等地，有很多涉及马的岩画。《史记》根据当时的大量古籍和先民世代口口相传的叙述，记载道："帝尧者，放勋，其仁如天，其知如神。就之如日，望之如云。富而不骄，贵而不舒。黄收纯衣，彤车乘白马。"这说明中原地区在唐尧时代已经养马。在《山海经·海外北经卷八》《史记》《逸周书·王会》等文献中有"騊駼"，这是原产于中亚大草原的一种色毛深紫的野马，历代视之为名马，极受人们的重视。

家马的远古岩画，北方多于南方，西南多于东南沿海，而且岩画所反映的时代和文献记载大体吻合。马文化自西北进入黄河流域，逐渐传播到云贵高原。马是中国历史上特别重要的役畜之一，无论牧区或农区都广泛饲养和役用。在农区，由于马在交通运输、农业生产，尤其是军事上的重要作用，被奉为"六畜"之首，历代统治者把养马作为重要政务，形成"马政"。在牧区，骑马技术的发明与推广，是发展大规模游牧经济的关键。中国历代的养马技术，也由此形成两种不同的系统。

在中国长城以北、甘青以西的广大地区，先后有匈奴、鲜卑、柔然、突厥、回鹘、契丹、蒙古等游牧民族相继代兴。他们拥有发达的农牧业，马是他们的主要牲畜之一。他们的畜牧技术与农区分属不同系统。他们以善骑著称，在反映北方游牧民族早期生产生活情况的内蒙古狼山岩画中，就有许多骑者的形象。依靠骑术，才能维系庞大畜群，才能把分散部落联系成统一民族。因此，他们很少对马进行人工喂饲，强调让牲畜自由逐食水草，“遂其天性”，却很重视骑乘的训练。通过控制饮食、加强运动等方法，防止马匹长虚膘，称为“控马法”，在明代萧大亨的《夷俗记》中有详细的记述。西南和北方的少数民族还创造了利用幼驹恋母心理的调教法。有些民族在动物远缘杂交育种方面也颇有成绩，如马和驴杂交育成的骡，就是从北方游牧民族传入中原的。

在劳动人民长期辛勤培育下，中国培育出马的优良品种主要有蒙古马、河曲马、西南马、三河马、伊犁马、焉耆马、岔口驿马等。其中，蒙古马分布于内蒙古自治区及邻近地区，东北、新疆维吾尔自治区及长城以南的农用马也大部分为蒙古马。蒙古马是中国北部马种的代表，它体质结实、粗糙，四肢粗壮直立，体形中等，运输、役用性能良好，自古北方主要用于骑乘。河曲马产于甘、青、川三省交界的黄河弯部，以甘肃省甘南藏族自治州玛曲县、四川省阿坝藏族自治州若尔盖县和青海省河南蒙古族自治县等地为主要产区。据研究，河曲马的起源与唐代陇右马群有关，宋代以来所称的“秦马”“川马”主要为河曲马，此外还称乔科马和松潘马。而西南马产于西南的云、贵、川等省，它有很悠久的发展历史，早在东汉，西昌即以产良马有名；唐宋以后，四川的建昌马，云南的丽江马，贵州的黔西马均作为贡马；元代以云南、贵州西部为固定养马区。至明朝时，更在永宁、宜山、东川、乌蒙等地广设茶马司，利用江南茶、盐换购马。西南马属山地小型马，体短小精悍，利于驮用。伊犁马产于新疆伊犁河流域，与历史上汉代引入的乌孙马有关。

焉耆马在新疆天山南麓，以和靖、和硕二县为主要产区。①

据《周礼》记载，在六官之中，“夏官司徒，掌兵马”；太宰以下，有质马、圉师、校人等，分别掌管马匹的鉴定、调教和饲养管理。根据马的用途，还把马分为种马、戎马（军马）、齐马（仪仗马）、道马（交通马）、田马（狩猎马）、驽马（杂役马）6 种。

中国马的演化历史，除了汉族聚居地区的中原马，还有形成于少数民族地区的 6 个马匹类型，一直繁衍传承至今。

一是中原与位于青海省的阿尼玛卿山脉以东的黄河上游流域的西藏马。“阿尼玛卿”是藏语“强健的祖先”之意。传说阿尼玛卿山神是活山神沃德的第四个儿子，他消灭妖魔，降伏猛兽，惩办坏人，使百姓过上了幸福祥和的日子。后人修建了九层白玉琼楼纪念他，取名阿尼玛卿山神。这是西藏马的起源地。

二是蒙古高原的蒙古马。蒙古高原四周自古以来是东北游牧民族文化荟萃之地，是史前家马和马文化传播到中国各地的主要通道。

三是新疆维吾尔自治区的乌孙马。汉武帝时，乌孙国（在今伊犁河流域）曾派遣使者向汉朝赠送 1000 匹马作为聘礼请求娶汉公主为妻。汉武帝见乌孙马神俊挺拔，赐名“天马”，乌孙马成为新疆地区重要的马种来源。

四是东北区域的北方马。现今内蒙古自治区兴安盟、通辽市、赤峰市与大兴安岭以东地区，呼伦贝尔市以及东北三省的史前居民肃慎人原无养马习惯，公元前 4 世纪本来在兴安岭西南麓至现今滦河上游流域草原上放牧的东胡人迁徙到西拉木伦河、老哈河流域从事游牧和狩猎以后，当地土著才逐渐发展了养马业。因此，东北是北方马形成的区域。

五是青藏高原腹地的高原马。青藏高原腹地在史前由于远古人民的交往、迁徙，高原东缘、东南缘已有驯化马。在高寒地域生境下，经过吐蕃先民的数千年选育，高原东部边缘的马种群发生了显著分化。

① 中国农业大百科全书编委会. 中国农业在百科全书·农业历史卷［M］. 北京：中国农业出版社，1995：321.

六是西南地区的山地马。青藏高原东南边缘以东的四川省、云南省、贵州省、重庆市和广西壮族自治区的河池市、百色市一带，是中国另一个固有马类型的分布区域，以往将该区域内分布的马习称为西南山地马。[①]

三、驴骡的驯化选育

（一）驴的引进

考古学证实，非洲东北部在6500—6000年之前已驯化了驴。这个地区可能是家驴的起源中心。中国的关中驴、新疆驴、云南驴、凉州驴、加米驴5个种群，与起源于非洲野驴的克罗地亚3个家驴种群进行生物学检测，证明了中国家驴和欧洲克罗地亚种群同源。也就是说，中国家驴与克罗地亚家驴都是非洲野驴的后裔。家驴由非洲东北部渐次传播到中国北部、西北部，但是确切的传入年代已难详考。从考古遗迹上考察，家驴传入中国的时代可能远在5000年前的新石器后期。当然，在中国早期的家驴驯化中，也会受中国野驴交配血缘的影响。[②] 在距今约4000多年的齐家文化时期，甘肃省永靖县秦魏家遗址出土的驴的骨骼已经被鉴定为家养动物。[③] 此外，据《史记·匈奴列传》所载："唐虞以上，有山戎、猃狁、荤粥，居于北蛮，随畜牧而转移。其畜之所多，则马、牛、羊。其奇畜，则橐駞、驴、骡、駃騠。"传说唐虞时代，大致是距今4000年，但是反映出中国的家驴引进与驯化，是从文明早期便开始了。

进入农耕文明时代后，驴也是重要役畜之一（图1-2）。"驴"一词最早见于《尔雅·释兽》："鼳，鼠身长须而贼，秦人谓之小驴。"郭璞注："鼳，似鼠而马蹄，一岁千斤，为物残贼。"在《史记·匈奴列传》

---

① 国家畜禽遗传资源委员会. 中国畜禽遗传资源志：马驴驼志［M］. 北京：中国农业出版社，2010：14.

② 邹介正，等. 中国古代畜牧兽医史［M］. 北京：中国农业科学出版社，1994：8.

③ 中国科学院考古研究所甘肃考古工作队. 甘肃永靖秦魏家齐家文化墓地［J］. 考古学报，1975（2）：57-96.

图 1-2　甘肃省河西走廊的凉州驴
（王春洪　摄）

及《说文解字》等文献中也都有关于驴的记载。中原地区有关驴的最早文献是在商汤时代。《逸周书·王会解》中提到，伊尹向商汤建议，根据各地的地势和特产，制定四方进献的法令，以便各诸侯国能够献上当地易得且不贵的物品。其中，正北方的空同、大夏、莎车、姑他、旦略、豹胡、代翟等国，以及匈奴、楼烦、月氏等，被要求以橐驼、白玉、野马、騊駼、駃騠、良弓作为贡品献给商王朝。汉代通西域之后，中国北部、西北部的其他驴种才大规模进入黄河中下游流域。由此可知，汉代以前，养驴业兴起于西北地区（图 1-2）。随着中原与西域交通日益频繁，大批驴、骡进入中原。《盐铁论·力耕第二》载："骡驴馲驼，衔尾入塞。"到了东汉末年，驴成为黄河流域的常畜。至三国两晋南北朝时期，不仅西北及黄河流域养驴，而且进一步扩展到长江流域及东南沿海地区。唐代，驴进入福建地区。至此，驴从北到南，从西到东，基本遍及全国。历来无驴或少驴的贵州，也出现了驴的踪迹。唐宋以后，驴的饲养更普遍，数量逐渐超过马匹。

由于驴与马的生物学特性很相近，故饲养繁育技术一般与马类同。对驴和马远缘杂交产生杂种后代，在《说文解字》中已有记载，《齐民要术》作了进一步论述。清代张宗法的《三农纪》还特别提出驴的外形鉴定技术，指出驴要面目清秀，耳长竖直，颈厚胸宽，四肢有力，起走轻快，臀满尾垂，声大而长。在古代，驴的用途，除了肉食、祭祀，还是交通运输上的重要役畜，或驮运，或驾乘。南北朝时，已有用于耕驾的记载。

（二）骡的选育

骡是马和驴远缘杂交后代，一般没有生育力，不能繁殖后代。骡在中国至少有3000年的饲养历史。“骡”一词最早见于《吕氏春秋·仲秋纪第八》。其中的“爱士篇”记载：“赵简子有两白骡而甚爱之。”这说明在春秋时期，中国中原地区已有驴、骡，被王室视为珍奇异畜。《逸周书》记载，骡为北方特产，人们把它作为珍品贡于居于黄河流域的商王朝。至秦汉，西北地区的骡大批进入中原地区，中原地区的养骡业也发展起来（图1-3）。

图1-3 新疆骡（王春洪 摄）

中国古代文献中有“駃騠”一词，有时指“良马”，如《史记·李斯列传》有“骏良駃騠不实外厩”；有时指马与驴杂交的后代，即骡，如《说文解字》释“駃騠：马父驘子”，即指马和驴的后代。因此“駃騠”指公马与母驴所生的后代。这个解释反映了古人对动物杂交后代的分类和认识。在《汉书》《后汉书》等文献中记载的“駃騠”仍然是指良马。

骡的饲养繁育技术一般与马相同。大多选择体大的公驴与母马交配而成，民间习称骡子。据《齐民要术》记载，也有用公马和母驴交配的，称为骡马。选择七八岁体大的母驴，也可生产出较大体格的骡来。母骡不能繁殖后代。

对于骡的外形鉴定，清代张宗法的《三农纪》作了很好的总结。指出：骡头须乘而配身，面须善而有肉，目须大而和缓，耳须竖而无黑稍。四肢要端正，四蹄要圆整，鬃尾欲重，皮毛欲润，行走轻快，动止稳健，最忌面无肉而耳软、目陷、闷而偷视。

骡具有优良的运驮、挽用能力，以及吃苦耐劳、耐粗饲、抗病力强等优点，因此很早就成为中国农耕和交通运输上重要役畜。尤其北方，饲养数量比马还多。

四、骆驼的驯养

世界上现存的骆驼科动物分为骆驼属、羊驼属和驼羊属，共有 6 个物种，即骆驼属的双峰驼和单峰驼；美洲驼属的羊驼、美洲驼、栗色羊驼和骆马。目前，世界上饲养的骆驼主要是前 4 种。

（一）双峰驼在公元前 2500 年在土库曼斯坦南部和伊朗开始驯化

此后，从这个驯化中心向北播迁到现今哈萨克斯坦和乌拉尔地区南部。大约在公元前 1000 年前后，向东扩展到阿富汗、中国西部、蒙古和西伯利亚。公元前 300 年到达中国黄河流域。中国中原地区在西汉时才见到骆驼。丝绸之路开通后，骆驼成为主要的交通驮运役畜，从而有“骡驴馲驼，衔尾入塞”。但是，古代中国北部的匈奴等民族，西部的乌孙、月氏、楼兰等部族很早就家养骆驼。这些部族可能早于公元前 1000 年，甚至可能是就地驯化双峰骆驼的民族。双峰骆驼发源于中亚，其范围可能不限于目前考古学已知的中亚西南部。家养双峰驼的野生原始种现已灭绝。目前生活在中蒙边境一带的野骆驼不是家养双峰骆驼的始祖群体。

（二）单峰驼

单峰驼在驯化前已经与双峰驼分化。单峰驼的野生祖先在公元纪年之初在阿拉伯半岛最后消失。单峰驼的驯化在公元前 3000 年前后，始于阿拉伯半岛东南部，阿拉伯半岛中部也可能是早期驯化中心地域的一部分。

（三）羊驼和美洲驼

秘鲁普诺省与玻利维亚拉伯斯省之间的的的喀喀湖沿岸是羊驼和美洲驼的早期驯化中心。秘鲁胡利亚卡地区的塔尔马查依洞穴新石器时代文化遗址提供了至少在那时印第安人先祖已开始驯化美洲驼的考古学证据。羊驼的成功驯化在公元前 4—公元前 3 世纪。公元前 1 世纪，现今的秘鲁—智利边境西海岸就已经有毛用羊驼群。

伊朗和土库曼斯坦南部的家养双峰驼和羊驼，主要经过 3 条迁徙路线扩散到中国北方和西北部：一是从伊朗经过现今的阿富汗，翻越帕米尔高原，进入南疆，东抵河西走廊；二是由土库曼斯坦北上咸海南岸，经过今天的哈萨克斯坦、吉尔吉斯斯坦，沿天山南北两路进入北疆，在进一步东扩过程中与第一条路径汇合；三是经过哈萨克斯坦北上西西伯利亚进入蒙古高原，并从蒙古高原向南、向东进一步扩散。

最初播迁到中国的骆驼，可能是一些驯化水平很低的种群，其中还包括在阿拉伯半岛西部初步驯化、经由中亚南部进入中国的单峰驼。这些种群可能对家养条件的依赖性不大。在内蒙古自治区巴彦淖尔市乌拉特中旗南部阴山山脉中被称作“几公海勒斯太”的山沟中发现的青铜时代岩画，其中有围猎白山羊、梅花鹿、单峰驼等动物的图画；在阿拉善盟阿拉善右旗境内“布勒古图”山地不同时代的岩画中，有许多单峰驼形象。这说明自公元前 1000 年以来，由于山川阻隔，地广人稀，起源于阿拉伯南部的家养单峰驼，陆续进入中国以后，是被当作野生动物射猎的。它们可能属于驯化水平较低的家驼，在中国当时当地生态环境条件下，从拘禁中逃逸再野生返祖的种类。

此外，内蒙古自治区阿拉善盟阿拉善左旗南部地区和涂山青铜器时代的岩画中，有狩猎野山羊、野双峰驼、野兔的画图，证明此地当时存在野骆驼。虽然这些野骆驼和现在的家驼及附近的野骆驼是否有血缘关系，目前尚无证据，但是这些图画提供了了解中国骆驼起源的线索。如果它是当地固有的，在被猎野骆驼和放牧的家养群体在同一地区并存的条件下，血缘交流是不可避免的；如果它是来自中亚西南部返祖野生的群体，则说明公元前进入中国的双峰驼是初步驯化的种群。无论是哪一种情况，都说明公元前中国西北部和北部先民参与了双峰骆驼的驯化（图 1-4）。

到公元前 300 年前后，西汉王朝开通西域通道时，双峰驼已广泛分布于中国河西走廊两侧以北、西北的农牧区。据《逸周书·王会解》记载：“伊尹受命，其为四方献令曰……正北空同、大夏、莎车、姑他、旦

图 1-4 内蒙古自治区阿拉善盟的双峰驼（付龙霞 摄）

略、豹胡、代翟、匈奴、楼烦、月氏、孅犁、其龙、东胡，请令以橐驼、白玉、野马、騊駼、駃騠、良弓为献”。橐驼即骆驼，或作橐它、託驼，是北方民族语言的汉语音译。《史记》说骆驼是匈奴“奇畜”之一。自汉武帝通西域后，中西骆驼来往频繁，单峰骆驼在西汉时期向东流入南疆。《史记》提到，文帝四年（公元前 175 年），匈奴单于向汉文帝进献礼物，“驼以一封（峰）为贵”。《汉书》有“独峰驼日行千里”的记载，说明古人对单峰驼的耐力和速度有着深刻的印象。《汉书·西域传》记载，鄯善国（本名楼兰）“民随畜牧，逐水草，有驴、马，多橐它”。《后汉书·梁慬传》记载，东汉永初二年（108 年），安帝派将军梁慬出任西域副校尉，平河西羌乱，破龟兹，俘获骆驼畜产“数万头”。于阗[①]出产一种“风脚驼，其疾如风，日行千里”。《盐铁论·力耕第二》说，汉代通西域后，“骡驴馲驼，衔尾入塞”。但汉王朝时，骆驼生产仍在羌胡故地的河西地区。南北朝时，北方游牧民族纷纷进入中原，使黄河流域养驼业获得发展。北魏时期太仆寺也兼管养驼。当时的河西牧场饲养的骆驼近百万峰。唐代的官营牧场制定了骆驼的管理制

① 于阗是西域古王国名，即今新疆维吾尔自治区和田县。于阗地处塔里木盆地南沿，归属汉朝，当时疆域包括今和田、洛浦、墨玉三县。——作者注

度，规定每头骆驼每日的饲草、食盐、粟豆的饲喂量，又规定每百头母驼，每3年需增殖70头，年病死率不得超过70头。到宋元时期，出现了不少医驼、相驼、养驼的书籍，如《疗驼经》《马牛驼经》《橐驼医药方》《橐驼经》等。

中国骆驼分布在内蒙古自治区、新疆维吾尔自治区、甘肃省和青藏高原等。在天山、阿尔泰山、昆仑山、冰山、祁连山、贺兰山、大兴安岭等山地和呼伦贝尔草原，放牧地多为沙漠、戈壁、湖盆、盐碱滩，大部分地段海拔1000—2000米，干旱少雨，日照强烈，多沙尘暴，温差大，年降水量少于蒸发量，除了呼伦贝尔草原和零星分布的绿洲，年干燥指数都低于12，年平均气温一般在7—10摄氏度。

蒙古骆驼分布在内蒙古自治区的阿拉善盟到呼伦贝尔市、新疆维吾尔自治区天山以北和柴达木盆地，包括阿拉善双峰驼、苏尼特双峰驼、新疆准噶尔双峰驼、青海骆驼和上述区域内各种双峰驼群体。蒙古骆驼是中国骆驼的主要类型，分布区域广阔，自然环境和气候条件比较复杂。甘肃省肃北蒙古族自治县，陕西省府谷县、神木市、榆林市、靖边县、定边县等地，山西省朔州市、大同市，河北省张家口市、承德市，甘肃省酒泉市、张掖市、武威市三市也有分布。

塔里木骆驼分布于南疆和东疆南部天山南麓、博格达山东南的干旱大陆气候区内。集中产区是以塔里木盆地、库姆塔格沙漠、吐鲁番盆地为中心的四周环抱地区，其中有海拔4000—6000米的高山，海拔600—1300米的盆地，以及海拔约为 -155米的艾丁湖四周牧地，气温垂直分布显著。

五、牛的驯化与饲养

中国饲养的牛包括黄牛、水牛、牦牛三大类。在农区，它是农耕的主要动力，与农业生产关系密切；在牧区，它既是运载工具，又提供肉、乳、皮革。

黄牛有普通牛和封牛两个种。普通牛的野生祖先是原始牛。在中国东北、华北等地更新世地层中已发现原始牛的遗骨化石。距今8000—7000年的河北省武安市的磁山遗址的考古发现表明，当时黄牛可能已被饲养。在陕西省西安市的半坡遗址和姜寨遗址中，有结构简单的棚圈或圈舍遗迹，其中出土了包括牛骨在内的多种家畜遗骨。这表明黄牛被驯化为家畜的时间不晚于新石器时代中期。

原始牛曾遍布于欧亚大陆，而且化石已在上新世和更新世的地层中被发掘到了。中国的华北和东北等地更新世的地层中也有发现，因此认为中国和东南亚地区的现代黄牛都起源于原始牛（图1-5）。在安徽省涡阳县、宿县等地的更新世晚期地层中发掘的原始牛头骨化石与华北各省曾发现的原始牛化石，如北京市西郊发现的化石进行比较，发现在同一地层中出现了不同种的原始牛化石，说明在相同的时代里曾经生活着多种或几种野牛，现今的驯化牛很有可能是几种野牛的杂交种。①

图1-5　云南省的文山驼峰牛（赵开典　摄）

封牛因鬐甲部有肉峰而得名，今名瘤牛。中国岭南地区是封牛起源地之一。东汉杨孚《异物志》载："合浦牛如橐驼。"意思是合浦地区有一种牛，个体粗壮得像骆驼。自战国到东汉初年，云南滇人文化遗址出土的铜器图像中，也有封牛形象。《后汉书·列传·南蛮西南夷列传》中提到，"永初元年，徼外僬侥种夷陆类等三千余口举种内附，献象牙、水牛、封牛"。另外，《后汉书·西域传》记载，疏勒国在"阳嘉二年臣磐复献狮子、封牛"。这些记载表明，在东汉时期，西南夷和西域的疏勒国（今新疆维吾尔自治区西南部的喀什地区）都有向朝廷进贡封牛的记录。

① 邹介正，等．中国古代畜牧兽医史［M］．北京：中国农业科学出版社，1994：100.

水牛是中国独立驯化的（图 1-6）。中国水牛属沼泽型水牛，起源于亚洲原水牛。在中国南北地区不同时代的古地层里，发掘出 7 个不同类型的水牛骨骼化石，反映了水牛的进化过程。在距今 7000 年前后的浙江省桐乡市罗家角遗址和余姚市河姆渡遗址已有家养水牛遗存。水牛的家养还可能追溯到距今 8800 年前后的江西省万年县仙人洞遗址。

图 1-6　云南省的德宏水牛（杨国荣　摄）

水牛的化石在中国的南方和北方均有分布，在中国北方更新世以来的地层中已有 7 种不同的水牛化石，从年代来看，有最早的短角水牛散见于河南省、山西省、山东省和四川省等地的更新世中期。继之，在北京猿人发现地周口店地层中发现的有德氏水牛，其生活时代与北京猿人接近，与现代水牛的特征较为相似；在大致相同的地质时代，山西省境内发现了丁氏水牛、在更新世晚期的地层中还发现了杨氏水牛；在周口店猿人发现所在地的另一地点，出土了旺氏水牛；到了文明历史时期的安阳殷墟遗址，发现了一种圣水牛的遗骨。中国东北和内蒙古等地也有水牛化石的发现。①

中国安徽省、浙江省、江苏省等省发现了大量的水牛的骨骼。如浙江省余姚市河姆渡遗址共出土了至少代表 37 个个体的水牛标本。其中，少年和青年个体之和占总体的 64%，这一年龄结构的组合形式，意味着这些水牛不大可能是通过狩猎而被杀的。在狩猎时代，吃剩的猎物遗物

① 梅森，等. 驯化动物的进化［M］. 王铭农，李群，等，译. 南京：南京大学出版社，1991：58.

的组合一般来说应是幼年或老年的个体居多，因为它们跑得慢，容易被猎获。如果大多数个体在长大成熟时被宰杀，说明这些动物已经处于驯化饲养的阶段，因为这时候的饲养成本最低，经济回报率最高。可以认为，至迟在罗家角遗址人们生活的年代，水牛已成为当时人们的家养动物了，但是还没有驯化成役畜。①

随着耕犁改进和耕作技术进步，牛作为农用动力代替了人力，农业生产效率大大提高，耕牛得以发展。春秋时期出现了牛耕，秦汉时代全面普及，牛从肉食之需发展到服劳之用。秦、汉朝廷大力推广牛耕，但在农区一般农户家庭没有能力负担养牛的成本。据《九章算术》中的推算，一头牛的价值相当于100—200石粟。而据居延汉简有关记载推算，那时一头牛相当于25—50石粟，两地饲养费用相差悬殊。因而可以看出，农区一般有条件、有经济实力的农户才养得起牛，普通农户所需耕牛则主要依靠国家的牧师苑（厩）来提供。

牦牛古称旄牛，或称犛牛，来源于原始牦牛。原始牦牛是家牦牛和野生牦牛的共同祖先，在中国华北和西北一带有原始牦牛分布，在华北曾发现距今5000多年前的古牦牛化石。家养牦牛起源于中国青藏高原，牦牛的驯化者是古羌人。羌人中有一支叫牦牛羌，即因善养牦牛而得名。藏族与牦牛羌有密切关系。藏文文献记载古时有“六牦牛部”，是吐蕃的祖先。在公元6世纪前，藏族先民还将牦牛和黄牛杂交，产生肉乳质佳、驮挽力强的犏牛。

六、羊的驯化与饲养

羊有绵羊和山羊两个属（图1-7、图1-8）。羊最早被驯化的地区可能是西亚。在公元前9000年的伊拉克的萨尼达遗址中，发现了被认为是驯养的绵羊遗骸，判断凭据是较年轻的羊的比例稍高。在伊朗和伊拉克交界的扎格罗斯山脉，发现了距今9000年前的山羊遗骸，判断凭

① 罗家角考古队. 桐乡罗家角遗址发掘报告［J］. 浙江省文物考古所学刊，1981：107.

据依然是较年轻的羊的比例较高。也有人认为在距今10000年前后的伊朗高原的阿萨巴，出现了最早的驯化的羊。① 西亚和中亚地区的草原非常适合羊的生长和繁殖，同时又出土了年代十分早的人类驯养的羊骨骼（从骨骼的年龄组合做出的判断），大体上可以确认西亚地区是羊的最早驯化地区。

图 1-7　内蒙古自治区鄂尔多斯市阿尔巴斯绒山羊（兰君林　摄）

由于西亚地区羊的驯化历史如此之早，关于中国驯化羊的起源就免不了受"传播论"的影响，即中国羊的起源可能来自西亚地区。不过，羊的考古化石在中国北方地区时有发现。北京市周口店发现了羱羊的化

图 1-8　内蒙古自治区东乌珠穆沁旗绵羊（内蒙古民族文化产业研究院　提供）

① 梅森，等. 驯养动物的进化［M］. 王铭农，李群，等，译. 南京：南京大学出版社，1991：73，99.

石，其地质年代在更新世的下层，和三门马是同一时期生存的动物。这种化石羱羊在形态上与华北和西藏等地现存的巨角野绵羊很相似，其来源不一定是西亚。1957年，中国科学院动物研究所在辽宁省建平地区发掘出来的羱羊化石，被认为和蒙古种绵羊有关。[①] 陕西省西安市半坡遗址、姜寨遗址也出土过羊的牙齿。浙江省余姚市河姆渡遗址中，出土了陶制的羊模型，说明江南也可能饲养了羊。南北地区所不同的是，北方饲养的是绵羊，而南方饲养的是山羊。

绵羊和山羊在中国古代统称为羊。羊被驯化后，迅速成为游牧民族的畜群主体，成为游牧民族的衣食之源。在甘肃省、青海省一带，早在铜石并用的齐家文化时期，已出土大量羊骨，并流行以羊骨占卜的风俗。生活在这一带的土著民族羌人建立了以羊为主的畜牧经济。甲骨文中羌字"从羊从人"，像是带着羊面具的人，可能反映了羌人以羊为图腾的习俗。

七、猪的驯化与饲养

中国是最早的家猪驯化起源地之一。距今12000年的广西壮族自治区甑皮岩遗址发现了类似家猪的遗骨，不排除当时已经开始驯养猪。河北省徐水南庄头遗址，发现了距今超过9000年的被驯化的猪的骨骼。河北省磁山遗址发现距今约8000年养猪的确切证据。特别是在西北的齐家文化和中原的大汶口文化的墓葬遗址中，有大量的猪骨骼出土，这表明猪已经被作为财富的象征，成为经济生活中的重要组成部分。需要指出的是，距今7000年的浙江省余姚市河姆渡遗址，也发现了家猪骨骼。中国家猪后来形成了华南猪和华北猪两大类型，前者与华南野猪相似，后者与华北野猪相似（图1-9）。这表明中国家猪起源是多中心的，即南北各地先民分别把当地野猪驯化为家猪。

考古学上通常从五方面来判定出土猪骨是否为家猪：①形体特征。考古遗址出土家猪的体形一般比野猪要小。可以通过对牙齿和骨骼的测

---

① 谢成侠．中国养牛羊史（附养鹿简史）［M］．北京：农业出版社，1985：136-137.

量，对家猪和野猪进行明确的区分。②年龄结构。养猪主要是为了吃肉，考古遗址出土家猪的年龄结构以1—2岁的占据多数或绝大多数。而狩猎时杀死的野猪年龄大小不一。③性别特征。在考古遗址出土的家猪中，性别比例不平衡，母猪或性别特征不明显的猪占据明显多数，可以确定为公猪的数量很少。④数量比例。在考古遗址出土的哺乳动物骨骼中，家猪的骨骼占有相当的比例。如果是以狩猎为主，野生动物的种类和数量则与它们的自然分布状况和被人捕获的难易程度有关。从中国新石器时代早期遗址出土的动物种类和数量看，鹿科的骨骼明显地占据首位。⑤考古分析。在考古遗址中往往存在证明当时人有意识地处理过家猪的情况。一般把这些埋葬或随葬现象认定为出现于饲养家猪起源以后。[①]

图 1-9　云南迪庆藏猪（杨国荣　摄）

从仰韶文化时代开始，猪成为中国的主要家畜。各地原始社会遗址出土的家养动物遗骨，以猪骨数量最多，还有不少以猪为题材的原始艺术品。在大汶口文化和齐家文化，流行以猪随葬的风俗，说明在私有制萌芽、贫富开始分化的条件下，猪成为财富的标志。

中国农区很早就采用舍饲和放牧相结合的方式养猪。畜圈早在原始时代即已出现。甲骨文中有专门表示猪圈的象形字。夏商时代，阉猪和选育猪种技术已经产生。甲骨文中已有专门表示猪的去势的文字。《诗经·商颂·长发》提到“韦顾既伐”，郑笺注：“韦，豕韦。”这里的“豕韦”是一个与养猪有关的氏族或方国名称。

秦汉时期，养猪遍及全国（图 1-10）。成书于公元初年的《方

① 袁靖. 中国新石器时代家畜起源的问题［J］. 文物，2001（5）：51-52.

言·释猪》[1] 云:“北燕、朝鲜之间谓之豭;关东关西或谓之彘,或谓之豕;南楚谓之豨,其子或谓之豚,或谓之貕;吴扬之间谓之猪子;其槛及蓐曰橧。”在中国这部最早的方言词典里,列举出各地方言里对猪的不同称谓,说明当时南北各地都普遍养猪了。

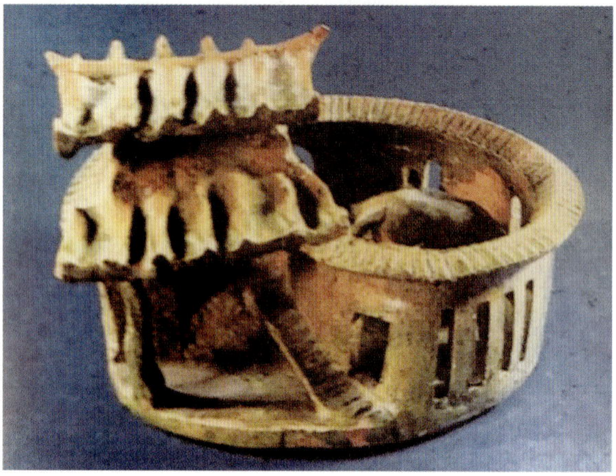

图 1-10 汉代陶猪圈(《农史》彩图 129)

八、家禽驯化与饲养

鸡的驯化。在发现年代最早的鸡骨骼的河北省徐水南庄头遗址中,有 19 根至少出自 3 个个体的鸡骨,经鉴定尚不能确定是驯化饲养的家鸡。[2] 但是稍后的仰韶文化和龙山文化遗址出土了家鸡的遗骸。之后,属于庙底沟二期、马家窑文化的甘肃省兰州市西坡坬遗址、陕西省宝鸡市的北首岭遗址,都有家鸡的遗骨出土。中国南方的新石器时代遗址,较少出土家鸡骨骼。江西省万年县仙人洞遗址的鸡骨,不能排除属于原鸡的可能性。但是,在湖北省京山市屈家岭遗址和天门市石家河遗址均有陶鸡的模型出土,应是依据家鸡形态仿制而成。[3]

---

① 《方言》的作者扬雄(也写作杨雄,公元前 53—公元 18 年),字子云,蜀郡(今四川)成都人,西汉末年的文学家、哲学家、语言文字学家。——作者注

② 任式楠. 公元五千年前中国新石器文化的几项主要成就[J]. 考古,1995(1):37-49.

③ 周本雄. 河北武安磁山遗址的动物骨骼[J]. 考古学报,1981(3):339-347.

鸡是中国古代“六畜”之一。鸡的祖先是原鸡属中的红色原鸡。在江西省万年县仙人洞新石器时代早期遗址中发现过原鸡的遗骨。云南省西南部至今生活着红色原鸡的滇南亚种。在广西壮族自治区和海南省也有红色原鸡分布（图 1-11）。它们常在村寨附近与家鸡混在一起觅食，或与家鸡交配，晚上仍要飞回树丫上栖息。用原鸡卵孵化的雏鸡，能和家鸡一样生活，但成长后仍会逃回山林中去。中国驯养鸡的历史可追溯到距今七八千年的河北省武安县磁山遗址，其中出土了世界上已知最早的家鸡鸡骨遗存。据不完全统计，截至 20 世纪 80 年代末，中国考古发现的历代鸡骨、鸡蛋、鸡模型、鸡舍、鸡笼等文物已达 180 多处，充分说明中国养鸡历史的悠久。

据推测，人类驯鸡最初大概只是用以报晓。磁山遗址出土的鸡胫骨多有属于雄鸡的“距”，这反映当时饲养的主要是报晓的雄鸡。甲骨文中的“鸡”字也是雄鸡鸣啼时头颈部的特写。但是，随着农耕文明的发展，养鸡的主要目的逐渐转向为人类提供肉食和蛋品。除了提供肉食，鸡还被当作娱乐品。传说周宣王时已有斗鸡，春秋战国以来，斗鸡已成

图 1-11　中国原鸡标本（中国农业博物馆藏品）

为贵族和市民的重要娱乐。

世界上所有的家鸡都起源于红原鸡。原生红原鸡分布于北回归线以南中国的云南省、海南岛和广西壮族自治区的部分地区，以及印度、巴基斯坦、斯里兰卡等地。因此，家鸡可能分别在中国、印度以及南亚地区独立驯化，然后逐渐扩散到欧洲、美洲、非洲，遍及世界各地。除了红原鸡，同一区域内还有在绿原鸡、灰原鸡及锡兰原鸡等近邻禽类，它们均可能与家鸡交配，产生有繁殖能力的后代。在中国，家鸡驯养已有5000年以上的历史。鸡是中国古代的“六畜”之一。

图 1-12　绿头鸭标本（中国农业博物馆藏品）

鸭的驯化。中国家鸭是由鸭科河鸭属驯化而来。中国地域辽阔，气候温和，是野生鸭类禽鸟的栖息地。北京市的周口店等旧石器时期遗址及浙江省的河姆渡等新石器时期遗址，都发现有野鸭的分布，它们是原始人类狩猎的重要动物之一。至今中国仍有很多野鸭，如针尾鸭、绿翅鸭、花脸鸭、罗纹鸭、斑嘴鸭、赤膀鸭、白眉鸭、绿头鸭等。绿头鸭是目前世界上绝大多数家鸭的野生祖先（图 1-12）。公鸭的头和颈呈辉绿色，颈部有一白环；母鸭羽毛黄褐色，并缀有暗褐色斑点，故又称“大麻鸭”。

考古材料表明，中国是世界上最早驯养鸭的国家。福建省武平岩石门丘山采集的新石器陶鸭，以及河南省安阳市的殷墟和妇好墓出土的玉鸭、石鸭等，表明中国养鸭至少有 3000 多年的历史。中国古代称鸭为鹜，始见于《左传·襄公二十八年》：“（齐国）公膳，日双鸡，饔人窃更之以鹜。”春秋战国时期，根据《周礼·夏官》记载，当时已有专门掌管驯养“鹅鹜”的官职，这里的“鹅鹜”即指鹅和鸭。《说文解字》：“鹜，舒凫。”这里的“舒”即“舍”，“凫”指野鸭，意思是舍养的野鸭称“鹜”。从《战国策·齐策三》和《管子·轻重甲》的记载可知，当时已经普遍饲养鸭。《太平寰宇记》卷92无锡县“鸭城”条引《舆地志》中提到：“鸭城，东吴王牧凫鸭之处。”说明“鸭城”是东吴王牧养鸭子的地方。①

关于家鸭的起源，达尔文曾指出：“雄性野鸭中，只有绿头鸭的四根尾羽呈现弯曲上翘状态，而这一特征与家鸭相符。”绿头鸭广泛分布在北半球，可以与家鸭正常交配并产生有繁殖能力的后代。中国是家鸭驯化地之一，至少有3000多年的历史。家鸭在欧洲驯化要晚很多。直到公元前1世纪，才见到意大利人用围网圈养野鸭的文献记录。据此推测，这是欧洲人驯化野鸭的开端。

鹅的驯化。鹅由野雁驯化而来。欧洲鹅的祖先是一种灰雁，中国的家鹅大部分是鸿雁的后代（图1-13）。但是，新疆维吾尔自治区伊犁河流域和塔城地区一带的伊犁鹅则是起源灰雁的品种。

图1-13　狮头鹅标本（中国农业博物馆藏品）

鹅古称舒雁，指经过驯养飞行舒迟的雁。战国时代的《管子》书有“鹅舍余秣”，意思是用多余粮食养鹅，这也是世界上有关养鹅的最早文字记载。鹅有时也直接称为雁。如《庄子·山

① 李群，李士斌. 我国养鸭史初探［J］. 农业考古，1994（1）：307-309.

木》："夫子出于山，舍于故人之家。故人喜，命竖子杀雁而烹之。"这里的雁显然是家养的鹅。《说文解字》释雁为鹅。公元 5 世纪的《齐民要术》记载了养鹅的技术要领："鹅、鸭，并一岁再伏者为种。"就是要选择一年两次孵化的鹅和鸭作为种用，因为这样的鹅和鸭在繁殖上更为有利。普通的鹅一年只孵化一次。明代的《物理小识》也提到："鹅以一岁再伏者为种，三雌一雄，雄宜少，雌宜老。"就是选择留种鹅时，要选择那些一年孵化两次的鹅，而且雌雄的比例是三只雌鹅对应一只雄鹅，雄鹅少一些，而雌鹅要年老一些。《楚辞·七谏》："鸾皇孔凤日以远兮，畜凫驾鹅。"意味着当时饲养了野鸭和鹅。

中国鹅按羽毛颜色分有灰、白两种，灰鹅如狮头鹅、雁鹅、乌鬃鹅等，白鹅如太湖鹅、豁眼鹅、皖西白鹅、浙东白鹅、四川白鹅等；按体重分有大型品种如狮头鹅，中型品种如溆浦鹅、雁鹅、皖西白鹅、四川白鹅和浙东白鹅，小型品种如豁眼鹅、太湖鹅、乌鬃鹅、酃县鹅等。伊犁鹅是来源于灰雁的唯一品种，已有 200 多年的饲养历史，是新疆维吾尔自治区少数民族直接驯养当地野雁而成的品种，特点是耐寒、耐粗饲，仍保留一定飞翔"野性"。

家鹅起源于野雁。欧洲鹅起源于灰雁，中国鹅起源于鸿雁。地中海地区是家鹅最早驯化地。公元前 3000 年，家鹅已在古埃及被驯化。公元前 6 世纪的巴比伦时代，鹅被认为是寺庙的守护神。古罗马人把鹅作为重要祭品。中国也是家鹅的独立驯化地之一。《楚辞·七谏》："畜凫鸾鹅"，可知当时的鹅是"畜"（家养）的。商周时代，中国的家鹅在黄河流域驯化成功。西周时传播到长江以南，逐渐辐射到国内的广大地区。

第二节　养殖业的发展演替

养殖业与种植业是农业的两翼或两腿，千秋万代，并行发展，相辅相成。但是，有时也会发生矛盾，发生竞争，农牧关系，此消彼长。例如，畜禽饲料与人类口粮的矛盾，牧场或饲料用地与作物种植用地的竞争，等等。因此，直到今天，这些矛盾依然存在，依然需要协调好、平衡好、发展好。

一、原始社会时期

中国畜牧生产萌芽于10000年前。在长期的生产中，选育出众多的品种，并积累了丰富的选育、管理技术。

距今9100年前的广西壮族自治区桂林甑皮岩遗址出土的猪骨，是迄今中国境内最早的家畜。在距今近8000年的河北省武安市磁山遗址见到了家养的猪、狗、鸡，可能还有黄牛。在新石器晚期，传统的"六畜"——猪、狗、牛、羊、马、鸡，已经基本齐备。陕西省临潼区姜寨遗址的畜圈近旁有灰坑；其牲畜夜宿场则远离房屋，范围大得多，说明当时已有圈养和放牧两种形式的畜种。龙山文化中的大家畜的饲养相当普遍，马成为役畜。此时的家畜体质和形态基本与现代家畜相近或相似了。

二、夏商西周春秋时期

这一历史时期是农牧并重的农耕社会，农牧业在社会经济中占有很大比重，其中又以大牲畜饲养更为发达。祭祀和军事是当时国家的头等大事。祭祀需要大量牲畜作为"牺牲"祭品，军事则需要大量马牛作为骑挽役畜。为了保证供应，政府设立专门机构来经营管理农牧业生产。商代甲骨卜辞中有"马小臣"的职官，是管理马匹的官员。[①]卜辞中还有"牛臣""刍正"等，是管理牛群和牧草的官员。[②]在《周礼》中记载了一整套管理官营农牧业的职官和相关制度。其中与畜牧业直接有关的

① 彭邦炯. 商史探微［M］. 重庆：重庆出版社，1988：230.

② 袁庭栋. 殷墟卜辞研究：科学技术篇［M］. 成都：四川省社会科学院出版社，1983：239.

职官就有“牧民”“校人”“牧师”“圉师”“瘦人”“趣马”“巫马”，以及“牛人”“羊人”“犬人”“鸡人”等。

这一系列与畜牧有关的职司人员，可谓洋洋大观。其专业分工之精细、岗位职责之专一，足以反映出当时农牧业发达之程度。① 由于是政府官营的畜牧业，规模较大，又有专职人员进行管理，促进了畜牧技术的改进提高。因此，夏、商、西周、春秋时期的畜牧技术较原始农牧业有了长足进步。

由于中国疆土广阔，各地自然条件差异很大，饲养的禽畜种类也不完全一样。《周礼·夏官·职方氏》记载全国九州的禽畜种类是：

“东南曰扬州”（今江苏省一带），“其畜宜鸟兽”（即各种家畜家禽都饲养）；

“正南曰荆州”（今江汉一带），“其畜宜鸟兽”（即各种家畜家禽都饲养）；

“河南曰豫州”（今河南省一带），“其畜宜六扰”（即饲养马、牛、羊、豕、犬、鸡）；

“正东曰青州”（今山东半岛一带），“其畜宜鸡狗”（其地处海滨，缺少草地，不适合发展马、牛、羊等食草动物饲养）；

“河南曰兖州”（今山东省一带），“其畜宜六扰”（即饲养马、牛、羊、豕、犬、鸡）；

“正西曰雍州”（今陕西省一带），“其畜宜牛羊”（地处黄土高原，只适合草食动物牛、马等大牲畜的饲养）；

“东北曰幽州”（今辽东一带），“其畜宜四扰”（即饲养马、牛、羊、豕）；

“河内曰冀州”（今河北省与晋南），“其畜宜牛羊”（地处黄土高原，只适合发展草食动物牛、羊的饲养）；

“正北曰并州”（今晋北一带），“其畜宜五扰”（即饲养马、牛、羊、

---

① 唐嘉弘．论畜牧和渔猎在西周社会经济中的地位：西周史研究［J］．人文杂志丛刊第二集，1984：62-66，68．

豕、犬）。

商周时期对牲畜的饲养管理主要采取两种方式：放牧和圈养，两者相结合或者年内寒暑交替进行。放牧是原始农牧业的主要方式，但在原始社会晚期，圈养技术已经萌芽。到了商周时期圈养技术有较大的发展，形成放牧圈养并重的格局（图1-14）。

图 1-14　商代铜牛尊（《农史》彩图 126）

商周时期对马、牛、羊等食草动物的饲养是实行放牧和圈养相结合的办法，即白天将牲畜驱赶到野外牧地去吃草，晚上就关在圈栏或厩棚内过夜。每年春分之后，天气转暖，牧草生长，开始将马放到郊区放牧。秋分之后，天气转冷，牧草枯黄，就不再放牧，将马群赶回厩棚进行舍饲。

圈养要有充足的饲料。粗饲料是青草，商代称为“刍”，甲骨文的卜辞中有“获刍”“告刍”等记载①，说明商代已经割草作为马、牛、羊等牲畜的越冬饲料。精饲料是谷物，是“秣其马”的秣。此外，牲畜在宰杀前几个月，通常也要用精饲料催肥，以促进长膘和改善肉的品质。《周礼·地官·充人》：“掌系祭祀之牲牷。祀五帝，则系于牢，刍之三月，享先王亦如之。”就是将要作为牺牲供品的牲畜，需要经过拴在“牢”里饲养。《诗经·小雅·甫田之什·鸳鸯》有“乘马在厩，摧之秣之”的诗句。“摧之秣之”是描绘喂养马匹的情景，“摧”通“莝”，意思是铡草喂马，“秣”则是用粮食喂马。

牲畜的繁殖如果不加人工控制，任其近亲交配的话，其后代就会

① 中国社会科学院考古研究所．甲骨文编（考古学专刊·乙种第 14 号）[M]．北京：中华书局，1965：35，276，37.

退化，个体体质和免疫能力都会下降。因此，为了防止牲畜乱交配，保护孕畜，必须控制交配和生育季节，将雌雄分开饲养。《夏小正·五月》中有“颁马”的月令。“颁马”是将怀孕的母马与其他马匹分开放牧，以确保它们能够得到充足的草料。这个月令项目反映了古代对畜牧业管理的细致关注，特别是马匹繁殖和饲养方面的特定做法。

三、战国秦汉时期

战国秦汉时期的农牧业结构发生了深刻变化。除了农区“养体服劳”的家畜，更为重要的是以军事为目的国营养马业的发展。在完成农牧业地域分异的布局后，秦、汉政权致力于西北牧区与农牧兼营地带的开发经营。这样，既适应了农牧资源环境的特点，形成以农牧业为主的生产结构布局，又摆脱了养殖业对种植业的依附局面，促进农牧业的规模化与专业化生产。在种植业为主的传统农区，可以辟土耕作，兼营畜牧以获利；在大西北牧区，雨量稀少，气候寒冷，不宜稼穑，是天然畜牧地带。

半农半牧区介于农区和牧区之间，成为沟通这两大经济区的联系纽带。互通有无促进了农牧业规模化的商品经营。半农半牧、农牧结合的二元生产结构，可以促进畜牧方式的发展，推动畜牧科技的进步。半农半牧区的种植业发展，为畜群舍饲提供了物质条件，避免游牧状态下遭遇雨雪及自然灾害时牲畜饿冻死亡的发生。三大经济区，即农区、牧区、半农半牧区的划分，极大地改变了畜种品质并提高了牲畜生产率，完善了农牧业生产结构。

图 1-15　河南省出土的汉代陶羊圈（《农史》彩图 127）

在战国秦汉农牧业发展过程中，畜牧生产管理起了很大的作用（图 1-15、图 1-16）。

秦汉时期畜牧法令比较集中地反映了当时农牧业生产、管理和科技水平。同时，为统一管理畜牧事务，发展官营农牧业，秦汉王朝还创建了一整套的畜政机构，主要有边郡的牧师苑、皇室苑厩，以及各地方政府的官厩，各机构派驻官员进行专门管理。随着民族融合和经济的发展，官营农牧业引进驴、骡等新畜种和乌孙西极马、大宛汗血马等优良马种。同时，也引进种植了对发展农牧业意义重大、影响深远的饲草苜蓿等。总之，受不同地域、不同经营形式，以及政治、经济因素的影响，战国秦汉农牧业生产因地制宜，结构各异，代表了这一时期农牧业生产的发展程度。

图 1-16　汉代陶鸭（《农史》彩图 132）

四、魏晋南北朝

魏晋南北朝是中国古代畜牧经济地位取得显著上升的时期，特别是在北方地区，畜牧区域明显扩张，畜产结构也发生了较大变化，以羊、马牧养为主的大型农牧业生产，不论在传统牧区还是在中原内地，都得到了较大发展，畜牧经济在整个社会经济中曾一度占有较高的比重。这与当时特殊的政治、社会局势，特别是与中原地区人口减少和游牧民族大量内迁有关。[①] 随着畜牧经济的发展，畜禽牧养和兽医技术都取得了明显的提高。这些事实，集中反映在《齐民要术》的有关记载之中。

当时畜禽牧养技术的提高，主要表现在两方面：一是畜禽的选种和良种繁育技术取得显著发展，出现了许多家畜、家禽良种；二是马、

① 详见本书第二章，并参见王利华. 中古北方地区畜牧业的变动［J］. 历史研究，2001（4）：33-47，188.

牛、羊、猪和鸡、鸭、鹅等畜禽生产，已经形成了相当系统的饲养管理经验和技术方法，并总结出了一套关于家畜役养的技术原则。

家畜的选种和良种繁育已经总结出了一套相应的技术方法。《齐民要术》不仅介绍了从市场上选买母畜的方法，而且还介绍了不同仔畜的选留技术要求。例如关于选买母畜，它建议："常于市上伺候，见含重垂欲生者，辄买取。"关于留种则认为："乳母好，堪为种产者，因留之以为种；恶者还卖。不失本价，坐赢驹犊。还更买怀孕者。一岁之中，牛马驴得两番，羊得四倍。"①

关于母猪选种，该书强调："母猪，取短喙无柔毛者良。"这是因为"喙长则牙多，一厢三牙以上则不烦畜，为难肥故。有柔毛者，燗治难净也。"② 据此，当时选留猪种，主要考虑了两个情况：一是要选短喙者为种，因为短喙者善于吃食，易于肥育长膘，相反，喙长牙多的猪则不善于吃食，亦不易肥育；二是选没有柔毛的猪为种，因为猪长柔毛，屠宰时不易净皮退毛。这是中国农民在长期养猪实践中总结出来的留种经验。

在家禽选种方面，当时也积累了一些成功的经验。人们注意选择孵性强的鸡留作种鸡，并且发现秋季桑落时所下的蛋能孵出好鸡。《齐民要术》说："鸡种，取桑落时生者良，春夏生者则不佳。"桑落时生的蛋所孵出的鸡，"形小、浅毛、脚细短者是也；守窠少声，善育雏子。春夏生者则不佳。形大，毛羽悦泽，脚粗长者是；游荡饶声，产乳（即产卵）易厌。既不守巢，则无缘蕃息也。"这段记载说明了选择鸡蛋的标准，即在桑树落叶时孵化出的小鸡品质较好，而春夏季节孵化的小鸡则不佳。这可能是因为春秋季节气候适宜，孵化出的小鸡更健康、更适宜作为种鸡，而春夏季节气候较热，可能影响小鸡的生长和产蛋性能。

此时已掌握了马和驴这两种家畜的远缘杂交繁育技术，对杂交变异、杂交优势和后代杂种不育等现象，人们已经有了明确的认识，并且最早见之于文献的记载。《齐民要术》称："驴覆马生赢，则准常。以马

① 贾思勰. 齐民要术卷六：养羊第五十七［M］. 北京：中华书局，1956.
② 贾思勰. 齐民要术卷六：养鹅、鸭第六十，养鸡第五十九［M］. 北京：中华书局，1956.

覆驴，所生骡者，形容壮大，弥复胜马。然必选七八岁草驴，骨目正大者：母长则受驹，父大则子壮。草骡不产，产无不死。养草骡常须防，勿令杂群也。”也就是说，当时以公驴配母马，所生杂交后代称为“蠃”，其形体大小正常；而以公马配母驴，所生后代称为“骡”，形体高大健壮胜过马。

魏晋南北朝时期，家畜饲养管理经验更加丰富，技术方法亦更加成熟。《齐民要术》对前代及北魏时期畜牧生产的实践经验进行了比较系统的总结，认为家畜役养的基本原则是“服牛乘马，量其力能；寒温饮饲，适其天性”。作者认为：以这一原则指导畜牧生产，“如不肥充繁息者，未之有也”。他还特别指出：家畜饲养的关键是“务在充饱调适而已”，否则会导致牲畜瘦瘠，次年春季必死，当时民间有“蠃牛劣马寒食下”的俗语。

家禽饲养围绕增加产卵量和肉禽增肥，在作笼、饲喂、防寒防害等方面，都采取了相应的饲养管理方法。在幼雏的饲养管理方面，《齐民要术》要求春夏雏鸡：“二十日内，无令出窠，饲以燥饭。”与养雏鸡不同，《王祯农书》认为鸭、鹅“雏既出，作笼笼之，先以粳米为粥糜，一顿饱食之，名曰填嗉。然后以粟饭，切苦菜、蔓菁英为食。”将饲料粳米充分软化为粥糊状喂饲，使之易于进入嗉囊的“填嗉”方法，有利于增强水禽的消化吸收能力。此外，幼雏要驱赶入水中活动，但不宜在水中久停，因为“此既水禽，不得水则死；脐未合，久在水中，冷彻亦死”。为防止幼雏冻死和遭猛禽侵袭，《齐民要术》还要求“于笼中高处，敷细草，令寝处其上。十五日后乃出笼”。

五、隋唐五代时期

汉唐时代之所以能够强盛，是因为那时的畜牧业非常发达。这是汉唐时代的根本特点。唐代的畜牧业中尤以养马业最为发达。由于军事上的需要，养马是国家的要政之一。在唐代养马业中起积极作用的还有相马术的发展和马籍制度的完善。《司牧安骥集》对相马术有系统的论述。

其曰："马有驽骥，善相者乃能别其类。"又说："三十二相眼为先，次观头面要方圆。"相马的目的在于区别马种的优劣和马龄的大小。唐代以登记马种优劣为主要内容的马籍制度更加完备。《新唐书》记载："马之驽良皆著籍，良马称左，驽马称右。每岁孟秋，群牧使以诸监之籍合为一，以仲秋上于寺。"与之相配合的还有马印制度。《唐会要》记载："凡马驹以小官字印印右膊，以年辰印印右髀，以监名依右左厢印印尾侧。""自一岁至二岁起，酌量强弱，俱以飞字印印左膊，细马、次马俱以龙形印印项左。""其余杂马齒上乘者，以风字印左膊，以飞字印左髀。"通过马籍、马印制度把马的优劣区别开来，为马匹的良种繁育提供了有利的条件。

为了繁育良马，隋唐时期还从大宛、康居、波斯等国引进马种。这些外来马种的引进，对中原马种的改良起了积极作用。《新唐书·兵志》中有"既杂胡种，马乃益壮"的说法，表明当时对不同品种的马匹进行杂交而产生的杂种优势，已有所认识。

隋唐时期，培育出著名的羊种苦泉羊。苦泉羊，又名同州羊，是唐代育成的一个优良羊种。这种羊的皮毛细柔、羔皮洁白、花穗美观、肉质肥嫩，有硕大的尾脂。据《元和郡县图志》卷二《同州朝邑条》载："苦泉，在县西北三十里许原下，其水咸苦，羊饮之，肥而美。今于泉侧置羊牧，故俗谚云：'苦泉羊，洛水浆。'"同州朝邑即今陕西省大荔县沙苑地区，自秦汉以来均是畜牧业发达的地区。唐代在这里设沙苑监，牧养陇右诸牧牛羊，以供宴会、祭祀及尚食所用。同州羊就是在这里培育成功的。它以味美而著称。南宋朱弁的《曲洧旧闻》记录了有关苏东坡食用同州羊的一段趣事。苏东坡对美食有着独到的见解和品味，他在与客人讨论食物时，写下了这段话："烂蒸同州羊羔，灌以杏酪，食之以匕不以箸。"这句话描述了他所喜爱的一种羊肉的烹饪和食用方式：将同州的羊羔蒸至烂熟，然后灌以杏酪，吃的时候使用匕首（刀子）而不是筷子。[①]

隋唐还创立了完备的兽医教育体系。唐王朝在中央政府和监苑牧场

① 朱弁撰. 曲洧旧闻：卷五［M］. 北京：中华书局，1985.

中分别设有行政的畜牧兽医官员和专职兽医师，太仆寺内就有专职兽医六百人，尚乘局内有兽医七十人。

《旧唐书·职官三》中记载了太仆寺设有“兽医博士四人，生学百人”。这表明唐代太仆寺不仅负责国家的马政和车舆事务，还重视兽医教育，设有专门的兽医博士和学生，以培养兽医人才。这一制度反映了唐代对兽医学科的重视和兽医教育的发展。《隋书·百官志》说：“太仆寺又有兽医博士员一百二十人。”这是世界上最早的兽医学院。现存最古老的一部中兽医学专著——《司牧安骥集》，较大的可能是隋唐时代大仆寺的一些兽医博士写的教材。

《司牧安骥集》，又名《安骥集》，一般认为由唐宗室李石组织主编写而成。之后在刊印过程中，又续有增补。该书系汇集唐代前后的主要兽医学论著编纂而成，对马病的诊断治疗有较系统的论述。在相马外形学中，首先提出选育良马要查阅良马的血缘系谱，指出：“相马不看先代本，一似愚人信口传”；在旋毛论中指出中国古代马的 60 个优良品种的毛色特性。该书收录的《伯乐针经》是现存最早的兽医针灸文献，所列的穴位至今仍在兽医临床上广为应用。收载的 4 篇五脏论系中兽医脏腑学说、经络学说的经典著作，自宋至今的许多中兽医书都予转抄作为理论依据。马病诊断和防治是该书的核心，诊断也可以疾病各论的形式分述各病的症候特点，《造父八十一难经》和《黄帝八十一难》侧重症候诊断，《看马五脏变动形相七十二大病》和《新添马七十二恶汗病源歌》是症候诊断和治疗俱全的疾病各论，《三十六起卧病源图歌》《三十六黄》《二十四黄》《疮肿病源论》等是腹痛起因和疮黄疗毒症的专论。《安骥集药方》是唐代中国兽医方剂著作，曾编集在《司牧安骥集》中，其中有些处方至今仍在临床上应用。《蕃牧纂验方》是北宋末期的一部兽医方剂书，编撰者为王愈。全书分为上下两卷，内容包括四时调适法、四季通用喂马法、治心部方、治肝部方、治脾部方、治肺部方、治肾部方、杂治部方。后附胸堂、肾堂、眼脉、鹘脉、膝脉、曲池、蹄头、玉堂八穴的出血针法和主治病证。

唐代还制定了家畜饲料定额标准。据《唐六典》的记载，这一标准考虑到了不同的家畜（象、马、驼、牛、羊、蜀马、驴、骡等），还考虑到了家畜的齿龄（乳驹、乳犊）。饲料则主要有藁、青刍、稻谷、大豆、盐、粟、青草、禾和青豆等。这是唐代对官营牧场养牛所规定的饲料定额。为了保证冬季的饲料供应，还建立了家畜饲料基地。《新唐书·王毛仲传》："初，监马二十四万，后乃至四十三万，牛羊皆数倍，莳茼麦、苜蓿千九百顷，以御冬。"唐代还利用水草、浮萍、水藻等水生植物养猪。

五代十国的时间跨度大约为907—960年，也就是唐朝灭亡后到宋朝建立之前的时间。五代指中原地区相继出现的后梁、后唐、后晋、后汉和后周等五个政权。十国则是在五代之外，其他地区建立的十个割据政权，即前蜀、后蜀、吴、南唐、吴越、闽、楚、南汉、南平和北汉。这些政权大多数位于南方，与中原的五代政权并存，存在着不同程度的战争和争斗。

五代十国时期是中国历史上一个分裂和混乱的时期，但同时也是一个文化和经济发展相对活跃的时期。在这一时期，各地的割据政权为了巩固自己的统治，往往采取了一些有利于经济发展和文化繁荣的政策。同时，由于中央集权的削弱、地方势力的兴起，也促进了地方文化的发展和多样性。五代十国时期的畜牧业具有以下几个特点。

五代十国时期，官府对畜牧业的管理机构有所变化，但仍沿袭唐代的一些制度。例如，敦煌归义军政权设立了专门的畜牧业管理机构，如紫亭监牧和羊司，分别负责管理大牲畜和羊群的牧放事务。地方藩镇为了争雄图存，非常重视畜牧业，纷纷自行监牧。例如，敦煌出土文献显示，沙州归义军政权在紫亭专门设立牧监，委以监使，统一管理大牲畜的牧放。

虽然中央集权有所削弱，但地方政权仍然制定和执行了一些关于畜牧业的政策法令，以促进畜牧业的发展。周边民族的畜牧业生产状况也对中原地区的畜牧业有所影响。例如，西夏官牧业分中央、地方两级，形成了一套较为成熟的管理机制。畜种改良和畜牧技术的改进继续进行，同时促进了畜种改良、畜牧技术推广以及兽医学的发展。五代十国时期，随着农禅思想的发展，寺院畜牧业获得大的发展，寺院饲养大牲畜更为普遍。敦煌寺院普遍拥有牧群，牧羊业是寺院畜牧业的重要内容。

六、宋元明清时期

宋代，传统官营牧场所在的西北边郡多为少数民族占领，宋朝廷将马分散到各地饲养。宋初，养马最多时达 15 万匹，随后官营养马业明显衰落。由于马匹不能满足需要，故从少数民族地区大量购进，茶马贸易由此发展起来。辽、金、西夏农牧业相当发达，统治者对农牧业很重视，新刊本《司牧安骥集》就是金的附庸伪齐刘豫征集刊刻的，使此书得以流传下来。《黄帝八十一问》是金朝人撰写的古兽医学重要著作。

元代在全国设群牧所 14 个，周回万里，均是牧地。但统治者为防汉人反抗，对汉人实行括马法（又名刷马法），使农区的马基本被搜括殆尽。对农区民间的牛羊则实行抽分法，有时是“诸人孳畜，百取其十”，有时则“牝牛、牝羊十取其一”，使民间农牧业遭到了破坏。

明初军民严重缺马，120 万人的军队，官兵仅有役马 4.5 万匹，所以明朝特别重视养马业的恢复，先在南京成立太仆寺，后来在北京又成立了北太仆寺和 4 个行太仆寺。明令应天（南京）、太平、镇江、庐州、凤阳、扬州、滁州等 6 府 2 州的农民养马，并以马代赋，官督民牧。在西北及各边要省区设立监、苑、卫所，划定草场范围，发展军队养马。在东西北各少数民族地区实行茶马互市，设立茶马司以管其事。为了发展耕牛，曾禁宰耕牛和不准对母牛挤奶。但这种政策是消极的，并不能促进耕牛的发展。

明代后期，因天灾人祸，大家畜生产受到严重破坏。为了保护畜群，苑马寺曾多次翻刻《司牧安骥集》和《痊骥通玄论》等古兽医书，并编纂《类方马经》《马书》《牛书》等。民间兽医喻本元、喻本亨兄弟合著了《元亨疗马集》《元亨疗牛集》。

清初为防止汉人反抗，在中原及江南农区，实行禁止农民养马的政策，废除明代官督民牧制度。除了八旗、驿站、文武官员，其余人员不准养马，违者没收马匹、畜主受杖责，违禁贩卖马匹者处死。在此政策影响下，农区中只能以牛耕田。因此，清代 260 年间马医无重要著作，而相牛、治牛病的书籍却有大批出现。

明清时代，在养猪、养羊方面也有较大的发展。农区养猪、养羊主要是为了取得粪肥，因此栈养羊、圈养猪得到发展，并培育出一批优良的猪、羊、鸡品种。猪种和鸡种曾运至国外，对世界猪、鸡品种培育和发展产生良好的影响。

七、农牧业的地域分异

春秋时期是中国历史上民族关系形成的重要时期，也是农牧的地域分异的初始阶段。农牧出现了较为明显的地域分异，农牧关系逐渐发生重大变化。具有民族方位概念的夷、蛮、戎、狄部族的逐渐形成。东南西北的地域分异，实际上是以中原华夏民族为中心的方位判断。自中原王朝的“尊王攘夷”开始，农牧业在宏大的疆域空间上定下了基调，出现了农牧分割的状况，大致形成了以“龙门－碣石”为界的农牧分界线。由农牧业引申出来的民族关系也逐渐成为一种相互依存甚至相互对立的关系，交替发生过通商、和亲、对抗和战争的历史场景故事。从秦汉至隋唐，北方的农牧分界表现为互相进退消长的“拉锯”关系，即农进牧退的北移或南进的关系。战国秦汉时，龙门－碣石的农牧线一直向北扩展，在长城以南形成了一条狭长的农牧交错带。在农牧对立的场合，这条农牧交错带就成为农耕民族和游牧民族对抗的缓冲地带；在战争发生的时候，则是交战双方的“前沿阵地”。因此，对抗双方都不会在农牧交错带增设和改造经营设施，更多的是基于防御安全和军事对抗的前线军营壕沟，凸显出农牧交错带的军事战略地位。

从历史趋势看，中原王朝与北方少数民族的关系，在产业上表现为农牧结构的差异。此前的北方游牧民族，除了北魏在今山西省大同市建设的“都平城”，以及匈奴铁弗部首领赫连勃勃在今陕西省靖边县建立的“统万城”，其余的少数民族政权多是有王庭而无都城，因此历史上也称少数民族政权为“行国”，称中原政权为“农国”。这种情况下，农牧对立双方都不会将农牧交错带作为重点经营区域。虽然战争时期激烈的对抗与冲突会使这一区域的农牧生产和自然环境遭受重大破坏，但是在对抗的间歇时期或者和亲通好时期，这一地区的生态环境会得到恢复和发展。但是自宋朝以后，北方少数民族的农耕化程度加深，辽、金、西夏都建立了都城，都成了以农为主的新“农国”，于是民族关系也由原来的行国与农国之间的对抗，逐渐演变为农国与农国的对抗。[①]

第三节　家畜育种的“相畜术”

“相畜术”就是通过对畜禽的形、体、神的观测，以鉴别、选择优良畜禽的技术，现今称为“家畜外形鉴定学”。中国相畜术起源很早，逐步形成完整的体系，成为中国古代畜牧技术中很有特色的部分，对畜禽品种的选择和改良，对整个农牧业的发展，起了重要作用。

一、古代相畜术的产生及作用

早在商周时代，中国就有了相畜术的萌芽。殷人用牲的卜辞中，不少是卜问采用何种毛色的牲畜。到春秋战国时代，相畜术有了初步发展，除了对毛色重视，还重视齿形和体形的选择。《周礼》中有“马质”一职，为专门评议马匹好坏的官。当时还涌现了不少相畜专家，其中著名的有伯乐（相马）、九方堙（相马）、宁戚（相牛）等。传说当时还有《伯乐相马经》和《宁戚相牛经》问世。《吕氏春秋》记载了以相各

① 赵越云，樊志民．农牧关系：中华文明早期发展的农史考察——兼论历史早期的“中国”边界［J］．南京农业大学学报（社会科学版），2016（4）：139-147，159-160.

个部位而著名的十大相马家：寒风（相口齿）、麻朝（相颊）、子女厉（相目）、卫忌（相髭）、许鄙（相肘）、投伐褐（相胸胁）、管青（相膹肠）、陈悲（相股脚）、秦牙（相前）、赞君（相后）。由此可见，当时马种发展的多样化及养马业的发达。

当时还有相犬者。《庄子·徐无鬼》说："狗不以善吠者为良。"意思是说，不能因为一只狗会吠叫就说是好狗，当然也不能因能说会道就认为是贤人。至秦汉，相马术有了较大发展。《史记·日者列传》提到"以相马立名天下"的黄直、陈君夫两位相马师。黄直是一位大夫，陈君夫是一位妇女。他们通过自己的专业技能，在相马领域获得了极高的声誉和地位。《史记·日者列传》还载："留长孺以相彘立名""荥阳褚氏以相牛立名"。说明当时相猪术及相牛术等也有一定发展。据长沙马王堆汉墓出土的帛书《相马经》记载，当时相马经验为："得兔与狐，鸟与鱼，得此四物，毋相其余。"即具有一个兔一样的头和肩，狐一样的耳和周身及臀，鸟一样的眼睛和颈部，鱼一样的耆甲，这样的马一定为良马。至东汉时期，中国杰出的相马家马援吸收前辈经验，结合自己的实践，在西汉相马家东门京铜马的基础上，创制一个标准的铜马。据《后汉书·马援书》（李贤注），马援的铜马相法，是"上唇欲急而方，口中欲红而有光""目欲满而泽""腹欲充，膁欲小，季肋欲长""腹下欲平满，汗沟欲深长""蹄欲厚三寸，坚如石"等。马援创制的这一铜马，相当于近代马匹外形学上的良马标准型，西方直到 18 世纪才有类似铜质良马模型问世。它不仅是中国相马学上的一项重大成就，也是世界相畜技术发展史上的一件大事。

在这一时期，马、牛等大型家畜的外形鉴定技术方法，即所谓相马术、相牛术等，在总结前代经验的基础上，又取得了明显的发展。马、牛是当时最重要的两种大型役畜，不论对国家还是个体家庭来说都是重要的财富，运用相畜术鉴定大畜的强赢优劣是非常重要的，对家畜买卖、役用和繁殖都具有重要指导意义。这些经验方法在今天仍有重要的参考价值。

二、古代相畜术的主要成果

中国古代关于家畜相术的专书亦曾不少，但完整存世者甚少，唯《齐民要术》保存了不少这方面的资料。据该书记载可知，当时在牛、马鉴定方面已经形成了一套系统的方法，对牛、马的相视观察，注意动静结合、形态机能与生理机能结合，既注意观察整体形态，又注意观察重点部位，反映了当时的家畜相术已经相当成熟。

《齐民要术》集中反映了相马的标准和实践。对马的鉴定要点有如下 5 个。

一是外形淘汰相法。“先除‘三羸’‘五驽’乃相其余”。所谓“三羸”即“大头小颈”“弱脊大腹”“小胫大蹄”；“五驽”即“大头缓耳”“长颈不折”“短上长下”“大髋短肋”“浅髋薄体”。这些都是不良的失格外形。

二是远近动止相法。如“望之大，就之小，筋马也；望之小，就之大，肉马也”。并指出马“至瘦，欲得见其肉；至肥，欲得见其骨”。

三是五官相法。“马头为王，欲得方；目为丞相，欲得光；脊为将军，欲得强；腹胁为城郭，欲得张；四下为令，欲得长”“马龙颅突目，平脊大腹，髀重有肉。此三事备者，亦千里马也”。“额欲方而平”“颔下欲深，下唇欲缓”“颈骨欲大，肉次之”“胸欲直而出”“背欲短而方”“脊欲大而抗”“胁肋欲大而洼”“腹欲充，膁欲小，季肋欲张”“腹下欲平满”“臂欲长，而膝本欲起，有力”“肘腋欲开，能走。膝欲方而庳。髀骨欲短。两肩骨欲深”等。此外还有：头部“欲得高峻如削成”“头欲重，宜少肉，如剥兔头”；耳朵“斩竹筒”（耳短、小、厚，前竦）；眼睛如“悬铃”（目欲满而泽，大而光、高，眶小，端正）；蹄踵“开如鹞翼”等。

四是五藏相法。“肝欲得小，耳小则肝小，肝小则识人意；肺欲得大，鼻大则肺大，肺大则能奔；心欲得大，目大则心大，心大则猛利不惊，目四满则朝暮健；肾欲得小；肠欲得厚且长，肠厚则腹下广方而平；

脾欲得小：赚腹小则脾小，脾小则易养。”对于马的整体体形和其中的各个部位，都有相当细致具体的相法和优劣标准。此外，当时还根据马齿“区”的磨灭情况，鉴定马的年龄，1—32 岁的马都有具体的观察标准予以鉴别。

五是综合评判。在外形鉴定的同时，还掌握外部形态与内部器官统一有机联系。例如，根据口齿磨损，还能鉴定马的实际年龄，这对马匹的利用同样具有很重要意义。

《齐民要术》对牛的外形鉴定也有一套标准。《齐民要术》中对牛的形态和各部位特征提出详细要求，反映了古代对牛的品种改良和饲养管理的重视。具体要求是：牛的体形要“身欲得促，形欲得如卷，”意思是牛的身体应该紧凑，形态应该像卷起来的一样，这里的“卷”是体态圆润。“插颈欲得高。一曰体欲得紧，”指牛的颈部应该高耸，身体应该紧凑。此外还有对牛的各个部位的观察判断：“头不用多肉”，“角欲得细”，“眼欲得大”，意味着牛的头部不应该有太多的肉，角应该细小，眼睛应该大而有神。对牛的躯干要求：“膺庭（即胸）欲得广”，“肋欲得密，肋骨欲得大而张”，“臀欲方”，即胸部应该宽广，肋骨应该紧密且大而张开，臀部应该是方形。对四肢要求：“兰株欲得大，豪筋欲得成就，丰岳欲得大，蹄欲得竖，垂星欲得有怒肉，力柱欲得大而成。”这里的“兰株”是指牛的尾根部；“豪筋”指脚后横筋；“丰岳”指膝部骨；“蹄欲得竖”指蹄子应该竖直如羊蹄；“垂星”指蹄上有肉覆盖，称为“怒肉”；“力柱”指车前横木。意味着这些部位应该发达、坚实。

至隋唐时代，不仅总结了前辈的相马经验，而且有了进一步发展。《司牧安骥集》“相良马论”及“相马宝金篇”提出了由粗及精和由外知内的相术。如对眼的相法三十二相眼为先，次观头面要方圆，“眼欲得高，又欲得满而泽，大而光，又欲得长大……目睛欲得如垂铃，又欲得黄，又欲光而有紫艳色”。这样就把良马眼的部位、大小、色泽、形态、重要性都作了较深的描述。由外以知内，如“目大则心大，心大则猛利不惊”。《司牧安骥集·相良马宝金篇》又进一步阐述“鼻与肺”“耳与肝”“髋与脾”“腹与肠”的关系。该书还指出：“相马不看先代本。一似愚人信口传”，结合唐代盛行的马籍及马印制度看，当时已重视马的系谱，有初步的系谱及遗传育种的认识，这在相马技术中前所未见。尤其是《司牧安骥集》还录有当时的《良马相图》一幅和《相良马论》，以及《良马旋毛之图》《口齿图》《旋毛论》等。《良马相图》详细说明了各部位的相法要点及要求，如对头部的相法要点；“面如剥兔”“眼下有肉”“眼似垂铃”“垂眼欲高”“脑骨欲圆”“耳如削竹”“颊骨欲圆”“食槽欲宽”“鼻欲宽大”“上唇欲方”“口叉欲深”“下唇欲圆”等，指标简单明了。书中的《旋毛论》对长期以来关于旋毛的迷信说法首次作了批驳，认为相马“当以形骨为先，旋毛排其一端耳。且马之有旋，未必果成凶也，而畜之者，事或不详，则归咎于马，以谓马致然，岂理也哉”。

明清时期相畜术全面发展，出现了大批相畜书籍。其中，最具代表性的是《马书》《元亨疗马集》《相牛心镜要览》，以及《三农纪》中的相畜部分。其中所载相法简明扼要，一目了然。时人还根据《司牧安骥集·相良马宝金篇》改编扩充成具七字八十句的《相马宝金歌》。

《相牛心镜要览》则对相牛经验进行了历史总结，如书中对水牛的全身相法概括为“四宽五紧”“五短”。所谓“四宽”即鼻孔宽、角门宽、胸膛宽、后幅宽。有此四宽，必然心肺发达，脑门发达，消化、泌尿、生殖等器官发达；“五紧”为口紧、皮紧、骨骼紧、腰根紧、尾巴紧，即身体紧凑。“五短”为嘴角短、项颈短、身子短、脚短、尾短，反映体形短促而前后匀称。理想的役用黄牛体形是：头小脑大，角立眼圆，身短，脊高背低，杂毛不生，尾长过膝。其肥要见骨，瘦要见肉，“肥牛不见骨，性慢无比”；“广瘦牛不见肉，就力不足”。对牛的局部要求：前身要高，“前身高一掌，只闻犁铧响。前身低一掌，只听鞭竿响”。肩，迎风要厚，云头要高。后身“要低，三叉角要平”，髀股要齐大。四脚要“轻”“圆”“露筋骨”。“前脚直似箭，善走不须鞭”；“后脚弯似弓，行走快似飞”。蹄要“圆大”，色“青黑紫”。皮毛要“薄、松、软”“稀立”、润泽有光彩，等等。

《三农纪》除了对猪、驴、骡的相术进行总结，还论及鸡、鹅等家禽的相法。猪头部要求“喙短扁，鼻孔大，耳根急，额平正”，认为“喙长则牙多，不善食”“耳根软、不易肥”“鼻孔小”“首皱”不易壮。体要“腰背长”，尾“直垂”，四蹄要“齐”。“气膛大、食多难饱，生柔毛，久难长”。相母猪要求“生门向上，易孕。乳头匀者，产子匀”。对驴的相法：驴要面目清秀，耳竖直，目大，鼻大，颈厚，胸宽，肋密，髋短，足紧凑，蹄圆，起走轻快，臀丰满尾垂者可致远，声大而长，连鸣九声者善是。对骡的相法：要求头大而配身，面善有肉，目大，耳竖，“四肢欲端，四蹄欲圆，鬃尾欲重，皮毛欲润，行走欲轻，动止欲稳”；最忌“面无肉而耳软，目陷，闷而偷视”。对鸡的相法：要求“目如鹤，啄若鸽”，头小圆正，足细。雄鸡宜头昂，冠竖，九距，翅束，尾长，啼声悠扬。雌鸡宜头小，眼大，颈细，足短。对鹅的相法：要头方，目圆，胸宽，身长，翅束，羽毛整齐，啄齐，声大。

此外，《臞仙神隐书》还载：“鹅鸭母，其头欲小，口内龁有小珠满五者，生蛋多，满三者次之。”这都是一些很好的经验，为中国古代农牧业的发展及优良品种的培育做出了贡献。

总之，古代的“相畜术”实质上是牧民对牲畜群体进行人工选择的良种标准和依据。通过这种方式，保留优良的牲畜品种和资源，淘汰劣种，从而保证畜群整体的质量。同时，提高了畜群整体对于冬季灾害性天气的应对能力，增强了牲畜对气候灾害风险的适应性。

第四节　古代兽医技术

一、古代兽医的产生与发展

中国兽医医药学起源于原始社会；经奴隶社会的初步发展，在漫长的封建社会中形成其完整的学术体系；在隋唐时期开始系统化、体制化，并逐渐传播到周边国家，对有关国家的兽医学术的发展产生较大的影响。

中国是世界四大古医药起源地之一，又是世界农业起源中心之一。早在有文字记载之前，已有了畜牧生产。当畜产品成为人们重要的生活来源时，如果畜群受到疾病的侵袭，人们必然利用已获得的治人病的知识试治兽病。这样就产生了原始的兽医活动。传说黄帝时期（公元前26—前25世纪），有马师皇善治马病，曾以针刺唇下及口中，并以甘草汤饮之治愈畜病。山东省博物馆陈列的大汶口文化遗存中发掘出来的大小不一的骨针共有6枚，这些骨针一端尖锐，另一端粗圆，并无针眼，骨针长的14厘米，短的7—8厘米，形似兽医用的圆利针。这些骨针是用家畜骨磨制成的，是畜牧生产的副产品，由此说明该时期以针刺治畜病是有根据的。

《黄帝内经·素问·异法方宜论》提出了“医之治病也，一病而治各不同”的治病原则，并且根据地域差异，采用“东方宜砭石、西方宜毒药、北方宜灸焫、南方宜微针、中央宜导引按蹻”的办法。可知，中国在远古时代就积累了因地而异的医疗经验。这些治病原则对原始兽医产生了重要影响，是就地取材治疗畜病的依据。

随着农牧业的发展，对牲畜的疾病防治也日益受到重视，加上当时人医技术已有较高的水平，促进了兽医技术的产生。夏商时期是中国兽医的萌芽阶段，虽然没有确切的文字资料，但甲骨文已有关于马的疾病的卜辞，如“贞多马亚（恶），其有卜”。[①]相信当时已有人尝试对马的疾病进行治疗。

夏商时期的最大特点就是“巫”“医”并存。《世本》说；“巫咸，帝尧时医，以鸿术为尧之臣。能祝延人之福，愈人之病，祝树树枯，祝鸟鸟坠。”传说中有许多名医，如巫彭、巫妨、巫方、巫庚、巫贤、巫咸，

① 郭沫若．殷契粹编［M］．北京：科学出版社，1965：1290（图版）．

都在名字之前加一巫字。河北省的藁城商代遗址中发掘出郁李仁、桃仁等中药，证明当时巫和医的并存。甲骨文中还有一些象征去势的字，表明殷商的畜牧生产已对家畜进行“阉割去势”的外科手术。当时的兽医已利用青铜针、刀作外科工具。安阳殷墟妇好墓出土的玉牛，鼻中隔上穿有小孔，表示已发明了“穿牛鼻”技术。

到了周代兽医技术就已经颇为成熟。如《周礼·夏官·巫马》说“巫马掌养疾马而乘治之，相医而药攻马疾。”郑玄对此的注释为：“乘谓驱步以发其疾，知所疾处，乃治之。相，助也。”这段话和注释说明了巫马负责疗养病马的职责。通过遛马（乘治）来观察马的疾病所在，然后加以治疗，并协助医者用药治疗马的疾病。尽管巫马可能是指以前采取巫术来医治马病，但从《周礼》记载来看，此时已无巫术内容，而是通过“相医而药”来“攻马疾”了。可见在周代，至迟到春秋时期，巫、医已经分离了，治病主要靠医药，只是仅仅保留了“巫”的名称而已。

“兽医”一词也是这个时候正式出现的。《周礼·天官》的记载表明当时设有“兽医”一职，其职数是“下士四人”，其职责是“兽医：掌疗兽病，疗兽疡。凡疗兽病，灌而行之，以节之，以动其气，观其所发而养之。凡疗兽疡，灌而劀之，以发其恶，然后药之，养之，食之。凡兽之有病者，有疡者，使疗之。”

由这条记载可以看出当时的兽医已经较为进步，已有兽医的内外科之分。“疗兽病”属于内科，疗兽疡属于外科。治牲畜内科病的方法是先灌饮汤药，让它行走，药力发散，使它脉气发动，然后诊视它的病情，按照症候来治疗。治牲畜外科病的方法是先灌饮汤药，刮去脓血和腐肉，然后敷药，再以食料喂饲，补充其营养，使它恢复体力。

可见当时在兽医临床上能够针对不同的疾病，对兽医内科、外科采用药治与手术相结合的综合治疗，并且能依疾病之所需，通过“养之”“食之”来配合治疗。这种临症施治的综合疗法，是兽医学上的一大飞跃。而“以动其气，观其所发”则是兽医诊疗技术上的脉诊，这是中国兽医临床脉诊应用的最早记录。也表明当时的兽医已经脱离了原始阶段，开始走上成熟的道路[①]。

西周时期出现了一位著名的畜牧兽医师，名为“造父”。造父是伯益的后代，大约生活于公元前10世纪后期。他不仅是周穆王时期的御马官，还是中国古代历史上著名的善御者。他擅长马匹的调教、驾驭和马病治疗，曾为穆王驾车巡狩天下，使四方臣服；并曾进行马颈静脉放血的手术，以解除马的暑热。造父因其卓越的兽医技术和对马匹的深刻理解而闻名，被后世尊为畜牧兽医的名匠。后世有人假托他的名字撰著了一部《造父八十一难经》的兽医专著，只可惜没有流传下来。

到春秋时期，著名畜牧兽医师开始增多。例如，《伯乐相马》的伯乐，他本名孙阳，号伯乐，大约是公元前7世纪人。还有和伯乐同时或稍后的王良，也非常有名。历史上有关伯乐的兽医专著有《伯乐针经》《伯乐明堂论》《伯乐新书》《孙阳集》，还有《王良百一歌》，这些著作大多数系后人托名之作。

战国时期已有专科诊治马病的“马医”。内科病已用水煎剂灌服，外科病用涂敷药或腐蚀引赤药以去其坏死组织。药物分草、木、虫、石、谷五类，并分为以“五毒攻病、五味调病、五气节病、五谷养病”等治则。

秦汉时期，兽医学术有进一步的发展，民间不仅有专治马病的马医，还有因耕牛的发展而出现专职的“牛医”。秦代已制定畜牧兽医法规“厩苑律”，在汉代改名“厩律”。厩苑律的条款包括五类。一是饲养管理：规定了对耕牛的饲养和考核，如每年四月、七月、十月和正月进行评比，满一年后在正月举行大考核，成绩优秀者会得到赏赐，而成绩低劣者会受到惩罚。二是奖惩制度：对于饲养和管理牲畜表现优秀的个人，如田啬夫和牛长，会有酒和干肉的赏赐，以及免除劳役的奖励。三是表现不佳者则会遭到申斥和劳役的惩罚。四是牲畜死亡处理：如果

① 于船，牛家藩．中兽医学史简编［M］．太原：山西科学技术出版社，1993：5.

官有的牛马死亡，需要及时向所在县呈报，由县检验后上缴。如果因不及时上缴导致牛马腐烂，需要按未腐烂时的价格赔偿。五是牲畜所有权保护：秦律中还包括了对偷盗马、牛、猪、羊等牲畜的惩罚规定，进一步保护了牲畜的所有权。东汉末，《神农本草经》出现，收录药物 365 种（植物药 252 种，动物药 67 种，矿物药 46 种）。它是中国最早的一部人畜通用的药学专著，其中有些药指明专用于家畜。在《居延汉简》《流沙坠简》，以及《武威汉简》中有医治马牛病的处方。汉中山王墓中出土了治病用的金针、银针和铁制的九针。《盐铁论》中已提到用皮革保护马蹄，《汉书·艺文志》载有《相六畜》三十八卷。从长沙二号汉墓中发现《相马经》。在此时期内，还出现铜制的良马标准模型，立于京城东门外，先后有东门京和马援二人制的两个铜马模式和相法。

三国两晋南北朝时期，战争使民族发生大迁徙，北方游牧民族入主中原使农牧业有进一步的发展，为农牧业服务的兽医学随之有进一步的发展和提高。葛洪（281—340 年）所著的《肘后备急方》中记载了治疗六畜（牛、马、羊、猪、狗、鸡）等家畜疾病的方剂。一是治马热蚛颡黑汗鼻有脓、瘙瘙有脓，水草不进方；二是马远行到歇处，良久，与空草，熟刷方；三是马急黄黑汗方；四是马起卧，脬转及肠结方；五是马羯骨胀；六是治马后冷方。以上方剂体现了葛洪在兽医领域的贡献，展示了古代中医对家畜疾病治疗的深刻理解和实践经验。《肘后备急方》不仅是一部重要的中医急救医书，也包含了丰富的兽医知识。

北魏贾思勰所著的《齐民要术》一书中有畜牧专卷，并附有一些供牧民等采用的应急疗法、疗方 48 种，应用于 26 种疾病。如用掏结术治粪结，用削蹄和热烧法治漏蹄，用无血的去势法为羊去势，用犍牛法给猪去势以防感染破伤风症，以及关于家畜大群饲养时怎样防治疫病的发生和进行隔离的措施，反映了当时的兽医技术水平已相当高。

据史书记载，魏晋南北朝时期，频繁发生大范围的家畜传染病和寄生虫病。在疾病流行期间，大量家畜倒毙，有时甚至导致家畜“绝群”，对畜牧生产造成了重大损失。比如《资治通鉴》记载，北魏天兴五年、皇兴二年及太和十一年均曾发生过牛大疫。其中，天兴五年："牛大疫，死者十八九。官车所驭巨犗数百，同日毙于路侧，首尾相属。麋鹿亦多死。"①

羊的传染病也很严重，《齐民要术》曾提到羊疥会导致"合群致死"；"可妬浑"病亦可"迭相染易，著者多死，或能绝群"。一旦疫情发生，其经济损失是非常巨大的。在当时的科学技术条件下，由于没有疫苗免疫，要有效地防控畜疫的发生和传播是十分困难的，但为了减轻经济损失，人们仍努力采取了多种预防和治疗措施。如疥癞是由于"疥虫"侵袭家畜皮肤而导致的一种皮肤病，各种家畜都可能感染患病，而羊、马由于喜群聚，最容易互相传染，一旦受染患病，轻则瘦损倒毙，重则群畜皆绝。对此，当时人们已经有所认识，所以一旦发现畜群中有患此病者，立即实行隔离。《齐民要术》说："羊有疥者，间别之；不别相染污，或能合群致死。"② 不仅如此，当时人们还采取一些特殊措施，对患病家畜加以区分隔离，以防止畜群中传染病和寄生虫侵袭病的传播和扩散，《齐民要术》引《家政法》云："羊有病，辄相污，欲令别病法：当栏前作渎，深二尺，广四尺，往还皆跳过者无病；不能过者，入渎中行过，便别之。"这虽是一种比较简单的办法，未必十分准确有效，但对于鉴别生病弱羊还是能起到一些作用的。

对于已经患病的家畜，当时采取了多种治疗方法和措施，其中包括针灸、外科手术等，但更普遍采用的还是采用药物治疗。针灸治疗畜病的具体方法《齐民要术》未载，但据《隋书·经籍志》的记载，这一时期曾出现过多部针灸治畜病的著作，如《马经孔穴图》《治马经图》等，说明当时家畜针灸学有一定的发展。采用外科技术治疗畜病，《齐民要术》中有不少记载，如"治马患喉痹欲死方""治马黑汗方""治马瘙蹄方""治驴漏蹄方""治羊疥方""治羊挟蹄方"等，均采取外科治疗方法，其中包括药方外治和若干手术方法；《肘后备急方》更记载当时使

① 魏收. 魏书：卷 105：天象志二［M］. 北京：中华书局，1977：2823.

② 贾思勰. 齐民要术：卷六：养羊第五十七［M］. 北京：中华书局，1956：173.

用直肠内摩、直肠掏结和木棍刮擦等外科方法，治疗马秘疝、痉挛疝和胞转症。特别是对马、羊疥癞的治疗，《齐民要术》中共记载有7种外治药方，《肘后备急方》也记载有3种；关于蹄病的治疗，《齐民要术》所载的治疗方法更有13种之多。至于家畜内病，亦采用不少药物治疗方法，例如对马的食积和牛的宿草不转症，当时已采用饧糖、麦芽、谷芽帮助消化，以麻子研取汁液帮助滋阴润燥去滞治疗牛腹胀；以豆豉、酒等和取汁液帮助发汗解表治疗马出汗后受寒所致的汗凌症等，亦均是符合科学道理、行之有效的治疗方法。通过这些方法治疗畜病，均可取得明显的效果，反映了当时兽医内科和外科治疗技术均有所发展。

隋唐时代，中国兽医学已形成完整的学术体系。隋代在太仆寺中已设兽医博士。《隋书·经籍志》记载，当时有《疗马方》1卷；《伯乐治乌杂病经》1卷；俞极撰《治马经》3卷；《治马经》4卷；《治马经目》1卷；《治马经图》2卷；《马经孔穴图》1卷；《杂撰马经》1卷；《治马牛驼骡等经》3卷，目1卷。唐代因循隋制，在太仆寺中设兽医博士4人，教育生徒百人。另在太仆寺系统中设兽医600人。由于唐代有一个完整的兽医教育体制和兽医升迁制度，使唐代的兽医学术得到迅速发展。833年以前，唐宗室行军司马李石采集当时的重要兽医著作，编纂成《司牧安骥集》4卷。前3卷为医论，后1卷为药方，又名《安骥集药方》。它是现存最早的中国兽医学专著，也是自唐到明约1000年间兽医必读的教科书。该书对中国兽医学的理论及诊疗技术有着比较全面的系统论述，并以阴阳五行作为说理基础，以类症鉴别作诊断疾病的基础，八邪致病论是疾病发生的原因，脏腑学说是家畜生理病理学的基础——五脏五腑的五脏论是畜体的结构论，又是脏腑辨证、认识疾病、治疗疾病的基础。六阴六阳图表明在此时期兽医已采用十二经的经络学说，只不过图上十二经的主穴都是放血穴，缺乏经络循行路线和线上穴位分布名称。《伯乐针经》的出现表示家畜针灸学在此时已形成。其前面的《骨名图》和《王良先师天地五脏论》中的骨名研究，标明古典家畜解剖学的研究是为了更好地进行针灸治疗，是为针灸学服务的。为了保障农牧业的发展，唐代制订有保护牲畜的法规。

少数民族集中的边疆地区，兽医学有新的发展。在西藏出现了藏兽医，著作有《论马宝珠》《医马论》等。在新疆维吾尔自治区吐鲁番市的唐墓中曾发掘出《医牛方》。唐高宗显庆四年（659年）颁布的中国人畜通用药典《新修本草》，内载药物844种（也有850种的说法），并有标本图谱。它是世界上最早的药典。《安骥集药方》则是中国现存最古的兽医方剂书。书内共录药方144个，按功效分为15类，分类方法尚未达到五经分类的水平。方中采用了一些舶来品，可知唐代兽医已吸收国外药物学的一些成果。所录方剂有的至今还在应用，有的成为后世方剂的基础。

宋代的兽医上监，即“牧养上监”，是宋代官办“兽医院”的开端，主要负责养疗京城诸坊、监病马。根据《宋史》记载，宋代在1007年设置了“牧养上下监”，专门用于养疗病马。到了1036年，宋朝进一步规定了病马的医疗管理办法：“凡收养病马……取病浅者送上监，深者送下监，分十槽医疗之。”1103年规定，病体送“皮剥所”，这是类似尸检的剖检机构。这表明宋代对病马的治疗和管理有着明确的制度和规定，体现了当时兽医制度的成熟和专业化。上监主要负责病情较轻的马匹，而下监则负责病情较重的马匹，通过分槽医疗的方式，提高了治疗的效率和效果。这种制度不仅体现了宋代对兽医事务的重视，也展示了当时兽医技术的先进性。《文献通考》说：宋之群牧司有“药蜜库……掌受糖蜜药物，以供马医之用”。这是中国官办最早的兽医专用药房。

据《艺文志》记载，宋代有《伯乐针经》《安骥集·集药方》《贾躭医牛经》《贾朴牛书》《马经》《灸马经》《重集医马方》《相马病经》《医马经》《非马经》《疗驼经》《论驼经》《医驼方》《师旷》《段永走马备急方》等畜牧兽医著作。宋代将《司牧安骥集》一书从原来的医案3卷、方剂1卷扩充为医案6卷、方剂2卷，共8卷。北宋王愈撰《蕃牧纂验方》被收入该书成为第八卷。《蕃牧纂验方》内的四含法，开创以药物预防家畜季节性多发病的先例。《黄帝八十一难经》把脾寒证分为 11 种证型，大大发展了中兽医症候辨证学。

元代统治者以畜牧起家，对牲畜疫病的防治有管勾（官名）卞宝著《痊骥通玄论》6 卷，现存 3 卷。其中，《痊骥通玄三十九论》的三十三论是阐释治疗结症的起卧入手歌，对结症的诊断治疗有明显的提高。《点痛论》是对诊断马肢蹄病的跛行诊系创新的总结。《痊骥通玄四十六说》进一步阐述了五脏论等中兽医基础理论，为传统中兽医学的提高做出了贡献。

明朝由于军事上的需要，在长江下游的六府二州开展了几次基层兽医培训。《大明会典·马政纪》记载，明英宗时（1438 年）规定："每群长（管马 25 增至 50 匹）下，选聪慧子弟二三人，习学兽医，医治马匹。"名兽医喻本元、喻本亨等就是在此时培训出来的。朝廷对兽医学的发展曾给予较大的重视。《永乐大典》有汇编的《兽医大全》，成化年间兵部编纂了《马经》6 卷（现存残卷 2），万历甲午年（1594 年）太仆杨时乔主编的《马书》14 卷（现残存 1—11 卷）。《元亨疗马集》《元亨疗牛集》的理论体系和临床实践紧密结合，有良好的临床实践价值，成为自明代以来的家畜治疗的经典著作。

清初，禁止内地汉人养马，民间的马病医治停滞不前。但由于农耕需要牛，牛病学得到较大发展。1667 年，杨潮、朱钰重刻《元亨疗马集》时，将《水黄牛经合并大全集》和《驼经》并入成为一书，适应了当时的时势要求。1736 年，李玉书将此书重编，加上《安骥集》等书的部分内容，删去《碎金四十七论》中的二十一论，编成《马经大全》6 卷，《牛经大全》2 卷，《驼经》1 卷，总名为《马牛驼经全集》。近代流行的即是此书。清初著名学者许锵曾为此书作序，常简称"许序本"。1785 年，郭怀西编《新刻注释马牛驼经大全集》，对《牛经大全》进行多处修改和补充，虽名"注释"实系新作。1800 年，《养耕集》问世，对牛体针灸术有进一步的补充和发展。其后，《牛医金鉴》《抱犊集》《牛经备要医方》《大武经》《活兽慈舟》《牛马捷经歌》等兽医书接踵涌现。

此外，随着养猪业发展的需要，《猪经大全》也编成刊行。《活兽慈舟》以黄牛、水牛病为核心，同时编入了马病篇、猪病篇、羊病篇、狗病篇、猫病篇等。需要提到的是，1758 年赵学敏编著的《串雅外编》特别列出了医禽门、医兽门和鳞介门。把兽医的医疗对象扩展到各种家畜、家禽和水产。中兽医学的特有疗治手法和方药针灸的辨证施治原则，得到进一步的深化和发展，形成了中国古代完整的中兽医学术体系。①

二、兽医药物学的产生

中国传统兽医药物的发生、演变和发展，与中医医药史有紧密关系，在许多方面二者都息息相关。中国医药知识的萌芽和积累始于原始社会。人们为了保障驯养动物的繁衍，常常把已知的一些用于人类的药物知识转用于治疗家畜家禽的疾病，从而促进了兽医药的起源。

夏商时期，药酒、汤液和朱砂已被临床应用。罗振玉的《殷墟书契》里说到，当时人们已用郁金草酿造药酒，用以祭鬼神和治病。根据《史记·殷本纪》的记载，人们把创始汤剂的发明权归之于伊尹。汤剂疗效显著，服用方便，逐渐成为一种常用的药物剂型沿承至今。河北省的藁城商代遗址中出土的桃仁、郁李仁等药，也见于后世的《神农本草经》（卷下），这是兽医临床用于润燥剂的经典药物。

西周至春秋时期，随着农牧业的发展，兽医医药也得到长足发展。据《周礼·天官》记载，当时不仅有了专职兽医，而且在兽医临床上已采用了灌药、养护等综合的疗法。《周礼》中的“五药”，汉代郑玄注为“草、木、虫、石、谷”，反映出当时人们已有药物分类的概念。《诗经》收载了 291 种药物。战国时代名著《山海经》不仅载有 353 种防治疾病的药物，而且对所载药物都明产地、性状、特点及效用等。所载药物有的是一药治一病，有的是一药治数病或者数药治一病。这反映出当时在用药方面已经积累了丰富的知识和经验。所载的药物有内服的，也有外

① 中国农业大百科全书编委会. 中国农业在百科全书：农业历史卷［M］. 北京：农业出版社，1995：422.

用于浴、涂、坐、佩的。这是最早的药物剂型分类和使用方法。有许多具体的方剂至今仍被用于兽医实践。例如“芑，可以服马”“杜衡，可以走马”“葶苧，可以毒鱼”“礜石，可以毒鼠”“流赭，以涂马牛无病”等。这里提到了“以涂马牛无病”的药物预防概念。在《山海经·大荒西经》中有“十巫采药”的记载，与《礼记·月令》的“孟夏月也，聚蓄百药”的记载吻合，反映出当时已具有采药、贮药、制药的知识。

成书于战国时代的《黄帝内经》总结了古代医学理论，也总结了药物的“四气五味”药性，为后世的药学发展奠定了坚实基础。湖南省长沙市马王堆三号汉墓出土的帛书《五十二病方》，其中共有 283 个医方，以及 254 种药物。书中除了外用内服法，尚有灸、砭、熨、薰等多种外治法。所用剂型有汤、散、丸、膏等。需要特别提到的是，在战国墓中出土了“药称”和“法码”的衡具。这说明当时在用药剂量上有了较精确的用量标准，改变了此前用药均以“一齐”的粗放做法。另外，《庄子·徐无鬼》记载的用药组方中，已有主、辅药之分，出现了中医的药物配伍复方的雏形。

秦汉之际，托名扁鹊（秦越人）、孙阳等历史名医的著作，如《扁鹊难经》《伯乐疗马经》等相继问世。《三国志·夏侯玄传》著录了《马经》《牛经》的著作，近年出土文物中也有一些兽医药方的简牍，这说明当时的兽医诊疗技术已达相当水平。从晚清出版的《流沙坠简》，以及近代出版的《居延汉简》可以看出，秦汉时期，中国的兽医技术不仅在临床上掌握了复方的组合与应用，并采用了汤、散、丸、熏等多种剂型，还有了饲喂前、饲喂后的用药区别。2000 多年前兽医药之所以发展到如此的程度，与同一时期的人类医药学的发展紧密相关。

需要提及的是成书于汉代的《神农本草经》，这是一部药物知识的专著，也是中国第一部药学专著。书中载药 365 种，依功能分为上、中、下三品。书中所载药物，均能详述性味、主治等，并对药物的畏、反、禁、忌和君臣佐使等配伍原则有明确翔实的论述。书中还特别记有如“牛扁杀牛虱、小虫，又疗牛病”“柳叶主马疥、痂疮”“桐花主敷猪疮”等一些治疗家畜疾病的兽医药物知识。

东汉名医张仲景的《伤寒论》，是一部系统总结3世纪以前医药知识的名著。书中以论热病为主线，以“方药治病，辨证施治”为主导，根据疾病症状分别采用汗、下、温、和、吐、清六法。全书共收录113个医方，用药80余种。所用药多见于《本草经》，其所称优者，在于辨证确切，选药精良，用药灵活，组方严密，故其理、法、方、药对后世医药学（包括兽用医药学）影响深远。如兽医临床沿用至今的“治结以下法、治热以清法”等，都是秉承《伤寒论》的药理手法。再如《伤寒论》专治“阳明腑实证”的“承气汤”主要有三个方剂，分别是大承气汤、小承气汤和调胃承气汤，兽医临床一直沿用至今。《牛经备要医方》治疗牛热症的“栀连二石汤”，就是从《伤寒论》的“白虎汤”演化而成。

晋代葛洪的《肘后备急方》是一部简单实用的方书。葛洪在“治六畜诸病方”卷内，对马骡的十几种常见疾病，提出了包括药物在内的多种疗法。在其所采用的剂型中已应用了丹剂等。关于这一时期的兽医典籍，多数已经佚失殆尽，但今天仍可通过其他相关学科的史料窥之一二。梁代陶弘景（451—536年）对《本草经》加以整理、订正，著成《神农本草经集注》共7卷，载药730种。其中，《本草经》未收者365种，新增者占半数。书中载有百部“浓煎洗牛马，虱即去”；牛扁“牛疫代代不无用之”；羊踯躅（闹羊花）“羊食其叶，踯躅而死”等兽医药知识。南朝宋的《雷公炮炙论》，总结了汉、晋间的药物炮制经验，是中国第一部药物炮制加工的专著。它为后世的药物炮制加工确立了操作规范，对制药学的发展有很大的影响。药物经过炮制，可以降低毒副作用，改变药性，增强疗效，消除杂质，易于保存，便于制剂和服用等。现存兽医所用的炮、煅、煨、炒、飞、晒、焙、洗、浸等药物炮制法，都是在雷氏《炮炙论》十七法的基础上发展而来。北魏贾思勰的《齐民要术》，对家畜的26种疾病，提出了包括药物在内的多种疗法，用药约40种，且有蒸、捣、烘、烧、发酵等多种药物加工方法。此时出现的药物发酵法是药物加工的一大进步。据《隋书·经籍志》记载，隋朝时出现的药学著作超过 20 种。这些著作在药学理论、药物分类、药物功效、药物制备等方面均有重要贡献。此外，隋朝还出现了如《本草图》《本草音义》《入林采药法》《种植药法》等数十种本草兼药学的著作，丰富了中国的药学宝库。

唐代药物学发展的标志性事件是编纂颁行了中国第一部药典《新修本草》（又名《唐本草》）。宋辽金元时期医药学仍有发展。宋朝设立官办药事管理机构"太平惠民和剂局"，由官方组织编纂了《太平圣惠方》《太平惠民和剂局方》等药物著作，还专门设立了兽用"药蜜库"以掌兽药，重刊颁行了《司牧安骥集》，编纂了《蕃牧纂验方》，使兽医从业者能够效法有其范，处方有其本，从而极大地促进了兽医药的发展，为后世兽医药的发展奠定了基础。

宋元时期在药物加工炮制方面也有很大进展。宋时，药物的炮制已从过去的减少毒副作用，改变为以改变药性和增强疗效为目的的制药。这不仅体现了炮制目的的多样化，也反映出炮制技术的发展和提高。这些炮制法至今仍在兽医临床沿用。据《沈苏良方》所述，沿用至今的诸如面煨、麸炒、酒制、姜汁炙、水飞、烧灰存性等，都是当时行之有效且被广为应用的制药法。《和剂局方》更设专篇来论述炮制技术，并指出如若药物炮制不当，会直接影响临床效果。这对后世医药学（包括兽医药学）的发展具有一定的引领开拓作用。

明代李时珍的《本草纲目》计 52 卷，载药 1892 种，其中新增 314 种，并有附方 11 万余个，附图 1160 余幅。书中不仅收载有大量的人畜通用的方药，还载有许多兽用药和易使家畜中毒的药物知识。此期间刊行的兽药著作，共有 40 余种。其中，杨时乔《马书》的"喂养事宜"，可称为兽医食疗药性之专篇。杨时乔对家畜常用的饲喂药物就其性味和功用等逐项论述，如大麦："煮半熟，用井花水淘过，味甘，性温，无毒，宽肠胃，化草谷，调中益气。捣捶生用，补胃气，强筋骨。为蘖（即麦芽），化宿食，逐冷气，消肚胀，进草谷，开胃口，无不甚佳。"

记载之详备，在兽医古籍中尚属首见，从而开创了兽药论述之新风，促进了兽医食疗的发展。《元亨疗马集》是当时兽医学的代表作。书中理、法、方、药俱备，内容非常丰富。其冬卷中的“五经治疗药性须知”等，更是以前历代兽医古籍所未有，体现出对兽药认识的提高。

清代牛病防治成就较大。辑自赵学敏《串雅外编》的《串雅兽医方》，是一部以廉、便、验为特点的大众性防治畜病的经验总结。书中大部分方药均属兽医古籍所首见，因而成为研究传统兽医药的宝贵资料。《活兽慈舟》收载了以牛病防治为主的多种家畜疾病 240 种，用方 700 多个验方。处方用药多以中草药为重，尤其重视引经用药。该书在配伍组方时运用了反、畏等前人所忌的偏方，重新进行了反、畏、禁、忌的实践验证。郭怀西的《新刻注释马牛驼经大全集》，从临床需要出发，在其卷三中对《元亨疗马集》中的“五经治疗药性须知”等进行了翔实的补充，撰成较系统全面的兽药专篇，其中有《元亨疗马集》冬卷所载之“须知”等记述，还有“四时用药法”“药性全载”等内容。“药性全载”收有常用药 270 余种，对每种药都简要述其性味、功能和配伍等。总之，历经数千年实践之兽药学方自成体系，谱写了中国兽药学的历史。

三、动物阉割去势手术

动物去势术是中国古代发明的摘除动物雄性睾丸和雌性卵巢，使失去繁殖能力的一种外科手术，又称阉割术、劁骟术。

殷墟卜辞中已经出现一些反映家畜去势的“指事”之字，闻一多在《释豕》一文中考证了这些字。他认为甲骨文的“豕”字，因其腹下多了一个细小的短横，而且这一短横与猪的胴体不相连，表示公猪的生殖器已被截断，是表示已阉割猪的专用字。到西周时期，去势术在马、猪中已广泛采用。《周易·大畜》曰：“豮豕之牙，吉。”这里的豮即为去势的公猪，意思是说，去势之后的公猪，性情变得温驯，獠牙不再伤人，因而卜辞说它“吉”。《周礼·天官·庖人》：“春行羔豚，膳膏香。”《礼记·曲礼》:“凡祭宗庙之礼……豚曰腯肥。”羔豚是幼龄羊和幼龄猪的合称；豚指育肥的去势猪，其肉肥腯而香。

马的去势在西周时期已定为制度。《周礼·天官》说:“夏祭先牧，颁马攻特。”颁马是颁布放牧马群的各种政令、指令；攻特专指给公驹去势。由此可知，给家畜去势早在3000年前已成为畜牧法规，牧场需要按时施行。

牛的去势在《庄子·外物》里，有“任公子为大钩巨缁，五十犗以为饵”的表述。引文中的“犗”就是阉割去势的牛。这表明在庄子所处时代，阉割后的牛在实际生活场景中有着特定用途，反映出牛去势在当时的意义。此外,《周易·大畜》中提到“六五、豮豕之牙吉”,“豮”为去势的公猪，说明去势后的公猪性情温顺，不再伤人，因此是“吉庆”。《礼记·曲礼》中提到“凡祭宗庙之礼，豚曰腯肥”，其中“豚”指育肥的去势猪，其肉肥腯而香。

羊和狗的去势出现较晚，但在汉代以前已以普遍施行。猫的去势和雌鸡的卵巢摘除术则在汉代以后才出现。《说文解字》记载:“羯，羊羖犗也。”这里的“羖”指的是公羊,“犗”本意是阉割过的牛,“羯”字在这里是指被阉割过的公羊。可知羊的去势至迟在汉代已施行。《广雅》中提到“犗、羊也。吴羊曰犗”，进一步说明羊的去势情况。殷商时代的甲骨文中已有关于猪阉割之字符，且有象征一人持刀割除雄性生殖器的字，具有对家畜的阉割和对人加以阉割（宫刑）的双重含义。《说文解字》还指出:“猗，犗犬也。”说明当时对狗也施行了去势手术。

公鸡的睾丸位于腹腔背侧靠近两肾处，猪的卵巢位置也在腹腔背侧靠近两肾处，要摘除它们必须打开腹壁，手术难度较大，因而阉鸡和母畜卵巢摘除，晚至明代才见诸记载。给公鸡去势古时称为镦鸡。在《臞仙神隐书》中有“镦鸡、骟狗、净猫”等记载。镦为矛戟柄端下平底铜蹲，这里指阉鸡专用的睾丸小勺。明代朱权所著的《臞仙神隐书》中记载了包括“镦鸡、骟狗、净猫”在内的多种家畜和家禽的去势技术。这些记载表明，在明代，动物阉割技术已经相当成熟，并广泛应用于畜牧业生产。古人称卵巢摘除为挑花、捞蕊。明初的《名义考》书中以摘除母猪卵巢来比拟“妇人幽闭”，书中说：“幽闭，若牝猪去其子肠。”《三农纪》中明确指出，摘除小母猪卵巢的适期是六十日龄：“二月剔其蕊”。母猪去势的明确记载虽然始于明代，但从一些情况分析，汉代似已具备母猪去势的技术条件。

根据去势时保定家畜的方式不同，有立骑、卧骧、倒立骟等。按照去势方法的不同，有火骟、水骟、夹骧、扎骟、捶骟、大挑花、小挑花等。最古的去势方法为火骟法，是用烧红的烙铁烙断精索上的血管以摘除睾丸。血管被烙焦曲，术后止血完全，但灼红的烙铁必然使血管周围的细胞组织坏死，创口即难以愈合。若被病菌污染，轻则局部化脓，重则形成明代刘基在《司马季主论卜》提出的“热壅之患”（化脓性毒血症、败血症）和尾风（破伤风）。为解决这一严重缺点，汉初改用水骟法去势。水骟法利用冷水冲洗阴囊刺激血管收缩以止血。阴囊的切开、精索的截断仍用刀，但以指甲刮、挫、扭、撕血管，直至血管被撕断，睾丸脱落下来为止。刮挫使血管挛缩卷曲，以阻断出血。火骟法的创口易愈合，缺点是易发生止血不全，必须掌握刮挫手法要领，方可使止血完全。因而自汉代起由水骟法取代了火骟法。火骟和水骟均采用横卧保定方法保定家畜，当夹骟法创立后，方采用站立保定的立骟。这已是明代以后的事了。

当代将动物去势手术统一称为“阉割”。这是牧民控制畜群规模的技术活动。由于牲畜每年的繁殖率很高，为控制牲畜头数过快增加、控制畜群规模，牧民每年都会于固定的时间段对幼年的公畜进行阉割。天气回暖，蚊虫、苍蝇尚未繁殖的春末初夏，是进行阉割活动的最佳时期，但因不同畜种的生理条件各有特点，所以具体的阉割时间和手段上有一定的差别。

公羊阉割。公羊羔性成熟较早，出生 3—4 个月后出现性冲动。因此牧民一般会选择在公羊羔 3 个月大时进行阉割。通常由男性牧民持刀，用刀尖在阴囊顶部切一小口，将睾丸抽出，然后用拇指和食指将切口紧捏几下便可。公羊羔阉割比较简单，一般牧民都可独立操作。公羊去势后的手术创口易受尾巴污染而化脓，甚至感染破伤风菌而导致尾风和死亡，特别是脂尾绵羊，因脂尾大，去势后的手术创口容易被污染，只有用无血去势法才能解决这个问题。《齐民要术》记述了公羊的无血去势法："羔生十余日，以布裹齿脉碎之。""齿脉"指精索处的血管。"碎之"指挫碎脉管。现在的捶骟法是以布条裹在阴囊基部，展平精索和脉管，下垫木块，上用木槌捶打至精索扁平，使动、静脉管的空腔被捶打而完全闭锁不通。夹骟和扎骟是用夹棍和绳索扎住阴囊基部，使血液循环不通、睾丸萎缩的去势术。这两种方法不需要布条缠裹，而捶骟需要缠裹布条。

公马阉割。公马的阉割手术一般是在公马 3—4 岁时进行。阉割公马的季节选在春末夏初，此时草原上的蚊蝇还在蛰伏，气候适宜，马匹恰好吃到青草，恢复了体力，不肥不瘦，因此选择这个时间段进行阉割，有助于手术后伤口愈合和体力恢复。公马阉割的难度较大，需 3—4 人合作进行。阉割后的公马不能立即放入马群，需与马群隔离，用毛毡等物品盖在马背上进行保暖，避免剧烈运用，适量喂食，单独护理半个月左右。其间若无不良反应，方可放归马群。

公牛阉割。公牛犊 2—3 岁时进行阉割。方法与公羊阉割方式类似，把公牛阴囊表皮切开，抽出睾丸，并用绵羊毛缠裹伤口即可。阉割有益于牛犊的生长发育，使其体格健壮，性情温驯，容易育肥。

仔猪去势。由于猪尾巴的摇动常使创口污染而患破伤风病。《齐民要术》有用掐尾法来防止猪去势后患破伤风的记载："其子三日便掐尾，六十日后犍。三日掐尾，则不畏风，凡犍猪死者，皆尾风所致耳。"

对家畜进行阉割，不仅可以使之更快地膘肥体壮，肉质更好，也可使之性情温驯，易于役使。同时，阉割也是人工控制家畜的生殖和繁育的手段，有利于选择和培育出优良的畜种，这些都标志着古代的家畜繁育技术已具有相当高的水平。

四、兽医的针灸与火烙术

传统兽医的针法是以机械刺激治病，灸法则是以温热刺激治病。二者均起源于中国，萌芽于旧石器时代末至新石器时代初期，后来逐步发展为传统中兽医防治家畜疾病的主要手段之一。

《素问·异法方宜论》说：砭石疗法始于中国东方，用治痈疡。灸焫疗法始于中国北方高寒地区，用治寒气胀满。微针疗法始于中国南方，用治湿气挛痹。考古学家在内蒙古自治区多伦县头道洼的新石器时代遗址中发现一块“砭石”，呈四棱锥形，具有刮、削、刺、磨4种功能。《山海经·东山经》说：“高氏之山，其上多玉，其下多箴石。”这里的“箴石”指的是可以用于制作砭针的石头。晋代郭璞对《山海经》的注释中提到：“箴石，可以为砥（砭）针，治痈肿。”这说明箴石具有医疗用途，可以用来制作砭针，用于治疗痈肿等病症。

但是，在石器时代，更广泛应用的多是竹针和骨针。中国南方多竹，这是微针起源于南方的地理条件。砭石和石针在青铜工具兴起后逐渐被淘汰。到战国时期冶铁技术已有很大发展，因此在《灵枢经》中治病的微针已经是铁制品。

灸是以持久的火热进行烘、烤、灼、灸。人们从烤火、按摩中感受到身体温暖可以止痛，使筋骨、肌肉舒适。这是热灸和推拿疗法的起源。通常是利用空心牛角加热后吸附于肌肤上治疗某些疾病，称为“角法拔火罐”。火烙法源于马体烙火印。在春秋早期，为区别马群的隶属，人们在马背上烙上各种印记，以使主人辨识。马体画烙法即在此时萌芽。《庄子·马蹄篇》指出，伯乐精于烧、剔、刻、烙。可见，给马匹打火印和烙治，出现于伯乐在世的秦穆公时期。由于大家畜的皮肤坚韧厚实，砭石、石针、骨针难以刺入，因而兽医针灸疗法可能比应用药物治疗晚，比应用于人体迟。

《黄帝内经·素问》的9卷81篇全是论说针灸。艾灸在战国时很盛行。《孟子·离娄》说：“犹七年之病，求三年之艾”。这句话的本意是，对于长期难以治愈的疾病，需要使用存放了三年的陈艾进行治疗。古人认为，新艾（当年采摘的艾草）气味辛烈、含挥发油多，燃烧快，火力强，燃着后烟大，艾灰易脱落，伤及皮肤和血脉等。《周礼》提到："凡疗兽疡，灌而劀之，以发其恶，然后药之，养之，食之。"这句话的意思是，在治疗动物的疡疮时，首先要进行灌注并刮除疮口，以清除疮口的恶露和腐败组织，然后使用药物进行治疗，接着进行养护和合理喂食。传说为周穆王驾战车的造父，曾用针刺放马颈血，秦穆公时的伯乐不仅善相马，而且善用针烙治马病。

《史记·淮阴侯列传》记载，西汉初年，韩信的骑兵部队曾用火烙骟法治马病，结果马匹"患热壅之疾"，即火烙处组织坏死，感染化脓并发的败血症。于是改火骟为水骟。从河南省方城县出土的汉墓砖画《拒龙阉牛图》可以看出，是走骥法阉牛（图 1-17）。东晋葛洪的《肘后备急方》中载有针治马黑黄汗风（中暑、日射病、热射病）及用鲜羊蹄根（土大黄）灸熨以治羯骨胀症等针灸疗法。延至 6 世纪初，贾思勰撰的《齐民要术》畜牧兽医卷（卷 6）中也提到一些针灸疗法和去势新方法。可见当时针灸疗法应用相当广泛。

隋唐时期，《隋书·经籍志》录有《马经孔穴图》1 卷。这是见于古书中的最早一部兽医针灸专著。唐代李石《司牧安骥集》附有《伯乐针

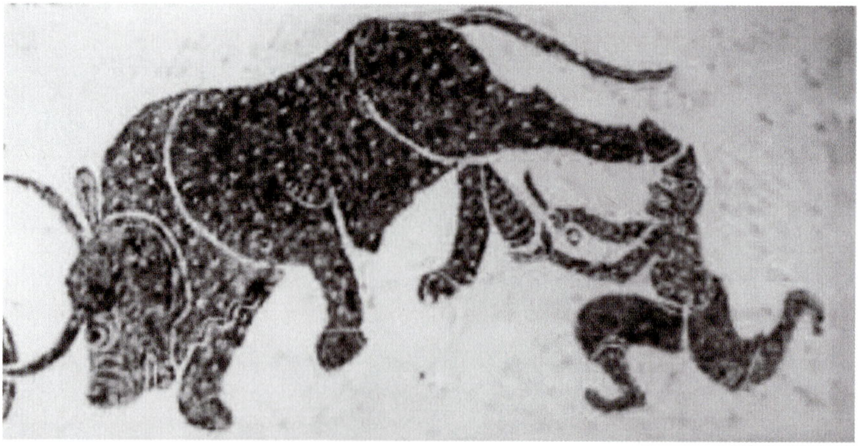

图 1-17　汉代《拒龙阉牛图》（河南省方城县出土墓道画像砖）

经》,《宋史·艺文志》载有《伯乐针经》1卷，当系出自《马经孔穴图》。它是中国现存最古老的兽医针灸文献。后世托名的《伯乐针经》有骨名图、穴名图各1幅，亦来自《马经孔穴图》。所绘马匹形态与秦墓中的战马近似。

《伯乐针经》中共载穴名77个，其中血针穴位17个，火针穴位40个，灸烙穴位10个，白针穴位3个，气针穴位1个，巧治穴位3个，禁针穴位2个；另有膊上八穴和胯上八穴。同时，书中还记载了马的穴位77个，针刺点171个，并详细说明了每个孔穴位置、针刺方向、深度和各穴位所治疗之疾病。北宋王愈《蕃牧纂验方》后附录的放血法与前者的内容完全相同。由此可证，这些文献均在北宋以前形成，且均以《伯乐针经》为祖源。《伯乐针经》依据病性、病位、病机和各穴的特异性，指出各穴的适应证；依据针具、针法、性质、功能的不同，指出各穴各症应采用的针具和手法。至此，中国传统兽医针灸疗法和针烙工具都已齐备，为其以后的发展奠定稳固的基础。常用的针具有大宽针、小宽针、三棱针、火针、铁钉、烙铁等；刺法分白针、血针、火针等；疗法有放血、调气、通络、熄风、泻热等；手法分为补和泻两类，其下再细分为有中补中泻法、呼吸补泻法、捻撚针体补泻法、按压针孔补泻法等。需要指出的是，在邻国到长安留学的“遣唐使”中有专攻兽医针灸者。他们学成归国后，针灸疗法就传到海外各国。例如，日本遣唐使平仲国，就是当年在中国研习兽医的学者，学成回日本后，倾力推广传统中兽医医术，后来成为日本著名的平仲国兽医流派。

宋元时期兽医学的特点是根据临床实践对认识疾病，提高疗效进行补充和诠释。《痊骥通玄论》是诠释《司牧安骥集》的一部专书。其诠释的内容大大发展了元代的兽医学。在《痊骥通玄论·四十六说》中，有两说解释了在春季放大血可以预防马在夏季发生“热壅”的原因。至此，马匹的放血疗法从治疗“血热”发展到预防热性疾病的发生。役畜跛行则丧失了使役功能。因寒湿引发役畜腰背僵拘瘫痪、四肢痹痛的跛行症很普遍，使用火针温经通络，疗治效果很好。

明清时期，兽医针灸学从理论到实践又有新的较大的发展。由于此前发现的家畜穴位不能满足治病的需要，明清年间，人们又发现一些新的穴位，例如发现了马体孔穴 159 个和穴位 360 个。喻本元在《论马明堂针穴者何也》一文中说："马有八十一道温针之穴，八十一道补泻之针，七十二道彻血之针，十二道巧治之针。通前彻后，共二百四十四穴。"另外，傅述凤在《养耕集》中，列出牛体孔穴 40 个，穴位 78 个（也有 80 个之说）。书中对各穴的位置和主治的病症均有明确记载。其后，《抱犊集》将牛体针灸用歌诀加以概括，提出新穴 5 个。对火针用法亦有所革新。同时，《养耕集》还分别论述了吊癀法、破牛癀法、火针法、烫针法、透火针法、皮风发表针法、出血针法、咳嗽针法、失中腕针法、治拓腮癀针法等 20 余种针灸方法，使牛体针灸学形成完整体系，丰富和发展了中国传统的兽医针灸学术。

第二章 少数民族地区的历代官营牧场

马政在中国封建社会显然是倍受重视的。因为在古代，马直接关系封建国家统治的安全。因此，历代史书均有关于马政的记载。马被列为六畜之首。中国马政的萌芽至少可上溯到殷商时期。秦国既有养马的传统，更刻意于变法革新，奖励农耕，故而兵强马壮，终于兼并六国，完成了一统天下之大业。所以秦王朝之所以能够建立起较为完善的马政机构且为后世所效法是有其多年传统经验基础的。

中国古代马政系统分为国家马政系统和皇室马政系统。国家马政系统多数设置在边陲地区，以便于安邦护国。皇室马政系统多设置于京畿腹地和苑囿胜地，以便皇室赏玩出猎。特别是到了封建盛世的汉唐两代，国家马政系统的养马规模更大，后世有“汉唐之所以能张者，皆惟畜牧之盛也”的说法。① 自此，国家马政系统的军马牧场就开始在边疆建立。而边疆地区也是少数民族聚居地区。于是，历代官营国家军马牧场，就与少数民族地区建立了联系。

① 萧平汉. 王夫之《噩梦》要旨［J］. 船山学刊，2002（1）：11-14，23.

第一节 畜牧管理机构与畜牧政策

早在文字发明之前，畜牧业就已萌芽。相传在公元前3000—前2700年，伏羲氏发明了结网的方法，用网打猎和捕鱼，同时也开始豢养野兽，开始有了初期的畜牧业。伏羲氏也就成为中国畜牧业的始祖。到了尧舜时代，中国的畜牧业和农耕已经过了走过了初创阶段。到夏商西周春秋时期，传统畜牧业已经形成，出现了“马牛羊猪鸡犬”等六畜。

当时，牛马羊等大家畜饲养业很发达，《山海经》转引《穆无子传》的记载：“赤乌云人向天子献酒千斛，食马九百，牛羊三千。”① 商代帝王祭祀时的用牲量很大，常常有几百头甚至上千头。这也从一个侧面反映了当时的畜牧业已有一定的发展，能够提供众多牲畜用以祭祀和殉葬。不过，从商代开始，马、牛等大牲畜除了作为交通运输的动力使用，有时还作为生活中的肉畜和奶畜来饲养。

一、西周设立“国家畜牧局”和“国家兽医师”

夏商西周春秋时期的中原地区，多是以农耕为主、农牧并重的农业社会，畜牧业在社会经济中占有很大比重，其中又以大牲畜饲养更为发达。为了保证供应，朝廷还设立专门的机构来经营管理畜牧业生产。

甲骨卜辞中已有“牛臣”“刍正”等，这表明官府中设置了家畜饲养和牧草种植的官员②。这种由官府直接经营的畜牧业到了西周时期有更大的发展。在《周礼》中就详细记载了一整套管理畜牧业的职官和相关制度。其中有“牧民”“校人”“牧师”“圉师”“廋人”“趣马”“巫马”，以及“牛人”“羊人”等。

① 郭璞. 山海经：卷三：北山经［M］. 北京：北京图书馆出版社，2002.

② 袁庭栋. 殷墟卜辞研究——科学技术篇［M］. 成都：四川省社会科学院出版社，1983：239.

随着畜牧业的发展，对牲畜的疾病防治也日益受到重视，加上当时人医的技术已有较高的水平，间接地促进了兽医技术的产生。《周礼·夏官》里的“巫马”就是医治马匹疾病的兽医官，负责“掌养疾马而乘治之，相医而药攻马疾”(《周礼·夏官》)。《周礼·天官》设有“兽医”一职，其岗位职数是“下士四人”。当时，兽医已有内、外科之分。可见，汉语中“兽医”这个专门词语已经用了3000多年。

这一系列与畜牧业有关的官员，分工明确、职责专一，反映出当时畜牧业发达之程度。[①]这也促进了畜牧技术的进步提高，为后世饲养奶畜、饮食奶制品提供了基础。用今天的术语，就是在当时已经由国家设立的畜牧管理机构和兽医机构，出现了中国最早的“国家畜牧局”和“国家兽医师”。

二、商周战国秦汉的马政及牧马业

商族的祖先，常以畜牧业著称。据《世本·作篇》载：“相土作乘马”，相土是商始祖契之孙。《管子·轻重戊》亦云：“殷人之王，立帛牢、服牛马，以为民利，而天下化之。”“帛（皂字之误）牢”即指槽牢，养马牛的食槽和牢圈。商建国之后，畜牧业得到了进一步的发展。畜牧业中重要的养马业成为经济社会生活中重要的内容之一。

马最初之所以被人们重视，是因为可以作为运输、代步工具。用马驾车的实物在河南省安阳市殷墟，山东省青州市苏埠屯商墓、滕州市前掌大遗址，陕西省西安市老牛坡遗址等地的商代遗址中都有发现。有的作为代步的乘车，也有的是战车。《尚书·牧誓》说，武王伐纣的联军队伍中，就有“戎车三百乘”。与武王对阵的商纣王军队里也有马拉的战车。除了作为代步工具驾车，马在商代还是贵族阶级用于祭祀、随葬的“牺牲”。此外，用马殉葬在殷墟遗址中也多有发现。在殷代，马的价值高于牛、羊，是王室贵族的赏赐、贡纳之物。商朝时，统治者已经

① 唐嘉弘. 农业、畜牧和渔猎在西周社会经济中的地位［J］. 人文杂志（丛刊第二集），1988（1）：62-66，68.

认识到马的重要作用，自然会有专门管理贵族、王室马匹的人员和官吏，由此形成的政府对官用马匹的牧养、训练、使用和采购等的管理制度，就是“马政”。①

马政一词最早见于《礼记·月令》：“仲夏之月……游牝别群，则絷腾驹，班马政”。这样来看，马政大约在周代已经设立了。据《周礼·夏官》记载有“校人”“趣马”“巫马”“牧师”“廋人”“圉师”“圉人”等官职。其中，既有总掌王马事务，调教马匹，给马治病的人员，又有主管饲养马匹，看护牧场的人员。这可能是周代中央机构中，掌管马政的人员和机构。在《周礼·地官》中，也有遂人、遂师、遂大夫三个官职，他们主要负责地方上的赋税的发排和征收，其中就有对六畜的管理。这可能是周代地方上掌管马政的人员和机构。如果这样来看，周代从中央到地方关于马政的机构和人员设置已经相当完备了。

在战国时期，七国都拥有自己的产马区，各国也都十分重视战马的养殖、培育，形成了自己的养马场所。战国时期战马来源于各国的中央和地方养马场，这也是后来中原王朝获取战马的主要办法。不过，中原地区乘用型马匹不多，而北方游牧民族此时已经成为马背上的民族，特别是他们的骑兵所乘用的战马比中原地区的要优良，所以从游牧民族中引进也是战马的一个重要来源。中原王朝从北方游牧民族获得战马的途径之一，就是通过贸易。

战马的饲养管理和培训工作尤为重要，由此而产生了官用马匹的牧养、训练、使役的管理机构。秦国马政分为中央与地方两大系统。养马之处成为厩，即马舍。云梦睡虎地秦简中的《厩苑律》，是专门关于管理饲养牲畜的厩圈和苑的法律。其中提到，秦王室御厩名称有宫厩、大厩、中厩、外厩、小厩、左厩等。另外，秦在各地亦设立厩。这样就形成了秦国从中央到地方的马政机构。湖北省云梦县睡虎地秦墓出土的竹简中的《厩苑律》，是专门关于管理饲养牲畜的厩圈和苑的法律，而且

① 陈宁．先秦马政研究［D］．苏州：苏州大学，2006：12-23.

其他法律中也有这方面的内容。这些法律涉及了马匹的饲养、管理、训练、考核诸方面，由县司马、厩啬夫等负责事务，以保证马政的贯彻实行。由于文献和出土文物有限，想真正了解秦国马政的原貌，还比较困难。据《汉书·百官公卿表》记载："太仆，秦官，掌舆马，有两丞。属官有大厩、未央、家马三令，各五丞一尉。又车府、路軨、骑马、骏马四令丞；又龙马、闲驹、橐泉、騊駼、承华五监长丞；又边郡六牧师苑令各三丞；又牧橐、昆碲令丞皆属焉"。[1]

从《周礼》的职官配置考察，可以看出商周时代的马政制度雏形，主要体现在以下五方面。

第一，有专门的牧地进行放牧并有相关的使用规定，有专门的牧师掌管。"皆有厉禁而颁之"，即为保护牧地而颁布的禁令，说明人们很早就开始注意到对牧场的保护。

第二，马匹有明确的分类。"马量三物，一曰戎马，二曰田马，三曰驽马""辨六马之属，种马一物，戎马一物，齐马一物，道马一物，田马一物，驽马一物"。这些内容反映了当时已经开始根据马匹品质的好坏，以及毛色的不同进行分类，并且规定了不同的使用范围。繁殖所用的种马，已经有了严格的区分。"军马"专门用于军事征战骑乘；"戎马"要求毛色整齐以供仪仗、祭典，"道马"要求奔驰速度快而用于邮驿；"田马"则是田猎所用的马；"驽马"就是日常供杂役用的马。

第三，马匹的数量根据政治等级而有不同规定，如天子、诸侯、卿大夫的马厩及马匹数量各按照等级依次递减。如天子马十二厩，马六种；诸侯六厩，马四种；卿大夫马四厩，马二种。

第四，马匹是公有财富，饲养训练使用等都需要登记，死亡后马的皮肉和骨也要归公。无论是饲养还是使用都要严格规定。

第五，有专门的马医。周礼中专门有掌管病马的"巫马"，其实就是治疗马病的兽医，隶属于校人。

---

① 陈海建. 浅析战国时期的养马业［J］. 山东省农业管理干部学院学报，2010（6）：139-141.

由上可知，马匹在商周时期的政治经济生活中均占有重要的地位，马政是国家行政的重要内容之一。随着各诸侯国之间政治军事势力的相互角逐，马作为重要的军事力量和交通工具在国家力量的竞争中也日益凸显出重要的作用，从而开始投入人力、财力大力发展本国的养马业。这一时期各诸侯国中也应当有各自的马政系统，《七国考订补》就记有战国各国官制、宫室、军制等内容。其中，楚国官制有“监马尹、宫厩尹、中厩尹”，所谓中厩、宫厩可能为宫廷内部的养马机构。秦国的“五苑”，兼有养殖国有牲畜的功能。

汉代大力发展养马业有深刻的历史背景和现实根源。骑兵的发展成为直接推动力。虽然在楚汉战争中骑兵异军突起，屡立战功，成为军队中的一支重要力量，但在后来对匈奴的战争中，汉朝骑兵却难以与强大的匈奴骑兵抗衡。因此，要巩固汉朝政权，抵御匈奴的侵袭，就必须大力发展养马业，壮大骑兵力量。

但是，与长城之外一直以骑兵为基本兵力的匈奴相比，西汉骑兵力量实在是不足以与之抗衡，所以刘邦自平城之围解脱出来之后，便采用了刘敬的建议，采取了与匈奴和亲的政策。于是，随后的几十年间在与匈奴的关系上，并没有出现太大的反复，西汉与匈奴的边境地区保持了一段时期的安宁局面。

在当时的条件下，只能用和亲的方式换取和平，集中精力恢复和发展经济，养精蓄锐，待以后西汉社会稳定，国力强大之后再力图改变这种被动的局面。而积蓄国力反击匈奴，军事力量是不可缺少的，故而发展官营养马业，发展骑兵就成了汉初的军事方针。刘邦征收“算赋”的直接目的就在于建设马政，可见，汉初统治者认识到，马政的作用也就不仅是军事需要，对国家政体的车驾乘舆制度、交通运输、传驿制度、农田耕作等方面也同样起着十分重要的作用。

西汉王朝很快发展为中国历史上第一个繁盛的封建王朝。在军事方面，随着经济的发展，国力的增强，对西北匈奴一直处于防御状态的局面逐渐改变，骑兵的数量大增，在对匈奴的战争中作用日益重要并逐渐成为西汉军队的主力。而军事的需求又带动了国营养马业的发展，故而西汉的马政发展迅速。[①] 此外，车骑仪卫是封建等级制度的重要标志之一，汉代的各级官员，上至皇帝，下至县令，均有数量不等的马匹以充车骑仪卫，并运用法律手段，严格规定了车骑使用管理的权限，形成了一套系统的车骑仪卫使用管理制度，以“别尊卑之序”。各级官员仪仗的马匹数量很大，一般都由各级政府饲养，为维护封建等级制度，显示封建权势发挥了重要作用。

驿传用马也是重要方面。《后汉书·舆服上》记载，汉代“驿马三十里一置”，在中央由典客属下的大行令职掌，在郡国有邮书掾，再到每个驿站的驿侯、驿令、驿丞等吏负责，构成一个不同于地方行政系统的邮传管理体系。从西汉时起，既沿用前代的传车制度，又采用逐渐盛行的驿骑制度。[②]

汉武帝时，设置和健全了马政的管理机构，命太仆专管养马事务，下设太仆丞，以及下属马厩的令、丞或长、丞。太仆掌“天子六厩”：未央、承华、騊駼、骑马、路軨、大厩，每厩“马皆万匹”。此外还有翠华、大辂、果卫、轭梁、大宛、胡河、金厩、家马等厩。武帝时全国“厩马有四十万匹”。[③]

《后汉书·和帝纪》记载，东汉和帝在永元五年（93 年）下诏：“诏有司省减内外厩马及凉州诸苑马。”安帝元初时增设了越隽、长利、高望、始昌三苑，益州设置了万岁苑，犍为设置了汉平苑。顺帝汉安元年（142 年），置承华厩，李注引《东观记》曰：“时以远近献马众多，园厩充满，始置承华厩令，秩六百石。”。东汉民间养马一直繁荣，政府需要马匹时，也常取自民间。《资治通鉴》对光和四年（181 年）的记载为：“初置騄骥厩丞，领受郡国调马，豪右辜榷，马一匹至二百万。”《后汉书·孝灵帝

① 陈宁. 秦汉马政研究［D］. 苏州：苏州大学，2006：28.

② 王裕昌，宋琪. 汉代的马政与养马高峰［J］. 西北师大学报（哲学社会科学版），2004（6）：49-52.

③ 杜佑. 通典［M］. 北京：北京图书馆出版社，2006.

纪》记载，中平元年（184 年）攻剿黄巾军，又“诏公卿出马。”[1]

建昌马以及产区曾名建仓、素以产良马著称而得名。唐宋时代所称的蜀马，即包括建仓马，俗称“川马”。建仓马善于登山，故又有“山马”之称。据《史记货殖列传》记载，西汉时有运往内地市场的“笮马”。当时越巂郡（今四川省西昌市）、犍为郡（今四川省宜宾市）置苑马牧马。据《方舆胜览》记载，宋时市马于黎（今四川省汉源县）、叙（四川省宜宾市）等州，号“川马”。据《西昌县志》载，建昌马曾作为贡马。这些史料与凉山彝族自治州出土的东汉时期陶马、铜马蹄、基砖上的车马出行图等文物相印证，说明早在 2000 多年前当地即生产良马。产区多山，交通不便，马常用作骑乘或驮运货物，后来也用于挽车，除了供本地需要，还远销外地。今西昌市等县市，原属宁远府，据 1939 年《宁属调查报告汇编》记载，宁属之马约有 15 万匹，每年外销 6000—7000 匹。出入宁均需以马锅头（赶马帮的人）是赖。入市交易无不乘马，民间可无一牛，但必有一马，极贫之家，亦必养驴，以代人力。由于当地社会经济的需要，促进了建昌马的发展。

东汉时期，西部边地用兵较多，故苑马养殖向西北及西南扩展。据《后汉书·安帝纪》记载，“安帝永初六年诏越巂置长利、高望、始昌三苑，又令益州郡置万岁苑，犍为郡置汉平苑”，说明云南西北一带在汉代已设马场。自汉代起，巴蜀商贾已在边区交易马匹。汉代云南有著名的“越赕驹”，是当时的珍贵良种品种。

三、魏晋南北朝的官营牧场

北魏是中国历史上的一个少数民族建立的政权，也是官办畜牧业最为繁盛的一个朝代。拓跋魏氏兴起于畜牧，对于官牧经营十分重视，曾先后设立了四处大型官牧场。《魏书·卷三》记载，早在道武帝天兴二年（399 年），朝廷已在平城附近地区开鹿苑牧场，至明元帝泰常六年（421 年），又“发京师六千人筑苑，起自旧苑，东包白登，周回四十余

[1] 范晔. 后汉书·灵帝纪［M］. 李贤，等，注. 北京：中华书局，1976.

里”，对旧牧场进行扩建。若干年后，北魏太武帝拓跋焘又在鄂尔多斯以南地区大兴官牧。《魏书》称：“世祖之平统万，定秦陇，以河西[1]水草善，乃以为牧地。”

《魏书·食货志》记载：“畜产滋息，马至二百余万匹，橐驼将半之，牛羊则无数”。其后复于漠南建立牧场。[2]及孝文帝迁都洛阳以后，复有宇文福主持兴建河阳牧场：“时仍迁洛，敕（宇文）福检行牧马之所。福规石济以西、河内以东，拒黄河南北千里为牧地。事寻施行，今之马场是也。及从代移杂畜于牧所，福善于将养，并无损耗。”[3]这个牧场“恒置戎马十万匹，以拟京师军警之备。每岁自河西徙牧于并州，以渐南转，欲其习水土而无死伤也”。[4]

这些大型牧场，不仅为国家提供了以军马为主的役畜，而且提供了大量肉、奶和毛皮产品，是当时社会经济的重要组成部分。从历史文献的记载来看，几大官办牧场对北魏的物资供应特别是军马、肉类和奶类食品供应发挥了很大作用，对国家财政经济具有重要影响。北魏晚期，由于官办牧场相继丧失，“而关西丧失尤甚，帑藏益以空竭”，于是不得不将内外百官及诸蕃客的廪食和肉奶食料减少一半，可见畜牧业在当时的国民经济中所占的重要地位。[5]

需要指出的是，在官办牧场快速发展的同时，北魏时期广大少数民族地区还有许多大型私营畜牧场。即使是农耕地区的农户饲养家畜规模也有所扩大。当时，不少庄园地主、士绅官僚常以牧养为致富谋利之途。比如，西晋富豪石崇，在其河南金谷庄园中“有田十顷，羊二百

---

① 这里的“河西”是指自今山西渡黄河而西的鄂尔多斯东南地区，非指河西走廊。——作者注

② 魏收．魏书：卷 110：食货志［M］．北京：中华书局，1977：2849.

③ 魏收．魏书：卷 44：宇文福传［M］．北京：中华书局，1977：2707.

④ 魏收．魏书：卷 110：食货志［M］．北京：中华书局，1977：2849.

⑤ 魏收《魏书》卷 110《食货志》载，当时群牧相继遭破坏，“而关西丧失尤甚，帑藏益以空竭。有司又奏内外百官及诸蕃客廪食及肉悉二分减一，计终岁省肉百五十九万九千八百五十六斤，米五万三千九百三十二石。”说明北魏时期政府肉料供应主要仰赖于官牧。——作者注

口，鸡猪鹅鸭之属，莫不毕备”。[①]

高车是一个住穹庐、乘高车、放牧牛羊、逐水草而生的游牧民族。他们的畜牧业非常发达，前燕于光寿元年（357 年）征高车，“获马十三万匹，牛羊亿余万”[②]；北魏天兴二年（399 年），“拓跋珪征高车，俘众七万余口，马三十余万匹，牛羊百四十余万”[③]；公元 429 年，拓跋焘讨高车“获马、牛、羊亦百余万”。[④] 战争中俘获的马匹牲畜的数量如此庞大，反映出当时北方的畜牧业的发达程度。《魏书·高车传》载：“其迁徙随水草，衣皮食肉，牛羊畜产尽与蠕蠕同。”石崇的金谷园和贾思勰的生活区域都在农耕地带，而他们家养的畜禽，单羊即达二百口，已是很不小的畜群了。

魏晋时期的经济在汉末衰乱之后得以复苏，洛阳东石桥南“有魏时牛马市”[⑤]。西晋时洛阳有“羊市”[⑥]。可见，洛阳之牲畜市场在魏晋时期一直存在。农村之牲畜交换也一直在进行，颜斐为京兆太守时，“课民无牛者，令畜猪狗，卖以买牛”[⑦]。魏晋南北朝时期，人们以奶山羊为主要的奶畜，这是这一时期很鲜明的特点，因此《齐民要术》把酪加工的技术放在养羊篇里来叙述。但是，该书还提到用牛奶、马奶和驴奶来加工酪的方法，还有一种将马奶与驴奶混合制作酪的方法。可知当时的奶畜中，以羊为主，兼有牛、驴、马、骆驼等。

鲜卑族原本就是畜牧民族，建立北魏王朝后，对于畜牧业自然格外关注，平城宫中，即有“埠使千余人，织绩锦贩卖，沽酒，养猪、羊，牧牛、马，种菜逐利。”[⑧]

---

① 李昉，等．太平御览：卷九百一十九：鸭［M］．北京：中华书局，1960：3678.
② 房玄龄，等．晋书：卷一百一十：慕容儁载记［M］．北京：中华书局，1976：2752.
③ 魏收·魏书：卷 2：太祖道武帝纪［M］．北京：中华书局，1977：52.
④ 魏收·魏书：卷 103：高车传［M］．北京：中华书局，1977：古籍数据库：2857.
⑤ 杨衒之．洛阳伽蓝记：崇真寺［M］．北京：中华书局，2020：324.
⑥ 汪兆镛．稿本晋会要：卷 54［M］．北京：书目文献出版社，1988：615.
⑦ 陈寿．三国志：魏志：颜斐传［M］.北京：中华书局，2011：510.
⑧ 萧子显．南齐书：魏虏传［M］.北京：中华书局，1976：929.

有关当时的农村牲畜贸易的发展，可从《齐民要术》关于牲畜经营的论述中窥视其情形。书中特意介绍了“凡驴、马、牛、羊收犊子、驹、羔法”，方法是“常于市上伺候，见含垂重欲生者，辄买取”，意思是要着意购买怀孕之牲口，这种牲口买回来后很快就可以生产驹犊。再以其中良者留作种，“恶者还卖”，这样则“不失本价，坐赢驹犊”。意即不仅将本钱捞回，还可白白得到一批幼畜。然后“还更买怀孕者。一岁之中，牛马驴得两番，羊得四倍。羊羔腊月，正月生者，留以作种，余月生者，剩而卖之。用二万钱为羊本，必岁收千口。”按照上述方法，一年之间牛马驴可以翻两番，羊得四倍。从中他悟出了一个道理：“人家八月收获之始，多无庸暇，宜卖羊雇人，所费既少。所存者大。”养羊篇中贾思勰所总结的这一套奶畜经营策略，由此可见当时畜牧业的贸易是相当繁荣的。不仅北方地区如此，南方的畜牧业也有不同程度的发展。南朝的建康城（今南京市）中的秦淮河边，设有牲畜交易市场，周边农村饲养的牛马家畜，都在这出现《史记·平准书》提到的“列肆稗贩”的繁荣情景。①

魏晋南北朝时期，官办畜牧业获得了一定的发展。但是，当时国家处于分裂割据的动荡时期，政权变动大，变化快。南北朝时期的地方小政权频繁变动，严重影响包括畜牧业在内社会经济的稳定和发展。但是，应当看到，这一时期，官办畜牧业呈现出几个鲜明的历史特点，一是畜牧管理机构和相关政策措施进一步完善，二是官办畜牧业从北方扩展到南方，三是牛马羊等重要奶畜饲养量大幅增加。这一切都为后来的隋唐宋元时期的畜牧业发展提供了社会条件。

四、唐朝的监牧系统和民族地区的官牧场

隋朝立国短暂，畜牧业还来不及发展起来。在《元和郡县志》看到，隋炀帝大业元年（605 年），曾于凤翔的普润县“置马牧，又置普

① 周应合. 景定建康志：卷十五. 疆域志一地所统县名［M］. 南京：南京出版社，2010：317.

润屯。后废屯置县”，说明隋朝已有一定的官营畜牧业。

唐承隋制，隋朝的许多典章制度在唐朝都得到了继承和发展。唐朝畜牧业组织机构之完善、牲畜头数之多，在整个封建社会里是空前的。当时在北部数千里的边防线上，唐朝指令军队开展大规模的屯田活动并兴办牧场，建立了以军镇为主干，屯田和牧场为两翼的坚固的边防体系：“开屯田，供糗粮，设牧监，畜马牛，军城戍逻，万里相望”。①

唐朝建立之初，曾从突厥那里得到 2000 匹马，从隋朝赤岸泽那边所得的马有 3000 匹左右。为更好管理马匹，特将其全部迁到广阔的陇右地区，开始监牧之制，发展成后来的庞大而完整的中央马政机构。

唐朝的监牧系统为：都监牧使→坊监牧使→牧监→牧尉→牧长（群头）→牧子。

除了一般监牧，唐代还专门在同州（治所在今陕西省大荔县）设置了一个“沙苑监”，作为向京师朝廷特供肉奶的专用牧场，有时也作为牲畜调拨转运的中转牧场。《大唐六典》载：“沙苑监，掌牧养陇右诸牧牛羊，以供其宴会、祭祀及尚食所用。”这个牧场的位置正好处于唐代东京（西安）和西京（洛阳）之间，在这里专设牧场，应为西北地区输送入京的牛羊贮运饲养，以确保宫廷百官和京师居民提供肉奶。②

唐代京城是当时世界上最繁华的超级都市，每天消耗的肉奶产品数量巨大，因此监牧颇受唐历代帝王重视。中唐以后，陇右、河曲诸牧监先后荒废，沙苑监也就更多地担起了监牧的重任。③ 监牧的长官称为监牧使。在确定规模大小的基础上，诸牧监被分为上、中、下三等。分级的标准以掌管马匹的总数为基准，上监的马匹总数为 5000，中监的马匹总数为 3000，马匹总数小于 3000 则为下监。④

---

① 司马光. 资治通鉴：卷两百二十三（广德元年七月）[M]. 胡三省，音注. 北京：中华书局，1956.

② 马俊民，王世平. 唐代马政 [M]. 西安：西北大学出版社，1996：38.

③ 李肇. 唐国史补：卷 2 [M]. 上海：古典文学出版社，1958：25.

④ 王怀栋，范青. 管窥唐朝时期马政制度对西北地区的影响 [J]. 兰台世界，2015（3）：83-84.

此外，《大唐六典》记载，马、牛以 120 头为一群，驼、骡、驴以 70 头为一群，而羊则以 620 头为一群。[①] 群之下有牧长、牧尉等，这是品级最低的职官。他们负责管理和安排“牧子”日常的放牧工作。牧子是实际喂养和放牧牲畜的工人。依据《唐律疏议》及《新唐书·兵志》等史料可知：一个牧监下辖 5 名牧尉，一个牧尉掌管 15 名牧长即“群头”。如此算来，唐朝时一个牧监管理的牛马等大家畜的头数为：120×15×5=9000 头；或者管理羊群的头数为：620×15×5=46500 头。在传统的牧养条件下，这样的畜群规模应当说是相当可观了。这里需要特别指出的是，以上提到的畜群规模只是法定的概数，有时会有上下增减。如吐鲁番出土的《唐张从牒为计开元十年蒲昌群长行马事》中，西州蒲昌群的“长行马”就曾有 140 匹之多。[②]

唐代宜牧区域划定在“阿尔金—祁连山高山山原大区、柴达木—黄湟中海拔盆地大区、青南高原”三大地域，但根据史料并考虑到唐代青海游牧民族的具体畜牧生产生活，唐代西北地区牧区可延伸至陇山以西。具体地说，西边是循祁连山到今青海省的日月山，往南经过今四川省的白龙江，最后至剑南西山南部。以畜牧业为主的唐代青海，经济结构为畜牧业中夹杂着农业，而在唐王朝设立陇右节度使以及在鄯州屯田时，其所辖区域以经营农业为主。

漠北草原，位于东亚内陆的高原上，东界大兴安岭，西界阿尔泰山脉，北界萨彦岭、肯特山、雅布洛诺夫山脉，南界阴山山脉，包括蒙古全部、俄罗斯南部和中国北部部分地区。大部为古老台地，仅西北部多山地，东南部为广阔的戈壁，中部和东部为大片丘陵。高原面平均海拔 1580 米，地势自西向东逐渐降低。较大河流有色楞格河、克鲁伦河、鄂嫩河—石勒喀河、海拉尔河—额尔古纳河—黑龙江等。较大湖泊有乌布苏诺尔湖、库苏泊、吉尔吉斯湖、哈腊乌斯湖和哈腊湖。温带大陆性气候，冬季严寒漫长，夏季炎热短暂，降水稀少。区内东部受湿润气流

---

① 李隆基. 大唐六典［M］. 李林甫，等，注. 北京：北京图书馆出版社，2006.

② 数据依据《唐律疏议》及《新唐书·兵志》等史料推算。——作者注

的滋润，牧草茂密，加上河湖较多，成为水草丰美的草原；西部则干燥，蒸发强烈，只具有耐盐、耐旱的半灌木、灌木的生长条件。

隋唐时期，以这片广阔的漠北草原为主舞台，突厥、铁勒、回鹘、葛逻禄、突骑施、薛延陀、黠戛斯、沙陀、达怛（鞑靼）等众多游牧民族都在这里演绎着属于他们的历史。

突厥的先祖最初活动于叶尼塞河上游地区，后迁至高昌北山（今新疆维吾尔自治区博格达山）。5 世纪中期，因受到柔然的侵扰，被迫迁至金山（今阿尔泰山）南麓。木杆可汗在位期间（553—572 年）统一了漠北，西破鞑靼，东击契丹，北并契骨，威震塞外各族。其辖境东自辽海（今辽河上游濒海一带）以西，西至西海（今中亚里海），南至沙漠以北，北至北海（今贝加尔湖），西南囊括了中亚阿姆河以南的吐火罗斯坦，形成了广袤辽阔的汗国。

铁勒的先祖丁零，最初游牧于北海（今贝加尔湖）及其以东。三国时期，西丁零曾西移，游牧于乌孙以西及康居以北（今伊犁河流域及阿尔泰山和塔尔巴哈台一带）。魏晋之际，丁零人中的一部分随着北方民族纷纷南迁内徙，几乎遍布中国整个北方地区。另一部分丁零人迁居到土拉河以西一带，而后再西移于鹿浑海（今新疆维吾尔自治区布伦托海）周围地区。5 世纪中叶，统一于北魏。5 世纪后期，副伏罗部首领阿伏至罗与其弟穷奇建立了高车政权。相继占领焉耆、鄯善、车师等地。后分散到大漠南北、葱岭东西。突厥强盛时，铁勒各部包括在准噶尔盆地、白山（即天山）、漠北，以及葱岭以西，即分布于康国北之阿得水（今锡尔河）、得嶷海（今里海）东西和拂菻（即拜占庭帝国）以东的所有铁勒部落，全部为突厥征服，附属于突厥。

回鹘原为铁勒的一支，首领菩萨时崛起于独乐水（今蒙古国土拉河），贞观二十年（646 年），回鹘兼并了薛延陀在漠北的大片土地。唐设瀚海都护府（今内蒙古境内朱马尔河畔）时，吐迷度任都督。唐天宝三年（744 年），回鹘首领骨力裴罗建立汗国，建牙帐于乌德鞬山（今鄂尔浑河上游杭爱山之北山）。唐天宝四年（745 年），回鹘攻灭后突厥汗国，统一漠北，其疆域东接室韦，西至金山（今阿尔泰山），南跨大漠。唐开成五年（840 年），汗国灭亡，部分人留在了漠北草原，部分人南下河西走廊和西迁西域。

葛逻禄兴起于金山（今阿尔泰山）西，具体为“北庭西北，金山之西，跨仆固振水，包多怛岭”。曾先后受制于高车、柔然、突厥。之后，东支葛逻禄仍然在金山一带，隋大业年间迁入漠北；另一部分（主体部分）继续留在西域故地。后来，东支葛逻禄又分为了南、北两支。北支留漠北，南支渡碛投唐，被安置在横野军一带。约在 720 年后，南支又返回漠北，同北支会合了。745 年，东支葛逻禄中的一支西徙到金山一带。显庆三年（658 年），被唐朝分为了三部，以谋落部住地设阴山都督府，在炽俟部设大漠都督府，踏实力部设玄池都督府，总隶于唐朝安西大都护府。“安史之乱”后，移居十姓（突骑施）故地，碎叶、怛逻斯诸城尽为所据，大历（766—779 年）后，徙居碎叶川。842 年，黠戛斯取代了葛逻禄在西域的霸主地位，葛逻禄却选择了向更远的西方迁徙的道路，开始出现于伊丽水（今伊犁河）流域乃至葱岭西，东西两部葛逻禄实现了彻底会合。其领疆以七河流域为中心，一直延伸到费尔干那盆地，与大食、样磨、处月、吐蕃接壤。

突骑施源自漠北独乐河，北朝时迁徙至白山一带（今天山北麓）。西突厥汗国初年游牧于贪汗山下、可汗浮图（今新疆维吾尔自治区吉木萨尔县）一带。后分为数支：一支北徙金山（今阿尔泰山）；一支远徙热海，又转迁至甘、凉两州降唐；留居原地的随后西迁伊丽水流域。唐平定“贺鲁之乱”后，拆突骑施部为三，以莫贺索葛啜部所在地设置鹿州，位于热海以东的库纳撒尔一带；以阿利施啜所部置洁山州，位于伊丽水以西；以处木昆部置匐延州，地在碎叶水以东。671 年，在吐蕃的支持下，处木昆部监国吐屯阿史那都支自立为十姓可汗，建牙于碎叶，建立吐屯政权。葛逻禄兴盛后徙居碎叶川，突骑施衰落。

薛延陀原为铁勒诸部之一，分布于金山（今阿尔泰山）西南。唐高祖时部分随特勒散处碛北（今蒙古国境内）。突厥强盛时附属于突厥。

反抗突厥失败后，曾有一部分西迁中亚，并途经高加索地区，到达东罗马帝国东界，后又来到多瑙河中游，568年建立阿瓦尔帝国。605年，历史上第一个铁勒人的国家契苾—薛延陀汗国诞生，并很快肃清了西突厥汗国在准噶尔盆地、阿尔泰山东科布多地区及天山东麓的残余力量（伊吾、高昌、焉耆等天山东路诸国）。隋大业八年至九年（612—613年），西突厥射匮可汗灭契苾—薛延陀汗国。薛延陀人绝大部分留居原地，小部分迁到了准噶尔盆地以东或以西。东去者逾金山投降东突厥汗国，西去者走中亚。628年，薛延陀7万帐在酋长夷男率领下逾金山东迁至漠北草原，与漠北的薛延陀会合，很快控制了漠北地区。629年夷男自称可汗于漠北，建牙于督军山下。汗国的疆域东邻靺鞨和室韦；西接金山，越金山与叶护突厥（西突厥）相接于娑陵水以北；南至大漠，隔漠与唐属突厥相邻。

黠戛斯族在汉代文献中称为坚昆。距今2000多年前游牧于叶尼塞河上游，后东邻骨利干（在贝加尔湖附近，今安加拉河一带），南邻都播（贪漫山南、唐努乌梁山北）。840年前后，黠戛斯汗国疆域最广时，在西南曾与葛逻禄（今新疆维吾尔自治区吉木萨尔西北、阿尔泰山以西）为邻，西向攻取北庭和安西地区时，曾与吐蕃为南邻，东南也与唐相壤并曾占领安西（今新疆维吾尔自治区库车地区）、北庭（今新疆维吾尔自治区吉木萨尔地区）。

沙陀是西突厥别部处月群，分布在金娑山（今新疆维吾尔自治区博格多山）南，蒲类海（今新疆维吾尔自治区东北部巴里坤湖）东。唐先天元年（712年），吐蕃侵扰安西，处月为避吐蕃，辅国率众迁居北庭（治所在今新疆维吾尔自治区吉木萨尔县境）。“安史之乱”后依附回纥。唐贞元年间（785—805年），沙陀部7000帐归附吐蕃，吐蕃迁沙陀部众到甘州（治所在今甘肃省张掖市）。唐元和三年（808年），朱邪尽忠率领沙陀部3万余落，摆脱吐蕃追击，沿祁连山东附于唐朝，被安置在盐州（治所在今陕西省定边县）。唐元和四年（809年）被安置在定襄川（今山西省忻县）居住，从此，以神武川（今山西省阴县东北一带）的黄花堆（今山西省阴县东北黄花梁）为居地。唐末参与镇压黄巢起义军，沙陀贵族崛起，相继建立政权。

鞑靼本原是室韦人。河西鞑靼是随亡国后的回鹘迁居到河西地区的九姓达怛的一部分，地处河西走廊北侧的合罗川绿洲。西夏占据河西走廊以后，河西鞑靼人开始四散逃亡。

以上的这些生活在西域草原的少数民族，世代过着游牧生活。漠北草原为草原民族提供了天然的牧场，在历史长河中，无论是东部或是西部崛起的民族，都在漠北草原上繁衍生息，一展风采。

隋唐时期，另一个游牧民族大草原是“世界屋脊”上的青藏高原。北至昆仑山、祁连山，南至喜马拉雅山，西接帕米尔高原，是世界上独一无二的高原草原区，也是中国历史悠久的畜牧业基地之一。以青藏草原为活动根据地的西北少数民族和部族主要有 4 个，即党项、吐谷浑、吐蕃、嗢末。

《隋书·党项传》记载，党项原先生活在今青海省河曲县和四川省松潘县以西地区。6 世纪中叶强盛后，“东接临洮、西平，西拒叶护，南北数千里，处山谷间”。6 世纪后期（南北朝时期），党项人已活动于今青海省东南部黄河河曲，古称析支的地方。隋灭吐谷浑后，党项诸部遍布原吐谷浑故地及吐谷浑占有的今甘肃省、四川省西北等地。

另据《旧唐书·党项羌传》记载：7 世纪中叶，吐蕃王朝兴起，逐步占据了党项的居住地，党项内徙，迁至今甘肃省、宁夏回族自治区及陕北地区。“东至松州（今四川省松潘县），西接叶护（今新疆维吾尔自治区境内），南杂春桑、迷桑（今青海省南部）等羌，北连吐谷浑（今青海省北部），处山谷间，亘三千里”。“安史之乱”后，内徙的党项族又一次进行了大规模的迁徙活动，向东迁至关内道的庆、夏、盐、灵等州。

吐谷浑原属辽东慕容鲜卑，居于今辽宁省义县境内。4 世纪初西迁至今青海省、甘肃省一带。417 年，阿柴继立后，兼并了氐羌诸部，拓地数千里，驻牧于浇河（今青海省贵德县）。540 年，北周及隋初吐谷浑的首领夸吕在伏俟城（今青海省共和县石乃亥铁卜加古城）自立可汗，辖地东西1500千米，南北500多千米。663年，吐蕃灭吐谷浑，诺曷钵与弘化公主率残部奔走凉州，吐谷浑领土悉数为吐蕃所有，部众分属于唐、吐蕃统治，散居于今青海省、甘肃省、陕西省、宁夏回族自治区等地。五代时，吐谷浑大致分布在今青海省（当时谓“退浑国”）、甘肃省河西、黄河河套南北、山西省等地。

吐蕃族在6世纪末，源于雅鲁藏布江河谷地带，松赞干布时征服了苏毗，大、小羊同（今西藏自治区阿里），象雄等部。662年，在西突厥弓月等部的引导下，吐蕃北侵于阗等地。次年，击破吐谷浑，攻占鄯善、且末地区。670年，吐蕃出兵西域，攻陷唐安西四镇。唐“安史之乱”后，吐蕃乘中原内乱，攻占陇右、河西之地，一度攻入长安城。

嗢末也写作浑末或温末，是吐蕃割据时代河西地区的一支重要力量，一度占据了河西重镇凉州，所以也称“凉州嗢末”。随着今甘肃省北部党项人的不断崛起，最终被逐出凉州，南迁并入陇南吐蕃六谷部部族。《资治通鉴》中记载：“浑末，亦曰嗢末、温末，吐蕃奴部也。出师必发豪室，皆以奴从，平居散处耕牧。及恐热乱，无所归，共相啸合数千人，以嗢末自号，居甘、肃、瓜、沙、河、渭、岷、廓、叠、宕间，其近蕃牙者最勇，而马尤良云”，[①] 也就是今甘肃省张掖市、酒泉市、安西市、敦煌市、临夏县、陇西县、岷县、迭部县和宕昌县，以及今青海省化隆回族自治县一带。

五、西夏、辽、金的畜牧管理机构

西夏、辽、金的马政，虽呈现各自的特点，但都遵循唐宋制度，延续马政管理与军事、经济同步发展的特征，中央建立直属机构负责马政事务，运用朝廷集权管理马政。同时，这些北方游牧民族政权均仿效唐宋马政，积极发展地方官牧场，特别是直接继承了宋朝的群牧司制，为

① 尹伟先. 隋唐时期西北地区畜牧业研究［J］. 西北民族大学学报（哲学社会科学版），2009（3）：52-68.

马政在西北边疆的传承做出贡献。

西夏是由党项族建立的地方割据政权。畜牧业是西夏的主要产业，其中尤其以养马业为最，不仅有一套比较系统的马政体系，而且管理措施完整而细密，从注册登记、调配使用到牧场、草料，以及马匹的保护等，均有相关法律条文予以明确规定。西夏之所以能够与北宋、辽金等抗衡，马政的发达起到了重要作用。

西夏占据西北大片领土，多有荒漠、草原、高山，平原占地少，区域内有中国历史上著名的良马出产地。河西走廊一带是著名牧业区，甘州“水草丰美，畜牧孳息”①，焉支山“东西百余里，南北二十里，水草茂美，宜畜牧”②。宁夏平原及周边地区处于农牧交会地带，“水深土厚，草木茂盛，真牧放耕战之地”③。党项马自古有名，唐诗中就有“求珠驾沧海，采玉上荆衡，北买党项马，西擒吐蕃鹦”。④

西夏朝廷负责管理马匹的部门分属经略司、群牧司、马院、飞龙院，经略司、群牧司等。群牧司是西夏官牧业的主要管理机构。这个机构有两项职责：一项职责是宏观上指导西夏官牧业生产，另一项职责是直接经营、管理国有牧场。西夏马政延续了唐宋对畜牧细化管理，尤其是重视马匹管理的特点。西夏设立了专门管理马匹的机构，即西夏的马院。马院作为专门管理马匹的部门，建制最早源于北齐的左右牧署，理念就是把马匹管理置于特别重要的位置。⑤

虽然西夏的群牧司是效仿宋朝的群牧司而来，但是宋朝的群牧司主要是经管军事的马政，西夏的群牧司则是掌管全国牲畜马、驼、牛、羊四种官畜。西夏还特设马院，属于下等司，设三承旨、二都案、四案头，专事官马的管理。

---

① 吴广成. 西夏书事：卷十一［M］. 上海：上海古籍出版社，2021：117.
② 文彦博. 文潞公集［M］. 太原：山西人民出版社，2008：192.
③ 王应麟. 玉海：下册［M］. 南京：江苏古籍出版社，1987：228.
④ 程千帆，沈祖棻. 古诗今选［M］. 西安：陕西师范大学出版社，2019：177.
⑤ 许生根. 西夏马政及畜牧业探析［J］. 西夏研究，2018（4）：36-38.

西夏多设牧场，专事官畜牧放、牧场设大小牧首领、牧监、末驱、盈能等，为不同级别的畜牧管理者。官牧生产由牧民承担，牧民必须经过大小牧首领、牧监的考核，且有一定赔偿能力者，方能允许其领取官畜骆驼、马、牛 15 或 20 头（匹）以上，羊 70 只以上，进行牧养。

西夏推行马匹的登记、检校制度。这样既可以保证政府实时对马匹数量的统计，又可以通过检校对马匹进行分类管理。比如将老马和弱马分开进行管理，及时对病马进行医治，追回流失的马匹，还可以根据检校结果对牧民业绩进行考核，从而给予赏罚。

给牲畜烙印是中国古代畜牧业管理的传统办法。西夏马匹采用烙印来进行登记注册，私人拥有的马匹也要进行登记。官府进行户籍登记时，马匹作为一种重要财产，要登记入册。

检校是马匹管理的重要措施，西夏对马匹的检校有两种：一种是平时检校，具体由盈能负责；另一种是所谓的大校，是由国家派出专门人员办理，平时检校由盈能负责。盈能是于邻近的 200—250 户牧首领中推选出的能胜任检校官畜者。盈能首先要对马匹每年繁殖的马驹按畜册上规定的数目打上号印。另外，对于因死亡而应赔偿的，或马驹数量不足的，均要催促牧民赔偿并置号印。大校是每年定期进行的大规模检校工作。由大校、案头、司吏、行杖、检视和童仆各一人组成，这些人大校期间的口粮及乘马的饲料均由官府供给。检校时造册所需的纸由群牧司购买。另外，大校者出发时要从三司领铜质官印一枚。通过检校，各牧场的经营业绩就能显现出来，政府对胜任者进行奖励，对失职者进行处罚。①

辽朝是中国历史上 10—12 世纪初期的北方民族政权，占据了中国北方独特的自然地理条件，这种优越的自然地理条件，是当时其他政权所不能比拟的。辽朝的疆域“东至于海，西至金山，暨于流沙，北至胪朐河，南至白沟，幅员万里”②。辽朝据有东西长达 5000 千米，南北广

① 景永时.（西夏）马政［J］. 北方民族大学学报（哲学社会科学版），2015（5）：38-40.
② 脱脱，等. 辽史：地理志：卷三十七［M］. 北京：中华书局，1974：2.

达 2500 千米的广袤之地。这就给畜牧业和养马业的发展提供了极为有利的自然地理条件。这一点是当时占据中原的五代政权及稍后的北宋政权不能相比的。契丹作为游牧民族，自部落联盟时期始一直以畜牧业为生，建国后逐渐确立了群牧制度系统地管理官营畜牧业。同时期的北宋则通过监牧制度经营马政，自宋太祖至北宋末年，北宋监牧兴废无常、发展曲折。

群牧制度是辽代系统地经营和管理官营畜牧业的制度，在契丹族部落联盟时期，畜牧业管理基本上还停留在比较原始的阶段；阿保机时代对畜牧业实行统一经营与管理，可以视为契丹群牧制度的草创阶段；辽太宗时，群牧逐渐向制度化过渡；至辽世宗时，群牧制度确立并形成体系。

契丹人游牧于松漠之间，即潢河（今内蒙古自治区西拉木伦河）、土河（今内蒙古自治区老哈河）为中心的草原地区，适合发展畜牧业。早在北魏时，契丹以“名马文皮”入贡，并得以与北魏互市，可见畜牧业已有一定的规模。唐代通过榷场购买蕃马，其中就有契丹马。

在契丹部落联盟时期，畜牧业的兴衰与联盟主的代立直接相关。把畜牧业的兴衰作为衡量联盟主称职与否的一项主要条件，既反映出作为游牧民族的契丹人对传统畜牧业的重视，也说明此时契丹已出现对畜牧业进行系统管理的萌芽。同时表明契丹的畜牧业一定程度上开始了有计划的管理。而凭借畜牧业发展带来的经济和军事实力的增强，以及其他方面的有效措施，阿保机巩固了其在契丹内部的统治，建立了辽朝，并不断向周围扩张势力，征讨周围的部族。

同时，契丹畜群在不断增加，相应的畜牧业管理也在不断发展，国有马匹数量大大增加。国有牧地和牲畜开始时是民族共有的财富，以后逐渐变为国有，实质上是国王及其政府所有。契丹从部落联盟过渡到国家也经历了这一过程。官营畜牧业的迅速发展，为辽代政权的建立奠定了一定的经济基础，并保证了契丹骑兵的战斗力。因此，阿保机时代可以视为契丹群牧制度的草创阶段。①

① 唐长孺. 拓跋族的汉化过程［J］. 历史教学，1956（1）：21-29.

辽朝群牧机构是从中央到地方均设群牧使司，使司内有专职官员主管马政。在群牧使司的机构之外，还设尚底飞龙院，专门负责底马的牧养。由此不难看出辽朝对马政的重视和用意之深。辽朝群牧，基本上有六大牧区。即所谓西路群牧使司、倒塌岭西路群使司、浑河北马群司、漠南马群司、漠北滑水马群司、牛群司所辖牧场。随着历史的变化，辽的大牧区会有变化，牧区的数量也有变化。辽占据燕云地区后，出于政治和军事需要，常在幽州地区放牧，多达几万匹，以备军用。①

辽代朝廷的群牧使司下辖若干个群牧司，构成朝廷的畜牧管理体系，掌管各地的官办牧场。这些牧场通常都设于水草肥美的草原，各种牲畜单独成群，实行群牧。官营的畜牧业是西夏朝廷财政收入的重要来源。牲畜以马、羊为主，还有驼、牛等。马主要用于交通和征战，羊则提供皮毛和肉、奶，是牧区衣食的主要来源。辽朝也实行“官有民养制”，即采取化整为零的方式，将官办牧场的牲畜分包给牧区百姓放养。每年四月到八月出放，八月底收回官办牧场驻地，以集中保护牲畜过冬。②

辽代建国之后就发展群牧制度，辽太宗耶律德光继位后，群牧制度成熟。辽的北枢密院管辖群牧制，主管群牧的机构设有下属机构或职官，有九个部门在各地区设置机构，专管皇家和国营畜牧。官牧场主要分布在今呼伦贝尔大草原及燕山和张北县一带。辽建立马政制度，对辽的后勤供给制度影响很大，有效推动辽军事后勤供给制度的建设。辽的马政制度比西夏早，但相比较西夏马政，辽代的马政制度比较松散且不完备，特别是辽没有马院，没有专门管理马匹的机构。

金朝的群牧是在宋、辽的基础上发展起来的，金朝群牧官制基本上是沿袭辽朝。马政官职有群牧使、群牧副使，特别设置译人的职位，负责民族语言交流。金朝制定了群牧官员业绩奖励处罚制度。金朝群牧制

---

① 阎玉启. 辽朝的养马业和辽宋关系［J］. 北京师范大学学报（哲学社会科学版），1990（4）：38-42.

② 脱脱，等. 辽史：食货志：下［M］. 北京：中华书局，1974.

比辽更为细腻，但没有完全仿效宋朝建立中央级的马政管理机构，原因可能是金灭辽后，如何统治人数众多的契丹人是重中之重，运用契丹的群牧管理被统治的契丹人不失为一种有效策略。金朝采用群牧这种社会组织来统治契丹牧民应该说有它的成功之处。这些契丹牧民用他们长期积累的畜牧业经验，为金朝国有畜牧业的发展做出了贡献。群牧所中大量的牲畜为金朝社会的很多方面提供服务，特别是马对金朝社会尤为重要。

六、北宋监牧组织、职官和牧地

北宋初期，为恢复官营畜牧业，先后以左右飞龙院、左右天厩院、左右骐骥院管理马政。到真宗时，设立群牧司总领内外厩牧。元丰改制后，群牧司被废，职事收归原本职权较轻的太仆寺。之后，为达到权力的平衡，太仆寺与尚书省驾部、枢密院支马房、三司度支部的骑案等机构出现权力相互侵夺的现象，监牧事务已无独立的中央专职机构管理。杨际平在对唐代太仆寺与尚书驾部之间的关系分析后指出，“太仆寺与尚书驾部都管牧政，二者有一定分工，同时又互相牵制”。

宋代的马政规模较前代最为庞大，赵匡胤于陈桥兵变后，即设置两个养马务和四个葺旧务，作为宋朝最早的牧马之地。他的弟弟赵光义在太平兴国四年（979 年）又获得汾晋、燕蓟等地的马匹共 42000 多匹，分配在几个州，设八个“牧龙坊”进行牧养，当年又下令购买散落在民间的马匹共 170000 余匹。从建国至此的这段时间内，发展速度是相当快的，宋太宗接着又相继采取了几种措施，加快了马政的建设。如在太平兴国五年（980 年），改飞龙院为天厩院，改闲厩使为崇义使，给人以不踵前迹，面目一新之感。

真宗咸平三年（1000 年），始置群牧司。群牧司分管内外厩牧之政。从骐骥两院至内外诸坊监，国有马匹的饲养、放牧、管理、支配等事务均归群牧司管辖，是掌管马政的最高机构，负责政令的上传下达。群牧制设置使一人，总领马政，是群牧司的最高长官。群牧司下还有同群牧制置使、权群牧制置使、同群牧使、权群牧判官等。这种官制沿袭北宋官制，即在资序上低于最高长者，都多带“同”“权”等字，实际上就是副官。

宋代马政机构的发展与领土扩展、军事需要有着直接的关系。宋太祖时期忙于统一南方，而南方多山地水域并不需要太多的战马，南方的统一也未能给宋朝带来大量的战马。在北方，宋朝则采取守势。宋太宗时期为征讨北汉、收复“燕云十六州”，大举从民间买马，在平定北汉后又获得了大量战马，因此建立了新的监来安置管理马匹，并将管理中央马政的左右飞龙院改为左右天厩院，后又改为左右骐骥院。“内厩马既充牣，始分置诸州牧养”。由于马匹数量大增，京师坊厩无法全部安置，就将多出的马匹安置到诸州牧养。①

宋真宗景德年间，始改诸州的牧龙坊为“监”，由皇帝赐以监名，分布在各地的牧马监共 14 个，地点在大名、洺州、卫州、洛阳、郑州、同州、相州、澶州、邢州、中牟、许州等处。此时的牧马基地主要分布在以洛阳为轴心，向河南、山西、河北 3 省辐射的这一地带。除了这些较固定的牧放地，还有一支游牧的大军，初期计有 15000 匹左右的规模。他们“逐水草放牧，不费刍秣，生驹蕃息，足资军用”②。

七、元朝的马政

忽必烈承沿金朝制度，开始设置群牧所。元代的马政建设是从群牧制开始的。元统一全国以后，参行唐宋马政遗制，重新完善马政制度。元中央设置太仆寺、尚乘寺管辖马政。在上都等路设立群牧都转运使司，后设立群牧监。元朝在全国设立了 14 个官道，牧场广阔，覆盖全国的适合放牧之地。畜类从马匹为主扩大到驼、牛、牦牛、羊等。

元朝的马政制度极为庞大，对元朝的政治、军事和经济都产生重要影响。元朝曾先后设立了太仆寺、尚乘寺、群牧都转运司等官方机构管

① 刘振宇. 宋代中央马政机构及其职能演变［J］. 西部学刊，2018（5）：32-35.

② 脱脱，等. 宋史：兵志［M］. 北京：北京图书馆出版社，2005.

理国家畜牧业。太仆寺专管阿塔思马匹（蒙语，意为骟马），属宣徽院，后改隶中书省，正三品。中统四年（1263 年），忽必烈开设群牧所，隶太府监，掌管牧马及尚方鞍勒。至元十六年（1279 年）改为尚牧监，后又先后改为太仆院、卫尉院。至元二十四年（1287 年）立太仆寺。武宗至大四年（1311 年）复立群牧监，秩正二品，所管范围有所扩大，兼管孳畜（相当良种繁育）等项。

群牧都转运司专管喂牲畜粮草等事，这是中国最早设立的国家饲料司。世祖至元二十二年（1285 年）曾在上都设此机构，后撤销。顺帝至元元年（1335 年）改由徽政院专管群牧，包括了群牧都转运司的职责。

另外，元朝制订了“和买马”制度，即按规定价格由官方买马。如中统元年（1260 年）五月，忽必烈下令“诸路市马万匹，送开平府”。英宗、顺帝朝也有买马、牛、羊的大量记载。虽然这种购买是官方征用，带有一定的强制性，但亦是一种商品交换，对促进牧民的生产积极性有一定作用。

元朝制定了禁止私杀马、牛和处罚盗窃马、牛等专门法律。如《元史·刑法志》载：“自十二月至来岁正月，杀母羊者，禁之。诸宴会，虽达官，杀马为礼者，禁之。其老病不任鞍勒者，亦必与众验而后杀之。诸私宰牛马者，杖一百七，征钞二十五两，付告人充赏。”其他处罚条例也定得非常详细。对偷盗牲畜者，则严加刑罚。“诸盗驼马牛驴骡，一赔九。盗骆驼者，初犯为首九十七，徒二年半；为从八十七，徒二年；再犯加等。盗马者初犯为首八十七，徒二年；为从七十七，徒一年半；再犯加等。”① 这些条例对保护牧民利益是有好处的（图 2-1）。

元朝是中国历史上第一个由北方草原游牧民族——蒙古族建立的统一王朝。元朝的畜牧业十分发达，而马政在畜牧业中占有特殊的地位。元朝的统治者蒙古族号称“马背上的民族”，以畜牧起家，以马上得天下，因此，作为关系到王朝强弱、国势盛衰的马政，自然受到应有的重视，更具有其特殊性。

① 宋濂，等. 元史·刑法志［M］. 北京：中华书局，1976：1227.

图 2-1 阿拉善双峰驼（付龙霞 摄）

忽必烈之前的蒙古国，并没有设置专门的机构对马匹等牲畜进行统一的管理。待到统一全国以后，才逐步参行唐宋遗制，建立了一整套完善的马政机构。这些马政机构，涉及牧场的管理、牲畜的征扩、刍粟的组织、毛皮的织染，以及鞍辔的造作等方方面面，涵盖生产、管理、贸易、加工等各个环节。①

元代的官牧场，沙漠万里，牧养蕃息，太仆之马，殆不可以数计。元代承接辽、金、宋故规，群牧制度十分兴盛，牧场分布广泛。牧地东越耽罗（今韩国济州岛），北踰火里秃麻（今俄罗斯贝加尔湖东西地区），西至今甘肃省，南暨云南省等地，自上都（今内蒙古自治区锡林郭勒盟）、大都（今北京市市区）以至玉你伯牙（今内蒙古自治区正蓝旗东）、折连怯呆儿（今内蒙古自治区通辽市科佐中旗），周回万里，但凡水草丰美之地，均被划为牧场，或官营或私营，用来牧养牲畜。

① 王磊，张法瑞．略论元代的马政［J］．古今农业，2011（1）：63-66.

八、明清的畜牧机构

明代初年，今宁夏回族自治区是重要的牧马地区。正统以后，由于北方不断的边境战争，马牧空间缩小，草场日渐废弃，马政随之衰退，苑马机构裁撤，苑监主要集中在南部固原镇。西北名将杨一清在平定“安化王之乱”中立下战功，受命督理西北马政，一是罢黜贪庸之官；二是增加牧放军人数；三是增加种马大量繁殖；四是修筑马城营堡；五是提升太仆、苑马寺官员的待遇；六是清理被占草场。灵州池盐招商中纳马匹、周边马市，也是获得军马的两个渠道。杨一清之后，马政伴随着明朝国运走向尽头：无休止的战争、豪强与宗室藩王对草场的侵吞。直接的后果是生态的极度恶化。①

到洪武三十年（1397 年），朝廷扩大牧马范围，搞起了所谓边地马政。即于今江苏省南京市的太仆寺之外，又分别于辽东（今辽宁省南部）、北平（今北京市）及今山西省、陕西省、甘肃省各处设 5 个行太仆寺，其衙署组织结构与太仆寺相同。官马牧养业，按例使用国家划定的专项牧地，督饬所属卫所军士养马。换言之，由各行太仆寺主持和负责的畜牧活动，乃为官牧，与内地民牧并立存在。其时最主要、最基本的官牧设备就是牧地，十分广阔。《明史·兵志（四）》称：洪武三十年，“复定北边牧地，自东胜以西至宁夏、河西、察罕纳儿，以东至大同、宣府、开平，又东南至大宁、辽东，抵鸭绿江，又北千里而南至各卫分守地。又自雁门关西抵黄河外，东历紫荆、居庸、古北抵山海卫。”在此偌大的草场境内，虽有不少荒闲“光秃”之区，但有更多水草丰茂之所，是当时官牧业赖以生存的必要的物质条件。

明代官马牧养实行“官牧和民牧”的双轨制，就是对唐、宋两种马政制度的兼用。承袭前代之制，也相应地承袭了前代之利弊。在辽东（今辽宁省南部）及今陕西省、甘肃省、内蒙古自治区等处的官牧或军

① 薛正昌. 明代宁夏马政［J］. 宁夏大学学报（哲学社会科学版），2003（6）：58-64.

牧，具有与军屯一样的重要意义。因为军队牧马类似于军士屯耕，实为一种经济有效的生产形式，可以较多地为国家创造财富，大量地减轻人民负担。并且，在塞外放养官马，对当地的农业尤其是军屯是有好处的，既可在一定程度上解决其地的农田肥料供应问题，又可以相应地解决耕畜缺乏的难题，并且能顺势加强这一带的交通运输力量，可谓是一举而三得。尽管官牧活动到明代中后期也产生了一些不理想的现象，如管理疏漏，用人不当；督理不勤，马务松弛；亏空草料，损公利私等，但施行官牧的根本性政策是不可否定的，它不失为一项适应明代国情、民情的马政之举措。① 周去非的《岭外代答》说，今广西壮族自治区有天马、蛮马和果下马等。明朝出于军事需要，规定一些地区的卫所必须养马，今广西壮族自治区也是如此，官府对养马的数量作出了严格的规定，例如今广西壮族自治区左卫养马 30 匹，中卫 87 匹，右卫 89 匹。

清初战事频仍，对马匹的需求量大。为了保证前线需求，满族统治者不得不通过多种渠道采办马匹。茶马贸易、贡马、捐输马、市马等，构成了清初官马的主要来源。清朝于同一时段通过茶马贸易、市马、宗室献马、官员捐马等途径置办马匹，说明当时存在战马不足的问题。以上任何一种渠道，都不能独立承担大规模用马的需求。

随着中原统治的稳固，尤其是蒙古人归附清朝之后，长城南北连为一体，清朝在长城以北以及各八旗、绿营驻地建立起了大批的牧场，形成了自己的马匹蓄养体系。清朝的马匹蓄养体系分为太仆寺、上驷院、八旗和绿营四个部分。其中，太仆寺和上驷院养马，是中央行政衙门经办的畜牧生产形式；八旗和绿营养马，是由地方军事衙门开办的。从组织结构上讲，太仆寺、上驷院、八旗和绿营牧场都是采用二级管理体制，即上级主管部门和具体经办部门。主管部门负责督导牧养、考核赏罚、查核奏销等事务；经办部门负责与马匹直接相关的蓄养工作。二者各有分工，共同保证官方马匹蓄养体系的运行。

---

① 李三谋，李霞. 明代官马牧养问题研究［J］. 古今农业，1999（3）：310-317.

太仆寺初设于顺治元年。当时并无专署，附属于兵部的武库清吏司，负责贮存直隶、山东、河南、江南等地方的征马价银，岁终复销。太仆寺主管牧场为左右两翼牧场，初建于顺治年间。左翼牧场位于今河北省张家口市东北的喀喇尼墩井。右翼牧场原在今张家口市西北的齐齐尔汉河，后东移，分为骒、骟两马厂，骒马厂在独石口外商都河南，骟马厂在张家口外布尔噶苏台河西北。左右两翼牧场的面积，在清代众多官牧场中是比较大的。

上驷院是专为皇家管理马匹、车辆的中央机构，直属于管理宫廷事务的内务府。上驷院的前身是明代二十四衙门中的御马监，康熙初年称之为阿敦衙门，康熙十六年（1677 年）改名为上驷院，成为内务府“七司三院”之一。上驷院主管牧场有盛京的大凌河牧场，设置于顺治八年；多伦诺尔厅东北的达里岗崖牧场，设立于康熙三十九年（1700 年）；独石口外之北的商都达布逊诺尔牧场，设立于顺治年间。

八旗养马分为京师八旗和驻防八旗两部分。京师八旗养马，是将马匹按照一定比例分配给各旗蓄养，主要采用拴养和圈养两种形式。拴养是将官马交给各旗参领、佐领、骁骑校等人，让他们于各佐领下择选兵丁零散饲养。拴养马，是有清一代京师八旗蓄养官马的主要形式。具体拴养配额为：满洲八旗每旗拴马 90 匹，蒙古八旗每旗拴马 45 匹，汉军八旗每旗拴马 15 匹，八旗护军营每旗拴马 81 匹，左右两翼前锋营每翼拴马 40 匹，内火器营拴马 72 匹。

绿营牧场设置较晚，乾隆元年（1736 年）才由各地总督、提镇衙门开办。雍正十二年（1734 年），考虑到西北用兵，军马缺少，调解艰难，清廷让陕甘提督在凉州（今甘肃省武威市）、西宁（今青海省的西宁市）、肃州（今甘肃省酒泉市）三镇各新增牧场一处。乾隆元年，在甘州（今甘肃省张掖市）大草滩、凉州黄羊川、西宁摆羊戎、肃州花海子湃带湖正式建起了最早的绿营牧场。此后，清朝还在今新疆维吾尔自治区乌鲁木齐市、巴里坤哈萨克自治县、吉木萨尔县（济木萨）、霍城县（古城）、玛纳斯县、塔城地区（塔尔巴哈台）等处开办了绿营牧场，在江南内地也设立了多处绿营牧场。

绿营牧务的主管机关是总督衙门、提督衙门和总兵府，它们逐级负责督导牧养，考核牧放成绩，执行赏罚，查核经费与设备，制定牧场建设规划等事宜。

各官牧场良好的发展规模，使清朝拥有了充足、优质且稳定的马匹来源，基本形成了自给自足的马匹供应体系。太仆寺、上驷院、八旗和绿营四大体系之间既互不统属、平行发展，又有所交叉和联系。在马匹用途方面，四大牧场体系各有定位。上驷院、八旗和绿营牧场马匹去向较为固定，分别服务于皇家用马、八旗和绿营官兵。而太仆寺马匹用途则更具灵活性，提供清朝各种临时性的用马需求。

一旦出现战事等大规模的用马需求，这四大系统则统统服从中央的统一调配，共同为清朝的军务、政务服务。例如，乾隆前期西北战事紧急，乾隆二十四年（1759 年）黄廷桂出任陕甘总督驻肃州督办军需，其间一次便从各牧场调集马匹 23000 余匹，其中拨解阿克苏 16000 匹，拨给西安满洲兵及达什达瓦兵 7000 匹。乾隆三十四年（1769 年）用兵缅甸，清朝从全国各处牧场调集战马备战，数月之间陆续解赴云南的马匹不下五六万匹。①

晚清时期，推行新政。光绪三十一年（1905 年），主管马政的兵部车驾清吏司改组为军牧司，太仆寺并入。曾赴欧美考察军事，深知军马重要性的徐致善任司长；曾赴日本观摩马政，力主马政改良的陈诜任司长上行走兼繁殖科科长。军牧司设均调及繁殖两科。均调科掌军牧民员的任免，军牧兽医教育，军马卫生材料购买分配，及牧场有关事宜；繁殖科掌军马采购，马匹繁殖，及马政计划与规章的厘订等事项②。宣统二年（1910 年），陆军部再次改革马政机构：设立军马总监，并分设南北军马分监七处。先设北分监，即以两翼牧场改组而成。南分监拟设于广西。总监下设四科，仍驻张家口，辖陆军部所属各牧场③。

---

① 王妍. 清代马政概说［J］. 历史教学，2016（6）：35-38.

② 谢成侠. 中国养马史［M］. 北京：科学出版社，1959：250-251.

③ 谢成侠. 中国养马史［M］. 北京：科学出版社，1959：254-255.

军牧司为推进军马改良，在张家口外的两翼牧场建立模范马群，拟订马匹改良方案，引种德国、俄国纯种马及新疆伊犁马。这是有组织、有计划的近代马种改良的先声。1909 年，陆军部以两翼牧场为基地正式开始了马匹改良实验。当年引进英国种马 1 匹；又挑选伊犁儿骒马 200 匹。为增加种马来源的多样化，6 月间，采购俄罗斯产黑儿骒马 3 匹，黄枣骝骒马一匹，此外还得到德国青岛提督所赠德国产纯血种牡马 1 匹，“此马六岁，体高五尺一寸，体格优良，特设马厩，由兽医官保育，产有杂种驹数头”①。

第二节　民族地区国营牧场的历史沿革

中国北方草原地区的土壤气候条件均不适于粮食生产，但适宜于牧草生长和发展畜牧业。因而这些民族的饮食便以肉酪为主，食肉饮酪便成为他们的基本饮食习俗。“匈奴之俗，人食畜肉，饮其汁，衣其皮”②。

匈奴族兴起于秦汉时期，以大漠南北为活动中心，最盛时东尽辽河，西达葱岭，南界长城，北下贝加尔湖。其后活跃于这一地区范围内的乌桓、鲜卑、柔然、突厥等族，也都过着“食肉饮酪”的游牧生活③。由此可见，以乳为食的习俗主要产生于中国古代北方游牧民族地区。④

与汉族生活方式截然不同的北方游牧民族，如汉代匈奴人食畜肉，饮“湩酪”，过着“逐水草迁徙”的游牧生活。各地的饮食生活具有鲜

---

① 谢成侠. 中国养马史［M］. 北京：科学出版社，1959：255.

② 司马迁. 史记：匈奴传［M］. 裴骃，集解. 北京：中华书局，2013.

③ 陈寿. 三国志：魏志：仓慈传［M］. 裴松之，注. 北京：北京图书馆出版社，2006.

④ 黎虎. 汉唐饮食文化史［M］. 北京：北京师范大学出版社，1997：141-142.

明的地方性和民族性。少数民族政权的频繁更替，各民族之间和各地域之间的各阶层人民的广泛迁徙往来，更为民族之间、地域之间的饮食文化的相互交流与融合提供了便利。北方游牧民族的甜乳、酸乳、干酪、漉酪和酥等奶类食品及其加工制作技术相继传入中原，构成了这一时期饮食文化变迁的重要因素。①

一、秦汉魏晋南北朝时期的河西牧师苑

自东汉末期开始，中国陷入旷日持久的战争动乱之中。原先生活于北方草原的游牧民族大量涌入中原，形成了历史上最为广泛和深刻的民族大融合。这次历史大变革为魏晋南北朝时期数百年的畜牧经济发展提供了特殊的机遇。

首先，长期战乱造成人口剧减，经济萧条，农田荒废。原先人满为患的中原地区，突然变成遍地蒿莱，地旷人稀。这在客观上给畜群放牧提供了充裕的草场。

其次，由于战争造成的大量人口远距离异地迁徙，使中原甚至南方的外来人口显著增加，这些习惯于“食肉饮酪”的新居民对畜产品的需求量也相应增加，为畜牧业的发展提供了社会需求方面的推动力。

最后，长达 400 年的社会战乱，对包括农牧业在内的社会经济造成空前破坏，人民生活于水深火热之中。统治阶段为了缓解社会矛盾，增加战争所需的兵员和物资补给，客观上也需要采取积极措施来推进农牧业生产。尤其是在战争波及较小的地区以及战争间歇的时期，农牧业都得到较快恢复和发展。

在这个特定的历史背景下，战国以后一度被排挤到长城以北的大型畜牧业，又在黄河中下游地区得到某种程度的恢复。重新形成“农牧交错”的局面，农牧经济的布局和比重由此发生了重大变化。②

畜牧业是河西地区最古老的生产部门。早在战国至西汉初，河西地

① 黎虎. 汉唐饮食文化史［M］. 北京：北京师范大学出版社，1997：325.

② 王利华. 中古华北饮食文化的变迁［M］. 北京：中国社会科学出版社，2000：207.

区（今河西走廊）就是乌孙、月氏、匈奴等民族的游牧地。河西地区归汉后，畜牧业的发展也并未中断。汉朝将河西地区视为重要的畜牧业基地之一，广设牧师苑等官办牧场。据《后汉书·百官志》载："又有牧师苑，皆令官，主养马，分在河西六郡界中，中兴皆省，唯汉阳有流马苑，但以羽林郎监领。"

三十六牧师苑的具体位置，有一部分位于河西地区。在官办牧师苑的带动下，河西地区的畜牧业获得了蓬勃发展。《汉书·地理志》就记载了河西地区畜牧业的盛况：（河西）"地广民稀，水草宜畜牧，故凉州之畜为天下饶。保边塞，二千石治之，咸以兵马为务"。东汉后期，随着国力的衰落，边备废弛，河西地区的农业经济出现了大幅度的衰退。而畜牧业则随着鲜卑、羌等游牧民族的迁入得到了长足发展。前凉时期，前凉骑兵有着"凉州大马，横行天下"的美誉。《晋书》记载，前凉张重华时期，"讨叛虏斯骨真万余落，破之，斩首千余级，俘擒二千八百，获牛羊十余万头"。南凉秃发傉檀曾"率骑七千袭乙弗，大破之，获牛马羊四十余万"。这两次战役中，就有几十万牛羊马作为战利品，足见河西地区畜牧业雄厚的实力。

北魏占据河西地区后，北魏太武帝充分发挥当地的优势，大力发展畜牧业，将河西地区作为北魏的畜牧业基地，并取得了良好的效益，马匹存栏数200余万匹，骆驼100余万匹。①

魏晋南北朝时期北方农牧经济布局的变化，首先表现为黄河中游畜牧区域的扩展，这一扩展过程以十六国及北朝前期为最盛期。

这一时期的畜牧区包括了一向以农耕经济著称的黄河中游的黄土高原，中原腹地乃至黄淮、江淮之间的广大地区。例如，曹魏时期曾在号称为农田沃野的"三魏近甸"设立"典牧"，大片土地被规占为养牛牧场，至西晋初年，尚有牛四万五千余头；② 西晋的京畿之地司州，在两汉时期乃为人口最密、农桑最盛之区，此时却是牧苑广阔，"猪羊马牧，

---

① 张磊. 明代卫所与河西地区社会变迁研究［D］. 西宁：青海大学，2019.

② 房玄龄，等. 晋书：卷二十六：食货志［M］. 北京：中华书局，1976.

布其境内”。司州辖今山西省南部、河南省北部、东接河北省南部及山东省西境。[①] 与司州相邻的冀州平原，十六国时期亦有马牧苑的设置，羯人石勒起兵时，即利用了当时牧苑的马匹。[②]北魏迁洛之后，更辟“石济以西、河内以东，拒黄河南北千里为牧地”，设立河阳牧场（今洛阳东北、黄河以北的南北狭长地带），“恒置戎马十万匹”。[③] 在华北大平原上，内徙游牧民族聚居之地，往往都曾有过大片农田被规占为牧场的情况，少数民族贵族、官僚往往霸占大片土地，役使大量“牧子”为之放牧。在一段时期里，不仅黄土高原地带曾一度以牧为主，而且黄河中下游平原地带也在一定程度上复归于战国以前的“夷夏杂处”“农牧交错”的局面。这在战国以后的中国农业历史上乃是绝无仅有的。[④]

二、隋唐时期的西北和西南的军马牧场

隋朝统一南北后，将全国最重要的官营牧区设在包括河西地区在内的陇右。陇右牧除了管辖诸牧区，还设置了骅骝牧、二十四军马牧、苑川十二马牧等。

唐代吐谷浑经过近 300 多年的发展已经占据了今青海省的主要的农牧生产区域。早在吐谷浑迁入时，便占领了的原羌族畜牧场地“析之”。据《后汉书·西羌传》记载:“《禹贡》所谓‘析之’也。南接蜀、汉徼外蛮夷，西北（接）鄯善、车师（今新疆维吾尔自治区吐鲁番市）诸国。所居无常，依随水草。地少五谷，以产牧为业。”但根据唐代吐谷浑与党项的大致分界可得出吐谷浑所在的南端应在古代积石（今青海省东南部的阿尼玛卿山）北部，即包括黄河流经的今青海省海南藏族自治州。

吐谷浑牧区在今青海省的畜牧范围为黄河上源、祁连山、柴达木盆地等地，具体包括青海省东北边缘的祁连山山谷农牧地带、最为富饶的青海省河湟地区、青海湖环湖农牧及以西游牧地带和青海省河湟地区以南的

① 房玄龄，等. 晋书：卷五十一：束晳传［M］. 北京：中华书局，1976.

② 房玄龄，等. 晋书：卷一百零四：石勒载记［M］. 北京：中华书局，1976.

③ 魏收. 魏书：卷 110：食货志［M］. 北京：中华书局，1977.

④ 王利华. 中古华北饮食文化的变迁［M］. 北京：中国社会科学出版社，2000：214.

黄河九曲农牧地带。

祁连山山谷农牧区处于海拔 600—3000 米的柴达木盆地，由阿尔金山、祁连山和昆仑山三个部分围绕组成，东西长约 800 千米，南北宽 300 千米左右，这里分布着较多的盐湖与沼泽，是良好的畜牧地带，在海拔较低的谷底与平地区域可以进行农业耕作。吐谷浑——中国陇西方面边防脆弱时，或隋、唐朝与之互市，或侵略边境以自资。当唐兵进击时，则迎击于青海以东之险要地区；败则退守伏俟城；再败则或北退于祁连山诸谷中，或南退于黄河上源地区之星宿海、党项等地，或西退入大蹟中（柴达木大蹟）。待唐兵疲惫而退，又出而乘之，此盖游牧民族对中原作战的一贯战略。吐谷浑在唐代青海的活动范围包括青海东北边缘祁连山山谷农牧地带。

河湟农牧区是古西羌领地，整体上指的是黄河与湟水相交的广大地区。这一地区东部属于黄土高原的边缘地带，西、南部倚着青藏高原并与之毗连一体，属于两种不同类型的地域相互连接过渡的镶嵌地带。这里土质肥沃水源充沛，适于农耕；兼之森林繁茂，水草丰美，是理想的牧畜环境。再加上其有独特的地理气候环境，因而无论哪一民族居住在古代河湟地区都不能与农畜牧业经济相脱离。

海西游牧区是古西海郡，有古城伏俟城，即吐谷浑国都。伏俟城在青海湖西边，属于高海拔游牧区。唐代，这里的畜牧业较为发达。古墓中出土大量的关于丝绸、针织品、金银物品，反映了当时繁荣的畜牧经济贸易状况，而出土的车马器具、木牍和皮革制品等吐蕃贵族陪葬品，则表明了当时畜牧业发展的程度。对柴达木盆地南部都兰县的考古发现表明，柴达木盆地东南部是唐代青海游牧业发展的重要区域。

黄河九曲农牧区指今青海省东南部黄河曲流处。其地水草肥美，适宜畜牧。唐初的畜牧区域是非常广泛的，已经占据了唐河曲（今青海省东南黄河曲流处）一带。今青海省西南的盐池以及南部的远化（共和县）都在吐谷浑的辖区范围内。

唐代党项青海辖区的范围内，主要以游牧业为主。唐代党项先居于吐谷浑之南，游牧于河曲至与四川交界的果洛一带。唐代的黑山党项居住在河曲大积石山。唐代党项在积石，即今位于青海南部果洛藏族自治州玛多县东南走向的阿尼马卿山及以南地带。此地寒冷的高原气候决定了游牧业是当地的主要经济活动。青海南部为江河的上源，河流众多，高山滩地多，其西北部坡势平缓，十分利于放牧。

青海南部游牧区域的范围逐渐扩大到四川及云南境内。如在黄河上游等地在唐初也有吐谷浑在此从事农牧业。不过，依据吐谷浑与党项的生产方式，吐谷浑从事耕牧，而党项那时仅仅为游牧。由此可以断定，在同一地区的两个游牧民族所辖的地段是不同的，党项应在海拔较高的地带。由于南北朝末期（6 世纪后期）开始活动于今青海省东南部黄河上游和四川省松潘县以西的山谷地带。据《旧唐书·党项传》记载，唐代位于吐谷浑以南的党项族有八个部落，即“细封氏、费听氏、往利氏、颇超氏、野辞氏、房当氏、米擒氏、拓跋氏，而拓跋最为强族”。对其游牧地带，史料记载不详，但现今研究认为在唐代青海境内的党项其主要游牧在今青海省东南部果洛藏族自治州玛多县东南走向的阿尼马卿山一带。

吐蕃畜牧区是在公元 670 年，吐蕃实现对吐谷浑的统治后，逐渐占领今青海省原吐谷浑、党项等游牧民族辖地成建立起来的牧区。吐蕃与唐朝在今青海省的畜牧区域的争夺主要集中在河湟一带。金城公主和亲吐蕃，河源会盟后，唐朝将“九曲之地”赠予吐蕃作为金城公主汤沐之地。

唐朝时内迁到西北地区的西夏党项族，受当地和邻近汉人的影响，社会经济有了长足发展。畜牧业是党项人的重要生产部门和衣食之源。西夏畜牧业主要分布在银州（今陕西省米脂县）、夏州（今陕西省靖边县）、盐州（今宁夏回族自治区盐池北）及今内蒙古自治区的鄂尔多斯、阿拉善、额济纳一带。此外，凉州（今甘肃省武威市）、瓜州（今甘肃省安西市）、沙州（今甘肃省敦煌市）等地的畜牧业也很兴盛。据《金史·西夏传》记载，河西走廊的凉州畜牧甲天下，而瓜州和沙州等地

"素鲜耕稼"，专以畜牧为生。牲畜品种以羊、马、牛、驼为主，还有驴、骡、猪等。

唐代后期，由于周边各族不断侵扰，境内藩镇割据，中原地区动荡不安，由朝廷官办的畜牧业遭严重破坏。在这样的社会背景下，国家为了解决肉食、奶酪的供应，不得不将监牧再度向东南面移徙。一些地方藩镇的畜牧业，相应地兴盛起来。

三、宋元时期的官营牧场

宋朝是中国古代统一王朝中疆域较为狭小的一个。与前代相比，宋丧失了北部、西北部大部分适合养马的区域，严重影响了牧马业的发展。唐代监牧基本上分布在西北适合畜牧的地区。宋朝失去了这些传统的畜牧业基地，官营牧马业主要局限在黄河沿岸及中原地区，南方虽有马监牧地，但所产马低弱，不堪骑乘。所以，就牧马区域和条件而言，宋较唐大为逊色，官营牧马业总体而言也就难望其项背。就北宋前期官营牧马业来看，由于统治者的重视，还是取得了较大发展，官马数量超过 20 万匹。

宋初统治者非常重视马政建设。当时，刚刚经历五代十国战火的洗礼，《文献通考》描述的"诸州监牧多废，国马无复孳息"就是畜牧业衰落的状况。在这种艰难的条件下，宋太祖开始创立马政。建国伊始，宋就沿袭唐五代的监牧制度，在中央设置了左右飞龙二院，以左右飞龙二使分别掌管。

纵观两宋 320 年间官营牧马业的发展历程可以发现，牧马业除了宋初太宗、真宗时期较为兴盛，其他很长时期内处于衰落之中。宋初统治者多次视察牧马监以督导养马事宜。如前所言，宋太祖在一年期间曾至少 3 次视察飞龙院，宋太宗、宋真宗在位时也是多次莅临。[①]

宋代疆域狭小，缺乏大面积的天然牧场。为保证官营牧马业的发

---

① 张显运. 浅析北宋前期官营牧马业的兴盛及原因［J］. 东北师大学报（哲学社会科学版），2010（1）：86-89.

展，北宋前期的统治者不仅多次亲自视察马监，还特别重视官马管理人员的选拔。在马匹饲养、孳育、病马管理与治疗、加强牧马草地的管理与建设、处罚盗杀和残损官马肢体的行为等方面都采取了一系列卓有成效的措施，对牧马业起到了督导和规范作用，可以保证其健康有序的发展。①

唐代建立南诏国（今中国云南省、贵州省及缅甸、老挝等地），继续与东南亚诸国进行通商贸易，主要交通工具仍然是马匹。据宋代范成大《海虞衡志》记载："蛮马出西南诸蕃，多自毗那、自杞等国来。自杞取马于大理，古南诏也。地连西戎，马生尤蕃。大理马为西南蕃之最。"大理马不仅远销到今缅甸、伊朗等国，还远销到中原地区。据明代李浩的游记小品《三迤随笔》记载："大理国白王，每遣使入宋朝货，并购数良马入献"，即便是大理国与赵宋王国关系紧张时期，也不拒宋使入境购马。

元朝在全国设立了 14 个官马道，凡是水草丰美的地方均可放牧马群。另外，江南和辽东诸处也散满了牧场，打破了《元史·兵志》所说的"国马牧于北方，往年无饲于南者"的界限。这些地方有辽阳、大同、太原、庐州（今合肥市、六安市部分）、安西王府（今西安市）、大都（今北京市）、真定（今石家庄市）、益都（今青州市）、山东、河南、怀孟（今沁阳市）、广平（今邯郸市）等地。也就是说，在华北地区的传统农耕区开办了许多大型官办牧场。如《元史·兵志》中说："自上都、大都以至玉你伯牙、折连怯呆儿，周回万里，无非牧地。"元朝牧场广阔，西抵流沙，北际沙漠，东及辽海，凡属"地气高寒，水甘草美，无非牧养之地"。当时，大漠南北及西南地区的优良牧场，见于史料记载的有甘肃、吐蕃、云南、泸州、河西（今通海县西部）、亦奚卜薛（今贵阳市）、火里秃麻（今贝加尔湖以西）、哈剌和林（今蒙古国哈尔和林）、斡难（今鄂嫩河）、怯绿连（今克鲁伦河）、阿剌忽马乞

① 张显运. 浅析北宋前期官营牧马业的兴盛及原因［J］. 东北师大学报（哲学社会科学版），2010（1）：86-89.

（西乌珠穆沁旗西部）、哈刺木连（今鄂尔多斯市）、亦乞列思（今阜新市），以及上都（今正蓝旗）、金山以南（今昌图县）、亦乞不薛（今毕节市）、吉利吉思（今叶尼塞河上游）等处。这些地方“庐帐而居，随水草畜牧”。

元代的官营牧场，主要是以皇帝和大斡耳朵等名义下的 14 道牧场，其分布地点体现出元廷是以两都为中心，并依靠蒙古本部为重点，便于饲养及调控，从而保证适时有马可用。官营牧场的牲畜有马、牛、羊、骡等，但以马匹的孳养为主。这些马匹称为官马，都烙有专门的印记，实行大规模的分群放牧，如《元史》所言：“马之群，或千百，或三五十，左股烙以官印，号大印子马。”而私营牧场主要是分布在各地归属于宗王贵族和文武官员的牧场，其所孳马也以放牧为主，为数繁多。①

元代的官营牧场，目前在中国版图内的有：阿刺忽马乞（今内蒙古自治区阿巴哈纳尔旗东北）、折连怯呆儿（今内蒙古自治区通辽市附近）、玉你伯牙（今河北省张家口市西北）、哈刺木连（今内蒙古自治区鄂尔多斯地区）、甘州（今甘肃省张掖市）、左手永平（今河北省卢龙县）、右手固（今河北省固安县）、益都（今山东省青州市）、庐州（今安徽省合肥市）、亦奚不薛（今贵州省毕节市）等。另有在今俄罗斯贝加尔湖周围的火里秃麻、蒙古国克鲁伦河上游地区的斡斤川和哈剌乌苏湖周围的阿察脱不罕等、在韩国济州岛的高丽耽罗等。②

由上可知，元代的十四道官牧场，有近半数是设立在传统的游牧地区的。蒙古族是一个游牧民族，所放养的牲畜有马、牛、羊、驼等很多种类。同时，元代的牧场是一个由诸多分牧场组成的系统，有着诸多专业的管理人员、详细的分工。位于今内蒙古自治区鄂尔多斯地区的哈刺木连官牧场的范围很大，北到今天的苏尼特右旗地区，东到镶黄旗地区，最南部在今宁夏回族自治区的固原市，向西一直到河套地区的乌拉

① 王磊，张法瑞．略论元代的马政［J］．古今农业，2011（1）：63-66.

② 宋濂，等．元史：兵志：卷一百［M］．北京：中华书局，1976.

特前旗，这只是一个区域性官牧场。

左手永平和右手固安两处官牧场位于大都（今北京市）周围。永平路的治所为今天河北省的卢龙县，原为平滦路，大德四年（1300年）因水患而改为永平路。从今天的地图看，左手永平官牧场所辖的范围从辽宁省的葫芦岛市到北京市的通州区，还有北京市东部的香河县等县直到现在天津市的武清区。而右手固安官牧场所辖范围主要位于北京市以南地区，从河北省固安县、永清县等县到石家庄市。元代在首都周围设置的官牧场，在牧放官马方面发挥了很大的作用。①

甘州官牧场的范围涉及今天的甘肃省、青海省、内蒙古自治区和宁夏回族自治区，阿剌沙阿兰山指的今天的阿拉善草原和贺兰山山麓草原。云南亦溪不薛官牧场，又写作"亦溪卜薛""亦乞不薛"，是贵州省毕节市及六盘水市水城区等地区。此处既是牧场所在，同时地理位置很重要，元代经常在此用兵。

元代的十四道官牧场在分布上明显呈现出北多南少的特征，亦溪不薛和泸州两处官牧场分布靠南，耽罗官牧场是在今韩国的济州岛（当时是元朝的属地）。其他的都是在北方地区，特别是在蒙古族兴起之地蒙古高原，集中了折连怯呆儿、玉你伯牙、哈剌木连、阿剌忽马乞、斡斤川、阿察脱不罕和火里秃麻七处官牧场，占了元代十四道官牧场的半数。在这七处官牧场中，漠南和漠北基本上各占半数，阿剌忽马乞官牧场是从漠南一直延伸到漠北地区的。

自古以来有很多的游牧民族生活在蒙古高原地区，一望无际的草原，是牲畜的天然场所，也成了发展畜牧业的优良场所，因此元代将占半数的七个牧场设立在此也是理所当然的。同时，因蒙古族视蒙古草原为"龙兴之地"，采取了种种措施来扶持和发展。七处位于蒙古草原上的官牧场，多数分布在呼伦贝尔草原、锡林郭勒草原、乌兰察布草原、鄂尔多斯草原等。②

---

① 赵彦风．元代官牧场及相关问题研究［D］．西安：陕西师范大学，2011：16-19.

② 赵彦风．元代官牧场及相关问题研究［D］．西安：陕西师范大学，2011：32-34.

四、明清的官营牧场

明初，由于元明战争的巨大破坏，以及明朝在河西地区统治区域的缩小，河西地区的畜牧业出现了大幅度的衰退。以“凉州畜牧甲天下”而闻名的河西地区，由于缺少战马，需要从遥远的现今河南省调拨。为了保障北方边境驻军的军马供应，明朝在河西地区大力发展畜牧业，经过数十年的发展，河西地区的畜牧业逐步从明初萧条的局面走出。官办监苑系统作为河西地区畜牧业的主导，其规模据《明史》载：“上苑牧马万匹，中苑七千，下苑四千。”

虽然实际上河西监苑系统养马业的规模远未达到预期。但即便以中苑计算，永乐年间官办监苑系统极盛时，位于现今甘肃省的苑马寺的六监二十四苑也可牧马 16 万余匹。如果再算上隶属今陕西省的苑马寺的六监二十四苑，明朝西北地区官办牧马业的规模一度可超过 30 万匹。这样的规模，虽然与唐代贞观至麟德时期，西北八坊、四十八监“马蕃息及七十万匹”无法相提并论。但考虑到明朝在西北地区的统治面积远远小于唐朝的客观现实，能保持这样的生产规模已殊为不易。明中后期，明朝的官办畜牧业弊端日滋，景况大不如前。在弘治年间，牧马草场更是从明初的约 96.9 万公顷（一十三万三千七百七十七顷六十亩），缩水至约 41 万公顷（六万六千八百八十八顷八十亩）。但经杨一清等官员的整肃，官办畜牧业仍然保持着一定的生产规模。官办畜牧业之外，卫所军民之家经营畜牧业的情况也很普遍，正所谓“中产之家颇畜孳牧”。除了马匹，牛、羊、骡都是河西畜牧业的常见的畜产品。在官营、私营等多种形式畜牧业的共同促进下，河西地区的畜牧业的发展取得了相当不错的成绩。在明代中后期明蒙间的军事冲突中，蒙古军队在河西地区屡次获得数万马、骡、牛、羊作为战利品，就从侧面反映了河西地区畜牧业的生产规模。[1]

明朝在西北的版图较元朝大大缩小。同时，盘踞塞外的北元又给明

① 张磊. 明代卫所与河西地区社会变迁研究［D］. 西宁：青海师范大学，2019：52-66.

朝带来了沉重的国防压力。在此情况下，通过垄断茶叶的专卖权，来交换西番战马的贸易形式，重新被明朝所重视。

明朝继承了前代茶马贸易中官府与吐蕃等游牧民族自由贸易的形式。但随着茶马贸易的进行，自由贸易下马价波动大，战马供应不稳定等问题也随之出现。为了解决战马供应不稳定，马价高昂等问题，同时也为了彰显明朝与众多番族之间在政治上的隶属关系。明朝就改变了自由的茶马互市，制定了“差发马赋”制度。所谓的“差发马赋”，就是指通过封建贡赋的方式向番族征收马匹，然后支付相当于马价的茶叶。为了巩固官方在茶马贸易中的垄断地位，规范茶马贸易，明廷还制定了金牌信符制。获得金牌信符的少数民族部落，大多是游牧在关西七卫、河西、河湟洮岷等地，也是受明朝控制番族部落，即所谓的“纳马番族”。番族向明朝纳马，已成为一种强制性的封建义务，甚至在每次番族纳马时，明朝还要出动军队进行保护。在金牌信符制的促进下，明朝茶马贸易的规模迅速增长。每三年，西宁、河州、洮州三茶马司用于易马的官茶就超过 50 吨，足见茶马贸易之盛。甘肃茶马司主要负责河西周边以及部分嘉峪关以外的番族部落的纳马获活动。但与西宁、河州、洮州茶马司不同，河西周边的番族部落较少，甘肃茶马司的职责如《明实录》所言，主要在于“收茶，召商纳马给边，以茶偿之”。

河西地区的驻军以及甘肃行太仆司、苑马寺所属马场应主要由甘肃（甘州）茶马司领取茶马。除了西宁茶马司、甘州茶马司，洮州、河州茶马司所属茶马也会有部分供应河西地区。①

由于自然环境所赐及历史传统的积累，西北畜牧素称发达，明清官苑屯牧，是这一时期西北畜牧业发展的一个重要方面，其盛衰消长对当时西北地区的政局及后来社会经济结构的变化影响颇大。

陕西、甘肃二苑马寺，共十二监四十八苑，至少在永乐四年以后的初建阶段有着相当大的规模。按明制，苑马上等万匹，下等亦 4000 匹，

① 张磊．明代卫所与河西地区社会变迁研究［D］．西宁：青海师范大学，2019：84-91.

若统以5000匹计之，应有24万匹之多。虽然西北四十八苑马数很可能始终未能达到定额，但如此数量众多的监苑存在，也至少说明，明代前期虽大力推行屯垦农业，但河陇地区仍有十分广阔的牧场草地存在，畜牧业仍占重要位置。

陕西苑马寺整体配置在黄河以东，西自临姚府始，迳通东北，经巩昌府、平凉府、庆阳府、宁夏卫至延安府及榆林卫，形成面向河套蒙古部族势力的半环形态势。甘肃苑马寺六监二十四苑，均在黄河以西，总体为由西北向东南布置，扁都口以北，为石羊河下游之安定监，次为下游之武威监；过扁都口向南即为大通河、北川上游的祁连监，大通河南湟水以北为甘泉监；湟水以南黄河以北为宗水监和临川监，上述布置的地理方向恰与赤斤蒙古卫、罕东卫、罕东左卫、安定卫、曲先卫、阿端卫相对，尤其是山南四监与罕东、曲先、阿端、安定四卫相对，自然使人想到绝非出于偶然。这主要在于，明代苑马并非民用经济的发展，而是军备发展的必需，马政属兵制，隶于军事系统之下，甘州为明朝陕西行都司和甘肃镇所在地，甘州五卫以下，山丹卫、永昌卫、凉州卫、西宁卫均负防务重任，所以甘肃苑马寺所属各监苑即为上述各卫骑兵建设所设，作为军需经济的一个重要方面自有不可忽视的作用。

河西甘肃苑马寺所属诸监苑的任务在于畜养马匹保障对西南方向海濡地带的防卫，而河东陕西苑马寺则主要服务于对北方河套地带的防卫。从农牧业经济发展的角度来考察，陕甘二苑马寺十二监四十八苑的地理位置，几乎遍布河套、陇东、陇西、甘南、河湟、河西各地。这就是说，明代中前期，大力推行屯垦事业的河陇各地，仍有面积十分广大的草场牧地存在。[①]

清代的新疆屯牧，是中国西北地区官苑牧业发展的又一个重要阶段。作为西北牧业不可缺少的一方面，清代新疆屯牧，对巩固中国西部疆土曾经起过长期重要的作用。清代新疆屯牧，就其性质来说，当属于屯垦，统属军需范畴，所以重点仍在马匹的牧养繁殖，其次为驼、牛、

① 魏丽英. 明清西北官苑屯牧考略［J］. 社会科学，1987（6）：116-122.

羊等。《清史稿·兵志》记载，为解决西北军需用马，顺治初曾设洮岷、河州、西宁、庄浪、甘州茶马司及开成、安定、广宁、黑水、清平、万安、武安七监。“甘、凉、肃三州及西宁各设马厂，分五群，群储牝马二百匹，牡马四十匹”。马场规模并不甚大。后来七监裁撤。随着清军势力向西扩展，西北屯牧重点转向天山北路，分别形成东部乌鲁木齐、巴里坤及西部伊犁、塔尔巴哈台两个屯牧区。

东部乌鲁木齐及巴里坤孳生牧厂，地方当局管理甚严，无论马厂或驼厂，均定有奖罚章程。以马厂为例，巴里坤东、西及木垒营三厂统归巴里坤镇总兵统辖，各场孳生及牧养情形须按限按时逐级核查考成。规定：不论儿骒马，每三匹合取马驹一匹，如原牧马匹有倒毙，以孳生马驹抵补。如马一群，“多孳生马一匹以上者为三等赏，千把加一级，外委纪录二次，兵丁每名各赏银一两；另外尚设有二等及一等赏，赏格逐次加高。但如少尊亦重加罪罚。”

清代新疆屯牧成效最显著者应属西部伊犁及塔尔巴哈台地区，伊犁屯牧始自乾隆二十五年（1760 年），马、驼、牛、羊分类立厂，各类又有孳生厂及备差厂之别。所谓孳生厂，乃按限均齐取孳之厂。孳生厂的发展，首重本畜。伊犁孳生各厂本畜来源主要有二：一为调运，二为购买。孳生马厂之设，最初本畜即来自阿克苏、乌鲁木齐、张家口外牧群，后又陆续购买 3500 余匹。牛厂的本牛则是由乌里雅苏台等处，并达什达瓦厄鲁特由热河带来，后亦陆续购买一部分。驼厂情形稍有不同，本驼是由乌里雅苏台运到的公母驼并备差驼内挑选孳生驼，兴办孳生驼厂。羊厂本羊则来源甚杂，有别处调运者，有本处购买者，有运途孳生者，有从口食羊中挑出者，种种不一而足。[1]

作为陕甘总督，杨遇春管理马政的权限，限定于绿营马厂，主要指设置在今甘肃省、青海省、新疆维吾尔自治区草原的 9 处马厂。乾隆元年（1736 年），在甘肃、青海草原设有 4 处马厂，即设于张掖大草滩

① 魏丽英. 明清西北官苑屯牧考略［J］. 社会科学，1987（6）：116-122.

的甘州提标马厂、武威黄羊川的凉州协标马厂、酒泉讨赖川花海子群带湖的肃州镇标马厂，以及青海化隆即巴燕戎一带的西宁镇马厂。乾隆十年（1745年）因马匹孳息繁多，在祁连山北麓甘州府境，分设出安西提标所属永固协马厂。乾隆二十五年（1760年），在新疆乌鲁木齐设马厂1处，次年又设巴里坤马厂，都是因马匹孳生、牧场狭窄等生态因素影响，难以经牧而开设。乾隆三十四年（1769年），分离出古城马厂，由是巴里坤马厂改称东厂，古城称为西厂。乾隆四十年（1775年），巴里坤东、西两厂孳生马8400余匹，不敷牧放，又设济木萨马厂。至此，陕甘总督辖下绿营马厂增至9处。①

清廷所设绿营马厂处，均是水草丰美的地方，历来主要为蒙古游牧之区。位于新疆的马厂，自西至东一字排开于天山北路的东段，济木萨至古城“山环水绕，草场肥美，畜牧尤旺”，巴里坤一带也“居大山之阴，冬夏冰雪不化”“为口外牧场最繁之区”。甘肃、青海境内的马厂中，巴燕戎在西宁东南85千米、平安驿南50千米，位居黄河九曲之畔，《旧唐书·列传》说“川近内地，善水草”。②大草滩位于山丹县焉支山下，东自水磨川，西至甘州洪水，南自甘州白石崖、扁都口，北至黄河峡口、新河，“延长三百余里，横八十余里”。凉州马厂置地黄羊川，东接古浪，西通南把截，北距凉州，原本就是蒙古“牧马畋兽”之处。花海子湃带湖位于讨赖河川，这里距肃州城200余千米，在南山之中。讨赖河川东西长100余千米，南北宽25余千米不等，两岸水草丰美，马厂分布其间，马群间“相距三四五六十里不等”③。甘青各马厂“孳生牧厂五处，内甘州、西宁，水草俱好”“其安西、凉州、肃州，水草平常”④。

---

① 昆冈，等. 钦定大清会典事例：卷六百四十八：兵部：马政：牧马（一）[M]. 上海：上海古籍出版社，1995：96.

② 梁份. 秦边纪略：卷1：西宁近边[M]. 西宁：青海人民出版社，1987：71.

③ 张穆. 蒙古游牧记：卷十二：青海和硕七[M]. 何秋涛，补. 上海：上海古籍出版社，1995：166.

④ 昆冈，等. 钦定大清会典事例：卷六百四十八：兵部：马政：牧马（一）[M]. 上海：上海古籍出版社，1995：96.

至于马厂管理，清廷制定了严格的奖惩制度，重心聚焦于马匹数量的增加与健壮。对不同职责的牧马官兵，额以一定的孳生数量，超过奖励，减少惩罚，遇有倒毙，更要严惩。各项规条均以增加马匹数量为宗旨。①

清代在西北地区设立了若干大型的官方马厂，西北马政制度某些方面变革的根本推动力与生态因素紧密关联，尤其是马匹数量与草场载畜量关系的处理，成为马政改革的重中之重。所以，西北马厂马政改革的最终目的也是为了控制马匹数量以符合草场载畜量。

甘州大草滩由于气候适宜，水草丰美，山脉广布，因而非常适宜马匹的孳生和放牧，长期以来就是西北地区重要的马匹产区。自乾隆朝在此设立马厂之后，马匹孳生十分迅速，很快发展成为甘肃地区最大的官方马厂。②

东北是满族的“龙兴之地”，因而在东北地区实施马政也就是必不可少的了。大凌河马场的设立，以及驿站、驿马的设置是清代东北马政的主要内容。这些措施对于维护统治者的地位发挥了重大的军事作用，但同时也给当地民众的生活带来了巨大影响。

清代官马养殖被视为重要国策。清代统治者吸取了前代统治者强令传统农耕地区农民养马激起民愤这一教训，废止了明朝遗留下来的一些农区牧场，而主要把牧场定在察哈尔、辽西、西北等传统的畜牧地区。这就是乾隆皇帝赋诗赞颂的：“我朝养马无须多，上都盐泽大凌河。”

清初牧地辽阔，东迄科尔沁左翼前旗界（今内蒙古自治区乌兰浩特市一带），西抵镶红旗察哈尔界（今内蒙古自治区乌兰察布市集宁区东南地区），南倚长城，北与正蓝、正白、镶白、镶黄、正黄、正红等旗接壤相错，而达里冈崖牧场更北伸与蒙古国毗邻。这些地方在明朝均称为

① 赵珍．道光朝陕甘总督杨遇春变革马政的环境史考察［J］．中国边疆史地研究，2014（2）：88-92.

② 赵珍，张帅．论清代甘州马厂的生态与马政改革［J］．青海民族研究，2018（3）：110-113.

边外地，清帝国建立后，就在那些游牧的察哈尔各大马群增设总管等官，而由蒙古人主持，以专责成。其中，有左翼四旗及右翼四旗牧厂，属于太仆寺，管理国家军用马匹。另有商都及达里冈崖二牧厂，及盛京的大凌河牧厂，属于内务府上驷院，专司皇帝内厩御用马匹，号称御马厂。在西北尚有各马厂，但非直辖于中央，而是为地方驻军供应军马的。

大凌河马场的设立位于东北的辽西大凌河马场，是清朝的国家养马场之一。清顺治五年（1648 年），朝廷为了征战之需，决定在大、小凌河流域设立养马场，位置在今绥中县一带，占据中前所、前屯卫和中后所三处地方。大体为东至右屯卫（今辽宁省凌海市右卫镇），西至鸭子厂（今辽宁省葫芦岛市东青堡），南至海，北至荒山堡，计东西长 45 千米，南北宽 9 千米至 30 千米不等，占地约 119333.3 公顷。这里水草丰美，广阔无垠，十分适合大规模的放牧。康熙二十一年（1682 年），朝廷下令展拓大凌河马场，地域范围：东北到广宁管辖的闾阳驿、小黑山等地，西到山海关外。乾隆十九年（1754 年），裁山海关外牧场，把“养息牧口外牧厂留归大凌河牧放”。至此，大凌河马场的兴盛达到顶点。清代大凌河马场设大凌河牧群衙门经营管理，原来隶属于兵部。康熙九年（1670 年）改归为内务府上驷院，乾隆十五年（1750 年）又由盛京将军就近兼辖，具体由将军公署群牧司经管，但对上仍对上驷院负责。

清代马政不但机构健全，而且制度也很完善。每一马厂牧群的数量、种类、牝牡的比例都有具体的规定，每年马匹数量的增长也实行定额管理，而且还建立了一套完备的考核和奖惩制度，称为“均齐赏罚制度”。各马厂之间也严格划定界限，甚至立有界碑，固定放牧地段，“彼此不得侵越，不得私自垦种”，使传统的牧马方式趋于相对稳定和集约化，大大促进了养马业的发展，也避免了大规模圈占京畿地区农田，不至于以马伤农。①

大凌河马场最有特色的是官马的喂养方法。马群实行舍饲野牧结合

① 王颖超. 清代东北马政探析［J］. 满族研究，2007（2）：61-63.

制，即每年四至九月由牧场牧丁逐水草而牧，十月至翌年三月交由锦州各官庄分领圈养。这也就是乾隆皇帝所说的“此处牧政实稍异，夏逐水草冬则馁，供以内府之庄头”。这种方法较单纯的舍饲要节省大量的饲料，常在户外活动的马匹生长发育也更加快速、健壮。而相比游牧民族的单纯游牧，又有着冬季不易掉膘冻死、减少损耗的好处。

驿站的设立和驿马的配置是清代马政的重要组成部分。驿站是国家在政治和军事上进行交通运转和通信联络的主要手段，是传达统治者的意志和命令，加强对地方统辖的重要工具。同时，驿路的开辟和建设，又有力地推动着整个交通事业的发展，增强了各地区间的经济、文化联系。清代辽西走廊的畅通，产生了很高的效率，最重要的物质基础就是清代比较发达的养马业。一系列供给、保养驿马的法令为驿站交通的顺畅提供了有力的保证。

《大清会典》记载，清代驿传，在中央统归兵部车驾清吏司管理；在地方，内地“各省之驿隶于厅州县，间有专设驿丞以司驿务者”。东北地区与内地不同，甚至盛京、吉林、黑龙江三地之间也有差异。在驿站的管理上，清朝设“盛京兵部侍郎满洲一人，掌盛京之戎政，治其邮驿”，此外，还设“左司郎中满洲一人，员外郎满洲二人，主事满洲一人，掌邮政”。规定“凡公事之经由者，令验其邮符以应付”。自康熙后期起，各站统一改为设驿丞一员，每年由盛京兵部会同锦州副都统对各站驿丞进行考核。

清朝在东北实施的马政总体上来说是比较成功的，开创了中国马政史上的新时期。在清代的几个官马场中，大凌河马场是比较有名的一个。清帝东巡，每喜过此，常赋诗以纪念，如乾隆皇帝有《养息牧阅马》《观大凌河养息牧》《观养息牧》《阅养息牧马群》等诗。随行官员也往往赋诗以和，如钱汝城的《大凌河养息牧》等。马场每年提供的大批马群，装备了军队，保障了军事。而驿站交通的物质基础也是由于清代发达的养马业。[1]

① 王颖超. 清代东北马政探析［J］. 满族研究，2007（2）：61-63.

清代的西北马场，遍及今宁夏回族自治区、甘肃省、青海省和新疆维吾尔自治区四省、自治区。总体的情形和走向是，雍正朝始设，乾隆朝扩展，而道光以后又渐次衰落。

在劳动人民长期辛勤培育下，中国培育出马的优良品种主要有：蒙古马、河曲马、西南马、三河马、伊犁马、焉耆马、岔口驿马等。其中，蒙古马分布于内蒙古自治区及邻近地区，东北、新疆维吾尔自治区及长城以南的农用马也大部分为蒙古马。蒙古马是中国北部马种的代表，它体质结实、粗糙，四肢粗壮直立，体形中等，运输、役用性能良好，自古北方主要用于骑乘。河曲马产于今甘、青、川三省交界的黄河弯部，以甘肃省甘南藏族自治州玛曲县、四川省阿坝藏族自治州若尔盖县和青海省河南蒙古族自治县等地为主要产区。据研究，河曲马的起源与唐代陇右马群有关。宋代以来所称“秦马”“川马”主要为河曲马，还称乔科马和松潘马。而西南马产于今西南的云、贵、川等省，有很悠久的发展历史，早在东汉，西昌即以产良马有名，唐宋以后，四川的建昌马、云南的丽江马、贵州的黔西马均作为贡马，元代还以云南、贵州西部为固定养马区。至明朝时，更在永宁、宜山、东川、乌蒙等地广设茶马司，利用江南茶、盐换购马。西南马属山地小型马，体短小精悍，利于驮用。伊犁马产于新疆伊犁河流域，与历史上汉代引入的乌孙马有关。焉耆马在新疆天山南麓，以今和静县、和硕县二县为主要产区，也为近200年所形成。

第三节　官营畜牧对民族地区的影响

一、加强中央边疆联系，促进边疆开发

历代的国家军马牧场均有较高的官阶品级，在马场属地具有很高的行政级别，主事官员也有很高的职权官位。因此，国家军马场在边疆建立，除了牧养军马，还发挥着多方面的作用。首先就是加强了中央与边

疆地区的联系。古时交通、通信都不能快捷通达，地方军马场的行政长官负有临事处置的权力，可以代表中央处理部分紧急的军政事务。

例如，汉代时，巴里坤（今哈密市巴里坤哈萨克自治县）地理条件得天独厚，养马历史悠久，据《后汉书·西域传》记载："蒲类国（巴里坤草原一带）有牛、马、骆驼、羊畜……国出好马。"《旧唐书·地理志》记载：唐天宝元年（742 年）时，唐朝在北庭节度使统辖的瀚海军有马 4200 匹，伊吾军有马 300 匹。这些军马一般都是好马。北庭一带是西域地区的一片重要草场，草原异常丰美。《宋史·高昌传》记载："地多马，王及王后、太子各养马，放牧平川中，弥亘数百里，以毛色分别为群，莫知其数"。又据《新疆识略》记载：1761—1775 年，在镇西（巴里坤）等处创办牧场，孳生畜群，以备边防官兵及解往内地之用。巴里坤等地有三个孳生马场（古称马厂）。巴里坤孳生马场（又名马厂）设在巴里坤，由安息、凉州、肃州等处解送 1500 余匹马组建。古城孳生马场（又名古城马西场）设于古城（今奇台县），由塔尔巴哈台解送到的一些马，连同从东厂分出的 2900 余匹马组成。木垒孳生马场（又名木垒三场）设于木垒，由巴里坤、古城两场分出 2900 余匹马组成。三马场所处皆水草茂盛之地。至嘉庆十年（1805 年），三个厂的马发展到 3100 余匹，嘉庆十二年（1807 年）木垒孳生马场的马拔给吉木萨尔兵营经营，即便为吉木沙马场。光绪三十二年（1906 年）调查知东马场东厂共有马 4528 匹，当时的马匹多数为蒙古马。据《新疆图志》28 卷记述："巴里坤马细腰耸耳，短小精悍，而性黠不受衔勒。"清朝同治年间，马场多毁于兵祸。以后虽恢复巴里坤马场，但马数已远不如往年多。由于历代都在巴里坤设置了国家军马牧场，所以巴里坤一直与中央政府保持紧密的联系。

又如，唐朝是中国经济文化高速发展的时代，国家的支柱产业之一的畜牧业同样快速增长。唐代立国之初，建立了一整套严密的监牧管理制度，如从中央到地方的体系化畜牧管理机构；对畜牧从业人员严格的奖惩制度；建立了牲畜的籍账档案制度和对牲畜草料因时制宜地供给制度等。唐王朝初期，全国只有5000多马匹。大约40年后，就增加到70.6万匹。其他的家畜数量也有了大幅的增加。畜牧业之所以能在这么短的时间内快速增长原因是多方面的。其一是唐王朝在与周边部族的战争中俘获大量牲畜。如贞观四年（630年）对突厥颉利的战争中，“获杂畜数十万”（杂畜指马匹以外的大家畜）[1]；贞观九年（635年）追击西北地区的吐谷浑伏允战役中，“获杂畜二十余万”[2]；贞观十五年（641年）在反击薛延陀的战役中，“获马万五千匹”；《旧唐书》称，李勣（绩）在破突厥思结的战争中，“虏其男女千余口，获羊马称是”[3]。其二是周边部族为了与唐王朝结好，有时会以大量家畜作为贡品。如贞观十七年（643年），盘踞西北地区薛延陀“献马五万匹、牛驼一万、羊十万以请婚”。[4]这些俘获或纳贡的牛羊杂畜，最终都被调往各地的官办牧场去饲养繁殖，所以能在短期内快速发展畜牧业。[5]其三是建立了庞大的饲料生产基地。《新唐书·兵志》载：“八坊之田，千二百三十顷，募民耕之，以给刍秣”。[6]《陇右监牧颂德碑》说，（在陇右牧区）“莳茼麦、苜蓿一千九百顷，以茭蓄御冬”。[7]这里的“茭”指的是晒干的饲料，“蓄”是储存，整句是种植茼麦、苜蓿并将其晒干储存，用于牲畜在冬季的饲养。其四是重视牲畜品种的引进与改良。例如，武德年间，西域康居国献良马4000匹。《唐会要》载：“康固马，康居国也，是大宛马种，形容极大。武德中，康国献四千匹，今时官马，犹是其种”。[8]又如“贞观二十一年八月十七日，骨利干遣使朝贡，献良马百匹，其中十匹尤骏，太宗奇之，各为制名”[9]。这些域外良种马的引进，给唐代

① 司马光. 资治通鉴：卷一百九十三［M］. 胡三省，音注. 北京：中华书局，1956：18-19.
② 司马光. 资治通鉴：卷一百九十四［M］. 胡三省，音注. 北京：中华书局，1956：22.
③ 刘昫，等. 旧唐书：卷三：太宗本纪［M］. 北京：中华书局，1975：15-16.
④ 刘昫，等. 旧唐书：卷三：太宗本纪［M］. 北京：中华书局，1975：18.
⑤ 郑学檬，等. 中国经济通史：第4卷［M］. 北京：人民出版社，2005：237.
⑥ 欧阳修，宋祁. 新唐书：卷五十：兵志［M］. 北京：新华书局，1975：10.
⑦ 董诰，等. 全唐文：卷二百二十六［M］. 上海：上海古籍出版社，1990：15-16.
⑧ 王溥. 唐要会：卷七十二：诸蕃马印［M］. 上海：上海古籍出版社，2012：23-24.
⑨ 王溥. 唐会要：卷72：马［M］. 上海：上海古籍出版社，2012：17-18.

官办的牧马业不断地注入了新的血液，保证了牲畜品种的优势，也带来了牧马业的兴旺。以至于后人惊叹说，“秦汉之盛，未始闻也！”

二、促进民族文化融合

唐朝时期，国家统一，国力强盛，经济繁荣，开创了空前盛世。唐朝统治者推行开明、兼容的文化政策，国内各民族交往密切，在文化上互相交流、融合；与外国的交往频繁，大量域外人士前来经商、求学，甚至出任职官。唐朝国都长安城内设有专门供外国人居住的“色目街”，类似于今天世界各地的“唐人街”一样。这种宽松的中外政策，使唐朝发展成为当时世界上最强大的国家。

两宋辽金元时期，由于大量北方民族迁居中原和江南，进一步促进了奶文化的传播和扩展。文化昌盛，交通发达，陆路和海上丝绸之路畅通无阻，推动了起源于北方民族的饮食乳酪的习俗得以广泛传播。多民族的饮食文化交流与融合，奠定了中华民族传统饮食生活的基础，在中华民族饮食文化史上占有十分重要的地位。

玉树马为高寒、山地草原马种，对产区高山缺氧、寒冷的气候有很强的适应性，形成了耐粗放，耐艰苦采食快，扒雪觅食能力强的特性，完全适应青藏高原 4500 米上下的特殊生态环境，但其易患内外寄生虫病。

古代玉树地区因地处边远，交通闭塞，文化落后，民族部落间的隔阂，使整个地区的社会经济基本呈现闭锁状态。后来，各民族部落间的接触逐渐增多，尤其是公元 6 世纪，吐蕃兴起，其势力范围不断扩大，人们相互交往频繁，文化陆续传入。

在历史上，柯尔克孜人以马居六畜之首，是财富的代表，富者的马匹竟达 6000 多匹。唐代柯尔克孜人的马群有自己独特的马印。他们在每一匹马的股部盖上“出”字印记。马匹大量进入中原。《元史》有吉利吉思（元朝对柯尔克孜人的称谓）出产名马等物产的记载。清朝的驻军所需的军马以及官兵的肉食等畜产品，主要是由柯尔克孜牧区供给。清代道光十年（1830 年）九月，布鲁特（清朝对柯尔克孜人的称谓）

阿奇木伯克向清朝捐马 600 匹等。所以，柯尔克孜马的形成与柯尔克孜民族的悠久历史相伴发展，与柯尔克孜民族的文化、生产和生活习惯，以及所处地理位置和生态环境有着密切的关系。

据《新疆识略》记载，乾隆二十五年（1760 年），在伊犁地区设立备差驼场。陆续由乌里雅苏台运来幼驼，从备差驼场内挑出孳生驼 1511 峰，于次年建成孳生驼场。至嘉庆七年（1802 年）时，共养骆驼 4176 峰。可见在清朝时期，新疆已建有官方牧驼场，设有牧政机构，养驼业已有一定的规模。

三、促进畜牧良种和技术的传播

唐朝及以前从西域和西南亚引入以及接纳进贡的良马，如波斯马、大宛马、乌孙马，主要养于陇南一带牧监。安史之乱之后，吐蕃等部族曾多次进陷该地，马匹被劫，流入河曲马产区。到了元代，蒙古族随大军南下，大量进入产区，又带来了蒙古马，这对河曲马的形成影响很大。元代以后，再无外来马进入，自群繁殖。

唐开元年间，陇右牧区“莳苘麦、苜蓿一千九百顷，以茭蓄御冬”。唐时西域方言的“苘麦”不知为何种植物，显然也应是一种牲畜喜食的饲料。唐朝牧场均种植藁及茭草为草料，对各种草料的分类已经相当细致。将这些饲料晒干、晾干，称为茭。以茭蓄御冬，将干饲料储存起来，以备冬天牲畜的需要。西夏畜牧业中除了苜蓿栽培，还种植其他的栽培作物用于牲畜喂养。[①]《太平寰宇记》：“西魏文帝大统三年（537 年）以具战处宜六畜，置沙苑监”，至唐代的《唐六典》有关“沙苑监掌牧养陇右诸牧牛羊，以供宴会、祭祀及尚食所用”的记载。

西夏时，国营的马官牧场大力发展畜牧草料中的栽培作物，把农业技术成功运用在牧草种植方面，对西夏畜牧业经济发展具有相当大的促进作用。游牧经济发展一直面临自然资源分布格局影响，游牧社会被迫以长距离的移动放牧规避经济风险，使游牧民族在各种季节皆能得到适宜的

① 许生根．西夏马政及畜牧业探析［J］．西夏研究，2018（4）：36-41.

生产资源，在一定程度上摆脱了游牧经济因资源匮乏而出现的畜牧生产的不具确定性。在西北地区，苜蓿的大量栽培是种植和畜牧业结合的典范，使草原环境下大规模种植牧草成为可能，改变了游牧社会完全依靠天然草牧养牲畜的历史，在古代西北畜牧业发展历程上具有重要的意义。牧草中最著名的栽培作物是苜蓿的种植，对促进畜牧业发展至关重要。作为世界上最古老的栽培作物之一，苜蓿在汉代由张骞从中亚大宛引入中国，种植范围逐步扩大。仅仅依靠天然牧草远远不能满足日益发展的西北牧业，种植牧草是西北牧业进步的重要途径。在西北地区，苜蓿栽培就是采用种植生产方式获取超量牧草的典型，栽培苜蓿作为饲料在西北广泛用于牲畜牧养，中古时期西北畜牧草料分为天然牧草和栽培作物两部分，从黑水城出土文书——马草料文书可以反映出西夏官牧场大量收割、储存和喂食草料的情况。历史上关于牧场栽培作物有多个品种。

四、促进邮驿通信发展

中国古史传说，在“三皇五帝”时期的交通通信已然存在，司马迁的《史记·五帝本纪》有“明通四方耳目”的记载。夏王朝建立后，尤其在商周时获得了进一步发展，形成国家交通设施的邮驿建设的雏形。《周礼·地官·遗人》记载：官道上十里设庐，提供饮食；三十里设委，供人夜宿；五十里设市，市有专门用来接待信使、官员、宾客的馆。

秦始皇尤其注重官道的修整和邮驿的建设。《睡虎地秦墓竹简》记载，三十里一传，十里一亭（驿），亭应当提供食宿，并且对于驿传所使用马匹的照料、信使的饮食都有严格的限定（图 2-2）。汉代在邮驿体系上最大的贡献当属丝绸之路的开通，延长了驿路的范围，加强了邮驿沟通其他国家的作用。汉初为了抵制匈奴入侵，对西域的建设尤为注重，建元三年（公元前 138 年），汉武帝命使臣张骞出使西域，元狩四年（公元前 119 年），张骞二次出使西域。张骞的两次出使，开辟了一条沟通亚欧非大陆，直通大秦（古罗马帝国）的陆路驿路，史称“丝绸之路”。丝绸之路极大地开发了西北地区邮驿体系的发展，也使中西方在经济、文化、政治上有了广泛的交流，中国的丝绸、铁器等流入西方，西方将佛教、马匹等特产传入中国。

魏晋南北朝时期的邮驿制度在继承前人的基础之上，呈现出更加多元化的趋势。曹魏时期出现了第一部《邮驿令》，内容主要包括军事布阵中的声光通信、“遣使于四方”的传舍，以及与地方诸侯交通等。

图 2-2　驿马（兰君林　摄）

唐代国力强盛，声威远震，发达的水陆交通沟通中外，长安成为当时世界上最大的国际城市之一。首都长安是唐代经济文化军事的中心，沟通国内外，因此全国有六条驿道从长安出发，东都洛阳同样有四通八达的驿路，而两京之间的驿路建设最为重要。根据严耕望的考证，两京之间可考驿为都亭驿、会昌驿、潼关驿、湖城驿等 30 余所馆驿，维持两京之间的驿路畅通是稳定政权的基础。

唐代边塞诗人岑参有《初过陇山途中呈宇文判官》诗，诗中对从敦煌至北庭都护府沿途所见所感的邮驿体系建设进行了描述。从中可以看出当时边疆的邮驿制管理十分规范，驿站与驿路建设十分发达。唐代驿馆在边疆地区的建设十分完备，这些都与当时遍布边疆的军马牧场设置直接相关。一是牧场就近提供驿站的官方驿马，二是牧场馆舍成为驿站的接待中心，三是马场提供驿站的膳食物品，尤其是禽蛋、鲜肉、乳品等。

第三章
少数民族的特种畜禽养殖

历史上，中国各地的少数民族不仅驯化选育出品种繁多的役用动物和食用动物，还饲养有多种用途的经济动物、助猎护卫动物、观赏动物，以及特殊药用动物等（图 3-1）。这些动物的养殖，对少数民族地区的经济文化，有着独特的社会发展和习俗文化意义。

图 3-1　梅花鹿群（内蒙古民族文化产业研究院　提供）

第一节　家蚕饲养

世界上的家蚕起源于中国已是定论。关于家蚕的起源问题，中国的历史传说和文献提供了一些可供回溯的线索。一说最早驯化蚕的是伏羲氏。南宋罗泌的《路史》注引《文子》云："太古太昊，伏羲氏化蚕桑为穗帛。"二是说黄帝"垂衣裳而治天下"，《史记·五帝本纪》称："黄帝淳化鸟兽虫娥"，这里的"虫娥"即指蚕。三是嫘祖亲蚕，《礼记·月令》《周礼·天官》都有黄帝元妃嫘祖发明养蚕的传说，并把嫘祖作为蚕神来供奉。南宋罗泌《路史》注引《淮南王蚕经》："西陵氏劝蚕稼，亲蚕始此。"西陵氏嫘祖。不过，先秦文献所记传说，并无确切的家蚕养殖起始时间，可靠的依据来自当代考古发现的实物证据。

一、中华民族养蚕的起源

早在距今5000年前，黄河中下游地区和长江流域已开始养蚕，如山西省夏县西阴村出土的蚕茧。良渚文化遗址中，曾出土较多的丝和麻纺织品残片。丝织品有绢片、丝带和丝线，经鉴定属家蚕丝织成。在吴江梅埝袁家埭遗址中，发现黑陶上刻划有蚕形图案。陶纺轮和骨梭等纺织工具时有发现。可知良渚文化时期已有纺织手工业的专门生产部门。

夏代已有专用的蚕室。商代甲骨文已有蚕、桑、丝、帛等字，卜辞也有多次视察养蚕的占卜，祈求养蚕能有好的收成。至西周，养蚕业已经遍及黄河中上游地区。《诗经》中涉及蚕桑的地区相当于今天的陕西省、山西省、河南省、河北省、山东省一带，而《尚书·禹贡》记载的养蚕地区更是扩展到长江流域，当时的扬州和荆州地区的贡品中都有丝织品。各地出土的商周时期的丝织品实物也反映了商周时期的蚕桑纺织技术已达到相当高的水平。

《夏小正·三月》说："妾子始蚕，执养宫事。"可见夏代的桑树，其用途是养蚕缫丝，为纺织业服务，当为人工种植。至商代，蚕桑业有很大发展，桑树的种植更加普遍。《吕氏春秋·顺民篇》："天大旱，五年不收，汤乃以身祷于桑林。"此桑林当是人工种植的成片桑树林，并且已成为商朝王室的社树。《诗经·郑风·将仲子》的诗句说："将仲子兮，无逾我墙，无折我树桑。"表明当时不但野外种植桑树，就是房屋周围也已种植桑树了。可见，当时桑树种植已经是相当普及了。《诗经》的风、雅、颂提到蚕桑的诗篇，在地域上涉及今天的陕西省、河南省、山东省、山西省、甘肃省等地。可见，从夏朝至秦汉时代，北方的养蚕业比较发达。

汉代，中国出现人工加温饲蚕的方法。当时人们认识到，蚕最忌寒与饿，而喜温和饱。"寒而饿之，则引日多；温而饱之，则引日少。"①是说受寒忍饥的蚕，会拖延其老熟的时日，这不仅会导致上蔟不齐，采茧先后不一，影响供茧缫丝，还会导致蚕体虚弱而诱发蚕病，造成减产。为了给蚕创造温而饱的生长条件，汉代便开始采用人工加温饲蚕的方法，"凡养蚕者，欲其温而早成，故为密室，蓄火以置之"②。东汉的《四民月令·三月》所说的"治蚕室，涂隙穴"，也是为使蚕室保温，并防止虫、鼠为害。人工加温饲蚕法的出现说明人们已开始有意识地控制蚕生长发育的环境条件，防治病害，增加生产，是中国蚕业技术上的重要成就。

汉末以后，北方常有战乱，大批民众逃到长江流域避难，促进了南方蚕业的发展（图 3-2）。到了宋代，浙西杭嘉湖一带，已成为全国蚕桑业最兴盛，也是蚕桑技术最先进的地方。浙西的蚕种常为各地所采用，蚕种孵化前浴种、暖种，饲养期间的给桑、除沙、分箔、上蔟、收茧等一套方法，亦为各地效法。用近代科学改进蚕桑亦发轫于杭嘉湖。

---

① 李昉，等. 太平御览：卷八二五［M］. 北京：中华书局，1960：9.

② 班固，班昭，马续. 汉书：卷五十九：张汤传［M］. 颜师古，注. 北京：中华书局，1975：12.

17世纪的《天工开物》中已有蚕的种间杂交记述："凡茧色唯黄白二种……若将白雄配黄雌，则其嗣变褐茧。"说明当时已注意到蚕品种间杂交能引起遗传的变异。该书又说："今寒家有将早雄配晚雌者，幼出嘉种。""早雄"指一化性雄蚕蛾，"晚雌"指二化性雌蚕蛾。这反映了当时人们认识到两个品种的蚕杂交所产的蚕种有杂交优势。

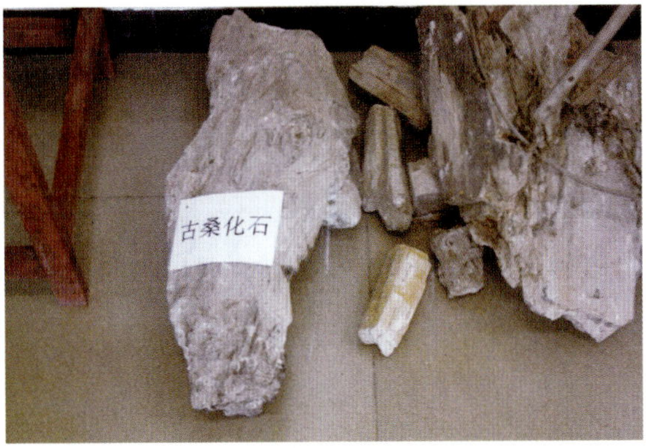

图3-2　四川省盐亭县的古桑化石（淳于权　摄）

二、丝织成为与皮草并行的纺织产业

岭南的百越族，主要以植物纤维织布。秦汉时代，随着内地人口的南迁，蚕桑业被带进岭南。最早的蚕桑传入是来自东越人。自春秋时吴国灭亡，不少人漂流海上迁徙于东南沿海一带，蚕桑被东越人带进岭南的沿海地区。《汉书·地理志》记海南岛的土著"皆服布如单被，穿中央为贯头，男子耕农，种禾稻纻麻，女子桑蚕织绩"。这清楚地说明海南岛已有蚕桑的发展，估计这是沿海路从江浙传入的。但主要的蚕桑传播是楚文化的输入，长沙是南方蚕桑的产地，从马王堆汉墓发掘出的各种精美的丝绸，表明了湖南长沙一带蚕桑业兴旺发达，这自然带动起粤北一带的蚕桑业的发展（图3-3）。东汉年间的茨充任桂阳太

图3-3　桑林（淳于权　摄）

守，他向当地人传播蚕桑的技术，劝导农桑。[①]

随着对外贸易发展的需要，从内地向岭南输入了很多的丝绸，它刺激了岭南蚕桑的发展。三国时吴步骘到南海，看到番禺一带已满种桑树，充分说明蚕桑业已在南海地区发展起来了。[②] 魏晋南北朝时期，中国蚕桑生产技术取得显著发展，特别是养蚕技术较之前代更为成熟，当时文献中有不少专门的记载。

《齐民要术》卷五《种桑柘第四十五》记载，当时栽培的桑树有鲁桑、荆桑和地桑等多个品种。其中，鲁桑又有黑鲁桑和黄鲁桑之分，前者适宜喂饲幼蚕，而后者则适宜饲育壮蚕和秋蚕。贾思勰对不同的桑种进行了比较，对鲁桑，特别是黑鲁桑较为重视。他说："凡蚕从小与鲁桑者，乃至大入蔟，得饲荆、鲁二桑；若小食荆桑，中与鲁桑，则有裂腹之患也。"由于黄鲁桑葚不耐久，所以收种取黑鲁葚。

《齐民要术》的桑树繁殖，主要采取两种方法：一是播种繁殖，二是压条繁殖。桑树的播种采取畦种法，"治畦下水，一如葵法"，并且讲究苗圃"常薅令净"，至次年春季实行移栽。移栽种植的密度大抵是"五尺一根"；待桑树长大如手臂粗时，或又于春正月加以移栽，栽种的密度是"率十步一树"。

虽然人们"大都种椹"，但通过播种繁殖桑树生长迟缓，不如采用压枝繁殖来得快。所以，《齐民要术》更提倡采用压枝栽植的方法，只有在没有桑枝可供压条栽植时才用种桑葚的方法。压条的方法是：正月与二月间，用带钩的小木桩将桑枝下压，并用燥土壅埋，仅留出数寸高的枝条在地上。到次年正月中截取移植，如移种在田中，需像种桑移苗那样，先密栽两三年，待其长大后再次移栽；如移植于园宅周围，则不需再移。

《齐民要术》非常强调耕桑田要谨慎，指出："凡耕桑田，不用近树。"因为近树而耕"伤桑、破犁，所谓两失"。在犁耕不到之处使用锄

① 郦道元. 水经注：浪水：卷三十七［M］. 陈桥驿，译注. 北京：中华书局，2017.

② 冼剑民. 秦汉时期的岭南农业［J］. 中国农史，1988（3）：16-18.

头，斫去桑树浮根，以利于桑树枝叶茂盛地生长。

桑树需要剥条整枝，并且很讲究时宜与方法。剥条整枝工作在冬春进行，“十二月为上时，正月次之，二月为下”；桑树枝叶生长茂盛，宜“苦斫”，即删斫较多的枝条；反之则宜“省剥”，即枝条删除较少。此外，秋季斫枝宜苦斫，可使春桑条茂，但应避免在日中进行，因为经过删斫的桑树容易焦枯，冬春则“竟日得作”，不必避忌。

桑叶采摘也需讲究方法，春天采桑须用“长梯高机”，数人合作采摘，采摘桑叶“务令净尽”，采后要“还条复枝”；并且采桑要在早晚时分进行，避开日高天热之时（图 3-4）。《齐民要术》解释说：“梯不长，高枝折；人不多，上下劳；条不还，枝乃曲；采不净，鸠脚多；旦暮采，令润泽；不避热，条叶干。”

图 3-4　采桑（李良雁　摄）

为了充分利用土地，并增进桑地的肥力，当时还常于桑树之间种植绿豆、小豆、谷子和芜菁等谷物、蔬菜（图 3-5）。《农桑辑要》说：桑下“常劚掘种绿豆、小豆。二豆良美，润泽益桑。”又说：“岁常绕树一步散芜菁子，收获之后，放猪啖之，其地柔软，有胜耕者。种禾豆，欲得逼树。”这样做可以“不失地利，田又调熟”。

此外，当时还植柘养蚕，《齐民要术》也专门记载了柘树的种植方法，并且认为：以柘树叶饲蚕，宜用枯叶，“枯叶饲蚕，丝好。”

不过，从《齐民要术》的记载来看，取叶养蚕并非种植桑、柘的唯一目的，获得桑葚以充食物和利用桑、柘树枝杆制作各种器物，也是重要的经济目的。该书称：“椹熟时，多收，曝干之，凶年粟少，可以当食。”当时史书中颇有饥荒之年以桑葚充食的记载。桑、柘树材条直坚硬，可以做手杖、马鞭、胡床、弓、农具柄、鞍桥等物，所以当时桑木、

图 3-5　四川省盐亭县桑林养殖（淳于权　摄）

柘木价格颇高，生长十余年的树材，“一树直绢十匹”（《齐民要术》）。

这一时期，养蚕缫丝受到特别重视，不少文献记载有这方面的知识、技术和方法。比如魏晋之际的嵇康曾批评一些养蚕人家禁忌百端，指出养蚕的关键在于掌握“桑火寒暑燥湿”；张华的《博物志》记载了蚕的孤雌生殖现象；东晋葛洪的《抱朴子》提到了“叶粉”添食的方法；南朝陶弘景《药总诀》则首次记载了“盐渍杀蛹储茧法”。而汉魏之际杨泉的《蚕赋》、晋代郑缉之的《永嘉记》和北魏贾思勰的《齐民要术》更较详细地记载了当时的育蚕技法。其中，杨泉的《蚕赋》用四字韵文排句，对养蚕过程中的几个关键环节进行了简明扼要的介绍（图 3-6）。

图 3-6　饲蚕（淳于权　摄）

其文云：“温室既调，蚕母入处。陈布说种，柔和得所。晞用清明，浴用谷雨。爱求柔桑，切若细缕。起止得时，燥湿是候。逍遥偃仰，进止自如。仰似龙腾，伏似虎跌。员身方腹，列足双俱。昏明相推，日时不居。粤召役夫，筑室于房。于房伊何，在庭之东。东爱日景，西望余阳。……于是乎蚕事毕矣。”

这段文字所介绍的养蚕技术要领，包括育蚕之前调节好蚕室温度，清明谷雨之时在适宜的温度和湿度下暖种、浴种，刚刚孵化出的幼蚕以细切的柔嫩桑叶饲喂，要求饲喂定时、叶量适中、桑叶干燥适度；此外，蚕室建筑讲究在庭院之东、通风透光条件良好之处。

《齐民要术》在前人基础之上，对当时的养蚕技术进行了系统总结，记载了一些非常宝贵的经验和方法。它记载说：根据蚕的化性与眠性不同，当时的蚕有“三卧一生蚕”“四卧再生蚕”；白头蚕、颉石蚕、楚蚕、黑蚕、儿蚕等，“有一生、再生之异”；灰儿蚕、秋母蚕、秋中蚕、老秋儿蚕、秋末老、绵儿蚕，由于育蚕技术的提高，当时可以做到一年同功蚕等，“或二蚕三蚕，共为一茧”。可见，分批多次养蚕。

在具体的养蚕方法上，《齐民要术》认为：留蚕种要以留茧为主，并且应选择蚕蔟中层的茧留以作种。在养蚕过程中，对蚕室温度、湿度和采光、透光条件的控制调节，对饲蚕桑叶质量、用量的掌握，对选择材料制作茧蔟等，都有一套相当严格的技术要求。此外，该书还具体记载了盐淹储茧的益处，它说：“用盐杀茧，易缫而丝韧。日曝死者，虽白而薄脆，缣练衣着，几将倍矣，甚者，虚失岁功，坚脆悬绝。资生要理，安可不知之哉？”这些事实充分说明，当时养蚕技术确实有了较大改进和提高。

三、北方民族的柞蚕放养技术

柞蚕是天蚕蛾科的绢丝昆虫。晋代崔豹的《古今注》中说：“汉元帝永光四年（公元前 40 年）东莱郡东牟山（在今山东省烟台市牟平区境内）有野蚕为茧。茧生蛾，蛾生卵，卵著石，收得万余石，民以为絮。”晋代郭义恭的《广志》说：“柞蚕食柞叶，民以作绵。”可见，至少在 2000 年以前，中国已利用山林中野生柞蚕所结的茧。古代山民们在采收利用柞茧的过程中，了解到柞蚕的生活习性，渐渐摸索出一套放养柞蚕的技术。于是，山民们从单纯采收野生的柞茧，进而人工加以放养。人工放养柞蚕是近四五百年由山东的山民开始的。

人工放养柞蚕的整套技术包括择种、烘种（也称烘茧）、拾蛾、交配、拴筐、拴蛾、剪移、收茧等各项作业。

择种。选择种茧是放养柞蚕的第一步工作。古代蚕农依靠眼、耳和双手的感觉，挑选蚕体壮健，通体明净的柞蚕，放养在特定的柞树中，待其结茧，作为种茧。在放养期间，时时查看。凡背腹有斑点，体色不正常的病蚕，一律剔除。结茧后采下，掂于手中，择取轻重适中者，剔除过轻过重者；择取茧衣丝色红润者，剔除黄燥者；择取茧色鲜明洁净者，剔除晦暗污染者；用手捏茧壳，择取厚硬者，剔除软薄者；摇动蚕茧，细听茧中声音，择取声音柔润者，剔除坚硬如石子者。为了慎重起见，还抽样检查，剪开茧壳，凡蚕蛹颅顶洁白如脂，切开蛹体，流出液汁，呈淡绿色，微粘成丝者是健康的，反之则为病蛹。在蛹羽化成蛾后，一手轻提蛾翅，一手用拇指压蛾腹部，观察无鳞片处，颜色不明净者，即是病蛾。病蛹、病蛾都应该淘汰。从蚕到蛾，层层检查选剔，表明古人对择种是很重视的。

古代蚕农还有两三年一换蚕种的习惯。他们认为年年放养本地的蚕种，数年之后必将收量减少，茧质变劣，所以都购远处的蚕种放养。例如，从贵州去河南鲁山买种茧，从鲁山去辽宁买种茧。山东胶东一带养蚕，近的买沂水县的种茧，远的去东北辽宁买种茧。古代有以贩运种茧为业的商贩。

烘种。春用种茧，为了适时发蛾和发蛾齐一，所以必须人工加温，这叫作烘种。烘种时忌用煤和有气、味的燃料。烘种期间调节烘种的温度很重要，必须由富有经验的人掌握。而且烘种的 40 多天中必须昼夜不间断地有人守护，一般农家很难做到。所以，古代各蚕区都有人开设烘坊，专门代客烘种（图 3-7）。蚕农将种茧送往烘坊，一个烘坊聚数十户农家的 10 余万粒种茧，集中加温，比单家独户进行，可以节省人工和燃料。

经营烘种业的人，布置一间通气而保温的烘房。烘房中央设火盆，四壁有木架，用以放置盛种茧的箩筐或摊种茧的帘箔。烘后10天穿茧，撤去箩筐或帘箔。穿茧用麻线，在远离茧蒂的一头，只穿过茧衣，不穿破茧层，然后将茧串挂在火盆四周。也有开始时即穿成茧串，不用箩筐帘箔的。无论用箩筐、帘箔或茧串，都要时时移动，变换位置，使各茧受热均匀。春茧什么时候开始烘种，各地因气温不同而有早晚。东北春季回暖较迟，清明前后才开始。西南地区早得多。据《橡茧图说》记载，“立春始事，春分蛾出”。

图3-7　烘房（覃冬雪　摄）

烘种期间，每天鸡鸣时起火，陆续添柴。树柴初燃时有焰，称为阳火；燃烧片刻后，室内温度已高，用灰覆盖，使树柴在灰下微微燃烧，发出热量较缓，称为阴火。用阳火、阴火和添柴多少来调节烘房温度，借以控制蚕茧发蛾的早晚。

拾蛾。上树春蚕后，经过40天左右的烘种开始发蛾。提取穿出茧壳的蚕蛾，经过检查，剔除病蛾，辨其雌雄，分放两个筐中，称为拾蛾。发蛾的当晚，便以一定数量的雌蛾和同等数量或多一成的雄蛾同时放入同一箩筐中，使其配对。有的地方在雌蛾与雄蛾放入箩筐中前，先将雌蛾提放在横挂的绳上，使其排尿，目的在于保持配对后箩筐中的清洁，也起着晾蛾的作用。

交配。交配的时间，古代各家说法不同，短的是4个时辰，即8小时后即拆对；有说6个时辰，即12小时后拆对。甚至超过10个时辰。其实，8小时已足，时间过长没有必要。

交配后的雌蛾放入蛾筐中。蛾筐是用黄荆或木槿枝条编成。枝条不剥去树皮，为的是蛾产卵其上时易于附着。筐呈圆形，一般直径1米、深0.3米，上有合口平盖。筐外糊以皮纸。通常每蛾筐最多投入雌蛾500只，叫作饱筐。如遇阴寒天气，须将蛾筐在室内用微火加温，以促使雌蛾产卵。早晨拆对的雌蛾，到傍晚已产卵完毕，即将雌蛾取出弃掉。

产下的春蚕卵，在常温下，一般15—20天内即能孵化。蚕卵孵化的早晚，取决于气温的高低。为使孵化的蚁蚕能吃到老嫩适宜的柞叶，古人亦用人工增温或减温来控制孵化的时间。《豳风广义》说，在山中阳坡柞树叶长寸许时，用微火加温促使蚕卵孵化，蚁蚕即破壳而出。

拴筐。柞蚕是放养在柞树上的。把破卵而出的蚁蚕引到柞树上去，最简单的方法是将蛾筐置柞树间，将柞树枝条垂入筐内，蚁蚕闻叶香，便缘枝条而上，这种引蚕上树的方法叫作拴筐。如果蚁蚕孵出时连日阴雨，则暂不拴筐，可剪取嫩柞枝放在筐内，蚁蚕即上柞枝吃叶，待天晴后，把有蚁蚕的柞枝搁到柞树上去，蚁蚕即散到全树的各分枝。春蚕所结的茧是制种用的。春蚕结茧已在初夏。采茧后，经过挑选，穿茧成串，晾在竿上。柞蚕蛹期随当时气温高低而有长短，一般半月左右发蛾。发蛾时，蚕农将蛾随即捉入蛾筐中。但《野蚕录》中说室中系长绳一条，随出随捉置绳上。即先在绳上晾蛾，然后才捉入蛾筐中，每筐蛾数以不太拥挤为原则。雌蛾与雄蛾在筐中交配。筐中的雌蛾与雄蛾的比例，以及交配拆对等，都和上述春蚕制种相同。

拴蛾。古代蚕农看到野生柞蚕产卵在柞树的枝干上，所以他们模仿自然，创造了拴蛾的办法，即将交配的雌雄拆对后，捉出雌蛾，用四五寸（1寸≈3.3厘米）长的细线，两头各缚二蛾，绕在柞树枝上，称为拴蛾。使蚕蛾直接在柞树枝上产卵，卵在柞树枝上孵化成蚕。每棵柞树上拴蛾数目依树大小决定拴蛾的多少。少的十数蛾，多的数十蛾。拴蛾后产卵在树枝上，不久卵孵化成蚕；春蚕拴筐后，蚁蚕上树。无论春蚕、秋蚕，当树上柞叶吃尽，都须剪移。春蚕，每株柞树上蚕多少，亦看树的大小而定。据《橡茧图说》的估计，一株2米左右高的柞树，栓管时约上蚁蚕万头，过一两天后剪移于一二十株树上，以后又分移在五六十株树上，再分移在一二百株树上。这说明，每次剪移都随着蚕龄不断扩大蚕场。《橡茧图说》总的精神是“蚕必密布于树”，但大多蚕书主张稀放。虽然密放便于管理，但稀放才能使蚕吃足柞叶。一般认为宁稀毋密，秋蚕则更应该比春蚕稀些。

剪移。管理蚕场的工人主要任务便是剪移，须时时在蚕场巡视，对于叶将吃尽的，枝上布蚕过密的，都立即剪移匀蚕，坠落在地上的蚕则拾起送到树上去。关于蚕场管理和剪移的方法，春蚕和秋蚕差不多，但亦有不同之处。清代王元廷辑的《野蚕录》上说：“春蚕喜移，愈移而愈旺”“秋蚕不喜移，屡移则难于生长。”古人认识到，春蚕吃的是老柞，春季天旱，柞叶容易老硬，所以春蚕应多次剪移；秋蚕吃的是芽柞，叶则柔嫩，老硬较慢，空气又比较湿润，所以不必多剪移。因为剪移的次数不多，所以秋蚕每次剪移时，每株柞树上布蚕就应该稀些。

无论春蚕或秋蚕，大眠以后，蚕将老熟。此时应将其剪移入枝叶茂盛的窝茧场，以便熟蚕结茧。过去，河南的鲁山等地，养蚕多的农家，常在避风处搭起茅棚，棚中堆集树枝杂草，称为茧场，将熟蚕送场内听任其在树枝杂草间营茧。

收茧。柞蚕结茧，茧成两三天后才能干硬，方可采收。如果采收柞茧作为种用的，则穿茧成串，挂在通风且日光不能直接照射之处，或摊在帘箔上妥为保存；不作种用的，或立即煮茧缫丝，或薄铺于地，利用日光晒杀蚕蛹，或掘土坑，上铺竹箔，将茧匀摊其上，下用微火烘炙杀蛹。

柞蚕放养是 16 世纪以前创造的一整套放养技术，这套技术于 17—18 世纪传播推广到东北、西南和长江上游的许多民族地区。现代放养柞蚕的技术是 20 世纪初蚕业科技工作者运用近代科学将传统的放养技术又做了很大改进，使柞蚕业得到了很大的发展。

第二节　淡水养鱼

一、少数民族的池塘养殖

中国是世界上养鱼历史悠久的国家之一，以池塘养鱼著称于世。唐代中叶以前，以养鲤为主；唐末，开始饲养草鱼。唐代成为中国养殖草鱼、青鱼、鲢、鳙这四种著名鱼类的起始。宋代以后，在鱼苗饲养和运输、鱼池建造、放养密度、搭配比例，以及分鱼、转塘、投饵、施肥、鱼病防治等方面，积累了丰富的经验，为中国近代养鱼业的发展奠定了巩固的基础。

中国养鱼历史悠久，有关养鱼的起始年代主要有两说：一是始于殷末，依据是殷墟出土的甲骨卜辞有“贞其雨，在圃渔”“在圃渔，十一月”的记载，认为是指在园圃内捕捞所养的鱼。据此，中国养鱼始于公元前 13 世纪。二是始于西周初年，《诗经·大雅·灵台》是一首记述周初文王建灵台的诗，诗中说到“王在灵沼，于牣鱼跃”，认为是中国人工养鱼的最早记载。据此，中国养鱼始于公元前 11 世纪。

到了战国时期，各地养鱼普遍展开。《孟子·万章上》说，有人将鲜活的鱼送给郑国的子产，子产使管理池塘的小吏将鱼养在池塘里。东晋时期常璩的《华阳国志·蜀志》也说，秦惠文王二十七年（公元前 311 年），张仪和张若筑成都城，利用筑城取土而成的池塘养鱼。这时的养鱼方法较为原始，只是将从天然水域捕得的鱼类，投置在封闭的池沼内，任其自然生长，至需要时捕取。

汉至隋唐时期主要以池塘养鲤为主。西汉开国后，经 60 余年的休养生息、奖励生产，社会经济有了较大的发展，至武帝初年，养鱼业开始进入繁荣时期。司马迁《史记·货殖列传》说，临水而居的人，以大池养鱼，一年有千石的产量，收入与千户侯等同。主要养鱼区在水利工程发达、人口较多、社会繁富的关中、巴蜀、汉中等地，经营者有王室、豪强地主，以及平民百姓。养殖对象从前代的不加选择，变成以鲤为主。鲤具有分布广、适应性强、生长快、肉味鲜美和在鱼池内互不吞食的特点。同时有着在池塘天然繁殖的习性，可以在人工控制条件下，促使亲鲤产卵、孵化，以获得养殖鱼苗。鱼池通常有数亩面积，池中深浅有异，以适应所养个体大小不同的鲤的生活习性。在养殖方式上，常与水生植物兼作，在鱼池内种上莲、芡，以增加经济收益并使鲤获得食料来源。

湖泊养鱼也始于西汉。葛洪的《西京杂记》说，汉武帝在长安筑昆明池，用于训练水师和养鱼，所养之鱼，除了供宗庙、陵墓祭祀用，多余的在长安市上出售。

以《吕氏春秋》为标志，表明从战国时代起，渔业的生产、管理制度已趋于完善。其《十二纪》中已把渔业活动列为基本农事项目之一，并且要求：仲春之月，“无竭川泽，无漉陂池”；季夏之月，“令渔师伐蛟取鼍，升龟取鼋”；孟冬之月，“乃命水虞、渔师收水泉池泽之赋”；季冬之月，“命渔师始渔”。《十二纪》规定了捕鱼季节，一般是在季夏和季冬之月，既符合鱼类生长规律，又避开了农忙季节，体现了不与农（种植业）争时、合理安排、统筹规划的思想。这样，使渔业生产渐成农业生产结构中一个不可缺少的组成部分，并走上了扩大生产和因地制宜的发展道路。而这一点在南方水乡表现最为突出，“饭稻羹鱼”就恰如其分地反映了那里已具有稻、渔并重的基本农业生产结构。

人工养鱼是渔业生产发展的源头，在战国时代已普遍展开。如《孟子·万章上》载：“昔者有馈生鱼于郑子产，子产使校人畜之池”。当然，此时的养鱼方法还较原始，即所谓的“穿池养鱼”。但这也反映出人工养鱼已经突破王室贵族园囿的范围，逐步发展成为民间的生产性事业。[①]人工养鱼的生产事业，从发展的视角看，集中体现了因地制宜的原则，采取就水养殖。南方农业生产以种稻、养鱼为主体结构，南方多湖泊，

① 梁家勉．中国农业科学技术史稿［M］．北京：中国农业出版社，1989：409.

降水丰沛，鱼类资源丰富，鱼类生产有着得天独厚的自然条件。发展渔业生产，不仅丰富了农业生产结构，而且扩大了农业生产作业的范围和面积，改善了人们的饮食结构，扩大与保障了食物来源。因而在一定程度上繁荣活跃了地方经济。秦代，南方地区老百姓食鱼比较普遍，像陈胜、吴广这些“谪戍之民”在行至大泽乡时仍能“买鱼烹食”，还将“陈胜王”的文稿置于鱼腹，借此制造革命舆论以造声势。在巴蜀、楚越之地“民食鱼稻”，北方齐燕等地有“通鱼盐之利”，渔业发展由南向北逐渐延展，成为地方经济的重要组成部分，极大地丰富了当地的农业生产结构。江汉地区也是一重要的淡水养鱼生产区。文献记载有“江汉之鱼鳖鼋鼍为天下富”之美誉①。郭璞作《江赋》云：“舳舻相属，万里连樯，溯洄沿流，或渔或商。”形象地描绘了长江流域渔业生产的繁荣景象，可见秦汉时期养鱼业得到了深入发展。

唐宋时期，现今的广西壮族自治区的淡水养鱼已十分发达。淡水鱼以鲤最常见。鲤性情温驯，生长迅速，耐高温和污水，能在池中自繁自育，是重要的养殖鱼。但是，由于唐代皇帝姓李，鲤与李同音，养鲤就成禁忌，渔人为了生计，只得弃鲤而另养鲩、鲢、鳙、青等鱼类，进而由单养鲤发展到多种鱼类混养。唐代岭南主要养淡水鱼，也有鲩。鲩在水域底层，以水草为食，生长快；各地州县山田，聚水田中养鱼。鲩食草根使生田变为熟田。唐代灭亡后，鲤也就不在禁养之列，民间开始多养鲤。

淡水鱼的饲养方法有三种，一是稻田养鱼，只需看管好田水即可，桂东北的兴安、全州、灌阳最盛。放养的都是鲤。二是池塘养鱼，须施放饲料入塘中喂养。《郁林州志》记载：“各乡村以池塘畜鱼，常放茭草、牛粪或胡麻养之。”三是江河捕捞。多是由专业渔户来经营。捕鱼的方法，主要有抛网、插鱼、笼鱼、下钩等，也有用鸬鹚捕鱼的。

鱼苗采集方法是于沿江水缓处设置鱼埠，用长黑密网装成箩式来采

① 李昉，等. 太平御览：卷四百二十六：人事部·游说下［M］. 北京：中华书局，1960：1704.

捕。柳、桂两江，虽亦产鱼苗，然因水势及产量关系，捕采较少。至浔江一带，自苍梧长洲而丹竹、白马、平南、桂平、石冲、官江、下湾、东津、贵县、横县，永淳、邕宁，以及石埠、左县（今崇左）等处，一般农民都在江边设置多重鱼埠，其中尤以长洲的鱼最多、最好。因为该处水势缓急适宜，鱼苗多麇集于此，所以长洲称为广西捕采育苗的中心。鲤可在鱼池中产卵繁殖。方法是把雄鲤雌鲤，置于一个小池内，当产卵时，投入蕨草，雌鱼就在蕨草上产卵，鱼卵受日光照射便自行孵化。①

北宋年间，长江中游的养鱼业开始发展，九江、湖口渔民池塘养成鱼，一年的收入，多者几千缗，少者也有数万缗。到南宋时，九江成为重要的鱼苗产区，每逢初夏，当地人都捕捞鱼苗出售，以此图利。贩运者将鱼苗远销至今福建省、浙江省等地，同时形成鱼苗存放、除野、运输、投饵及养殖等一系列较为成熟的经验。会稽（今浙江省绍兴市）、诸暨以南，大户人家都凿池养鱼。每年春天，购买九江鱼苗饲养，动辄上万尾。养鱼户这时将鳙、鲢、鲤、草鱼、青鱼等多种鱼苗，放养于同一鱼池内，出现最早的混养。宋代还开始饲养与培育中国特有的观赏鱼——金鱼。随着养鱼业的发展，开始进行鱼病防治。

明代主要养鱼区在长江三角洲和珠江三角洲。养殖技术更趋完善，在鱼池建造、鱼塘环境、防治泛塘、定时定点喂食等方面，有新的发展。养鱼池通常使用两或三个，以便于蓄水、解泛和卖鱼时去大留小。池底北面挖得深些，使鱼常聚于此，多受阳光，冬季可避寒。明代后期，珠江三角洲和长江三角洲还创造了桑基鱼塘和果基鱼塘，使稻、鱼、桑、蚕、猪、羊等构成良性循环的人工生态系统，从而提高了养鱼区的经济效益和生态效益。混养技术也有提高，在同一鱼池内，开始按一定比例放养各种养殖鱼类，以合理利用水体和经济利用饵料，有利于降低成本，提高产量，增加收益。

河道养鱼始于明代。这种养殖方式的特点是将河道用竹箔拦起，

---

① 李炳东，戈德华. 广西农业经济史［M］. 南宁：广西民族出版社，1985：326.

放养鱼类，依靠水中天然食料使鱼类成长。嘉靖十五年（1536 年），三江闸建成，绍兴河道的水位差幅变小，为开展河道养鱼创造了条件。

港养也见于明代。黄省曾的《种鱼经》说，松江（今属上海市）渔民在海池养殖鲻，仲春在潮水中捕体长寸余的幼鲻饲养，至秋天即长至尺余，腹背都很肥美。

清代养鱼以现今的江苏、浙江两省最盛，其次是广东省。江苏省的养鱼区主要在苏州市、无锡市、昆山市、镇江市、南京市等地。浙江省养鱼以吴兴菱湖最著名，嘉兴市、绍兴市、诸暨市、杭州市、金华市等地都是重要的养鱼区。广东省的养鱼区主要在肇庆、南海、佛山。江西省、湖北省、福建省、湖南省、四川省、安徽省、台湾省等地区，也有一定的养殖规模。养鱼技术主要承袭明代的，但在鱼苗饲养方面有一定发展。屈大均《广东新语·鳞语》说，西江渔民将捕得的鱼苗分类撇出，出现了最早的撇鱼法。今在浙江省吴兴菱湖，渔民利用病鱼苗对缺氧的忍耐力比健康鱼苗小的特点，用降低水中含氧量的方法，将病鱼苗淘汰，创造了挤鱼法。

二、少数民族的稻田养鱼

到东汉时，汉中地区开始稻田养鱼。当地农民利用夏季蓄水种稻期间，放养鱼类。另一种养殖方式是利用冬水田养鱼。这种冬水田靠雨季和冬季化雪蓄水沤田，一年只种一季稻，田里长年蓄水，人们利用冬季休闲期间的蓄水养鱼。稍后，巴蜀地区也开始稻田养鱼。

天然水产品曾作为人类的主要食物之一而被长期食用。原始社会时期，捕捞活动是人类谋求生存的最主要的方式。夏、商、周时期，出现人工养鱼之萌芽。在社会生产力进一步发展的推动下，至战国、秦、汉时期，渔业渐成独立的生产部门，对丰富农业生产结构产生了非常重要的作用。

关于稻田养鱼，可能出现得很早，从目前的考古资料推断，当在东汉（图 3-8）。如四川省峨眉东汉砖室墓中出土有石刻的水塘、水田模

图 3-8　稻鱼鸭复合养殖（贵州省从江县农业农村局）

型，其中刻有青蛙、龟、鸭、鲫、蟹、田螺等，而且水塘、水田的水口处有竹笼。竹笼的作用一方面避免水田中的鱼游出，另一方面还可以捕鱼。[①] 在陕西省汉中市的东汉墓中出土一陂塘模型，其中有鲤 6 条，鳖 1 只，蛙 3 只，螺 5 个，菱角 5 个。[②] 在该地区的勉县还出土了一个冬水田模型，没有农作物，只有青蛙、鳝、螺蛳、草鱼、鲫等。[③] 据对其稻田养鱼方式和技术的研究，有两种可能性，一是利用夏季蓄水种用期间，放养鱼类等；二是利用冬水田养鱼。这种冬水田靠雨季或化雪贮水，一年收一季水稻，由于长期贮水沤田，人们便利用冬季休闲的稻田蓄水养鱼。这种稻田养鱼方式出现的意义，绝不是仅仅局限于渔业发展上，而在农业经济发展方面有更深层次的意义，也反映了古代劳动人民的聪明智慧。利用稻田养殖鱼类等，一方面丰富了当地的农业生产结构；另一方面也切实坚持了因地制宜的原则，充分利用一切可以利用的资源。从科技上讲，一方面，稻田养鱼后再种植水稻，保持和增加了土壤

① 沈仲常. 东汉石刻水塘水田图象略说［J］. 农业考古，1981（2）：50-55.

② 秦保生. 汉代农田水利的布局及人工养鱼［J］. 农业考古，1984（1）：101-102.

③ 梁家勉. 中国农业科学技术史稿［M］. 北京：中国农业出版社，1989：411.

肥力；另一方面，在收获水稻后，土壤中的丰富有机生物也可哺育鱼类等，确保鱼类正常生长发育。因此，它是中国淡水养鱼业发展史上一件有意义的大事，也是世界养鱼史上的重大发明创造。因此，不仅直至今天这种冬水田形式在许多等地区仍有保留，而且印度、朝鲜、印度尼西亚等国家还曾大力进行过实验和推广。

稻田养鱼这一类型的生态农业早在唐代已经起源，《岭表录异》卷上所记载的利用鲩鱼改造土地贫瘠的山坑田，是后世稻田养鱼的先声。《岭表录异》记载的新州、泷州相当于今天将西江流域的新兴、罗定、六浮、郁南一带。从六朝到隋唐时期一直到宋、明时期，这一带都是少数民族活动的地区。《岭表录异》记载的“鲩鱼子”，其来源当与西江水上人家的活动有关，以及岭南汉族与其他少数民族之间的密切交流有关系。①

三、珍珠养殖

南珠自古即被认为是稀世珍宝。商汤时，南方瓯邓诸部落向商王朝进贡的礼品中，名列其首的就是“珠玑”。自汉代起，岭南沿海地区珍珠的采捞逐渐兴盛起来。当时，岭南地区的珠崖郡和合浦郡产珠名闻天下。《汉书·武帝纪》注引应劭说，珠崖“在大海中崖岸之边，出真珠，故曰珠厓”。珠崖郡之得名正是因其地域产珠。合浦珍珠在当时更被视为极品。《后汉书·循吏列传》记载：“尝迁合浦太守，郡不产谷实，而海出珠宝，与交趾比境，常通商贩，贸籴粮食。”这一记载说明汉代合浦一带采珠业已经十分兴盛，因此才可用以在市场上交换粮食。

汉代合浦郡的经济还不是很发达，商品交换处于“以物易物”的原始交换的状态，即以海产的天然珍珠交换当地缺乏的粮食，而没有使用货币这一媒介。不少外地商人，主要是来自中原地区的商人，通过以粮食交易珍珠，往往得以致富。据《艺文类聚》卷八十四引杨孚《异物

① 吴建新. 汉六朝隋唐时期岭南农业文化的特色——兼述冼冯家族的兴起与岭南农业文化的关系［J］. 农业考古，2006（3）：83-84.

志》："合浦民善游，采珠儿年十余岁，使教入水。官禁民采珠，巧盗者蹲水底刮蚌，得好珠，吞而出。"可见当地人民采珠的技术是很高的。《异物志》载："乌浒，南蛮之别名，巢居鼻饮，射羽取毛，割蚌求珠为业。"由此可知，岭南合浦沿海一带百姓多以采珠为业。①

四、民族地区的捕捞渔业

采集渔猎业在岭南少数民族经济生活中有极其重要的地位。在部分少数民族中甚至作为主要的生活来源，例如乌浒人分布在交趾，没有从事栽培业，专门采集珍珠和野生动物为生。

据余华青研究，秦汉时期的渔业生产区域大致可分为：东部沿海地区、江汉地区、关中和中原地区、巴蜀地区、边疆地区。他认为，东部沿海地区以近海捕鱼为主，其中尤以齐地的渔业最发达。齐地在秦汉时出现了《盐铁论》所言"莱黄之鲐，不可胜食"的盛况。巴蜀地区有发展渔业的条件和生产传统，稻田养鱼很发达。渔业生产在整个社会经济中的地位日趋重要，统治者因而设置官吏专门负责管理渔业生产与征收渔业税。管理渔业税征收官吏有海丞、水官等。《续汉书·百官志》载，"凡郡县……有水池及鱼利多者，置水官，主平水收渔税"。据《汉书·食货志》记载，在大司农等中央机关部门中，还设有都水长丞官；在地方则设置水官，如"浙江都水""蜀都水""安定右水长""张掖水长"，等等②。从中央到地方一系列管理渔业生产的官吏设置看，渔业生产已步入正轨，成为一个独立的生产部门。

关于北方养鱼，文献中鲜有记载，这可能是受自然条件的制约。北方农区发展大规模养鱼似乎不大可能，只能在靠河流区域附近，会有零星散布的养鱼生产项目，但在生产结构中所占比重较小。关中和中原地区渔业生产逊于东部沿海和南方地区，但是黄河中游地区淡水渔

① 何海龙．边缘之拓治——秦汉时期岭南地区的开发［D］．厦门：厦门大学，2007：96-98.

② 余华青．秦汉时期的渔业［J］．人文杂志，1982（5）：58-66.

业较发达，盛产鲤、鲂，是京畿地区食鱼的重要来源。应强调说明的是，京畿皇室、贵族园囿养鱼也很发达，主要以满足自身需要为目的；边疆地区渔业在各项生产活动中也占有一定地位，在居延地区就出土有很多渔具，汉简简文中还记载有在居延捕鱼运至张掖郡得以出卖的事情。据余华青分析，边疆屯田戍卒多由内地征调而来，其中掌握渔业生产技术者当不乏其人。在边疆少数民族地区，据文献记载亦有不同程度的渔业生产。

但是，秦汉统治者片面强调粮食种植，曾下令“禁民二业”，对渔业活动多方限制，严重影响了小农经济条件下渔业的发展，这的确是秦汉经济发展的缺憾。汉代时出现了中国第一部养鱼专著《陶朱公养鱼经》，除了论述养鱼科技，还认为“养鱼、种竹千倍利”，这种结构实现了养鱼与种植业的生态结合（图 3-9）。这种池中养鱼、池边种竹的有机生态模式，即“养鱼种竹”是《陶朱公养鱼经》的精髓之处，也是中国南方地区的桑基鱼塘、果基鱼塘等立体性综合农业模式的先驱[①]。对今天仍有借鉴意义。

图 3-9　稻鱼共生又丰收（吴敏芳　提供）

① 吴存浩. 中国农业史［M］. 北京：警官教育出版社，1996：131.

第三节　养蜂

中国养蜂的历史悠久，殷商时期人们已开始采集蜂蜜，收集土蜂驯养。东晋郭璞的《蜜蜂赋》中描述了蜜蜂的生态习性，指出蜜蜂性喜林中作窠，蜂房结构致密，重叠并向阳开启，以利保温和充分利用阳光。对观察蜜蜂营窠和生活于窠中的活动情形也十分细致和全面，将蜂王地位、群蜂分工以及严明的纪律分述得十分精确。至于蜂王选择，蜂及蜂窠和酿蜜等的描述也十分生动。

一、中国的养蜂史略

中国饲养蜜蜂最初的方法，是收取土蜂（即野蜂）进行驯养。西晋张华的《博物志》卷九记载，收取土蜂，“以桶聚蜂，每年一取”。方法为“以木为器，中开小孔，以蜜蜡涂内外令遍”。“春月蜂将生育时捕取三两头著器中，蜂飞去，寻将伴来，经日益渐，遂持器归”。这种方法简便易行。郑缉之的《永嘉地记》（约420—479年）还记载了家中人“以蜜涂桶”和“举群悉之”的收蜂方法。

唐代谈及养蜂的诗文很多。如诗僧贾岛的《赠牛山人》有“凿石养蜂休买蜜”的诗句，描写了山区养蜂的情形；杜甫《秋野五首》的第三首咏蜜诗是“风落收松子，天寒割蜜房”，指明了收蜜的最佳时节。《四时纂要》指出“六月开蜜”，这时正是蜜源植物最茂盛，蜜蜂采花酿蜜最多，也是收蜜最忙季节。段成式的《酉阳杂俎》说，相蜂，黑色，不能采花。反映了人们对不同蜂种特性的认识。同书又有“蜂窠成式修竹里，私第果园数亩”的记载，说明养蜂业已从山地向丘陵和平原地带发展。

宋元时期，中国养蜂业及其技术已达到了较高的水平。《农桑辑要》记述养蜂技术颇为详细。如制作蜂箱则以盖小房或编荆囤两头泥封，开一二小孔使通出入。另开一小门，时时开，常扫常净，不令他物所侵。

关于蜂王选择和分窠，该书指出“春月蜂成，有数个蜂王，当审多少，壮与不壮。若可分窠，止留蜂王两个，其余摘去。如不分，除旧蜂王外，其余摘去”。同时，还明确指出“当年蜂窠不宜割蜜”。其目的是当年新蜂窠蜜少，不利于蜜蜂生长繁育。

宋代王禹偁的《小畜集·记蜂》对蜜蜂的生物学特性和养蜂的若干关键技术有精到的论述。其中指出“蜂之分也，或如团如罂，或铺地如扇，拥其王而去……失其王，则溃乱不可向迩”。因此，控制分群是养蜂技术的关键。至于取蜜多寡对蜂群影响就更加突出了。“凡取其蜜不可多，多则蜂饥而不蕃；又不可少，少则蜂惰而不作”。该书又指出蜂王“其色青苍，差大于常蜂”，无毒，失其王则蜂群溃乱。宋代罗愿的《尔雅翼》认为工蜂采水是酿蜜泌蜡的必然需要，因此需“春三月供水不致渴损”。

元代在蜂群管理上经验丰富且又有实践意义。如刘基的《郁离子》卷上记载：“(蜂舍)污秽不治，燥湿不调，蜂孔启闭无即，居处鼿卼，出入障碍而蜂不乐其居矣。”另外，还要防狐窃、鸟惊、蛄、蝼蚁钻等。同书又介绍了“灵丘丈人”的养蜂法：“昔者丈人养蜂也，园有庐，庐有守。刳木以为蜂之宫，不罅不庮。其置也，疏密有行，新旧有次。坐有方，牖有乡。五五为伍，一人司之。视其生息，调其暄寒。巩其构架，时其墐发，蕃则从之析之，寡则与之裒之，不使有二王也。去其蛛蟊蚍蜉，弥其土蜂蝇豹。夏不烈日，冬不凝澌。飘风吹而不摇，淋雨沃而不渍。其取蜜也，分其羸而已矣，不竭其力也。”这里所总结的蜜蜂饲养技术和管理经验，直到现在仍在养蜂业上起着重要作用。

明代的养蜂技术和管理经验无重要突破，但在蜂箱放置上出现了立体式排列养蜂。明代方以智的《物理小识》主张“箱宜数层，向南壁间暖，喜顺恶逆，以左置右则盛，诸箱立架皆顺向稍下”。立体式排列蜂箱的优点是占地少，易管理，采光也好，比起前代的平地式排列具有科学性。这一时期还出现了养蜂者的工作服，如徐光启《农政全书》载：“用纱帛蒙头及身上截，或皮套五指尤妙。”这是原始的面网和指套，用以防蜂螫，保护养蜂人。

明代的家庭养蜂比元代更普遍，从官府到百姓人家，养蜂取蜜已形成风尚。因而在南方出现养蜂数十群的专业户和专业蜂场。据《江宁府志》和《明兴记》称“村民也，唯养蜂十三窠，每年割蜜自赡耳”。《处州府志》记有养蜂人，“张梦庚，松阳人，其人养蜂数十柜”。此期，李时珍的《本草纲目》将蜜列为医药上品。同时还指出“蜜蜂嗅花则以须代鼻”。对于雨水，蜜源植物与蜜蜂及其蜜的产量、质量的影响总结发现，当年雨水调顺、花木茂盛、收蜜必多，反之收蜜则少。槐花蜜尤佳。《农政全书》同样记载了用气候预测当年蜜产量丰歉的方法。

清代，养蜂技术在总结养蜂经验的基础上提出了分蜂—招收—留蜜—镇蜂—防护—割蜜—藏蜜—炼蜡的成套技术。博物学家郝懿行的《蜂衙小记》成为养蜂专书，其中的养蜂经验多为前代人的经验总结。蒲松龄在《农桑经》中指出了“门户静清，来往不繁，经营不勤”，则是蜂的分群的预兆和芒种前后当为收蜂的最好时机。这些都促进了养蜂业的发展并日趋昌盛。①

二、中国的蜜源植物与传统蜂产品

中国是名副其实的蜂业大国。几乎所有少数民族聚居的乡村都有养蜂取蜜的传统。各地的饲养方法也大同小异。各地均有传统中华蜜蜂，又称中蜂，养殖户，部分地区养蜂历史悠久，养殖经验丰富（图 3-10）。

中国适宜蜜蜂采集的蜜源植物数量多、分布广、花期长和分泌花蜜量多，形成了洋槐、椴树、荆条、大枣、油菜、向日葵、荞麦、龙眼为蜜粉源的大宗品种，以及山花、茶花、荷花、枸杞、紫云英为蜜源的特色品种。从每年 1—2 月份云南省、广东省、广西壮族自治区、福建省等地的油菜和紫云英始花期开始，一直到 11 月份四川省的茶花和广西壮族自治区、云南省的荞麦花结束。中国蜜源花期由南至北、再由北到南依次延续不断，为蜂农规模化、周期性转地饲养提供了条件。从少数民族聚居地区看，秦岭和太行山洋槐蜜、大小兴安岭椴树蜜、北疆山花

① 王华夫. 中国养蜂史上的几个问题［J］. 中国农史，1987（4）：91-103.

图3-10　中华土蜂的传统养殖方式（淳于权　摄）

蜜、蜀鄂湘油菜蜜（粉）、内蒙古向日葵和荞麦、蜀渝茶花粉和枇杷蜜等是优势蜂蜜产区。

中国少数民族地区的中蜂养殖具有良好的群众基础。养蜂业不仅依赖当地的气候与植被条件，也取决于农户的养殖习惯、蜂群管理技术和蜂病防治经验等。大多数蜂产品不需要复杂的加工环节，经过简单分类、分级、过滤、包装后即可成为上市商品。中蜂耐低温，能够为很多冬季及早春开花的植物传播花粉，如冬季蔬菜，瓜果、早春梨、杏等。山区有很多早春、晚秋开花的植物，耐寒的中蜂能够为早春和晚秋开花植物授粉，是保障丰收的得力帮手。

三、中华蜂是适应性强的优良品种

中华蜂经过长期的自然选择和人工定向选择，形成了各地不同的优良品种。中华蜂的蜂王在脾下边缘产卵，具有产卵力强、适应性强、产蜜量高等特点。养蜂不占用土地，房前屋后、田边地角、树林下都可以作为中蜂养殖场。蜜蜂养殖只需掌握中蜂春季育王、分蜂技术，劳动强度不大。林下养蜂风险小、投资少、收益大的传统农家副业（图 3-11）。少数民族群众在认识蜜蜂、驯养蜜蜂、研究蜜蜂和利用蜂产品的历史过程中，形成了丰富多彩、源远流长的蜜蜂文化。蜂产业向多元化、多功能方向发展，在乡村文化发挥传播和教育等功能。以小农户为主要形式的传统养蜂业，多数蜂农以定地或近地转养为主。定地养殖一般要求当地蜜源植物每年花期在 4 个月以上，冬季最低气温高于零摄氏度，蜂群

图 3-11　林下养蜂（冯毅　摄）

图 3-12　野地上的蜂巢（冯毅　摄）

可以过冬生存（图 3-12）。由于中蜂抗寒和抗病性能强，定地养殖省工、不用迁徙、投入少。

少数民族相对集中的贵州省，蜜源植物资源十分丰富，全省有养蜂价值的蜜源植物 60 余种，花期长，流蜜稳定（图 3-13）。贵州省蜜源植物的花期以春季居多，夏季次之，秋季和冬季较少。在秋季和冬季时仍有荞麦、盐肤木、密蒙花、野坝子、野藿香等多种优良蜜源植物开花，养蜂者可在秋冬季适当种植一些多用途的蜜源植物或合理安排适当转地放蜂。贵州省立体性气候特点，形成了丰富的本土蜜源植物，很多优良的蜜源植物不仅具蜜用、药用价值，还具有水土保持价值。其中，大多数蜜源植物的花期集中在春季和夏季，秋季和冬季蜜源植物相对较少，但并不匮

图 3-13 传统取蜜方式（淳于权 摄）

乏。合理利用科学技术带动养蜂产业具有深远意义。

在贵州省的毕节市，历史上一直有林下养蜂的生产方式。云贵高原土峰（实际是中蜂的一个品种）在毕节市各县区有广泛分布，拥有散养蜜蜂 2000 桶以上。当地生态植被良好，有樱桃、女贞、桃、李、梨、漆树、板栗、毛栗、茶、向日葵及荆条等蜜源植物上千种。还有药用特种蜜源植物金银花、丹参、何首乌、蒲公英、黄芪、菊花、三棵针、党参及野藿香等数百种，为中蜂养殖提供了适宜的条件。

养蜂业投入少、见效快、不占用耕地、不污染环境，可以采用定地饲养模式，劳动投入少，这些产业特征使蜂业成为少数民族地区农民的主要副业。养蜂经济具有投资小、收益大的优点，且对农业可以起到增产增收之效。①

第四节　助猎陪护动物养殖

在少数民族养殖的动物中，除了耕作运输上的大型役畜，还有一些动物的饲养，是为了帮助人们完成某项工作任务的。现代社会常见的

① 龚一飞．中国养蜂史述要［J］．中国养蜂，1981（6）：1-4.

助人动物有警犬、导盲犬、机场驱鸟鹰等。历史上有猎犬、牧羊犬、猎鹰、鱼鹰等。

一、工作犬

犬，俗名狗，是中国最早驯养的家畜，是中国历史上最重要的助猎畜，也曾是农区的肉畜之一。狗在分类上属于哺乳纲，食肉目，犬科，为肉食动物。犬属动物有 10 大类，所有的犬属动物之间都可以自然交配，基本特征完全相同。家犬是由狼驯化而来的。狗的驯化时间不晚于 7000 年前。河南省新郑市裴李岗遗址、浙江省余姚市河姆渡遗址也出土了狗的骨骸。此外，河姆渡遗址还出土了陶塑小狗。由此可以判断，大约在距今 7400 年前，狗可能已被驯化成为家养动物了。

全世界 10 个类型的狗都是分别从中国狼、北美狼、印度狼和欧洲狼驯化而来的。中国狗的祖先是中国狼。中外民族志材料反映，人类在狩猎经济时代已经驯化出狗。大概是人类在游猎过程中遗弃的猎物残骸，吸引了喜食腐肉的狼、豺和其他犬属动物，它们为觅食而追随人类迁移，与人类建立某种协调的关系，进而被驯化为人类助猎的工具。在距今七八千年的河北省武安市磁山遗址出土了不少家狗遗骨，代表家狗的个体数目可能要多于家猪。时代接近的河南省新郑市裴李岗遗址、浙江省桐乡市罗家角遗址等也出土了家狗的遗骨。西安市半坡遗址出土的狗骨与华北狼有很大区别，而同一遗址出土的家猪遗骨却与野猪区别不大，这表明狗的驯养历史比猪久远。甲骨文中有犬字，正是狗的象形。狗之名大概是春秋战国之后才流行起来，见于《老子》《孟子》《尔雅》等书。

犬最初是作为人类狩猎的助手，但进入农业社会以后，犬除了助猎和守卫，还为人类提供肉食。磁山遗址出土狗骨很破碎，当系被食用后的残留。《礼记·少仪》把犬区分为食犬、田（猎）犬和守犬三类，指出了犬的三个用途。《周礼》中有“犬人”，负责供应祭祀用的犬牲，并管辖“相犬牵犬者”。说明周代相犬术已经出现。春秋战国到秦汉，是中国历史上养犬业最发达的时代。犬是当时重要的肉畜。农家养犬像养猪、鸡一样普遍。《墨子》说："四海之内，粒食之民，莫不犓牛羊，豢犬彘。"战国秦汉有专门以屠宰狗和卖狗肉为业者。贵族富人则以豢养"斗鸡走狗"（猎犬）为重要娱乐。在长江下游的吴、越，养狗、食狗之风甚盛。越王勾践为犒劳将士，大规模养狗，有所谓的犬山；为了加快人口增殖，妇女每生一男，奖赏食犬一只。由于犬在农牧业中地位的重要，春秋战国时被列为"六畜"之一。犬的地位，魏晋南北朝以后逐渐下降。北魏时《齐民要术》讲畜牧，牛、马、驴、骡、羊、猪、鸡、鹅、鸭都谈到了，唯独无犬。这可能是由于原北方游牧民族进入黄河流域改变了当地的风俗。同时，人口增加，狩猎活动减少，养狗的数量更受到限制。但历代养狗助猎、警卫和供馔的活动仍延绵不断。

在牧区和其他少数民族地区，养狗也源远流长。在北方游牧民族那里，狗不但用于助猎，而且用于帮助牧羊。在内蒙古自治区狼山地区反映游牧民族早期生产生活情况的岩画中，就有牧犬看管羊群的画面。在东北民族地区，饲犬助猎历世不衰。如明代《黑龙江外记》记有布特哈（鄂伦春、鄂温克、达斡尔族）逐虎犬、猎兔雉犬、猎野猪犬;《吉林通志》等记有捕貂犬，等等。又如黑龙江下游的一些渔猎民族养狗很普遍，他们以鱼饲狗，而衣鱼皮、狗皮；狗除了助猎，还用以牵引雪地爬犁。元代设"狗站"的服役者，明清时被称为"使犬部"，今日的赫哲族即历史上的使犬部之一。

中国历代各族劳动人民培育了不少有独特性能的犬的品种。如《诗经·驷驖》载"猃歇骄"，据《毛诗故训传》解释，是两种猎犬，长嘴的叫猃，短嘴的叫歇骄。除了猃和歇骄，《尔雅》还记有一种叫"姚"的"绝有力"的狗。《说文解字》中所载犬的类型更多。如南越名犬"獀"，多毛犬"尨"，短胫犬"猈"，逐虎犬"豣"等。少数民族地区名犬品种很多。如《逸周书·王会解》载北方民族贡的"狡犬"、南方民族贡的"短狗"。北方民族（胡）还有一种名犬叫"犴"，见于宋代陆佃所著的《埤雅》。藏族人民驯化了藏犬，古代文献称为"獒""狡蘉"。西南民族地区有著名的“蛮犬”。此外，中国历史上还从国外引入波斯犬（三国时），以及作为宠物饲养的高昌佛菻狗，又称“猧儿”（唐）等。

东北古代民族驯养狗的历史可以追溯到原始社会。20 世纪 70 年代，在伊敏河上游的一座原始时期墓葬中就发现了作为殉葬品的狗骨。渤海人也养狗，有的狗被训练成好猎狗，有的还当作对外交往的礼物。公元 823 年 4 月 21 日，日本淳和天皇“幸神泉苑”，试令渤海狗逐鹿，中途而休焉。这渤海狗就是渤海使团作为礼物送给日本的。①

蒙古犬（图 3-14）。又称呼伦贝尔草地牧羊犬，属大型护卫、狩猎、牧羊兼用的工作犬。蒙古犬的主要区主产区为中国呼伦贝尔草原和周边地区，在蒙古国肯特省、东方省、苏赫巴特省三省草原也有分布。在中国的中心产区为呼伦贝尔市海拉尔区及其周边地区，目前存栏量为 5 万多只。

图 3-14　蒙古犬（《特种畜禽志》106 页）

据史料记载，蒙古民族，即早期的蒙古部（蒙兀室韦），在今内蒙古自治区呼伦贝尔草原的呼伦湖和额尔古纳河东南的大兴安岭山林中繁衍生息时，现今呼伦贝尔草地牧羊犬的祖先，一个古老的山地犬种，已经在蒙古部落的营地里承担狩猎大型猎物，护卫营地的工作了。9 世纪中叶，蒙古部落向西迁移，走出山林，进入呼伦贝尔草原，逐步完成由纯粹的狩猎民族向半狩猎、半游牧的生活过渡，并最终成为真正意义上的游牧民族。蒙古族游牧民带着他们的畜群逐水草而居，不定期地更换牧场。伴随他们的犬也逐渐适应了这种游牧生活，在无边无际的陌生牧场中高声吠叫，警告陌生人，并向主人发出信号，护卫营地和放牧羊

① 梁玉多．渤海国的畜牧业考［J］．黑龙江档案，2018（10）：41-42.

群，驱逐觊觎的野狼。

在长期的生产生活中，当地牧民形成了自己选择种犬的标准。一般认为胸部有心形白色斑块的犬是最勇敢、最忠诚的，眼睛中有红色渐变的犬，最喜欢打斗并能在打斗中坚持到最后。近爪子的部分有白色斑块的犬能给主人的家庭带来财富。而白色袜套和白尾巴尖的犬喜欢偷吃和擅离职守。在选择犬的时候，一般不选择灰色或者杂种犬。人们选择幼犬，喜欢挑最后出生的一只，提起它的尾巴或腿，如果幼犬保持安静，并且试图躲避，会被人认为是强壮的和优秀的。毛短，皮肤松软，胸宽和背部小的犬，也被认为是优秀的。所以常从幼犬中选择表现凶猛、忠诚、结实有力的个体。而牧民选择犬时几乎将凶猛不畏野兽视为唯一的标准。蒙古犬多散放饲养，无拴系或给犬造窝。多用剩饭喂犬，尤其是剩下的骨头和肉汤，也可用全价颗粒饲料或杂食饲喂。蒙古犬外貌特征明显，遗传性能稳定，骨架粗壮、体魄强健、吼声如雷、善斗，具有良好的工作犬的潜质。蒙古犬具备训练行政能力方面的要求，嗅觉灵敏，体质好，胆大凶猛，适应能力强，适合西北恶劣的天气和气候。

藏獒，藏语称为“Dokhyi”，又称藏狗、藏狮、羌狗、番狗、松番狗等，属大型犬。中心产区为西藏自治区、青海省、四川省，以及青藏高原周边地区，内地一些省份也有零星的饲养。藏獒生活在青藏高原，那里气候恶劣，气压低，氧气少，风沙多，温差大，气候变化无常，人烟稀少，食物匮乏，紫外线照射强烈，是与太阳近，距离海岸远的地方。因生活环境特殊，藏獒在生理上和其他犬类差异很大，每年只在冬季屠宰牛羊、食物丰盛时产子，这是与其他犬最大的区别。

藏獒虽然分布区域大，但数量少，精品更少。青海省玉树藏族自治州和果洛藏族自治州的藏獒体形较小，被毛和头顶饰毛丰厚，外观颇似雄狮，故称“狮头型”（图 3-15）。黄河首区地带的藏獒也叫河曲藏獒，是较好的藏獒。藏北的藏獒体形较大，凶猛，是獒中的王者。藏獒的被毛受环境影响很大，毛量的变化是对当地气候的一种适应，藏獒抗逆性强，耐高寒，不耐高温和高湿，适应高海拔环境。适应性强，善解人意，嗅觉、听觉、触觉器官发达，视力、味觉较差，记忆力极强。藏獒对陌生人具有攻击性。喜欢食肉和带有腥膻味的食物，具有广食性、暴食性、护食性、领地性、社群性等特点，平均寿命 13 岁，少数可超过 18 岁。

图 3-15　藏獒（《特种畜禽志》109 页）

藏獒是既古老又特殊的犬种，进化演变历史至今还是个谜。据《尚书・旅獒》记载，周武王统一中国后，有西方诸国献獒，这可能就是今天的藏獒祖先。中国古代先民将狩猎捕获的幼狼驯化为家养的六畜之一，居住在青藏高原的少数民族古羌人在 5000 余年前，将由 1300 万年前的喜马拉雅巨型野生古犬驯化成高原犬种。至今，藏獒作为藏族群众的忠实朋友，伴随牧民过着逐水草而居的传统放牧生活，保护着藏民族在雪域高原的千年文明和藏文化的传承。

哈萨克牧羊犬。萨克语称公犬为“托别提”，称母犬为“汗西克”。产于新疆维吾尔自治区北部的伊犁哈萨克自治州、阿勒泰地区和塔城市，部分分布于北疆，博尔塔拉蒙古自治州、昌吉回族自治州、乌鲁木齐县，东疆的哈密市和南疆的巴音郭楞蒙古自治州等地区。产区在新疆维吾尔自治区北部地形复杂山区，与平地的气候相差较大，集中降雨在 5—7 月份，北疆是新疆的多雪地区，全年积雪天气有 120—130 天。

哈萨克牧羊犬形成历史悠久。在新疆北部地区的原始岩画上看到，无论是单人或两人狩猎，都有犬陪伴。由此可见，生活在这一带地区的哈萨克族牧民，很早就饲养犬。

哈萨克牧羊犬是古老的犬种，历史上，生活在乌拉尔山脉到阿勒泰山脉、中亚各国及新疆北部地区的哈萨克族牧民，一直饲养着一种牧羊犬。这种独立而傲慢的牧羊犬，保护游牧民族以及他们的羊群，陪伴他们的生活。哈萨克族牧民把牧羊犬视为家庭七大财产之一。哈萨克牧羊犬对新疆北部高原极端恶劣自然环境的强大适应能力，顽强地生存延续到今天。这种牧羊犬适应高山草场、荒漠和半荒漠的环境和气候，耐粗饲、耐严寒、抗病力强，而且安静勇敢，对陌生人警惕性高，嗅觉、听觉灵敏，领地保护意识强，对主人任劳任怨，忠心耿耿，善解人意，深受牧民喜爱。

贵州下司犬。原产地为贵州省黔东南苗族侗族自治州麻江县下司镇，中心产区在麻江县的下司镇、龙山乡、宣威镇、杏山镇、碧波乡等。现在麻江县全县均有分布。另外，在清水江和都柳江流域的凯里市、黄平县、雷山县、丹寨县、三都水族自治县等县市也有分布。

据黔东南苗族侗族自治州农业志记载，下司犬是经产区人民长期选育形成的品种，形成历史悠久。产区居民以苗族为主，多居住在崇山峻岭之间。过去林深茂密，山高路险，野生动物较多，苗胞均有打猎和养犬看家守院的习俗。早在嘉庆十三年（1808 年），下司镇就辟为商埠，成为盛市和重要码头，商贾云集，市场繁荣，商号林立，住户密集，富家养犬护院者很多。1938 年，国民党陆军通信兵学校迁至麻江县，军犬所设在下司玉皇阁，同时也带动了贵州下司犬的发展。下司犬活泼好动，需运动，故应每天进行一定量的户外运动，以保持其活泼健康的体态，饲喂全价颗粒饲料或杂食。贵州下司犬是产区人民经过长期选育形成的，适应当地生产生活需要及自然生态环境的中型犬，来源清楚，地域性强，分布区域连续，具有悟性好，小通仁义，忠诚听话，奔跑速度快，耐力和爆发力以及适应性强等特点，是较好的猎犬、护守犬和观赏犬。

二、捕鼠猫

猫是中国重要的家养动物。中国驯养家猫的历史相当久远。猫的原产地为亚洲及非洲，家猫是由野猫演化而来的。在东方，猫从古代就被驯养了。亚洲家猫的祖先是印度沙漠猫，欧洲家猫的祖先是非洲猫。

中国古代农业以种植业为主体，因而很早就和猫发生密切关系。据《礼记·郊特牲》记载，上古每年冬季举行大蜡礼时，猫是“蜡祭八神”之一。因为“古之君子，使之必报之。迎猫，为其食田鼠也”。这里所迎之猫，还不是家猫，而是古称为狸的野猫。古人驯猫，大概以此为契机。在河南省汤阴县白营遗址和山东省潍县鲁家口遗址中，有似家猫的遗存出土。驯狸捕鼠的最早记载见于春秋战国时期。《韩非子》《吕氏春秋》等文献反映，驯狸捕鼠已是当时常见的事。汉时仍称猫为狸。大约自隋唐以后，驯化的狸渐被称之为狸奴、狸猫等。

明代李时珍指出：猫狸身而虎面，柔毛而利齿，以尾长、腰短、目如金银及上腭多棱者为良。《花镜》记载“身似狸，面似虎，柔毛利齿，口旁有刚须数茎，尾长腰短，目如金铃，上腭多棱者为良”。咸丰三年（1853 年）黄汉编的《猫苑》，是中国第一部猫的专著。作者辑录了古代业已散失的《相猫经》，其中认为：“头面贵圆，耳贵小贵薄，眼贵金银色，鼻贵平直，须贵硬，腰贵短，后脚贵高，爪贵藏，尾贵长细尖，声贵喊，口贵有坎，唾要蟠而圆。”历史上相猫术的发展，推动了优良猫种的形成。

家猫的品种，大致可分为短毛猫和长毛猫两大类别。其中以短毛暹罗猫和长毛波斯猫最为名贵。中国家猫属短尾种，经过选育，毛色多种多样，有纯白、黄色、蓝色、黑色、褐色、灰色，还有柠檬色、生姜色、龟甲色、银灰色、棕狸色，以及杂色等。纯黄色称金丝虎、戛金龙、大滴金，纯白者称尺玉、霄飞练，纯黑者称乌云豹、哺铁，花斑者称吼彩霞、滚地锦、草上霜，其狸驳者称雪地麻、笋斑、黄粉、麻青。

三、猎鹰

豢养鹰科猛禽助猎在中国有悠久历史，有文献记载的猎鹰历史，不晚于周代。由于猎在后世社会生产中的比重越来越小，驯鹰助猎主要成为王室、贵族、富人的一种娱乐。历代帝王的苑囿无不豢鹰。如汉代上林苑多畜鹰犬。隋炀帝时应征到京鹰师达万余人。唐代宫中设雕坊、鹞坊和鹰坊，与犬马配合供皇室狩猎用。中国北部、西部一些民族的渔猎在社会经济中占较重要地位，畜鹰的习惯也保留得比较长久。如契丹人建辽后，辽主四时巡猎，每年春天要用名鹰“海东青”捕天鹅，表明契丹人利用鹰隼捕猎源远流长。而“海东青”为黑龙江下游女真族五国部人所驯养，契丹人每年遣使索取，形成所谓“鹰路”。蒙古人喜欢驯鹰助猎。元代仅大都、真定等京畿地区即有打捕鹰坊2300多户，各行省还设有猎户鹰坊4420余户。鹰坊官是蒙古族世袭职。《马可波罗游记》谈到每年1—3月蒙古帝国皇帝离京东北行至近海地方，“整整有一万鹰师随行，携带着大批的大隼、游隼和许多儿鹰，以便沿着河岸猎取猎物”。新疆的维吾尔族、塔吉克族等和云南的一些少数民族都以养鹰著称。

鹰的种类众多，中国古代畜养的有鹰、茑（鹞、隼）、雕三大类中的十几个品种，均系野生，尚没有家养繁殖的鹰隼。人们是从巢中捉到雏鹰，或用捕鹰网捕捉新出巢的幼鹰进行豢养和调教。唐代段成式的《酉阳杂俎》中介绍了鹰的一些著名品种：产于代北沙漠荆巢上的荆巢白；产于代川赤岩上的代都赤，紫背黑须、白睛白毛；产于大漠之北的漠北白，身长且大，2.5千克有余，细斑短胫，鹰内之最。

明代慎懋官的《华夷花木鸟兽珍玩考》说：“鹰之类甚众，唯角雕黄者以鹰名……海东青与金眼鸦鹘皆能以小击大，食天鹅、鹚鸽之属；雕鹰、角鹰食獐、鹿等兽；鸦鹘食鸿雁、鹊、鸦、鸥、鹭；兔鹘食狸、兔等兽；黄鹰食水鸭、雉鸡之属；鹞子食斑鸠、鸲鸽、鹑雀之属，各随其力以相吞啖。其雄者小，雌者大。”这种把品种和捕食对象相结合的分类法，反映了人们对鹰科动物习性认识上的进步。

捕捉、驯养、调教鹰隼在唐代已取得一系列成就。唐代段成式的《酉阳杂俎》说，捕捉雏鹰以“七月二十日为上时……八月上旬为次时，下旬为下时”。此时的雏鹰羽毛已长齐，将离巢或开始练习飞翔，容易捕捉。捕鹰网的网孔大一寸八分，纵80目、横50目，以黄柏和抒汁染之，使之与地色相类似。并以网竿、都杙、吴公、磔竿张网捕捉幼鹰。唐代还提出人工促使鹰换羽的拔毛入笼饲养的换羽法。

沈括在《梦溪笔谈》中提到："养鹰鹯者，其类相语，谓之咊嗽，三馆书有咊嗽三卷，皆养鹰鹯法度及医疗之术。"还有宋代王立豹的《鹰鹞候诀》一卷和《鹰鹞五脏病源方论》一卷。另外，宋代苏轼的《物类相感志》说："鹰无肫而有肚子，吃肉故也。"指鹰以捕食其他动物为食，所以设有肫。"宋代已注意到鹰鹤的生理病理和疾病的防治了。元代克利类思的《鹰论》，对优良猎鹰的体形、羽色、搏击技巧、性情的选择，对新捕获的鹰应如何饮喂调教有详细的方案方法，对鹰病的病因、病源，以及各种鹰病的治疗原则和方法，均有较详细的叙述。如鹰的饮食宜新鲜的生肉，并且尚存热气者；如果已冷，宜用温水浸，使之仿佛新鲜之热，切不可以病雀肉喂之，以免感染生病。对鹰鹞疾病分为 18 类，每类之中包含几种病，列有治则和治法，使养鹰技术得到进一步的发展和完善。

辽代东北出产的著名猎鹰叫"海东青"，中文名鹧应，即肃慎语（满语）"雄库鲁"，意为世界上飞得最高和最快的鸟，有"万鹰之神"的含义。传说中十万只神鹰才出一只"海东青"，是中华肃慎（满族）族系的最高图腾。

《本草纲目·禽部》记载："青雕，出辽东，最俊者，谓之海东青。"海东青属于大型猛禽，体重健壮。雌性比雄性还大。最重可达 6 千克。身高 1 米左右，两翅展开 2 米多长。头部羽毛白色，缀有褐斑；上体均呈暗灰色；胸部褐红色，缀有褐斑，尾部纯白色；嘴较厚长，跗蹠只上部被羽，雌雄同色；喙爪像铁钩一样硬；飞得既快又高，能捕天鹅、野鸭、兔、狍等禽兽。因此，辽代的皇帝，每年春天在鸭子河（今松花江）附近放海东青捕天鹅，捕到第一只天鹅，要摆宴庆贺，名曰"头鹅宴"。金、元时期女真族和蒙古族的贵族也有用海东青捕猎的习俗。

海东青常见于海滨及江河附近的广大沼泽地。据《契丹国志》记载："五国（即黑龙江流域的五个部落）之东接大海出名鹰……"名鹰海东青，多单独生活，但幼鸟常伴亲鸟飞翔。栖息时，停落在岩石或地面上，有时长时间地站在乔木枝上。主食野兔、鼠类等中小型兽类，夏秋时节，常飞行在水面上空，向水内俯冲以搜索鱼虾；它可以捕食天鹅、雷鸟等飞禽，捕食中小型哺乳类走兽，在猛禽中有“空中霸王”之称，是其栖息领地的顶级掠食者之一。海东青捕食犹如闪电，煞是威严。它的食量很大，耐饱饿力较强，吃饱一次可 20 天不进食。

从清朝开始，每年的 10—12 月，朝廷就派人前往松花江两岸，尤其是今黑龙江省的抚远县，捕海东青。捕海东青时，先在山坡向阳处，用三块石头搭个“Π”形支架，象征着鹰神九重天上的金楼神堂，内放一块山石，代表鹰神居住的神山。然后插草为香，用酒祭奠后，便张网捕鹰。网长 3 米、宽 1 米，在网上拴一只鸽子或死鸡为诱饵，捕鹰人躲进用树枝伪装的“窝棚”里，静候鹰的到来。有时，捕鹰人要蹲上几十天，称为“蹲鹰”。鹰从高空盘旋而下，扑饵，落网被擒。这时捕鹰人要拜谢鹰神格格。捕到海东青后，立刻送往朝廷，供皇帝享玩。

把海东青送到朝廷后，专门驯鹰的人将海东青放在特制的鹰架上，让它几天不睡觉，这样就能磨掉海东青的野性，这叫“熬鹰”。然后，通过“过拳”“跑绳”等环节，海东青就能听人吆喝，让它上哪，它就上哪。为了掌握膘情，就让海东青吞下裹着瘦肉片的麻线团，它无法消化，便将线团吐出来，谓之“带轴”，也叫“勒腰”。几次“带轴”后，海东青早已饥肠刮肚，但肌肉却强劲起来，这样才能“轻装上阵”，飞上九霄。

清朝皇帝和随臣一起，架着海东青，登上高处，注视着“赶仗人”。“赶仗人”在林中敲木呐喊、吆喝，狐狸、山兔和各种飞禽受惊而出，这时撒海东青，尾带小铜铃的海东青振翅而去，如飞箭一般捕向猎物。海东青有时要和山兔相搏，山兔会反身扳树枝弹海东青，俗称“兔子蹬鹰”。野鸡则会强翅相斗，十分激烈。年过三龄的海东青可与狐狸相击，一场鏖战，海东青总是常胜将军。

每年春天是海东青的繁育期，产卵两枚，卵似鸡蛋大小，色白无斑，卵经过 35 天孵化就可孵出雏鸟。海东青繁殖于东北，因此，到了万物孕育新生命的春天，清朝皇帝也遵古俗，让海东青返回东北去生儿育女。有时海东青留恋不走，人们一再相送。

如今，海东青非常稀少。人们在黑龙江省洪河自然保护区进行考察时，先后两次发现了海东青，填补了中国海东青标本的空白。因此，中国已将海东青列为国家一级保护动物。

据动物学家考证，海东青可能属隼科，学名矛隼，是一种美丽的中型猛禽，也是体形较大的隼类，所以又有巨隼之称。体长56—61厘米，体重1310—2100克，羽色变化较大，有暗色型、白色型和灰色型。矛隼分布于欧洲北部、亚洲北部和北美洲北部，在中国分布于吉林省中东部、黑龙江省东部、辽宁省和新疆维吾尔自治区喀什地区等地，极为罕见。其中，在吉林省、黑龙江省、辽宁省为留鸟或者繁殖鸟，在新疆维吾尔自治区为冬候鸟。契丹人统治中国北方时期，曾经将海东青大量引入今天的内蒙古自治区。

海东青栖息于岩石海岸、开阔的岩石山地、沿海岛屿、临近海岸的河谷和森林苔原地带，堪称北方世界的空中霸王。它在空中飞行发现猎物后，迅速将两翅一收，急速俯冲而下，就像投射出去的一支飞镖，径直冲向猎物。捕捉岩鸽等猎物时，雄鸟和雌鸟可以进行巧妙的配合，由雌鸟突然飞进岩鸽栖息的洞穴中，将它们驱赶出来，雄鸟则在洞外等候，进行捕杀。

海东青，出自肃省慎地（古东北），颜色不一，以纯白色、天蓝色、灿金色、纯黑色，以及玉爪为上品。康熙皇帝赞美海东青："羽虫三百有六十，神俊最数海东青。性秉金灵含火德，异材上映瑶光星。"不仅宣扬了武德，激励军勇，更夸耀了海东青性情刚毅而激猛，认为其品质之优秀可与天上的星星相辉映；其力之大，如千钧击石；其翔速之快，如闪电雷鸣。由此可见海东青在古代东北帝王眼中的地位，非比寻常。

四、助渔鸬鹚

中国的鸬鹚俗谓鱼鹰、水老鸦、乌鬼等。古籍上称尔雅、鸬、鹍鸬等。鸬鹚是世界上最早驯养野生鸬鹚用以捕鱼的禽类。汉代时，南方渔民最早利用鸬鹚捕鱼。东汉杨孚《异物志》记载："鸬鹚能没于深水，取鱼而食之，不生卵而孕雏于池泽间，既胎而又吐生，多者八九，少者五六，相连而出，若系绪焉。水鸟而巢高树之上。”杜甫诗曰：“家家养乌鬼，顿顿食黄鱼。”诗中的乌鬼即黑色羽毛的鸬鹚。中国是世界上最早驯养野生鸬鹚用以捕鱼的国家。而首先驯养鸬鹚的则是一些长期以捕鱼为生的民族。

在吉林省集安市古高句丽墓壁画中有鸬鹚的形象。长江以南的居民利用鸬鹚捕鱼也很早。东汉杨孚的《异物志》曾记载了鸬鹚入深水捕鱼的习性。在广西壮族自治区罗泊湾村和西林县、四川省百花潭等地出土的战国时期铜器上，衔鱼鸟站立于有人撑的船头上或鱼鸟追捕鱼等图纹，成都市郫都区、重庆市合川区等地汉墓出土的画像，或双鸟共捕一鱼，或鱼鸟啄鱼等，这些当是人们驯养鸬鹚捕鱼的写照。四川有养鸬鹚捕鱼的传统。云南少数民族也养鸬鹚，据《滇海虞衡志》记载，“河人”所养鸬鹚捕鱼技巧高超。白族聚居的洱海地区，利用鱼鹰捕鱼的历史也相当悠久，在祥云县大波那遗址出土的战国时代文物中，就有鱼鹰的图像。

驯养鸬鹚的方法，大体是把捉到的鸬鹚先养几天，让它驯服，然后进行调教训练。开始时先用长绳子缚在脚上，绳的另一端缚在岸边，赶其下水捕鱼，待捉到鱼时，训练人口里发出特别叫声，把它叫上岸，喂给小鱼，吃后再赶下水捕鱼。如此训练一个月左右，再用小船载鸬鹚到河湖中作捕鱼训练，亦一月余，就基本驯服听渔人指挥了。驯服了的鸬鹚，可以解掉脚上的绳子，另在颈项部套一个圆环，使鸬鹚的颈项只能吞下小鱼，不能吞下较大的鱼。在高句丽壁画中也出现了鸟捕鱼的图像，三室墓第三室藻井上绘有两组鹳鸟啄鱼，形象惟妙惟肖，似与捕鱼生产有关，颇为珍贵。[①]

五、信鸽

在农业文明初期，人类通过驯化禽类获取肉、蛋及羽绒。此外，家禽也被用于宗教礼仪及娱乐活动。家禽驯化是一个漫长而复杂的过程，

① 耿铁华. 集安高句丽农业考古概述［J］. 农业考古，1989（1）：97-100.

其中涉及人与家禽相互适应和相互影响。家禽品种的进化与形成，不仅与特定地域的自然条件有关，同时也与驯化地的人文环境有关。禽类的驯化要晚于畜类。远古时代，人类的居室简陋，在没有发明大型网罩之前，很难将能够飞翔逃逸的鸟类长期驯化。据考证，最先被驯化的是经济类家禽，然后是用于文化娱乐的观赏类家禽，最后是帮助人类工作的助役类家禽。信鸽的驯化即是突出的例子。

中国养鸽史已有2000年以上的历史。在广西壮族自治区贵港市出土的陶楼模型中，在屋檐角下有鸽子伏窝的塑像，表明中国养鸽历史可追溯到汉代。鸽是一种体形娇小的禽类，有纯白、花灰色两种，非常洁净雅观。南方有一种著名的品种称为"永淳（今横州市）鸽"。①

唐代《酉阳杂俎》记载的中国古代养鸽的技术，据称最初与东南沿海番船上的舶鸽有关。《开元天宝遗事》记载："张九龄少年时，家养群鸽，每与亲知书信往来，只以书系鸽足上，依所寄之处，飞往投之。九龄目之为'飞奴'，时人无不爱说。"这是关于中国信鸽的最早记载。五代时，食鸽之风盛起，《南唐近事》记载了一段动人故事："陈诲嗜鸽，驯养千余只。诲自南剑（今福建省南平市）牧拜建州观察使。去郡前一月，群鸽先之富沙，旧所无孑遗矣。又尝因早衙，有一鸽投诲之怀袖中，为鹰鹯所击故也。诲感之，自是不复食鸽矣。"这段记载不仅说明了陈诲对鸽子的喜爱和驯养，还描述了鸽子对他表现出的忠诚，因之感动，不再食用鸽子。由此我们也知道了五代有食鸽之风。这可看作中国饲养肉鸽之始。五代时还选育出了体态娇美的观赏鸽，如《清异录》所说："豪少年尚畜鸽，号'半天娇'，人以其蛊惑过于娇女艳妖，呼为插羽佳人。"

北宋初年，中国已有哨鸽，并用于战争，成为军鸽。宋代边关地区的自然环境极为恶劣，很多地方位于险隘，被称为"远恶州"。这些地方每当发生镇防异动，军情呈报常常滞迟延误，因此对信鸽的需求甚切。据《宋史》记载，庆历元年（1041年），宋军在追击西夏军队的

① 李炳东，弋德华. 广西农业经济史［M］. 南宁：广西民族出版社，1985：326.

路上，看到一些遗弃的银制盒子，里面装着挂有小哨铃的鸽子。宋军兵士好奇地打开盒子，鸽子就飞了出来，发出哨铃声。于是，埋伏在周围的西夏军队循着铃声信号，合围宋军。宋军陷入了西夏军队的包围，终遭战败。这就是古代使用军鸽的记载。南宋养鸽风盛，为鸽悬铃成为时尚。《四朝见闻录》讲道："东南之俗，以养鹁鸽为乐，群数十百，望之如锦。灰褐色为下，纯黑者为贵。内侍畜之尤甚。粟之既，则寓金铃于尾，飞而飏空，风力振铃，铿如云间之珮。"这时的杭州还出现了专门饲养训练鸽子的专业户，信鸽已开始用于航海通信，《淳熙三山志》写道："舶鸽，善识主人之居。舶人笼以泛海，有故系书放之以归。"

元代的养鸽技术达到很高的水平，据《辍耕录》记载，有一只年龄达 17 岁的老鸽子仍能千里传书。明代养鸽最盛，《本草纲目》说："鸽，处处人家畜之。"明代沈宏正的《虫天志》记载，当时皇宫专设的鸽子房，"日支绿豆、粟谷等项料食十石"。每天喂鸽子的饲料粮食多达十石（约 750 千克），可见饲养数量之多。明代还对鸽子的生物学特性有了新的认识。《山堂肆考》对鸽的解释是："其色有二十余种……皆两两相匹，不杂交，其孕必二卵，伏十八日而化。"

清代养鸽更为普遍，技术较前有很大提高，康熙三十六年（1697 年）刊刻的《檀几丛书》收录了养鸽专著《鸽经》。其中介绍了鸽的花色 31 种，并对其生物特性、生理卫生、外貌评定、鸽种产地及疾病防治加以描述。这时，民间还成立了放鸽会，据《南越笔记》记载，广州就有这样的组织。清代，为满足食乳鸽和鸽卵的需要，还培育成了地白和麻四等优良品种。这时在山东还出现了以养肉鸽为业者。

鸽子还有许多其他功能，如鸽能防治白蚁，明末学者方以智的《物理小识》有"白蚁恶鸽"的说法；又如清代李调元的《南越笔记》说：地白鸽"人家多喜畜之，以治白蚁"。鸽还能入药，宋代寇宗奭的《本草衍义》说："白鸽入药。"宋代官修本草学刻本《嘉祐补注神农本草》（书目常用简称《嘉祐本草》或《嘉祐补注本草》）"释鸽"条："解诸药毒及人马久患疥。"明代李时珍的《本草纲目》称，鸽蛋"解疮毒、痘毒"等。

第五节 宠物养殖

在少数民族养殖的动物中，还有一类是专供观赏把玩的宠物。过去多在土司头人、宗族富豪的家庭中豢养，专供娱乐享受。也有一部分是民俗活动需要的大众观赏动物，如斗鸡、杂耍等。

一、观赏禽类

蓝孔雀。也称印度孔雀，主要产于巴基斯坦、印度和斯里兰卡，是印度的国鸟。早在 4000 年前，蓝孔雀输入欧洲地中海地区，成为人类最早驯化的观赏鸟类。在古埃及、古罗马，以及中世纪欧洲，蓝孔雀也被当作肉用禽类来饲养。今天，世界各地均有孔雀饲养。中国常见的孔雀也是蓝孔雀。孔雀羽衣华美，是世界上最著名的观赏鸟类。

鸳鸯。雌雄相伴的雁形目的中型鸭类，鸳指其雄鸟，鸯指其雌鸟。鸳鸯个体的大小，介于绿头鸭和绿翅鸭之间。鸳鸯的美丽在于五彩斑斓，色彩华丽，自古以来就为中国著名的观赏鸟类。人工饲养观赏鸳鸯历史悠久，2000 多年前就有饲养。鸳鸯成为中国古代文学作品和神话传说中象征美好爱情的鸟类。

黑天鹅。天鹅属都是著名的观赏游禽，也是鸭科中个体最大的类群。黑天鹅属于雁形目鸭科天鹅属大型鸟类，与天鹅同属。南半球盛产黑天鹅。澳洲的黑天鹅也是著名的观赏鸟类。

鹦鹉。鹦鹉在中国驯化的历史较长，古人驯化鹦鹉模仿人语。现代，更多鹦鹉种类被人类驯化，鹦鹉羽毛美丽，生性伶俐，欢快活泼，是家庭或公园广泛饲养的观赏禽类。常见的鹦鹉品种有虎皮鹦鹉、牡丹鹦鹉、绯胸鹦鹉等，都是观赏禽类。

鹌鹑。家鹌鹑由野鹌鹑驯化而来。在古代，鹌鹑也是用于打斗娱乐的斗禽。人们饲养作“斗鹑相搏”取乐。唐宋时代，中国驯养鹌鹑很普遍。明代的《鹌鹑谱》详细介绍了鹌鹑的相法、养法、洗法、饲法、斗法、把法、调法、笼法、杂法等。中国目前大量饲养的蛋用鹌鹑，是近代从日本引入的卵用品种。

二、观赏鱼类

金鱼是一种小型观赏鱼种，又名锦鱼，是中国特产，有千余年的驯化史。发现于3—4世纪，初驯于10世纪，定型于12—13世纪，明代郑和带至南洋，1502年起相继传到日本和欧美。

金鱼的祖先，早在南宋岳珂的《裎史》、戴埴的《鼠璞》中就记载金鱼源于鲤、鲫、鳅，以鲫为上。李时珍在《本草纲目》中进一步指出："金鱼有鲤、鲫、鳅数种，鳅鳘尤难得，独金鲫耐久，前古罕知。"在自然界中，金色鳅鳘确是少见，金鲫亦由银灰色的野鲫在一定条件下演变并经驯化、选择而成。

野生金鲫的最早发现，一般认为晋代桓冲（328—384年）在庐山的湖中所见的赤鳞鱼便是，但在3世纪初，曹操已指出："郫县子鱼，黄鳞赤尾。"

宋开宝（968—976年）间秀州刺史丁延赞在陆瑁池获得金鲫鱼，遂命名该池为金鱼池并加以保护。11世纪初，杭州开化寺后亦有金鱼池。当时的金鲫尚属野生，怕见人，“难进易退”。半个世纪后，兴教寺池里的金鲫却已驯服多了，道人斋余，竞相投饵与之嬉戏。这时的金鲫生活条件虽有所改善，但仍在与其他鱼鳘杂处的环境中，故实属半家化时期。

到了南宋后，金鱼已逐渐进入家化阶段了。在酷爱金鱼的皇帝赵构的影响下，朝野饲养金鱼之风崛兴。正如戴埴的《鼠璞》所说，杭州虽早有金鱼，但“未若今之盛”。王公、贵人及平民百姓，竞相建池，“多畜养之”。产生了一种专业户，畜鱼“入城货卖，名鱼儿活”，他们把金鱼排的卵捞起孵化，喂以小红虫或虮虾儿，以促进幼苗由白而红、而金的转变。因而这一时期金鱼不论在饲养技术、数量、种类、形态变异和分布范围等方面，均有较大的发展。而促成这一发展的主要关键是盆缸饲养的兴起。盆养方法兴起以前，主要是池养。《至顺镇江志》记载，直到元代，金鱼的饲养还是“人家池塘多畜”。到明代，池养才发展为盆养，故金鱼在历史上又称盆鱼，而且发现金鱼“最宜盆养”。盆缸活动空间小，金鱼游动缓慢，久之使金鱼产生身体圆钝，尾柄退化，尾鳍软、长而倾斜等一系列的变异。金鱼盆养，便于观赏，也便于管理，这就促进了金鱼饲养的普及，李时珍指出：“今则处处人家养玩矣。”金鱼盆养，有利于选育和保存优良品种，随着盆养的兴起，金鱼的品种也日见增多。明代《长物志》记载苏州的金鱼品种已有 26 种，清代的《朱砂鱼谱》上记载的金鱼多达 29 种。就其尾形而论，有“三尾者、五尾者、七尾者、九尾者”等，草种、龙种、文种、蛋种等著名品种也在这个时期相继形成。

三、宠物犬

西施犬又称菊花犬，拉萨袖犬，属小型犬。最早见于 624 年以前的关于西藏的文献、绘画和小工艺品之中，中心产区为今西藏自治区拉萨市及周边地区，目前已传播到全世界。关于西施犬的起源，存在两种不同的说法。第一种说法是，西施犬起源于中国。990—994 年，来自弗林（Flinders，澳大利亚的一个地名）的人将西施犬作为贡品献给了朝廷。这表明西施犬在中国有着悠久的历史，并且在唐朝皇宫中非常盛行。第二种说法是，佛教由印度传入中国后，西藏的喇嘛们了解到狮子是佛教中的圣物，但中国并不产狮子，喇嘛们便精心培育出外形酷似狮子的小狮子犬。这些小狮子犬被当时的贵族和喇嘛专奉为神物，用来驱魔。并且提到 17 世纪中叶，西藏达赖喇嘛将一些狮子犬献给皇帝，并与北京犬等杂交，最终培育出了西施犬。西施犬在皇宫中极为受宠。与巴哥犬、北京犬平分秋色，享有“中华三大名犬”的美誉。在宫中，西施犬由专门的太监饲养，这些太监相互竞争，看谁养的犬能得到皇上的欢心。如果哪个太监的犬被皇帝看中，画成画像，这个太监将得到重赏。宫廷犬图册中也因此有许多西施犬的画。明朝时，西施犬是一种广受欢迎的家养犬，特别受到皇族的喜爱，清朝，慈禧太后对西施犬更是喜爱有加，在其皇家犬场圈养着大量的西施犬。1908 年慈禧驾崩，皇家犬场逐渐衰败，其中的很多名犬散落民间。1930 年，玛德莱·胡奇斯（Madelaine Hooches）小姐将一对西施犬从中国带回英国饲养。西施犬最初被引入西方国家时，被认为与“Apsos”（一种同样起源于西藏的小型犬种）同类。随着时间的推移，人们逐渐认识到它们之间的差异，最终决定将西施犬与 Apsos（Lhasa Apso）分开，成为独立的两个犬种。英国西施犬俱乐部成立于 1935 年，这标志着西施犬作为一个独立犬种得到了正式的认可（图 3-16）。

图 3-16　西施犬（《特种畜禽志》115 页）

西林矮脚犬，俗称西西林矮爬狗，属小型犬。中心产区为广西壮族自治区西林县，主要分布在西林县八达镇、普合乡、那劳乡、西平乡、古障镇，以及毗邻的隆林县德峨乡，西林县定安镇及云南省广南县也有一定数量分布。

广西壮族自治区山区群众素有养犬狩猎看家的习惯。据《西林县志》（2006 年）记载，“宋代时，饮酒及食牛、马、犬等肉”。西林县少数民族群众逢年过节有吃狗肉的习俗，在新居开工和落成时，有杀狗纳福驱邪的仪式。特别是端午节必杀狗来祭祀祖宗。19 世纪 50 年代，法国天主教父马赖到中国传教，随身带来了宠物犬，与西林县一带的家犬进行交配。在西林特有的自然生态条件下，经当地群众长期选择和人工选育，逐步形成矮脚西林犬。其形成与桂山区特定的生态环境和传统风俗习惯是分不开的。

西林矮脚犬是在广西壮族自治区自然环境条件下形成的犬品种，体形外貌独特，具有观赏和看家狗护院的特性，与其他犬遗传资源有明显区别。其四肢矮短，毛色多样，性情温驯，活泼好动，对主人忠诚，极具亲和力，较有灵性，观赏性好，适应和抗病能力强，易于饲养，在一般饲养条件下，生长发育和繁殖性能良好，是广西壮族自治区特有的珍稀犬类品种，可选育为观赏宠物犬、狩猎权等，具有广阔的市场前景和重要的开发价值。

四、戏斗杂耍动物的饲养与戏玩

中国古代的动物表演和宠物有着悠久的历史，其中包括了各种演技杂耍动物。以下是一些具有代表性的动物的饲养与表演。

斗鸡是中国古老的鸡种，约有 2000 多年的饲养历史。斗鸡是从家鸡中分离出来的古老的鸡种，又名打鸡、咬鸡、军鸡，是善打善斗的珍禽。斗鸡游戏起源于亚洲。中国是世界上驯养斗鸡的古老国家之一。斗鸡在战国时期已很盛行。《史记》和《汉书》上多处记载有关“斗鸡走狗”之事。

吐鲁番斗鸡。又称吐鲁番鸡，属观赏型品种。吐鲁番斗鸡原产地为新疆维吾尔自治区吐鲁番盆地，中心产区为吐鲁番市、鄯善县和托克逊县一带，分布于伊犁哈萨克自治州喀什市及阿克苏地区等地。

吐鲁番斗鸡饲养历史悠久。在清朝雍正十年（1732 年），当地就有人喜养斗鸡，个别斗鸡体重达到 9 千克。当地群众历来就有爱好斗鸡的习惯，有些人专门以斗鸡为业，并世代相传，积累了一套选育、饲养、管理和调教的技术。他们专门挑选体大、胫长、脚高，斗性强，耐力好的斗鸡繁衍后代。经过长期的选育和调教，形成了良好的斗鸡品种。由于吐鲁番斗鸡具有耐干热、斗性强、打斗持久等优势，深受斗鸡爱好者欢迎，很早就传播到今伊犁哈萨克自治州、喀什地区、阿克苏地区等地。

广东番禺斗鸡，鸡之产番禺者，特鸷劲善斗。周去非的《斗鸡》说：“其人饲养亦甚有法，斗打之际，各有术数，注以黄金，观如堵墙也。”斗鸡分为 3 个回合，采取的是 3 局 2 胜制，中间允许稍稍休息，调整状态，酷似今天的拳击比赛。它已不再是单纯的娱乐活动，带有商业性质和赌博色彩。①

图 3-17　西双版纳斗鸡（杨荣　摄）

西双版纳斗鸡。又称咬鸡、打鸡和军鸡，属玩赏型品种（图 3-17）。西双版纳斗鸡原产地为云南省西双版纳傣族自治州的景洪市、勐海县、勐腊县，中心产区在西双版纳傣族自治州橄榄坝一带，主要分布于景洪市的景洪城区周围的乡镇。西双版纳斗鸡的形成历史，暂无文献资料可考，其形成与该地区民族和社会历史等方面的特殊性有关。据当地傣族老人反映，过去耕作粗放，广种薄收，一年仅半年从事农业生产，有半年农闲的时间。农闲时人们多以斗鸡取乐，尤其逢年过节，无论老人小孩都喜欢看斗鸡比赛。由于把斗鸡作为文化娱乐活动的工具，从而促进了斗鸡的不断培育和选择。

猴戏在中国有悠久的历史，汉代“百戏”中就有驯猴表演。到了魏晋南北朝时期，猴戏已经相当流行，如傅玄的《猨猴赋》和阮籍的《猿猴赋》中都有提及。

鼠戏俗称“耍耗子”，是一种在水箱上缚以横架，将小鼠调教熟练以后进行汲水钻圈等技艺表演。《聊斋志异》中也有关于鼠戏的描述，其中老鼠能够随着歌声起舞，甚至表演“男女悲欢”。

唐代宫廷乐舞中，舞兽表演是很有特点的一类，包括舞马、舞象、舞犀等，其中以舞马为最佳。舞马能够随音乐节拍起舞，做出不同的动作，场面壮观。《太平广记》记有：“蛮王宴汉使于百花楼前。楼前入舞

① 张显运. 宋代岭南地区畜牧业简论［J］. 农业考古，2016（6）：19-21.

象，曲动乐作，优倡引入。”

除了上述动物，古人还饲养蛐蛐、刺猬，甚至壁虎、蜘蛛等作为观赏、戏斗的小宠物。

以上这些动物表演和饲养，不仅反映了中国古代人民的生活情趣，也是文化艺术和人与动物关系史的重要组成部分。

第六节　特用动物养殖

一、养鹿

在中国境内，鹿的分布非常广泛，鹿的种类也很多。现代鹿类中的麝、麂、狍、驯鹿，以及真鹿亚科种类，如梅花鹿、麋鹿、驼鹿、白唇鹿、坡鹿、赤鹿等，都有自己的一部进化发展史。中国考古学家先后在浙江省、山东省、河北省、甘肃省、北京市、福建省、广西壮族自治区、内蒙古自治区等广大地区发掘出中新世直至新石器时代的鹿骨、鹿角和骨制工具，表明中国也是鹿类动物主要起源地之一。

中国驯养鹿类起源可追溯到新石器时代。陕西省西安市临潼区的姜寨仰韶文化遗址的牲畜夜宿场中，即有不少鹿骨出土，说明黄河流域原始居民很早就试图驯化当时主要狩猎对象之一的鹿。不过，从后世情况看，养鹿长期限于帝王贵族的苑囿或医药用的养殖场，大概是由于难以解决在人工饲养条件下大量繁殖的问题，故鹿没有像羊、猪那样成为真正的家畜。

历代帝王贵族的苑囿养鹿一般采用散养或半散养的方式，在有些养鹿的地方，还设有专人管理，甚至还有专人饲养。据《汉官旧仪》讲，汉武帝时，一次就将近 5000 人“徙置苑中养鹿”。鹿的圈养宋代已出现，如《澄怀录》有“圈中之鹿”的记载,《清波杂志》说“宣和间，艮岳豢鹿数百千头”，也是以取茸为目的圈养鹿。

中国古籍对鹿的生理习性有许多描述，如《礼记》:“仲夏之月鹿角解。”《抱朴子》云：有鹿“每一牡管牝百头，至春羸瘦……及夏，则惟食菖蒲一味，却肥”。北魏时期的《字统》:“鹿性警防，分背而食，以备人物之害。”《埤雅·释兽》:“盖鹿萃善走，分背而食，食则相呼，群居则环，其角外向，防物之害已。”《尔雅翼》：麋，“又与鹿交”。鹿的药用部分甚多，鹿肉可食，鹿皮可衣，鹿尾更是餐桌上的珍肴。驯鹿可负载骑乘。

梅花鹿。中国利用与养殖梅花鹿历史悠久，公元前 13 世纪就开始养鹿供观赏、食用和祭祀。清雍正十一年（1733 年），宁古塔将军在今吉林市小白山建筑遥祭长白山的望祭殿，并在小白山南北二峰的山坳里修建鹿囿，开始饲养梅花鹿。清朝道光年间在今天的长春市双阳区鹿乡镇盘古屯（满语养鹿之地）大量饲养梅花鹿。

图 3-18　吉林梅花鹿（《特种畜禽志》169 页）

吉林梅花鹿属于茸用为主的梅花鹿品种（图 3-18）。敖东梅花鹿、四平梅花鹿、东丰梅花鹿、双阳梅花鹿品种，以及长白山梅花鹿品系，均是吉林梅花鹿不同类型基础上选育形成的。

吉林梅花鹿中心产区为吉林省的长春市、吉林市、辽源市、四平市、白山市等市区及所属县市，与吉林省相邻的辽宁省也有分布。

吉林梅花鹿，食性广，可采食 400 多种植物，也能大量采食其他家畜不喜欢采食的含丹宁的栎树枝叶及其他树的枝叶。适应性强，能够适应多种气候条件和饲料条件，尤其适应北方气候和饲料条件，引种到广东省、广西壮族自治区、海南省等地也能正常繁殖和生长发育，青年鹿比成年鹿有更好的适应性和可塑性，仍然保持其野生鹿的集群特性，一动皆动。一旦与群体脱离或单独饲养时会表现胆怯不安，适合大卷群养殖或群鹿饲养，抗病力强，只要饲养得当，不易发生疾病。

东北马鹿，又称黄臀赤鹿、八杈鹿，为大型茸用马鹿品种。家养东北马鹿的中心产区基本是野生马鹿的原产区，主要分布于辽宁省的桓仁满族自治县、宽甸满族自治县、凤城市，吉林省的白山市、通化市、延吉市，黑龙江的鸡西市、牡丹江市、七台河市及黑龙江省南部地区和内蒙古自治区赤峰市等地区。

东北马鹿是马鹿东北亚种，源于亚洲，由原始的梅花鹿演化而来。马鹿祖先沿丝绸之路的天山南麓西行向欧洲扩散，大约在更新世中期，又折返回来，沿天山北麓东行至西伯利亚，渡过白令海峡到美洲。东行过程中，体重增大，角的分枝增多。现在野生东北马鹿数量较少，中华人民共和国成立前已有人捕捉野生马鹿驯养。2008 年，家养纯种东北马鹿不足 2000 只。

敖鲁古雅驯鹿，被誉为“林海之舟”，是中国唯一的耐寒力极强的环北极地区鹿群，也是分布在高纬度地区的唯一驯鹿群，主要做役用和乳用（图 3-19）。

图 3-19　敖鲁古雅驯鹿（《特种畜禽志》188 页）

驯鹿广泛分布于北纬 48 度以北的冻原地带与森林地带。敖鲁古雅驯鹿分布范围较小，仅限于大兴安岭西北坡，由鄂温克猎民驯养，呈半野生状态，游牧于满归镇、敖鲁古雅鄂温克族乡、乌其洛夫乡、金河镇，以及根河市和阿龙山一带。敖鲁古雅驯鹿存栏仅 1000 只左右。

敖鲁古雅驯鹿耐寒畏热，喜湿润而怕干燥。喜群居，小群十几只，大群数百只。抗寒力强，行动敏捷。喜食苔藓、地衣、石蕊等植物，也吃椴桦树枝叶和种子植物的茎、叶、花、果。性情温驯，对结核病敏感，对狼、熊等天敌避害能力弱。

鄂温克族是中国唯一饲养驯鹿的民族。驯鹿与鄂温克族紧密相连。鄂温克族古代生活在贝加尔湖到勒拿河上游，过着渔猎生活，驯鹿是他们主要的狩猎对象。随着狩猎工具的进步，猎获动物数量增多，于是将驯鹿幼崽留下来，待幼崽长大后进行繁殖。大约在汉代驯鹿就成为鄂温克族的家畜。

伊河马鹿，属茸用型鹿。中心产区是新疆维吾尔自治区伊犁哈萨克族自治州察布查尔锡伯自治县、伊宁市、伊宁县，此外，照苏县、特克斯县、巩留县等县也有分布，现已被引种到甘肃省、内蒙古自治区及东北各地。

伊犁河谷是伊犁马鹿的原产地，家养马鹿主要是捕获当地野生马鹿驯化培育而成。200 多年前，锡伯族就已驯养马鹿，20 世纪 50 年代，在巩留县卡西姆建立了第一个国营养鹿场，后来农垦团场、国营农牧场、人民公社作为副业生产，每年捕获野生幼鹿饲养，先后建起鹿场 40 余处。存栏数达 5000 余只。1980 年，养鹿得到恢复和发展，目前存栏数超过 3 万只。

琼岛水鹿，又称黑鹿、山马、山牛，是海南省体形最大的鹿类品种。主产区在海南省的西部及东南部地区，主要分布在海南黎族苗族自治州各县，以及旱区的万宁市、琼海市、屯昌县、儋州市等山地丘陵地带。

琼岛水鹿喜水、善游、喜群居，食性广、耐粗饲、耐高温，对热带雨林气候适应性强，发情产仔，生茸的季节不固定，虽然相对集中在某一个季节，但常年都有鹿发情、交配、产仔和脱角生茸。驯化历史悠久，是黎族、苗族等海南土居民族驯化的主要家畜。

二、养兔

中国传统的家兔品种非常丰富，以下是具有代表性颁布在民族地区的地方品种。

中国白兔：也称为中国本兔，是中国培育出的家兔品种，以皮肉兼用和实验用途知名。毛色纯白，体形紧凑。分布非常广泛，南方农牧兼营区的少数民族乡村多有饲养。

福建黄兔：福建省古老的小型兼用地方优良品种，因毛色独特、肉质优良而素有“药膳兔”之称。

闽西南黑兔：小型皮肉兼用但以肉用为主的地方兔种，肉质鲜嫩，没有普通兔肉的腥、膻味。

万载兔：原产于江西省万载县的小型皮肉兼用兔，以产肉为主，对培育适合南方亚热带地区养殖的肉用兔新品种、新品系和提高家兔自身免疫性能有较高的利用价值。

九疑山兔：原产于湖南省宁远县九疑山，属中型地方兔种，兔毛短而密，以纯白毛、纯灰毛居多、四肢强壮、后向躯发达、背腰宽平、劲短而粗、有肉垂，肉质细嫩，肉味鲜美。

四川白兔：俗称菜兔，属以产肉为主的小型皮肉兼用兔品种，具有性成熟早、耐受血窝配种性能强、繁殖率高等遗传特点。

德化黑兔：小型皮肉兼用兔，全身被毛黑色有光泽，具有“三高三低”特点，即高蛋白质、高磷脂、高消化率和低脂肪、低热量、低胆固醇。

沂蒙长毛兔：山东临沂的以观赏为主的兔种，毛发柔软且长，也适合用于毛皮加工。

云南花兔，包括原产于云南省曲靖市、楚雄彝族自治州、普洱市、大理白族自治州所属各县的小型肉皮兼用型品种，因其具有多种毛色，尤其是有黑白花毛色的类群而得名云南花兔。

曲靖兔是云南花兔的主要代表，曲靖兔的中心产区是与贵州省、广西壮族自治区交界的曲靖市所辖的陆良县、会泽县、富源县、罗平县、马龙区、师宗县等区、县，曲靖兔曾分布到云南省全省。云南花兔的来源及形成历史缺乏文献资料记载，因为当地很少有人视家兔为主要的经济动物，仅当作观赏或作为一种风味肉食而已。

以上是中国传统的家兔品种中的一部分，它们各具特色，有的以肉质优良著称，有的以毛用为主，还有的兼具观赏价值。

第二篇 北方民族地区的养殖

本书以秦岭－淮河一线为中国北方地区和南方地区的分界线。它也是温带季风气候（北）与亚热带季风气候（南）的分界线。这条分界线对中国农业有着重要的影响，标志着南北农牧业的差异。北方民族地区的养殖史具有显著特点。

北方地区是中原腹地与欧亚草原之间的过渡地带，也是农业与畜牧业交互作用的广阔地区。这里的生业经济多样，人文环境复杂，丰富的考古资料证实了农业和畜牧业在这里的起源和发展，与史前西伯利亚古代文化南下、中原仰韶文化的北上，以及中亚古代文化存在密切关系。

北方民族地区的牧民积累了丰富的地方性生态知识，如根据牧草生长和雨雪水量判断转场时间，以及牲畜出栏的时间和数量，这些都是牧民们长期生产实践所积累的经验。畜牧业发展与环境变迁有着密切的关系。随着气候变干，草原边缘民族逐步放弃农业生产，转向畜牧业生产。传统牧业社会在很长的历史时期中是低消耗、污染少的典型代表，正是在长时间与自然互动的过程中，形成了一整套绿色循环的资源利用的知识系统。

第四章
东北各民族养殖史

本书为便于与历史上的民族文献记载相对应，按中国经济地理区划将内蒙古自治区的 4 个旗归入东北地区叙述，即东北地区的民族包括今天的黑龙江省、辽宁省、吉林省三省和内蒙古自治区的东部的部分世居民族。

远古时代，东北地区的原始民族主要分为肃慎、濊貊、东胡三大族系。这三大族系在中国东北地区的历史发展中扮演了重要角色，并对中国历史进程产生了深远的影响。他们分别居住在大兴安岭以西的蒙古大草原东部，以及大兴安岭东部的松嫩平原、辽海平原和黑龙江流域中下游。

肃慎族系：肃慎族系尤为重要，其兴衰贯穿了整个中国东北历史的始终。肃慎族系的分布最北，历史绵延也最久。先秦时期称为肃慎，汉魏时期称为挹娄，北朝时则称勿吉，隋唐时期称靺鞨，以后宋明时期的女真和满族皆出于靺鞨。

濊貊族系：濊貊族系主要活动在古代中国东北地区中部和朝鲜半岛北部的平原地带，以农耕为主要生计，渔猎和采集为辅。濊貊族系的文明程度较高，其中的濊、貊、箕、古朝鲜、夫余和高句丽等都曾建立过自己的民族政权。现在的朝鲜族和满族，与此族系有一定的渊源关系。

东胡族系：东胡族系是以戎族为主体发展起来的，包括山戎、东胡、鲜卑、乌桓、库莫奚、乌洛侯、室韦、契丹等民族。东胡族系的成员，最早以山戎见称。继之而起的是东胡，居地在贝加尔湖以东地区。到了秦代，东胡被匈奴击败，一部分依鲜卑山而居，一部分依乌桓山而居，从而形成了新的民族共同体——鲜卑族和乌桓族。

东北地区的少数民族按普查人口从多到少为序有满族、朝鲜族、蒙古族、回族、锡伯族、达斡尔族、鄂温克族、鄂伦春族、赫哲族和俄罗斯族。

东北地区各民族的农牧业有着不同的发展道路，形成不同的农牧类型。一方面，东北地区各民族之间，经历了彼此融合和相互渗透的发展过程；另一方面，这些民族作为一个区域性族群，也存在着与中原汉族相互渗透甚至彼此争斗的情况。因此，在历史长河中，形成了各具特点的农牧类型，培育并传承了大量的优良畜禽品种。

第一节　东北地区世居民族的演替

生活在中国东北地区的世居部族统称濊貊族，有时也称为秽貉、貉、秽或秽貊等。年代稍后的古文献出现的“亳人”或“发人”，是由濊人和貊人融合而成的混血族群。濊貊族在夏商之际广泛分布于南起朝鲜半岛、北至松花江中游的广大地区。周灭商后，原先分布在中国东北地区的濊貊人，一小部分迁至朝鲜半岛，与后来的汉四郡故地的女真人混血同化，成了女真民族的组成部分。

一、东北世居部族的分化和融合

貉貊族是分布在今辽西海滨、辽东半岛和朝鲜西北部的濊貊族支脉。相传周武王灭商，封商王族“箕子”为朝鲜国王，传播中原“农耕蚕织”技术，促进了东北当地农业的发展。这是东北地区第一次在中原王朝主导下开展农牧业的开端。自此以后，农牧业成为貉貊族的主要生活来源，也是他们区别于东北地区其他游牧族群的历史缘由。

东胡族是活跃于中国北方的以游牧经济为主的民族。春秋战国时代，他们主要生活在辽河上游的西拉木伦河和老哈河流域之间。这里属于红山文化和富河文化的分布区。近年的考古发现表明，呼伦贝尔市新巴尔虎左旗的铜钵好赉遗址，出土了大量渔猎用的石镞、刮削器、切割器，同时也有谷物加工用的石杵、石磨盘等。由此可知，远古时期的东胡族，主要以渔猎为生，农业耕种只是辅助性的生产部门。

山戎族是同属于东胡族系的族群。其中有一个支脉称为奚族，生活于西拉木伦河流域，以游牧生活为主。作为山戎族主体的族群，活动地区主要在燕山北麓。他们进入农耕文明的年代要比东胡族早得多。他们出产的戎菽和冬葱，成为与中原汉族进行商品交换的优质农产品。山戎部族以“射猎禽兽为生”，随畜牧而迁移，经常侵犯中原，成为燕齐诸国的边患根源。公元前 664 年，齐桓公兴兵救燕伐山戎，灭掉了令支、孤竹两个山戎部族。到战国晚期，山戎族才逐渐销声匿迹。

肃慎族的主体分布在长白山以北，西至松嫩平原，北至黑龙江中下游的广大地区。白山黑水是长白山和黑龙江的合称，用以泛指东北地区。生活于白山黑水之间的肃慎人，是各东北民族中最早与中原王朝发生朝贡臣属关系的部族。在黑龙江流域出土了古代魏国的平周布，在吉林、黑龙江两省出土了“石砮”，以及鼎、鬲等器物，表明肃慎人与中原地区在政治、经济、文化等方面有着频繁的交往和联系。《金史·世纪》记载：“生女真地有混同江、长白山。混同江亦号黑龙江，所谓‘白山黑水’是也。”远古时代，这一地区拥有丰富的野生动植物资源，这里的世居民族长期以渔猎为生，属于渔猎采集与农牧生产并存的混合经济类型。战国中期，燕国夺取辽河流域大片地区，建立了右北平、辽东、辽西三郡。

二、从“汉四郡”到入主中原

汉武帝在卫氏朝鲜故地设立玄菟郡、乐浪郡、临屯郡和真番郡等

“汉四郡”，存续了500余年。濊貊族先后在松嫩平原和鸭绿江及其支流浑河流域建立了扶余国（也称夫余国）和高句丽国，以畜牧渔猎为业。夫余国财物殷富。高句丽虽山多地少，但能因地制宜，大力发展畜牧业，推行农牧并举的混业发展模式，一度成为地方的强势力量。

正在这时，东胡族的领地被来自西部地区的强悍西胡族所占，于是东胡族的许多支脉，如乌桓族、鲜卑族等，在与西胡族的斗争中逐渐强大起来，在当时的地缘势力中夺回了一席之地，成为东北地区的新兴力量。乌桓族、鲜卑族等族群，既拥有发达的游牧业，同时也具有稳定的种植业。东汉末年，乌桓政权被曹操歼灭，族人被强制内迁，青壮男子成了曹魏的骑兵主力，其他族人则成为曹魏屯田开发的劳力。

乌桓政权被歼灭后，鲜卑族首领檀石槐在弹汗山①建立王庭，势力日渐强盛。不久，檀石槐率部东击扶余国，西攻乌孙国，南掠东汉，甚至东渡攻击倭国。东汉桓帝提出与之和亲息战，檀石槐坚辞不受，伺机强势侵掠，入主中原，建立了北魏政权。

南北朝至隋唐时期，原属于东胡族系并吸收了具有肃慎族血缘成分的室韦族诸部，活跃在嫩江流域和呼伦贝尔湖区一带。他们以狩猎经济为主，但是农牧业占有一定地位，饲养马、牛、猪，此时还未养羊。猪和鱼是重要的食品来源。

南北朝以后，扶余国在北魏时即被满族的先祖勿吉部落所灭，高句丽国则被唐灭。肃慎族系变得强大起来，逐渐占据了扶余国故地。此时，通过族群融合，产生了许多的混血族群。比如，属于肃慎族系的勿吉族与南部的扶余遗族相融合，形成“粟末靺鞨”族群；与北部的扶余遗族以及较小的豆莫娄族部落等融合，形成“黑水靺鞨”族群。此外，勿吉人还渗入东胡族系的领地，成为后来的室韦族诸部落的重要族源组成支系。唐代，以粟末靺鞨为主体的靺鞨人与高句丽遗族融合，形成“渤海族”，占有松花江以南至日本海的广大地域，建立了渤海国。

宋辽金元时期，来自西北部的契丹族、女真族、蒙古族相继崛起，

---

① 弹汗山是古山名，现称内蒙古大青山。——作者注

在东北地区取代了肃慎族、扶余族、东胡族等“旧三系”，成为势不可当的“新三系”。契丹族原是游牧民族，唐时形成游牧与定居农牧业的结合。其后，契丹族先后征服了东北诸多部族，并占领华北北部地区，建立了与北宋对峙的辽政权。契丹族、奚族、蒙古族等草原部落，畜牧经济发达。女真族诸部落居住在白山黑水，仍以渔猎畜牧为主。

辽建国后，建立群牧制，游牧经济颇有大发展之势。女真族畜牧业发达，同时也保存着渔猎习惯，成为单纯的游牧民族。

蒙古族原属东胡系，源出蒙兀室韦族，居住在额尔古纳河一带，过着农牧猎相结合的生活。8 世纪中期，迁至斡难河、秃忽刺河、怯绿连河一带。因适应草原地区的自然条件，并受了游牧民族突厥族的影响，学会牧羊，形成游牧经济。12 世纪初，成吉思汗统一蒙古诸部，势力迅速发展，进取中原后，统一中国。

三、明王朝在东北地区实行“羁縻”政策

明王朝统一东北，将辽东、辽西等地的诸多民族融合为汉族的一部分。在西拉木伦河以北地区，活动着蒙古族兀良哈诸部，将这一地区的契丹人和奚人融合到蒙古族中。明王朝对东北少数民族实行“羁縻”政策。古人将控制马行动的马笼头称为羁，控制牛行动的牛靷称为縻，两者合称羁縻，引申为笼络和控制。羁縻政策也就是后世所称的土司制度。

明朝政权建立以后，为了有效管辖并统治女真地区，实行了以夷治夷的羁縻政策。具体内容主要体现在设立羁縻卫所，任命各部酋长为地方官，颁发敕书，定期朝贡，设立马市等方面。为了方便女真贸易，明朝还在永乐年间在辽东设立马市。马市的设立，为女真人的贸易提供了便利条件，实质也是明朝羁縻政策的一项内容。正如《明实录》所言：“朝廷非无马牛而与之为市，盖以其服用之物，皆赖中国，若绝之，彼此有怨心。皇祖许其互市，亦是怀远之仁。”“诸酋利吾市赏，便我市易。我之布帛锅口等物，皆彼夷日用所需，而彼马牛毡革非与我市则无

所售。"[①]明代女真的社会经济是多元混合经济，经济形式包括渔猎经济、农耕经济、贸易经济和掠夺经济。在这些经济形式中，贸易经济担负着维系女真社会对外联系的作用。在频繁的贸易活动中，女真人获得了巨大的经济效益。不仅使女真社会积累了巨大的财富，而且促进了女真社会经济的飞速发展。女真社会原本是一个以渔猎经济为主要生产部门的社会，明朝的招抚、安置，以及女真人与辽东等汉族地区的接触，使他们逐步接触了较为先进的农耕经济。女真文化是由渔猎文化、游牧文化、农耕文化融合发展起来的文化类型。[②]

四、东北满族的兴起

以建川女真人为核心的女真诸部形成新的民族共同体，即后来的满族。满族强大后，统一了东北，进而统一全国，建立清朝。清代时的东北地区，还有居住在黑龙江、乌苏里江流域的鄂伦春、鄂温克、赫哲、达斡尔等族。鄂伦春、鄂温克、赫哲渊源于明代的"野人女真"，长期以渔猎采集为生。鄂伦春、鄂温克以饲养驯鹿为业；赫哲则以捕鱼、穿鱼皮、役狗为生，其先民被称为"鱼皮部"或"使犬部"。达斡尔则是契丹人后裔，清初属"索伦部"，主要以牧猎为业，有时也兼营农耕。

在历史长河中，东北各民族经过长时期的血缘融合、族群分化、区域重组，逐步形成今天的满族、蒙古族、朝鲜族、赫哲族、达斡尔族、鄂温克族、鄂伦春族等族，他们与汉族交错杂居。鄂伦春人当时马少，用鹿茸和貂皮换取达斡尔族的索伦马。清朝时期，为了巩固东北边疆，朝廷指定，索伦部落必需常备军马为 500 骑，后来增至 1000 骑，马匹由村民分散牧养，战时应征服役。鄂伦春马在森林作战时具有相当强的地域适应能力，具备强悍的克敌威力。清朝时期，由于朝廷频繁征调马

① 高文德，等. 中国少数民族史大辞典［M］. 长春：吉林教育出版社，1995：659.

② 栾凡. 明朝的羁縻政策与文化边缘地区的文化嬗变——透视明代女真文化［J］. 社会科学战线，2002（3）：149-150.

匹，致使鄂伦春马匹减少，于是给鄂伦春人调入了大量的蒙古马。同时，鄂伦春人又以猎品从民间渠道交换了一些蒙古马。这些蒙古马与原有的鄂伦春马匹混血，形成了品质更优良的杂种鄂伦春马。

总之，东北地区的少数民族，在漫长的历史过程中，农牧业生产获得了发展。世居民族和汉族一起开发了东北地区，使之逐步成为中国主要农牧区之一。同时，从这一地区孕育出来的一些强大民族，曾先后入主中原，对整个中国农牧业发展也产生了巨大影响。

第二节　东北各民族的农牧业

东北地区以内蒙古高原为生态地貌的主体，由呼伦贝尔高原、锡林郭勒高原、阿拉善高原、鄂尔多斯高原组成。高原四周分布着大兴安岭、阴山、贺兰山等山脉。高原两端有巴丹吉林、腾格里、乌兰布和毛乌素沙漠。在大兴安岭东麓，阴山脚下和黄河岸边，有嫩江西岸平原、西辽河平原、土默川平原、河套平原、河南平原等。在山地与平原的交接地带，分布着黄土丘陵，石质丘陵，其间杂有低山、谷地和盆地等。气候以温带大陆性季风气候为主，大兴安岭北段地区属寒温带大陆性季风气候，巴彦浩特－海勃湾－巴彦高勒以西地区属温带大陆性气候。特点是春季气温骤升，多大风；夏季短而炎热，降水集中；秋天气温骤降，霜冻早；冬季寒冷漫长，多寒潮，无霜期短，干旱、大风、暴雪等灾害频繁。

草场面积辽阔，有呼伦贝尔草原、锡林郭勒草原、科尔沁草原、乌兰察布草原、鄂尔多斯草原和乌拉特草原六大草原。草场类型多样，东北部为草甸，草原降水多，牧草茂盛品质优良；中部和南部是干旱草原，牧草富有营养，适口性强；西部为荒漠草原，牧草种类少，产草量低，但脂肪和蛋白质含量高。最西部荒漠草原牧草种类贫乏，植被稀疏，产量低，但缘于灰分含量高，以富含灰分的盐生灌木和半灌木为主，如红砂、珍珠、梭梭等，主要农作物有小麦、玉米、谷子、莜麦、胡麻、甜菜等。

一、肃慎族

肃慎，亦称稷慎、息慎。晋时改称挹娄，或仍称肃慎，南北朝时称勿吉。肃慎族实际上是远古起生活在中国东北地区东部的通古斯语各部族的总称。其经济原以渔猎为主，后来渐次定居，发展农牧业，但仍保留渔猎生计。肃慎族系是隋唐时建立渤海政权的靺鞨族、宋辽时建立金国的女真族，以及建立清朝的满族的共同祖先，对中国历史和农牧文化都产生过重大影响。肃慎也是东北诸民族中，最早与中原王朝建立臣属关系的民族，从虞夏到商周，肃慎的朝贡历朝不绝。贡品有著名的楛矢（桦木箭）、石砮（青石镞）和大麈（似鹿，俗称“四不象”）。商代时居于长白山北西至松嫩平原的广阔地区，以牡丹江一带为活动中心。距今3000年的安宁市莺歌岭遗址出土了板状砍伐器、有肩石斧、亚腰型石锄、狍角锄、石磨盘、石镞等渔猎农具，有陶器和半地穴型房址，反映了定居农牧业和渔猎相结合的经济面貌。出土的陶猪形态，展现了野猪向家猪过渡的特点。

孔子时代，肃慎就很出名。《国语·鲁语下》有一则故事记载说：“仲尼在陈，有隼集于陈侯之庭而死，楛矢贯之，石砮，其长尺有咫。陈惠公使人以隼如仲尼之馆，问之，仲尼曰：‘隼之来也远矣！此肃慎之矢也。昔武王克商，通道于九夷、百蛮，使各以其方贿来贡，使无忘职业。肃慎氏贡楛矢石砮，其长尺有咫。先王欲昭其主令德之致远也，以示后人，使永监焉。故铭其楛曰：肃慎氏之贡矢。以分大姬，配虞胡公分封诸陈。古者分同姓以珍玉，展亲也；分异姓以远方职贡，使无忘服也，故分陈以肃慎氏之贡。君若使有司求诸故府，其可得也。’使求，得之，金椟如之。”意思是，孔子周游列国来到陈国。有一天，在陈惠公院子里从天上掉下来一只被楛矢石砮射中的凶猛的鹰。箭有一尺多长。陈惠公不明白这鹰和箭的来由，差人问询于孔子。孔子说：这鹰身上中的箭是肃慎国的楛矢石砮，先前周武王打败商朝后，北方肃慎国将楛矢石砮作为贡品。武王在楛矢石砮上刻写“肃慎氏之贡矢”，分赐给下属异姓诸侯。陈惠公想起他的先公曾受赐，于是差人去祖庙翻检，果然找到了用金盒子装着的周武王所赐的“肃慎氏之贡矢”。

汉晋时，据《后汉书》记载，肃慎族属“挹娄”的治地：“有五谷麻布，出赤玉好貂”“好养豕，食其肉，衣其皮，冬以豕膏涂身数分，以御风寒”“善射”“镞皆施毒”。在考古发掘的汉代挹娄遗址中，发现了豆、粟、荏、西天谷（马齿苋）等炭化作物，并多用猪骨随葬。大约在三国时代以后，挹娄开始养马，但不骑乘，仅作财富标志。

晋时，肃慎族后裔改称挹娄，经营着渔猎业、农业、畜牧业和手工业。山林中的野兽和江河湖泊中的鱼类，是其食物的主要来源。《三国志・魏志》记载，狩猎用的工具还是以弓箭为主，“弓长四尺，力如弩，矢用楛，长尺八寸，青石为镞”。不过，与先前的肃慎族比较，“石弩”已有很大改进和发展，这不仅反映在使用的箭“镞皆施毒”，中者即死，而且在距今1700年前后的黑龙江省宁安市东康遗址中，发现了仿金属工具制造的圆铤双翼石镞，还出土了三棱形骨镞。猎取的对象有狍、鹿、貂等。考古发现的鹿、犯（鼠）、播（牛）等兽骨皆带有烧痕，说明他们猎取这些肉多毛厚的野兽，是为解决衣食之需。历史上有名的“挹娄貂”反映出捕貂是为获取貂皮向中原王朝纳贡和与中原居民或邻近民族的交换。渔网和鱼钩是挹娄人的主要捕鱼工具，已熟练地掌握了网捕和钓鱼等捕捞方法，因为在挹娄遗址中出土了大量的石网坠，发现了钩网器和“精细的鱼钩”。概而言之，挹娄人善“捕鱼”，勿吉人善“捕貂”。

南北朝时，肃慎族被称为“勿吉”，其活动中心在今松花江和嫩江交汇处。除了继续保持善射、养猪、穴居等特点，农牧业有进一步发展。粮食作物有粟、麦、稻，蔬菜有葵，还没有饲养牛羊，但已经大量养猪，牧马业也很发达，据称曾一次进贡给北魏500匹马。养猪业盛行，反映了当时生产的粮食有了口粮之外的较多剩余。在黑龙江省东部和南部已发现了许多勿吉城堡，表明当时勿吉领地内的人口滋长、经济繁荣的兴旺景象。凭借这样的经济实力，勿吉统治者不断发动对外掠夺战争，于公元5世纪末灭了扶余国，还经常侵扰豆莫娄等国，并威胁高句丽。勿吉被认为是当时“东夷”中最强悍的一个部落。

畜牧业是肃慎人兼营的重要产业。肃慎人擅长养猪。但与汉族的圈养不同，他们采用散牧方式，猪群在山野自由觅食，随意繁殖。到秋冬季寒冷时，就集中宰杀一批，在冰雪地上放置，即成为天然的冻猪肉。冬季只留养少量的种猪和幼猪，通常是饲养在暖和的地穴里。肃慎人用猪皮制作衣裳，用猪毛制成纺线。冬天在身上涂抹一层猪油，用来防皮肤干裂。肃慎族系民族视猪为保护神，形成对神猪的图腾崇奉并伴有一系列图腾禁忌。世代毗邻而居的雅库特人较早发现了肃慎族系的“崇猪”习俗，于是就用突厥语本意为“猪”的“通古斯”一词称呼他们，后来通古斯囊括了在语言、体态特征上与肃慎族系民族相近的鄂温克族、鄂伦春族、赫哲族、锡伯族等其他民族。依据古文献和考古学等多学科、多视角结合考察发现，肃慎族系民族勿吉和靺鞨是养猪业最发达的鼎盛时期，“食猪肉，衣猪皮，佩戴猪牙”成为勿吉、靺鞨民族显著的特征，极有可能是从这一时期开始雅库特人称呼他们为“通古斯”。①

肃慎人也饲养马。牛的数量很少。进入文明阶段的肃慎人，逐渐畜养大群的马、牛、羊等家畜。

二、女真族

女真族是辽金时期活跃于中国东北地区的一个民族，曾进入中原，建立与南宋对峙的金王朝。女真族属肃慎族系统，直接来源于唐代的黑水靺鞨。他们活动在今长白山、小兴安岭、松花江及黑龙江中下游一带，即“白山黑水”之间。辽灭渤海国后，部分女真人随渤海人南迁，加入辽朝国籍，称为“熟女真”；另一部分族人未南迁入辽，居留故地，称为“生女真”。

① 车海锋．中国东北肃慎族系民族神猪崇拜研究［J］．满族研究，2017（12）：52-60.

女真族素以渔猎、畜牧为生，也间或少许耕种田地。善骑射，擅养殖。他们驯养出一种有名的猎鹰“海东青”，还发明了利用“鹿哨”来猎杀野鹿的技术（图 4-1）。留在世居地的“生女真”的一个部落称为完颜部落，学习汉人的文化，建造房屋舟车，日渐强盛起来，在“按出虎”水定居下来。“按出虎”是女真语“金子”的意思，相传这条河中有金子，故名“按出虎水”，即今黑龙江省哈尔滨市东南的阿什河。按出虎水流域是女真部族世居地。女真族于 1115 年建立的政权以“金”为国号。其北境大致以阴山山脉和兴安岭为界，金太宗天会三年（1125 年）南下征灭北宋，据有北部中国。金朝全盛时，东北至鄂霍次克海岸，统治外兴安岭，西北控制蒙古草原各部落，西至陕西与西夏交接，南以淮水与北宋为界。

图 4-1　野生梅花鹿（内蒙古民族文化产业研究院　提供）

金朝从建国到亡于蒙古族建立的元朝，共历 120 年。其间，女真族统治者在对辽、宋攻伐占领时，把中原和辽属地的大量人口迁往黑龙江，把农具、耕牛、土地分配给迁入的移民，在宁江州（今吉林省扶余市东石头城子古城址）等地组织屯田，形成女真人“各随所分土地与汉人错居”的社会结构。金朝初年，女真世居地的白山黑水地区，农田面积大为增加。

元灭金后，进入中原和居住在辽河流域的女真人逐渐与汉族融合，因此后世大多把内迁的女真人视为汉人。仍然居住在东北地区的女真人则逐渐发展成以建川女真为核心的族群共同体。这就是后来的满族。

女真人牧养的主要是猪和马。《文献通考》说："初，其国无牛有马……多猪无羊。"女真人饲养最多的是猪，素以"好养豕"闻名，"食其肉，衣其皮。冬以豕膏涂身，厚数分，以御风寒"。也就是冬天身上涂满猪油，可以防寒冻伤。唐朝时，女真人的养猪业更加兴旺，史载说"人至数百口"，可见，当时的女真村庄，很多人家都是规模不小的养猪专业户。

女真人平常饲养的多是黑毛猪，而以白猪为珍异。《后汉书》记载，东汉初年，幽州郡守朱浮在一封私信中说："往时辽东有豕，生子白头，异而献之。"也就是把这头白猪进贡给皇上了。由于喜爱白猪，所以民间就定向选育白猪。因此，在宋人文牍中改为女真多"白食"了。就是说的，到宋代时，女真人养的多数是白毛猪了。

马是女真人最为重要的畜种，一向以"土产名马"著称。马被视为财产的重要组成部分。女真社会实行兵民合一的半军事化组织制度。骑兵是主要兵种。史书《金图经》说："虏人（宋人对女真人的蔑称）用兵专尚骑，间有步者，乃签差汉儿，悉非正军虏人。取胜全不责于签军，惟运薪水、掘壕堑、张虚势、搬粮草而已。"女真人灭辽攻宋，所依靠的都是精锐的骑兵。女真骑兵有个特点，就是"倍养副马"。平常以一兵配两骑，征战自随，待御敌鏖战时备用。因此需要大量的军马。这成为女真牧马业最重要的推动力。

此外，马又是女真人日常必备的交通工具。女真平民无论围猎、出行，均骑马代步，民风尚骑，如《大金国志》所记，"上下崖壁如飞，济江不用舟楫，浮马而渡"。女真部落各级官吏上班执勤、履行公务、参加典仪，也都以骑代步，他们的乘马由兵部供给，从一品至从九品，每名官员依次配给马 10 匹（从一品以上）、7 匹（从二品以上）、5 匹（从三品以上）、4 匹（从五品以上）、3 匹（从七品以上）、2 匹（从九品以上）不等。

女真人的祖先不畜养牛羊。但是到公元 10 世纪，牛已成为女真人广泛饲养的家畜。在女真人的婚俗中，女家要以牛马数十头作为嫁妆。《金史》说："牛者农耕之资。"役牛是重要的农业生产资料。据《金史》记载，女真有"牛头地"制度："每耒牛三头为一具""官民占田无过四十具。"这么计算下来，一个种田大户人家，可以有牛 120 头。牛也是重要的交通运输工具，"以牛负物，或鞍而乘之"。"以牛夫充递运者"，就是出人带牛一道去给官府搞运输。这是金国的一种力役。如果不能服力役，就要纳钱。《金史》说："未尝就役之家"，则"征钱偿之"，称为"牛夫钱"。牛皮和猪皮、马皮、羊皮一样，同为女真贫民秋冬御寒的衣料。牛革还被用作雨具，"遇雨，多张牛革以为御"。

到 12 世纪初，羊成为女真人的重要畜种。《高丽史》载：女真"土饶猪、羊、牛、马，马多骏。"普通羊皮是女真贫民和戍边士兵秋冬所用的衣料，富人则以羔皮为贵。羔皮帽为女真妇女所喜欢，"至直十数千，敌三大羊之价"。就是一张羔皮值三头大肉羊的价钱。羊肉是女真人的重要食品，常被用于犒劳将士。据金世宗回忆，在打败辽朝的那天，朝廷举行庆功宴，"屠食羊三百"。平时在军粮不继时，军人还可以羊肉代食。

除了上述猪、马、牛、羊等主要牧畜，女真人还牧养驼和驴，它们主要用于运输，"多以牛驴负物，"出现了"以驼载为业"的运输专业户。①

三、乌桓族

乌桓或写作乌丸，是战国至魏晋时，活跃于中国东北地区的一个民族。乌桓起源于蒙古草原东北和东南部，曾是东胡联盟的组成部分。经济上主要以游牧为生，兼营狩猎和种植业。匈奴灭东胡后，退居起源地乌桓山（在今小兴安岭中段），因此以"乌桓"为族名，发展为独立民族。秦汉之际活动于老哈河流域，畜牧为业。《三国志》称："俗善骑射，随水草放牧，居无常处，以穹庐为宅，皆东向日。"家畜中的牛、羊、马，野兽中的虎、豹、豺，既是主要生活资料，也是婚聘、贡纳、交市

① 乔幼梅. 金代的畜牧业［J］. 山东大学学报（哲学社会科学版），1997（3）：80-86.

的主要物品。人们过着食肉、饮酪、衣毛皮的生活。有时也从事种植业，主要谷物是穄（糜子，似黍而不黏）和东穑（实如葵子，似蓬草，十月熟），懂得根据鸟兽的孕乳区别四季，以布谷鸟叫为指示进行春耕的物候。同时，进行狩猎，会酿酒。妇女能制作毛皮衣物制品；男子能做弓矢、鞍勒，锻金为兵器。乌桓社会中有部落组织和邑落公社。数百千邑落（帐）聚为一部。部的酋长称为“大人”，邑落有“小帅”。一般都推举有勇谋、体壮健、能决斗的头领为“大人”，因人而任，不能世袭。保留了较浓厚的母系氏族的制度残余。乌桓一度归属于匈奴，每年向匈奴贡献牛马畜产和皮张。汉武帝时，迁徙乌桓族人到塞外的上谷郡、渔阳郡、右北平郡、辽东郡等五郡，设护乌桓都尉。东汉时，乌桓摆脱匈奴控制，归附于汉朝。魏晋以后，逐渐与中国北方其他民族融合，形成杂居混血状态。因此到隋唐时，乌桓作为一个独立的族群已经消失了。

位于内蒙古自治区赤峰市阿鲁科尔沁旗西北的乌辽山，经考古学家和历史学家考证，该山即“乌桓山”，古代乌桓族即因此山得名。乌桓族在这块土地上逐步成长壮大，渐渐向南迁徙，与中原封建政权发生交往，直至进入中原各地，融合于各民族之中。

在乌桓族的社会经济中，畜牧业和狩猎业占有重要地位。据《后汉书》记载，乌桓人“俗善骑射，弋猎禽兽为事，随水草放牧，居无常处”。在考古发掘中，也发现大量的马具、箭镞，以及绘有马、牛、羊等牲畜图案的饰具。乌桓山地处大兴安岭南端山地，北部群山连绵，南部是沙丘地，森林和草场占地面积较大。另外，还有西拉木伦河、乌力吉木伦河等便利的水利条件。这样的地理环境宜于畜牧业和狩猎业的发展。乌桓人的畜牧业到底发展到什么程度，史书上无明确记载，但我们可以从乌桓人日常生产和生活的许多侧面，窥见一个大致的轮廓。《后汉书》记载，乌桓人以邑落为单位，“各自畜牧营产，不相摇役”。数百个、上千个邑落自然组合，聚为一部。因此，邑落是乌桓族最基本的畜牧业生产组织。

《后汉书》记载，乌桓人以“穹庐为舍”“食肉饮酪，以毛毳为衣”。其衣、食、住基本上是依赖畜牧产品。在乌桓人的日常生活中，马、牛、羊既可作为嫁娶的聘礼，又能用来祭祀天地、鬼神和死者。此外，乌桓人每年还要将大批马、牛、羊皮进贡给匈奴，有时还不得不用大量的牲畜、皮张赎回被匈奴人掠去的族人。所有这些，都以发达的畜牧业，以及与之相应的加工业为基础。因此，在内蒙古古代畜牧经济发展史中，乌桓族的作用是不可低估的。①

四、鲜卑族

鲜卑族是秦汉至魏晋南北朝时期活跃于中国北方地区的少数民族。原为东胡族的组成部分，匈奴击破东胡族后，东胡族人退守世居起源地鲜卑山（今内蒙古自治区科尔沁右翼中旗西），遂以山名为族名，发展成为独立的民族。

鲜卑族群见于史书者，共有五个大的部落，即乞伏氏、秃发氏、宇文氏、慕容氏和拓跋氏。在魏晋南北朝时期，他们先后在中国华北、西北地区建立过多个割据政权，其中以拓跋氏建立的北魏，版图最大，历时最久。拓跋氏部从公元 386 年建立北魏，到 439 年统一北方，肇基中国北朝大业，拉开了南北朝对峙的帷幕。北魏立国长约一个半世纪（386—534 年），北方万里江山尽在其统治之下，成为中国历史上第一个统一北方的少数民族政权，对中国古代社会的发展产生过重要而积极的影响。

鲜卑人建立割据政权之前，过着以游牧为主，兼狩猎和农耕的生活。出产野马、羱羊，以及用貂子皮做成的名裘。从战国时代起，北部鲜卑，即拓跋鲜卑，在大鲜卑山嘎仙洞一带（今呼伦贝尔市鄂伦春自治旗大兴安岭北段）活动，他们“畜牧迁徙，射猎为业”，经过“六十七世”，在首领第一推寅的带领下，从大鲜卑山（今大兴安岭）一带迁移到“大泽”周围地区，即今呼伦湖一带，这是拓跋鲜卑早期的第一次南迁。

---

① 何天明. 乌桓族社会经济及其南徙［J］. 前沿，1994（3）：39-43.

东汉光武帝建武（25—56年）年间，经过几代人努力，拓跋鲜卑逐步迁移到今内蒙古河套东部地区，与当地的匈奴余部相结合。据《魏书》记载，北魏建国以前，拓跋鲜卑“畜牧迁徙，射猎为业”，号称“控弦之士数十万，马百万匹”。其统治的核心区云中川（亦称土默川），即今内蒙古自治区的呼和浩特平原，纵横两三百千米，马匹漫山遍野。东汉和帝永元（89—105年）年中，鲜卑乘北匈奴西迁，占据了匈奴故地，同时兼并了匈奴的十多万族人与兵士，因此势力大大扩张。到东汉末，首领檀石槐统一各部，建立了强大的部落联盟。西晋时，东部鲜卑分为慕容鲜卑部、段氏鲜卑部、宇文鲜卑部三部，开始从游牧向定居农业转化。慕容鲜卑部首领慕容廆被西晋王朝封为辽东郡公。其子慕容皝建立前燕，也曾实施有利于农业发展的措施，鼓励兴修水利等。

北魏建国后，拓跋鲜卑的农牧业很发达，有很多大型牧场。据史书记载，鲜卑酋长尔朱羽健在道武帝皇始（396—397年）年间建立的私人牧场占有滹沱河上游北容秀川流域的300里（150千米）地。太武帝拓跋焘在甘肃西北部的河西平原开西辟一个大型官办牧场，号称牧养军马200万匹、骆驼100万头，牛羊更是无数。北魏迁都洛阳后，又在河阳（今河南省孟州市西）开辟新牧场，养马10万匹，作为京师警备的骑兵战马。北魏历代统治者都重视农业生产，种植业在拓跋族经济生活中已占重要地位。孝文帝开展一系列改革，实行均田制等，加速了鲜卑族与汉族的融合过程。①

鲜卑族原本就是畜牧民族，建立北魏王朝后，对畜牧业自然格外关注，平城宫中，即有“婢使千余人，织绫锦贩卖，酤酒，养猪羊，牧牛马，种菜逐利。”②

有关当时的农村牲畜贸易的发展，可从《齐民要术》关于牲畜经营的论述中窥见其情形。书中特意介绍了“凡驴、马、牛、羊收犊子、

① 胡雪艳，梁云．呼伦贝尔地区早期拓跋鲜卑文化概述［J］．牡丹江大学学报，2020（1）：67-69.

② 萧子显．南齐书：魏虏传［M］．北京：中华书局，1976：5.

驹、羔法”，其方法是：“常于市上伺候，见含重垂欲生者，辄买取”，意即要着意购买怀孕之牲口，这种牲口买回来后很快就可以生产驹犊。再以其中良者留作种，“恶者还卖”，这样则“不失本价，坐赢驹犊。”意即不仅将本钱捞回，还可白白得到一批幼畜。然后“还更买怀孕者。一岁之中，牛马驴得两番，羊得四倍。羊羔腊月、正月生者，留以作种，余月生者，剩而卖之。用二万钱为羊本，必岁收千口”。按照上述方法，一年之间牛马驴可以翻两番，羊得四倍。从中他悟出了一个道理：“人家八月收获之始，多无庸暇，宜卖羊雇人，所费既少，所存者大。”养羊篇中贾思勰所总结的这一套牲畜经营策略，可见当时畜牧业贸易的繁荣景象。不仅北方地区如此，南方的畜牧业也有不同程度的发展。南朝的建康城（今南京市）中的秦淮河边，设有牲畜交易市场，周边农村饲养的牛马家畜，都在这里“列肆稗贩”。①

北魏农学家贾思勰，他自己经营的庄园曾养羊二百口，由于有一年没有备足越冬饲料，结果羊只当年冬天饥死过半。② 这则记载告诉我们，北魏时期，农村养羊的规模一般都较大，《齐民要术》中谈及养羊经营时，常常以千口（头）为言，被视为农家牧羊的常数。可以想见，当时农村中一个庄园主饲养的山羊数以千计，羊群越冬饲料的储备是一个关键。为此，《齐民要术·养羊》篇有一个解决养羊饲料的方案。如果一家养羊1000头，则每年春天要种植100亩（1亩≈666.7平方米）大豆，间种粟、稷等“杂谷”，而且田间的杂草也要留下来，“不须锄治”，到夏末秋初时节，将田间作物连同杂草植株一起收割，“刈作青茭”。由此看来，北魏时中国农村已经采用越冬青贮饲料，而且规模很大。从当时的牲畜市场和畜产品贸易相当活跃的情况推测，牲畜饲料市场也应当发展起来了。这种青贮饲料除了家庭自用，也会在市场上互通有无，贸易交换。

① 周应合. 景定建康志：疆域：市场条［M］. 南京：南京出版社，2009：317.

② 贾思勰. 齐民要术：卷6：养羊第五十七［M］. 北京：中华书局，1956.

五、扶余族

扶余族亦称鬼叟、浮谕、扶余，是中国东北地区中部的世居民族濊貊族的一支，与肃慎族、东胡族同存并列。战国中晚期，扶余族的櫜离（亦称索离）国王子东明迁至松嫩平原建立扶余国，成为汉魏南北朝东北农业最发达的地区之一。兴盛后的扶余，共有8万户，大体分布于东近今张广才岭与邑娄接壤，西至今吉林省双辽市至白城市一线与鲜卑相邻，北达小兴安岭以南的松嫩平原，南抵辽宁开原市北，中心地区则位于今吉林省农安县境。

史书记载，扶余族分为卒本扶余、南扶余、北扶余、东扶余等部族。卒本扶余为高句丽国始祖朱蒙从扶余国南奔至卒本川后所用的称号，高句丽兴盛后遂不用其名。南扶余是百济国的别称，是扶余国王尉仇台南下到今天的朝鲜半岛汉江以南的西部地区，创建了百济国。其民皆以“扶余”为姓，以示不忘本，所以百济曾有“南扶余”之称。至于北扶余、东扶余都是扶余的别称。

汉时，扶余国南邻高句丽，东接挹娄，西连鲜卑，北至弱水（今黑龙江）。扶余建国之初，就已经形成以养殖为主的畜牧业，较游牧渔猎有了很大进步。其民善养牲畜，以名马为首，以六畜名官，有马加、牛加、猪加、狗加等职官。此外，扶余国的渔猎采集依然盛行，以赤玉、貂纳、大珠与名马并称四大名产。由于其地处于松嫩平原腹地，平坦肥沃，土宜五谷。其俗重视农业，若水旱不调、五谷不熟，王自罚其咎。近年，在吉林省榆树市大坡镇汉代扶余墓葬出土了不少铁农具，如䦆、锸、镰、锄等，与中原汉族所用农具相同；又出土马牙、马骨、马具及飞马饰牌，可与文献上的畜牧业记载相印证。扶余国臣属于汉，先后辖于玄菟郡和辽东郡。扶余国的国库充裕，臣民富足。

在民族析出和融合的历史长河中，几经流变，櫜离之称方湓然不闻。钩沉发覆，现櫜离历史之陈迹，当是连接濊貊、扶余史的中介一环。东明王子出身于放牧牛马的传说，亦类秦之先。这些遗址出土了大量骨器、蚌器，蚌刀、蚌镰，表明农耕有相当发展；骨锨、骨矛、骨鱼镖和石锨等，以及大量鱼骨、兽骨，则反映渔猎、畜牧生产仍占较大比重。黑龙江省肇源县望海屯出土了骨甲片，反映部落间已可能出现了争战。出土石器较少，有压制的石锨、舌峭石器、磨制石斧、石镇等，说明青铜工具未能排斥石器。橐离文化乃是一种农、牧、渔猎并存的经济形态。①

扶余国自公元前2世纪至公元494年，存在600多年。北魏太和十七年（493年）扶余国灭于勿吉国，遗民融合于勿吉族或高句丽族。

六、高句丽族

高句丽族兴起于浑河、鸭绿江流域。从远古族源上考察，高句丽族属于濊貊族系统，商周时称为高夷。西汉建昭二年（公元前37年），从东扶余分化出来的一个支系部落首领朱蒙，在今辽宁省桓仁县境内建立高句丽国，后迁都至今吉林省集安市。《三国志·魏志》记载：“高句丽多大山深谷，无原泽，随山谷以为居，食涧水，无良田，虽力佃作，不足以实口腹。其俗节食。”高句丽实行原始公有制度，土地归国家所有，部分赐给贵族为食邑，农民以户为单位耕种土地，缴纳租税。“种田养蚕，略同中国”。在经济上，分散的“谷民”和“下户”供养着高句丽中心城邑的贵族和执行防御功能的“城民”。因高句丽时期的王所选之地皆为深山大谷，主要生产方式仍是原始的渔猎方式，因而其居住区域内的绝大部分地区尚处于氏族部落状态，新建的高句丽虽号称建国，但实质上只是一个部落联盟性质的组织。西汉末年，高句丽占有乐浪郡、带方郡和辽河以东、鸭绿江以西的广大地区。唐总章元年（668年）为唐高宗所灭。

高句丽的畜牧、狩猎和捕鱼业在社会生产中占有非常重要的地位。高句丽人主要居住在长白山区的南部，自然资源极为丰富。高句丽人在春、秋两季猎取野生动物。猎杀的野生动物有虎、熊、野猪、鹿、麃

① 干志耿. 古代橐离研究［J］. 民族研究，1984（3）：1-4.

鹿、黄羊、狼、野兔、山鸡和各种鸟类等。大小河流中盛产红鲤、鲫鱼、草鱼、白鲢及各种蛙类。采集与猎获所得也是高句丽人的重要食品，可补充农业生产品供应的不足。①

高句丽地区多大山深谷，草木茂盛，有着优越的天然牧场，适宜发展畜牧业。可牧马、养猪、放牛，放羊为多。贞观十九年（645 年），唐太宗征高句丽，一次战役就俘获牛 5 万头，说明高句丽人饲养耕牛非常普遍。高句丽人也善养马，精射猎。高句丽以养马居多，唐高宗征高句丽，曾一次俘获马 3 万匹。高句丽有着优越的天然牧场，适宜发展畜牧业，以养马居多。饲养的马有两种，一种叫“三尺马”，又叫果下马，体形矮小，善于登山；另一种马体形高大，擅于奔驰。439 年，高句丽长寿王向晋安帝贡马 800 匹。马匹除用于战争、狩猎和进贡，也有部分用于驮运和农耕。正是因为牛马在农业生产中作用，所以高句丽法令规定，民间不可随意宰杀牛马，擅杀牛马者没为奴婢。②

七、粟末靺鞨族

渤海国是唐代粟末靺鞨族在中国东北地区建立的地方民族政权，也是以粟末靺鞨族为主体的靺鞨人与部分高句丽遗民结合而成的民族共同体。靺鞨源于先秦时的肃慎、汉晋时的挹娄、北魏时的勿吉，隋时始改称靺鞨。粟末靺鞨是靺鞨诸部中南面的一支，因居粟末水（今松花江吉林省段）附近而得名。粟末靺鞨一直以来都以狩猎为业，过着原始的渔猎生活。后来受中原地区和近邻高句丽的影响，进入农耕社会。武周圣历元年（698 年）粟末靺鞨人首领大祚荣建立渤海国，初称振国，最盛时据有松花江以南至日本海的广大地域，西从开原至丹东一线与唐接壤，西南以泥河（今朝鲜龙兴江）与新罗为界，幅员 2500 千米，人口 300 万人，有“海东盛国”之称。926 年灭于辽。

---

① 耿铁华. 集安高句丽农业考古概述［J］. 农业考古，1989（1）：97-100.

② 孙炜冉. 高句丽的社会经济状况发微——以鸭绿江流域经济状况为中心［J］. 山西农业大学学报（哲学社会科学版），2017（6）：63-68.

渤海国北部以畜牧、渔猎为主，有麻、毛、蚕丝生产。在渤海国经济中，畜牧和渔猎仍占重要地位。东部率宾府所产的马，北部鄚颉府所产的猪，西北部扶余府所产的鹿、羊、马，颇享盛名。名马是渤海国向唐的朝贡和贸易重要物资。东部、北部山区、半山区及江湖两岸的靺鞨人主要从事渔猎。太白山的白兔、镜泊湖的鲫鱼，以及貂皮、人参等，是当地的土特产。渤海国社会的基层组织是反映氏族部落的共同体。在辽金时代，渤海人大批迁居今辽宁省、内蒙古自治区和河北省等地，继而又迁往今山东省一带，逐渐融合于汉人之中。留居原地者则与女真人融合。

《新唐书·渤海传》有“扶余之鹿，鄚颉之豕”的记载，说明在渤海国中后期的扶余府，以及扶余故地的鹿与豕已被成功驯化，并且成为主要物产。猪的出现说明，扶余故地的农业经济相较渤海国早期已有了较大发展，而有关鹿的记载则说明当时的狩猎经济依然占有不可忽视的地位。渤海国后期在扶余府及扶余故地呈现出农业与狩猎业并行的局面。在西团山文化遗址附近还发现了大量的“猪骨”遗存，这也与《三国志·扶余传》中“猪加”的记载相吻合，说明当时的扶余人已经完成了对猪的驯化。这也可以看出，扶余人的农业生产技术已经得到长足的进步。①

八、蒙古族

蒙古人的直系祖先是东胡人支系的室韦人，又写作失韦人，或失围人。室韦与契丹同出一源。兴安岭南部称契丹，北部称室韦。契丹人称其为鞑靼。室韦人居住地在今黑龙江中上游两岸及嫩江流域。在旧石器时代，“河套人”就在依林傍水的萨拉乌苏河流域生息繁衍，以渔猎为生，孕育出享誉世界的“萨拉乌苏文化”。后来，“河套人”的后裔逐步形成了许多原始部落。从商周时代起，先后有贡方、鬼方、龙方、獫

① 李希光. 渤海扶余府的经济状况与政区要素初探［J］. 边疆经济与文化，2019（1）：92-95.

狁、熏育等部落在此狩猎、游牧。春秋战国时代，萨拉乌苏河流域是林胡、朐衍的游牧地。秦汉至晋代，匈奴、鲜卑、乌桓先后入牧。

公元 8 世纪中期，长期雄踞蒙古草原的统治集团发生重大变化。先是突厥败亡（745 年），继而是回鹘西迁（840 年），留在蒙古高原东北部的鞑靼余部乘虚涌入大漠南北，与留居该地的突厥语族居民相融合，逐渐适应草原游牧生活。到 12 世纪，这部分人子孙繁衍，形成许多部落集团。其中多数为草原游牧民，饲养马牛羊和少量骆驼，以羊肉为主要的食物，马是他们作战和游牧的主要工具，马乳发酵而成的马奶酒“湩”是主要饮料。蒙古各部还常用牛、羊、马、驼等与契丹交换，或作贡品（图 4-2）。在草原北边森林地带的蒙古人则仍以狩猎为生，辅以捕鱼和采集。但是已经饲养驯鹿作为游猎、运载的役畜。随着畜牧生产的发展，蒙古各部贫富分化日益明显，出现部落贵族（那颜）、牧民（哈剌抽）和奴隶（孛斡勒）等阶级与阶层。为了掠夺财富和奴隶，各部贵族间进行了无休止的战争。在这过程中，蒙古孛儿只斤部的铁木真（成吉思汗）统一了蒙古各部。“蒙古族”的称谓即源于此。

图 4-2　内蒙古东乌珠穆沁旗赛驼（内蒙古民族文化产业研究院　提供）

元朝统一政权建立后，蒙古各部混战停止。蒙古人作为统治民族通过镇戍或出仕，遍及全国。但民族的主体人口仍聚居于漠北。时局相对稳定局面，又可以得到国家政权的大力扶持，民族经济获得很大发展。早在元朝建立前，窝阔台就指令每千户由专人管理牧场的分配。为了开辟新牧场，又派兵在缺水的地方打井；元朝建立后，忽必烈也派兵浚井。国家还颁布了保护牧场的严格禁令，凡掘地和遗火烧毁牧场者，要全家受诛。并禁杀牝羊，以利牲畜繁育。元朝从漠北到云贵的广大区域内，选取水草丰美处设立 14 处官马道，生产设备和种畜牲由地方政府无偿供应。蒙古贵族畜群规模很大，官有母羊即达 30 万头。民间畜群亦颇可观，凡马、驼不够 20 匹，羊不足百只，即被视为贫困户。

元亡以后，相当一部分蒙古人留居冀、豫、晋、陕、甘、滇等地，从事农业生产，与汉人的差别逐渐消失。退居蒙古草原的蒙古族人在十分困难的情况下坚持了生产，农牧业有了较快的恢复和发展。如土默特部的俺答汗有马 40 万匹，骆驼、牛、羊以百万计，其他一些领主也有几十万头牲畜。在明代的边镇马市上，蒙古族以大量牲畜和畜产品换取汉族的农产品和其他生产生活用品。

历史悠久的马背民族蒙古族是活跃在亚洲北部蒙古高原上的古老游牧民族。牧民称牛、马、山羊、绵羊、骆驼为“五畜”。蒙古族的衣、食、住、行都离不开“五畜”。草原和牲畜是蒙古族生命的源泉。他们“逐水草放牧”。夏日暖和，聚牧于高山草场；冬季寒冷，移牧于向阳背风的山谷。各部落、氏族牧地有一定范围，蒙古语称为“农土”。还注意选配种畜，牧马除了保留强壮的作种马，余皆骟割。实行分群放牧，专人管理。游牧离不开毡帐和车子。屯宿时将车子围成一圈，毡帐分布于圈内，称“古列延”。游牧又往往与游猎相结合，主要工具是弓箭，猎物是生活资料和生产资料的重要补充。

九、满族

满族直接来源于女真族，而且很长时期都以女真自称。元灭金后，散居中原各地的女真人被视同汉人。留居东北地区的女真人，多归辽阳、沈阳、开元、水达达等路管辖，也逐渐汉化。但是，有一部分生活在松花江流域和黑龙江中下游的女真人，依然保持着原来的民族习俗文化，归属合兰府水达达路管辖。满族就是由这部分人逐步发展而形成的。

在元代，女真人中的一些部族仍处于半牧半猎状态。《元史 · 地理志》记载："合兰府水达达等路……其居民皆水达达、女直之人，各仍旧俗，无市井城郭，逐水草为居，以射猎为业。"这里的"水达达"和"女直"是合兰府特定的族群或部落，没有固定的市场和城郭，逐水源和草地而迁移，仍然依赖狩猎为生。另一些部族则开始从事耕织。到了明代，东北的女真人被分为三部：建川女真，最初分布于今牡丹江、绥芬河及长白山一带，后辗转南迁至今抚顺市以东苏子河一带；海西女真，最初分布于今松花江流域，后散处于今开原市以北辉发河流域；野人女真，散居于黑龙江下游及库页岛一带。接近辽东汉族地区的建川女真及海西女真经营定居农业，普遍使用铁犁牛耕，亦兼事畜牧狩猎。野人女真则主要从事渔猎和畜牧，只有少数部落兼事农耕，多滞留于原始社会晚期。

在女真各部族中，建川女真的经济发展最快，是形成满族的核心主体。他们居住的地区"两岸大野，悉皆耕垦，农人与牛，散布于野"；而且"土地肥饶，禾谷甚茂"。农牧业很发达，养马尤盛。贵族之家多至千百成群，平民之家亦不下数千匹，而且每家都养猪、羊、鸡、鸭、鹅。采猎在经济中仍有特殊地位，东珠、貂皮、人参是他们的特产。他们还常用马匹和各种皮张在马市中换回缎、布、农具、铁锅等。后来，建川左卫首领努尔哈赤统一了女真各部，把各部部众编入以氏族村寨为基础的"牛录"之中，并以此作为基层组织扩充成为八旗，使之同时具有政治、军事、生产三方面职能。因此，八旗成为满族社会的根本制度。

万历四十四年（1616 年），努尔哈赤自称"汗"，[①] 建立大金国，史称后金。据《清实录》记载，在建国的前一年，为了"固疆圉，修边关，务农事，裕积储"，下令每牛录出十男四牛，屯田垦荒。1626 年，皇太极继位，1635 年改女真为满洲，1636 年正式称帝并改国号为大清。

① 汗即可汗，是 4 世纪以后北亚民族高级首领的称谓。最早出现于 3 世纪鲜卑部落，汉语也译作"可寒"。可汗作为一国之主的称号始于 402 年柔然首领社仑统一漠北时的自称。——作者注

1644 年，清军入关，定都北京，满洲八旗诸王贵族以及兵丁、奴仆大举南迁，继续实行计丁授田制，并下令圈地。

清代满族入主中原，结束了中国历史上内地与草原、农耕民族与游牧民族长期军事对峙的局面，获得了 200 多年的稳定时期，有利于农牧生产的发展。各民族之间的经济文化交流空前活跃。大批汉人进入传统的北方牧区，促使蒙古族地区的经济面貌发生了巨大的变化，单纯的游牧经济演变为多种经济结构并存的局面。

清初在蒙古族世居地划地建旗，促进了游牧固定化和生产有序化，畜牧生产技术和经营管理获得改进。清中叶，半农半牧区牧业普遍实行打井、搭棚、筑圈，开辟“草甸子”，贮备冬饲料，饲养新役畜——驴、骡。农区的牧业也有明显进步。随着蒙古族农牧业的持续稳定上升，牲畜头数大量增加。乾隆二十五年（1760 年）仅商都达布逊诺尔、达里冈爱两牧场就有大小牲畜 50 多万头。

十、朝鲜族①

中国的朝鲜族是由朝鲜半岛陆续迁入、定居东北地区而逐渐形成的跨境民族之一，主要分布在吉林省、黑龙江省、辽宁省三省，集中居住于图们江、鸭绿江、牡丹江、松花江及辽河、浑河流域。明末清初，一部分朝鲜族的祖先就已在中国华北、东北地区定居。例如，河北省青龙满族自治县塔沟村及辽宁省盖州市朴家沟村的朝鲜族，在当地定居已有 300 多年。19 世纪中叶，尤其是 1869 年朝鲜北部发生大饥荒后，移民更多。1881 年，清朝在吉林设荒务局，在南冈（珲春）、延吉、东沟等地设置招垦局。1885 年，清朝把图们江北岸长约 350 千米、宽约 250 千米的地带划为朝鲜族专垦区，为朝鲜人移居东北大开方便之门。1910 年，日本帝国主义吞并朝鲜，大批移民进入东北各地，图们江流域的延

① “朝鲜族”特指中国少数民族的朝鲜族，是拥有中华人民共和国国籍的中国人。韩国人自称“大韩民族”或“韩民族”，朝鲜人自称“朝鲜民族”，中亚高丽人自称“高丽人”。——作者注

边地区成为朝鲜族主要聚居区。朝鲜人在气候寒冷、生长期短、多为山地丘陵的东北边疆推广了水稻种植。延边地区稻田面积逐年增加，成为中国东北地区重要的水稻产区。

朝鲜族喜欢吃狗肉。朝鲜族一年四季都吃狗肉汤，但也有禁忌，即逢年过节、操办婚丧事或搬家时不能吃狗肉。养殖肉用狗是朝鲜族的一大特色。烤肉也是朝鲜族喜爱的美味佳肴。烤肉有牛肉、猪肉、鸡肉片、鱼片、鱿鱼、明太鱼等种类。养殖上除了普通的猪、鸡、鸭、鹅，延边朝鲜族还有延边黄牛、延边牛等特产，养殖历史超过 200 年。

延朝鲜族还盛产被誉为“东北三宝”的人参、鹿茸、貂皮。其中，参、茸产量均居世界第一。鹿茸主要有马鹿鹿茸和梅花鹿鹿茸。

第三节　东北各民族的畜禽良种遗产

早在远古时期，中国东北地区就有人类繁衍生息。在内蒙古自治区境内的阿巴嘎旗发现远古岩画 230 余幅，创作年代最早可追溯到旧石器时代，其中与马有关的岩画就有 60 多幅。这说明在中国北方地区有着悠久的养马历史。在 5000 年前，中国北方民族就已驯化马匹。据考古发现，在乌兰察布市西北、赤峰市林西县、鄂尔多斯市乌审旗等地先后出土上新世三趾马和更新世普氏野马（蒙古野马）的骨骼与牙齿化石，说明内蒙古自治区很早以前就有马的祖先三趾马和蒙古野马存在。产区拥有浓厚的民族马文化。

一、东北的畜牧业资源与环境

吉林省古人类文明有距今约 1 万年以前“寿山仙人洞”“榆树人”“安图人”“青山头人”等。辽宁省也是红山文化分布地区，此外还有稍晚的新乐文化和夏家店下层文化。内蒙古自治区是著名的仰韶文化和红山文化的中心分布区域。春秋战国之前，一些北方的游牧民族，如匈奴和东胡人在内蒙古地区游牧生活。

据考古研究，在内蒙古自治区乌审旗发现的人类化石，证实了早在6万年前的旧石器时代当地已有人类活动，同时发现了牛、马、野猪、肿骨鹿等哺乳动物的骨骼化石。自古以来，生活在这里的匈奴族、鲜卑族、突厥族、回纥族、契丹族，直到蒙古族、达斡尔族、鄂温克族、鄂伦春族等民族都从事畜牧业和狩猎业。

黑龙江省拥有中国最北、最东和最高纬度的“三最”之称，是亚洲与太平洋地区陆路通往俄罗斯远东和欧洲大陆的重要通道。地势大致是西北、北部和东南部高，东北、西南部低，主要由山地、台地、平原和水面构成。西北部为大兴安岭山地，北部为小兴安岭山地，东南部为张广才岭、老爷岭、完达山。兴安山地与东部山地的山前为台地，东北部为三江平原（包括兴凯湖平原），西部是松嫩平原。黑龙江省属于寒温带与温带大陆性季风气候。全省从南向北，依温度指标可分为中温带和寒温带。从东向西，依干燥度指标可分为湿润区、半湿润区和半干旱区。全省气候的主要特征是春季低温干旱，夏季温热多雨，秋季易涝早霜，冬季寒冷漫长，无霜期短，气候地域性差异大。黑龙江省的降水表现出明显的季风性特征。夏季受东南季风的影响，降水充沛，冬季在干冷西北风控制下，干燥少雨。黑龙江省地处黑龙江、松花江、乌苏里江和绥芬河四大水系组成的黑龙江流域，主要河流有松花江、嫩江、乌苏里江、牡丹江、呼兰河、蚂蚁河、海浪河、呼玛河、额木尔河、讷谟尔河、汤旺河、拉林河、乌斯浑河、乌裕尔河、穆棱河等；主要湖泊有兴凯湖、镜泊湖、连环湖和五大连池4处较大湖泊及星罗棋布的泡沼。

吉林省位于日本、俄罗斯、朝鲜、韩国、蒙古与中国东北部组成的东北亚几何中心地带。地势由东南向西北倾斜，呈现出东南高、西北低的特征。以中部大黑山为界，可分为东部山地和中西部平原两大地貌。东部山地分为长白山中山低山区和低山丘陵区，中西部平原分为中部台地、平原区和西部草甸、湖泊、湿地、沙地区；地跨图们江、鸭绿江、辽河、绥芬河、松花江五大水系。吉林省位于中纬度欧亚大陆的东侧，属于温带大陆性季风气候。吉林省地貌形成的外应力以冰川、流水、风和其他气候气象因素的作用为主。第四纪冰川在长白山的冰川剥蚀遗迹仍然可见。现代流水侵蚀作用对地貌的影响很广泛，山地、丘陵、台地、平原、盆地、谷地多受侵蚀、剥蚀、堆积、冲积等综合作用，形成了各种流水地貌，如河漫滩、冲洪积平原、冲沟等。

吉林省河流众多，主要为五大水系。东部延边朝鲜族自治州主要为图们江水系，包括布尔哈通河、嘎呀河、海兰江和珲春河等；东南部鸭绿江水系，浑江流经白山市和通化市；西南部四平辽源一带为辽河水系，主要为东辽河和西辽河；延边朝鲜族自治州汪清县和敦化市一小部分是绥芬河水系；其余均为松花江水系，支流有辉发河、伊通河、牡丹江，拉林河、饮马河、洮儿河、嫩江等。

辽宁省地势大致为自北向南、自东西两侧向中部倾斜，山地丘陵分列东西两厢，向中部平原下降，呈马蹄形向渤海倾斜，由山地、丘陵、平原构成；地跨辽河、浑河、大凌河、太子河、绕阳河、鸭绿江六大水系，属温带大陆性季风气候。地势大致为自北向南，自东西两侧向中部倾斜，山地丘陵分列东西两厢，向中部平原下降，呈马蹄形向渤海倾斜。辽东、辽西两侧为平均海拔 800 米和 500 米的山地丘陵；中部为平均海拔 200 米的辽河平原；辽西渤海沿岸为狭长的海滨平原，称为“辽西走廊”。

境内山脉分别列东西两侧。东部山脉是长白山支脉哈达岭和龙岗山的延续部分，由南北两列平行山地组成，海拔为 500—800 米，海拔 1300 米以上的山峰有老秃顶子山和花脖子山。主要山脉有清原摩离红山，本溪市的摩天岭、龙岗山，桓仁满族自治县的老秃子山、花脖子山，宽甸满族自治县的四方顶子山、凤城市的凤凰山，鞍山市的千朵莲花山和旅顺市的老铁山等。西部山脉是由内蒙古高原向辽河平原过渡构成的，海拔为 300—1000 米，主要有努鲁儿虎山、松岭、黑山和医巫闾山等。

内蒙古自治区东北部与黑龙江省、吉林省、辽宁省、河北省交界，南部与山西省、陕西省、宁夏回族自治区相邻，西南部与甘肃省毗连，北部与俄罗斯、蒙古接壤。

内蒙古自治区多为高原和山地，地势由西南向东北倾斜，海拔高度在800—1800米。草原类型大部分为干草原半荒漠和荒漠草原，现有戈壁和少量的沙丘，主要牧草为禾本科和菊科牧草，建有豆科牧草，主要种植作物有小麦、莜麦、玉米、高粱、大豆等。

内蒙古自治区地势由东北向西南斜伸，呈狭长形，全区基本属于一个高原型的地貌区，全区涵盖高原、山地、丘陵、平原、沙漠、河流、湖泊等地貌，气候以温带大陆性气候为主，地跨黄河、额尔古纳河、嫩江、西辽河四大水系。

二、东北的传统名优畜禽品种

草原民族总结出来的家畜选育良种、分群牧养、畜群结构等传统知识和技术，蕴含着人与自然和谐共处的朴素思想和切合实际的饲养经验，一直延续到当代，成为弥足珍贵的农业文化遗产。

草原传统畜牧业的家畜良种，经过长期的自然进化和人工选择，形成了以牛、羊、马为主要牲畜的游牧生态系统，在畜牧良种遗产中占有独具特色的民族文化优势。

（一）良种马

蒙古马。蒙古马是中国乃至世界最著名的马品种之一，属乘挽兼用型品种。蒙古马数量多，分布广，因各地自然生态条件不同，分别有适应草原、山地、沙漠等条件的优良类群，目前还在繁衍养殖的名马有乌珠穆沁马、百岔马、乌审马、巴尔虎马等。蒙古马的主产区在锡林郭勒盟，主要分布于呼伦贝尔市、乌兰察布市、鄂尔多斯市、通辽市、兴安盟、赤峰市，东北三省也有蒙古马，华北和西北的部分农村牧区也有少量分布。

蒙古马适应性较强，抗严寒，耐粗饲，能适应恶劣的气候及粗放的饲养条件。恋膘性强，抓膘迅速，掉膘缓慢，营养状况随季节而变化。蒙古马能够识别毒草而不中毒，抗病力强。大群放牧的蒙古马具有很好的合群性，一般不易失散。母马母性强，公马护群性强。常年放牧的蒙古马性情悍烈，好斗，不易驯服，听觉和嗅觉都很灵敏。

赛马是蒙古族男女老幼最喜爱的活动。每当有喜庆活动，如那达慕、结婚、祭敖包、打马鬃、骟马、烙火印、驯马、套马等，牧民都要驱车乘马赶来聚会，参加长距离赛马。民族传统马术活动是蒙古族精神文化娱乐中必不可少的项目，同时促进了养马业的发展和马匹质量的提高。

锡尼河马。锡尼河马也称布里亚特马，属乘挽兼用型品种。主产于内蒙古自治区呼伦贝尔市鄂温克族自治旗的锡尼河、伊敏河流域。锡尼河马终年大群放牧，具有很好的合群性，母马护驹性好，公马护群性强，能控制马群，常年放牧的锡尼河马性情温驯，适应性强，能忍受饥饿、寒冷等恶劣条件，恋膘性好，抓膘迅速而掉膘缓慢，马匹冬天能刨雪吃草，一般雪深 40 厘米以下均能刨雪采食，抗御自然灾害能力强，“春弱、夏壮、秋肥、冬瘦”的现象很明显。锡尼河马具有体质结实、适应性强的优良特性。

在 20 世纪初，苏联十月革命时期，居住在贝加尔湖一带的布里亚特蒙古人来到中国索伦旗（今内蒙古自治区呼伦贝尔市鄂温克族自治旗），在锡尼河、伊敏河流域定居。他们带来了体形较大的贝加尔湖马，与相邻的三河马杂交选育，形成了地方良种锡尼河马。

乌审马（图 4-3）。乌审马是蒙古马中适应沙漠生活条件的优良品种，体格较小、外貌清秀、性情温驯、反应灵敏，适合在沙漠地区骑乘及驮运。其中，以乌审旗马具有代表性，故得名乌审马。乌审马个头大小适中。额部宽广平满，耳小竖立，眼大有神，颈长短适中，鬐甲稍长略高，背腰平直，前胸肌肉发达，胸廓深而宽，肋骨拱圆，尾略短而斜，尾毛发达，毛色较杂，四肢骨骼强壮，肌腱发育良好，蹄质坚硬。马体以枣骝、栗色居多。乌审马持久力强，耐粗饲，善在沙地中行走，尤其是走

图 4-3 内蒙古乌审马（兰君林 摄）

侧对快步，稳如坐轿，被誉为“天生走马”。

阿巴嘎黑马。阿巴嘎黑马原名僧僧黑马，因主产于僧僧宝力格清泉（蒙古语“最好的泉水”）而得名。阿巴嘎黑马属乘挽兼用型品种。主产于内蒙古自治区锡林郭勒盟阿巴嘎旗北部，中心产区在阿巴嘎旗的那仁宝力格苏木与吉日嘎郎图苏木。根据民间传说，阿巴嘎黑马是成吉思汗同父异母的兄弟别力古台选育而成。别力古台征战骁勇，擅长骑射，特别选育出了一种奔跑速度快，骑乘耐力强的纯黑马。历史上，阿巴嘎部落饲养的黑马世代繁衍生息。牧民总是将毛色乌黑发亮、体躯发育良好、奔跑速度快的马匹选作种马，经过长期的人工选择，目前当地仍有名闻遐迩的传统名马“僧僧宝力格”。

黑龙江鄂伦春马。鄂伦春马又名鄂伦春猎马，属乘驮兼用型品种，育成于 17 世纪中期。鄂伦春马是由黑龙江北岸地方马、索伦马和蒙古马世代杂交选育而成。鄂伦春马产区位于大小兴安岭山区，中心产区在鄂伦春自治旗托扎敏乡以及黑河市爱辉区。鄂伦春马是在寒冷和深山密林的条件下，经过长期的登山涉水、越野穿林、吃雪啃枯、时饱时饿的艰苦环境驯育，形成体躯较小、敏捷灵活、持久力强的小型优良品种。

此外，鄂伦春人善养驯鹿，使役驯鹿。后因鹿群容易患疫病，经常发生大量死亡的情况，造成畜产损失和产出起伏波动，后来逐渐改为饲养马匹。①

（二）东北驴

图 4-4　内蒙古库伦驴（兰君林　摄）

内蒙古库伦驴。库伦驴属乘挽驮兼用型品种，中心产区在内蒙古自治区通辽市库伦旗和奈曼旗的沟谷地区（图 4-4）。库伦驴具有适应性广、抗病力强、善走山路、耐粗饲、食量少、个体小的特点，是适合丘陵山区多种役用需要的品种。历史上，库伦旗境内人烟稀少，鸟兽遍野，封建时代被划为皇家猎场和官营牧场。300 多年前，当地引进一些驴种，供狩猎时骑乘和观赏。后来，当地牧民兼营农耕，驴是很好的役用家畜，特别适应山路驮运和农户耕作的需要，是当地农牧民推碾、拉磨、骑乘、驮运、拉车、耕地的重要役畜。历代牧民都注意选留体形好、抗病力强、耐粗饲、使役性能好的青壮驴作繁殖种驴，逐渐形成了适应山地自然条件和粗放饲养的地方良种。②

（三）黄牛

蒙古牛。蒙古牛是乳肉役兼用型黄牛品种。蒙古牛的祖先是亚洲原牛的一个支系，是牛属的四大种类之一。广泛分布于内蒙古自治区、新

① 国家畜禽遗传资源委员会. 中国畜禽遗传资源志：马驴驼志［M］. 北京：中国农业出版社，2010：36-271.

② 国家畜禽遗传资源委员会. 中国畜禽遗传资源志：马驴驼志［M］. 北京：中国农业出版社，2010：271.

疆维吾尔自治区、黑龙江省、吉林省、辽宁省、宁夏回族自治区、甘肃省、青海省、河北省、陕西省等省、自治区。在内蒙古自治区主要分布在锡林克勒盟、乌兰察布市、通辽市、赤峰市、呼伦贝尔市和兴安盟，中心产区在呼伦贝尔市和乌兰察布市。

蒙古牛的头部稍显粗重，额宽，角大小中等并向前上方弯曲，颈项长短适中，肩胛低平，背腰平直，肋骨开张良好。颈下的垂皮不发达，体躯较宽，前躯发育中等。斜尻、乳房发育较小，基部较窄，乳头较小。四肢强壮有力，蹄质坚硬。通体毛色多呈红色、黄色、黑色三种，少数可有狸色、白色或不规则的黄白花、红白花、黑白花等。乌审旗的蒙古牛体形较小，耐粗饲，抗灾抗病的适应力强，在没有或很少补饲的条件下仍能健康生长。性情温驯，历苦耐劳，持久力强，是较理想的役用牲畜。①

《史记·匈奴传》和《后汉书·乌桓传》记载有："食肉饮酪""逐水草迁徙""其畜之所多则牛、马、羊"等，说明当时的养牛业已有较大发展。长期以来，蒙古牛既是种植业和运输业的重要役畜，又是各民族乳肉食品的重要来源。经过长期自然选择和人工选择，蒙古牛分化成几个优良的遗传支系类群，如乌珠穆沁牛、安西牛等。此外，历史上还有过锡尼河牛、岗根希勒牛等种群，现已绝种不存。

蒙古牛全年放牧（图 4-5）。牧民逐水草而居，管理粗放。部分牛冬春季适当补饲，饲料主要以干草、作物秸秆和少量糠麸为主。蒙古牛的性格较温驯，易管理，行走能力强，母牛很少发生难产。蒙古牛具有乳、肉、役多种用途，寒冷的气候和半荒漠草原放牧等生态条件。蒙古牛是中国宝贵的黄牛品种资源。

吉林延边牛。延边牛又称朝鲜牛，属肉役兼用型品种。主要分布于图们江流域和海兰江流域的延吉市、龙井市、和龙市、图们市、珲春市和汪清县等县市，以及通化市的集安市、白山市的长白朝鲜族自治县，

---

① 国家畜禽遗传资源委员会. 中国畜禽遗传资源志：牛志［M］. 北京：中国农业出版社，2010：43-93.

图 4-5 内蒙古三河牛（海龙 摄）

黑龙江的牡丹江市、松花江地区、合江地区三个地区。另外，辽宁省宽甸满族自治县沿鸭绿江一带朝鲜族聚居的水田地区也有分布。据史料记载，延边牛是延边朝鲜族自治州各族人民经历 150 多年精心选育而成的品种。清代道光年间，中朝两国人民就有边境往来。朝鲜移民迁入时将朝鲜牛带到了中国东北地区。经过与本地黄牛杂交繁殖，改良培育出适应延边地区自然条件的延边牛。同时，在繁育杂交过程中，也导入了一些蒙古牛和西方乳用牛种的基因。延边牛饲养方式多为夏秋两季放牧，冬春两季圈养。夏秋在山坡上放牧，冬春季节的日粮组成一般是精料加秸秆，具有一定规模的饲养场和规模养殖户是精料加秸秆加青贮饲料。

渤海黑牛。渤海黑牛原名无棣黑牛，属役肉兼用型黄牛品种。渤海黑牛是内蒙古黑牛与当地牛杂交而成。原产于山东省滨州市，中心产区包括无棣县、沾化区、阳信县和滨城区。历史上，蒙古草原游牧民族曾多次南迁至滨州地区，当地人民有偏爱黑色牛的传统，因此渤海黑牛可能是蒙古黑牛与当地牛杂交，经长期选育形成。产区靠近齐国古都临淄（今淄博市临淄区）。春秋时期的卫国人宁戚曾长期出任齐国大司田，著有《相牛经》，该书是中国最早的畜牧专著。这说明当地很早就重视牛的选育，积累了丰富的经验。滨州市多数地区地势低洼，耕作运输需要力大耐劳的牛种，因此选育出了体形矮、重心低、挽力大、耐力好的黄牛良种，形成了“抓地虎”的品种特性。历史上，主产地农民常常往天津、青岛等地出售肥膘牛，比较重视对牛的产肉性能进行定向选择。总之，在当地地理气候和社会经济因素的共同影响下，经过长期的选优去劣，精心饲养，逐渐形成了渤海黑牛良种。滨州市无棣县、沾化区的滨海草地较多，可采用放牧与舍饲相结合的饲养方式，全年有一半时间放牧。其他县区则以舍饲为主。放牧期仅晚间投补饲草，舍饲期的饲草主要有青干草、玉米秸秆、麦麸等。饲草一般经过铡短调制成花草段饲喂。农闲时补少量精料，农忙时每天每头饲喂 1—2 千克精料。犊牛在哺乳期一般自由采食，或与成牛一起放牧，很少早期补饲，6 月龄后断奶。渤海黑牛品种繁殖多以本交为主，任由牛群自然交配。

（四）绵羊

蒙古羊。蒙古羊是中国数量最多、分布最广的绵羊品种，属肉毛型绵羊品种。主产于蒙古高原，主要分布于内蒙古自治区，东北、华北、西北地区均有分布，中心产区位于内蒙古自治区的锡林郭勒盟、呼伦贝尔市、赤峰市、乌兰察布市、巴彦淖尔市等。

蒙古高原一带，原在旧石器时代便有游牧民族聚居，绵羊是他们饲养的主要畜种之一。从鄂尔多斯市乌审旗大沟湾发掘的河套人及羊的骨骼化石证明，旧石器时代晚期，这里便有居民和野羊同时存在，《史记·匈奴列传》记载，匈奴人长期过着“逐水草而迁徙”的游牧生活，他们食畜肉、衣皮革、被毡裘、住穹庐，畜群即是他们的生活和生产资料。蒙古羊这一比较原始的、具有综合生产性能的绵羊品种，就是在蒙古高原这种历史条件和当地的草原高寒多风干旱的生态条件下，以及北方各族人民以牧为生的特定社会经济条件下，经过长期自然选择和人工选育形成的。

蒙古羊属于中国三大粗毛羊品种之一，分布广、数量多，具有游走性能强，善于游牧，采食能力强，抓膘快、耐严寒，抗御风雪灾害能力强等特点，在育成中国新疆细毛羊、东北细毛羊、内蒙古细毛羊、敖汉细毛羊及中国卡拉库尔羊的过程中，都起过重要的作用。

蒙古土种绵羊属脂尾型蒙古羊品种，体质类型和羊毛品质特征接近滩羊。体质结实，骨骼显细。头略显狭长，鼻隆起，耳大下垂，部分耳小尖立。公羊多有角，母关多无角或有小角。颈略长显细，肋骨开张不良，显胸深，背腰平直，四肢细长而强健，短脂尾，尾长略大于尾宽，有的尾尖卷曲呈“S”形。被毛多为白色，头、颈与四肢多为黑色或褐色，部分羊有花耳朵、花眼圈。平均体重 27.5 千克，成年羯羊秋后满膘平均体重为 30—40 千克，屠宰率为 40%—42%。羊毛品质较好，细度为 48—52 支纱，比较均匀，很少有干死毛，被羊毛市场称为“河西细春毛”。

呼伦贝尔羊。呼伦贝尔羊属肉脂兼用型绵羊地方品种，主产区在内蒙古自治区呼伦贝尔市陈巴尔虎旗、鄂温克族自治旗、新巴尔虎左旗、新巴尔虎右旗，其他旗县也有少量分布。

呼伦贝尔市天然草场主要有 6 大类山地草甸，即山地草甸草原、丘陵草甸草原、平原丘陵、干旱草原、沙地植被草地、低地草甸草场。牧草种类有 1000 余种，为呼伦贝尔羊提供了丰富的饲料来源。

呼伦贝尔羊是在呼伦贝尔草原特定的生态条件下，处于无霜期短、枯草期长、冬季严寒的环境中，经过长期的自然选择和人工选育而形成的地方优良品种。呼伦贝尔羊以全年放牧为主，仅在冬季大雪和接羔时适当补饲。公羊、母羊、羔羊混群放牧。

呼伦贝尔羊具有适应性强、耐粗饲、抗严寒、抓膘快、抗病力强、产肉性能好、遗传性能稳定等优点，适应草原放牧的环境和饲养管理条件。

苏尼特羊（图 4-6）。苏尼特羊又称戈壁羊，属肉脂兼用粗毛型绵羊品种。产区中心位于内蒙古自治区锡林郭勒盟苏尼特左旗和苏尼特右旗。在乌兰察布市的四子王旗、包头市的达茂旗和巴彦淖尔市的乌拉特中旗亦有分布。

图 4-6　苏尼特羊（海龙　摄）

生产区地处锡林郭勒盟西北部地形北部偏高，属中温带半干旱大陆性气候。产区中心以外，没草原和半荒漠草原为主，植被稀疏，面积大，天然牧草有蒿、碱葱、沙葱、冰草等。

苏尼特羊因内蒙古的苏尼特部落的世居地而得名。自 13 世纪以来，苏尼特部落一直在戈壁过着游牧生活，经过长达 800 年的自然选择和人工选择，最终形成了适应当地自然条件饲养的优良绵羊品种。苏尼特羊性情温驯，易管理，耐粗饲，以放牧为主；除了配种季节，通常混群放牧饲养，仅在冬春遇到冰雪灾害天气时，适当补饲青干草。

乌珠穆沁羊。乌珠穆沁羊以生产优质羔羊肉著称。原产于内蒙古自治区锡林郭勒盟东北部乌珠穆沁草原，主要分布于东乌珠穆沁旗、西乌珠穆沁旗、锡林浩特市、乌拉盖农牧场管理局等地。

产区乌珠穆沁草原处于蒙古高原、大兴安岭西麓，北部广阔平原，盆地南部多低山丘陵，属中温带干旱半干旱大陆性气候，具有严寒少雨风大等特点。产区草原类型有草甸草原、干草原、荒漠草原，还有草甸沼泽等类型，主要植被为多年生草本植物，牧草以线叶菊、冷蒿、羊草、大针茅、隐子草、早熟禾为主。

乌珠穆沁羊来源于蒙古羊血统。产于水草丰美的草原，饲养历史悠久。长期的自然选择和人工选择，逐渐成为蒙古羊系统中的一个优良类群。具有体格大、产肉性能好、脂尾重，肉质鲜美，无膻味，生长发育快，放牧抓膘能力强，耐粗放管理、抗灾抗病力强等特点。

乌珠穆沁羊全年以放牧为主，在冬季适当配喂青干草。在配种季节，公母羊分群放牧，其余时间大小羊和公母羊混群放牧，管理粗放。①

（五）山羊

内蒙古绒山羊。内蒙古绒山羊分为阿尔巴斯型、二狼山型和阿拉善型等三个类型，属绒肉兼用型绒山羊品种。主产于内蒙古自治区西部地区。其中，阿尔巴斯型的中心产区在鄂尔多斯的鄂托克旗，二狼山型主要产于巴彦淖尔市的乌拉特中旗，阿拉善型主要分布于阿拉善盟的阿拉善左旗。

内蒙古绒山羊产区的气候干旱，植被稀疏，牧草以旱生、超旱生的灌木、半灌木为主，特别适合山羊、骆驼的生存繁衍。山羊是当地群众的主要生产生活资料。经过历代牧民的精心选育，逐步形成适应性强、产品独特的优良品种。

内蒙古山羊的公母羊一般都有大而弯曲的扁平角，鼻梁微凹，有髯，耳大向内侧伸展。体躯较长，背腰平直，斜尻，尾上翘，四肢强健有力，性情活泼好动，喜攀高。被毛以乳白色和黄白色为多，黑色和杂色也占有一定比例。

乌珠穆沁白山羊。乌珠穆沁白山羊属绒肉兼用型山羊品种。主产区位于内蒙古自治区的东乌珠穆沁旗、西乌珠穆沁旗、阿巴嘎旗、锡林郭勒盟乌拉盖管理区等。乌珠穆沁地区自古就有放牧饲养山羊的传统，山羊业与牧民的生产生活方式和当地的生态环境有着密切的联系。历史上由于生产方式落后，交通闭塞，乌珠穆沁白山羊基本上自繁自养，经过长期的自然选择和人工选择，形成具有耐寒抗病、采食力强，适于游牧的绒山羊品种。

敏盖白绒山羊。敏盖白绒山羊产于伊金霍洛旗苏布尔嘎镇，体形外貌特征是，被毛纯白，体躯大，胴体匀称，胸宽而深，背腰平直，四肢强健，蹄质坚实，耳不垂，额顶有长毛，颌下有髯；公母羊均有角，公羊角粗大、向后弯；母羊角向后上方呈捻曲翘立，尾短而小，向上翘

① 国家畜禽遗传资源委员会. 中国畜禽遗传资源志：羊志［M］. 北京：中国农业出版社，2011：242.

立，是内蒙古白绒山羊品种中特别优秀的群体之一。

敖包圪台山羊。敖包圪台村位于内蒙古自治区鄂尔多斯市伊金霍洛旗。敖包圪台山羊品质优良，特点是产肉量较高，身体健壮，体格匀称。敖包圪台村的海拔为1000米左右，地形崎岖，植被种类丰富，山上长着地椒（目前尚未由人工引种栽培，属纯天然植物）等中药材，放养的山羊平时的食物就是地椒等纯天然食物。另外，由于敖包圪台山泉的水质优良，人们称，这里放养的山羊“食中药材，饮山泉水”，所以肉质鲜美，天下闻名。

辽宁绒山羊。辽宁绒山羊属绒肉兼用型山羊品种。主产于辽宁省东部山区及辽东半岛地区，主要分布于盖州市、岫岩满族自治县、本溪市等地。内蒙古自治区、新疆维吾尔自治区、陕西省等也有少量分布。在辽宁省东部山区的自然条件下，产区先民素有饲养山羊的习惯，重视选择体格大、繁殖多、后代好的良种。经过多年精心选育形成了体形大、产绒量高、纤维细长、毛色洁白、抗逆性强的优良品种。

（六）猪

河套大耳猪。河套大耳猪因主产于内蒙古自治区河套平原而得名，主产区在巴彦淖尔市五原县，其他旗县和鄂尔多斯市南部均有分布。历史上，随着当地的农业生产发展，外地移民带入了不同地区原产的各种猪种。这些猪种之间迭代杂交，有时也会与当时的野猪杂交，由此形成多种遗传基因来源的杂交猪。杂交猪经过当地劳动人民长期定向选育，逐渐形成了遗传性状稳定的河套大耳猪（图4-7）。河套大耳猪适应性强，抗寒、抗病、耐粗饲，

图4-7　河套大耳猪（《猪志》第22页）

在饲养水平低管理粗放的条件下，能正常繁殖生产。①

（七）家禽

图 4-8　边鸡（《禽志》第 23 页）

边鸡（图 4-8）。边鸡在山西省又被称为右玉鸡，肉蛋兼用型品种。边鸡中心产区在内蒙古自治区凉城县与山西省北部的右玉县。边鸡的起源至今尚未见于史料记载。当地民间相传，清代雍正、乾隆年间，各地移民进入原“绥东四旗”进行垦殖时，有一支由奉天迁移来的移民带入了一种大骨鸡，与本地鸡杂交。杂交鸡经过长期的繁衍选择，形成了一种体形大、产蛋大、耐粗放饲养、生活力强、适应高寒气候环境的品种。由于这种鸡主要分布在长城沿线一带，而当地人向来把长城称作“边墙”，因此给这种鸡取名为“边鸡”。②

三、东北畜禽养殖技术与畜牧文化习俗

“逐水草而居”的传统游牧文化，包含三个要素，即“牧民－牲畜－草原（河流）”。三者之间形成天然的相互依存和相互制约的关系。这种“三角关系”延续至今，不断孕育和发展出独特的生产方式、生活习俗、文化特质、宗教信仰，深藏着游牧民族血脉中的崇尚天意、敬畏自然、天人合一的生活理念。

---

① 国家畜禽遗传资源委员会. 中国畜禽遗传资源志：猪志［M］. 北京：中国农业出版社，2011：22.

② 国家畜禽遗传资源委员会. 中国畜禽遗传资源志：家禽志［M］. 北京：中国农业出版社，2010：23.

（一）游牧文化

原始游牧方式是由部落统一组织，逐水草而居、长年游动放牧的人类活动和畜牧业经营方式。它是以牧民的生产、生活为核心，同时由牲畜、草场、生产工具、生活用品，以及逐渐发展演化出的地域文化组合而成的独特活动形式。千百年的经验和教训告诉牧民们，如果长期固定在一处草场上放牧，由于牲畜反复啃食和践踏，会造成土壤裸露、风蚀沙化，地表植被退化，导致草场难以持续放牧。因此，只有采取游牧的方式才能调适自然环境与人类活动的矛盾，保护稀缺的水草资源。通过在不同草场间轮换放牧实现水草资源的可持续利用，并保持整个生态系统的多样性。历史地看，游牧方式是勤劳智慧的草原民族在特定的自然环境背景下长期艰难探索后发现的生存模式，是一种明显不同于农耕文化的人类智慧和文明成果，是草原少数民族生存发展的必然选择。

游牧文化的特点就是始终保持人与牲畜的不断迁徙和流动。它既能保证牧群不断获得充足的饲草料，又能够避免畜群长期滞留一地而破坏草场，导致草场资源退化。在原始的游牧方式中，牧民掌握了一年四季气候变化的规律，把草牧场分为春营地、夏营地、秋营地和冬营地，不同营地有不同的放牧方式。例如，内蒙古乌审草原是元朝十四个官营大草原之一，是朝廷主要肉、奶食品供应基地和战马供应基地。乌审草原游牧生活因在冬、夏两季异地游牧而形成不同的游牧文化圈。在历史发展进程中，由于气候变化、生产方式的改变和社会变迁，人们在长期的生产、生活中总结出了一套以游牧经济为主体，水草、五畜、盐碱地相互协调，风、沙、草、灌木相互配合的复合生态系统，蒙古语称之为“朱萨浪”。朱萨浪是游牧文化圈的核心部分，是游牧经济的增值部分。只有良好的朱萨浪，畜群才能够安全过冬，从而保障全年的收益。朱萨浪系统从草原返青开始，直到牧草枯萎而结束。这是游牧生活最快乐、游牧文化最多彩的季节。

朱萨浪分布于沙漠、干地草原、湿地草原、湖泊、沼泽等混合组成的生态系统之中。朱萨浪夏季游牧系统强调五畜与人共存，孕育出蒙古族独特的游牧文化。春夏季以河流和湖泊为中心进行游牧，秋冬季以湖泊和河流两侧的干旱地区和沙地地区进行圈牧。牧民依据不同环境类型来选择季节牧场，总结出“夏放滩地，秋放梁地，冬天放柳湾地”。还有“天旱滩地，雨涝梁地”的放牧经验。这是草原民族利用草场的最简单有效的方法。

每年立夏前后，开始了一年一度的朱萨浪大迁徙。蒙古包车、粮油车、行李车、衣物生活用品车、水车、毡篷车，组成了长长的勒勒车队。牧民们通常是亲邻几家结伴同行，骑马坐车，牛羊成群，浩浩荡荡。转场途中，一般要选择两三处停歇休息地。此时，牲畜就地放牧，牧民临时搭建营地，取泉水熬茶，以炒米、奶豆腐、风干牛肉为餐。每每经过敖包，都要绕行三圈，敬上奶食，跪拜祈福，表达出对大自然恩赐的深深感激之情。在夏营地放牧点，为了防止牲畜过度觅食踩踏，损毁草地，牧民们每年都要迁移到不同的地方搭建蒙古包。夏季水草丰美，牲畜抓膘快，牛羊奶水足。牧民家中的主妇们整日忙碌挤牛奶，制作黄油、酸奶、奶豆腐、酸奶渣等奶食品。夏至过后，牧民们开始剪羊毛，用羊毛制作毡子、鞍垫、蒙古包围毡、炕毡、毡鞋、毡靴。还要硝制牛皮制作马笼头、马绊、马鞭子等各种生产用品。巧手的妇女们缝制羊皮衣和长袍，然后用火烟熏烤以防霉变虫蛀，做到防雨、防雪、保暖和结实耐用。在盛夏的草原上，祭敖包、那达慕活动频繁举办。牧民们汇聚一堂，高歌赞美上苍，美食祭祀敖包，喇嘛诵经祈福。大家开怀畅饮，品尝美食，开展骑马、摔跤、射箭的“好汉三赛”。此时也是年轻人谈婚论嫁的大好时光。

草原游牧文化中还有一种专门为保护草原而设立的“草库伦”轮牧制度。所谓草库伦，就是将草地用栏杆或藩篱围起，防止牲畜进入，在栏杆保护的牧场内通过人力或自然力，恢复和更新植被草地的方式。草库伦是蒙古族牧区至今沿用的草原利用方式。划区轮牧的草库伦，实行“先高后低，先陡后平，先远后近”的原则。秋季放牧时先在离放牧点较远的草场放牧，特别是刚到冬季草场时，要由远及近地放牧。因为此时远处的草场羊群去得少，草籽较多，草料充足。另外，冬季由于天气逐渐寒冷、风雪渐多，故初冬应到高处草地放牧，深冬在低处草地放牧，以避风防寒。春季由于羊群体质差，应在近处、低处、平坦处放牧，并且将最近的草场留给即将要产羔或产羔不久的母羊。夏季由于羊群吃得好，体力增强，可先在陡坡放牧，后在平处放牧，最大限度地利用牧草资源。

元代蒙古族诗人达溥化的《宫词》有“却望阑干护青草，丹墀留与子孙看”诗句。这里的“却望阑干护青草”即用栏杆保护青草，以达到“丹墀留与子孙看”的目的。这里显然是前现代的“可持续利用草原资源”的智慧前举措。草库伦可以保护放牧场，使放牧场得到休养，在保护生态的同时，对草原畜牧业的稳定发挥了重要的作用。草库伦类型分为放牧草库伦、饲米草库伦、育林草库伦、固沙草库伦等。

草原民族总结出来的游牧技术，例如，每年出场、转场、回场的时间把握，五种家畜互利共生的传统知识，牛羊繁殖时间的控制经验，等等，都是敬畏自然、保护草场、五畜共存的朴素自然观的反映。这体现出游牧民族的草原文化、生态和谐的理念。牧草资源和水资源是游牧文明产生和发展的物质基础，牧草的优劣和增减直接关系到游牧民族的兴盛与衰亡。有了丰美的水草，才能养育肥壮的牲畜；有了肥壮的牛羊马驼，才能确保游牧民族和游牧文明的存在和延续。水草和牲畜成为游牧民族的生命，它不仅是生产资源，也是游牧民的财富动产。

牧民在长期的游牧活动中熟知和掌握了周围的自然环境特点，包括山川、河流、湖泊的分布，动植物的种类和生长繁殖活动的特性，春夏秋冬的季节变化和气候的冷暖干湿规律等诸多知识，综合气候的四季变化、水源的分布与多寡、草地的长势与种类、畜群数量与种类等诸多因素，逐渐形成了以牧民部落为单位的游牧范围和迁徙路线。

游牧文化是草原文化中极具特色、不可或缺的重要组成部分，是中华文化的源泉之一。游牧文化的核心是崇尚大自然的和谐思想和蒙古族自古以来形成的保护环境、保护草原、保护自然的传统美德，以及人与自然和谐共处的生态平衡理念。让全体民族确立爱护草原、保护草原，与草原和谐相处、共同生存的传统思想代代相传。中国北方广大地区的草原文化，不但分布有许多早期人类活动的遗迹，而且拥有很多可以认证中华文明起源的文化遗存。这些文化遗存表明，在中华文明的起始阶段，中国北方广大草原地区，已经绽露出“五千年文明的曙光”。草原文化与黄河文化、长江文化共同组成中华文化的三大主源，是中华文化博大的丰富性和充满生机活力的动力源泉。游牧民族经过长期不断的人工选择，选育出蒙古马、蒙古羊、蒙古牛等驰名中外的优良品种畜品种，培育出良好的农牧产品。

（二）五畜饲养技术

草原畜种主要是马、牛、羊、骆驼、骡子、毛驴等，通常把马、牛、绵羊、山羊、骆驼称为“五畜”。牲畜分群管理是牧民在长期的放牧过程中，以牲畜的群聚特性为基础的牲畜管理方法。牲畜分群方法有很多种，但通常多以牲畜的种类为依据进行分群。例如马群、牛群、羊群，以及公牛群、母牛群、公羊群、母羊群等。在分群管理中，畜群结构的调配是最为关键的步骤，体现出高超的草原生态保护利用的智慧。例如，在同一处牧场上放牧的马群、牛群和羊群的种群数量和雌雄比例，都有十分明确的限定。

分群管理是畜牧业生产过程中最基本的经营手段，是提高畜牧业经济效益的有效办法。牧民以牲畜的繁殖特征和生存习性作为调配畜群结构的要素，通过优化畜群结构，合理控制畜群规模，调节畜群和牧场的关系，提高牧场资源的高效产出和可持续利用，促进人、牲畜、草地三者的可持续发展。

蒙古语称马为“漠日”，蒙古族视马为最神圣的牲畜。在历史上，牧民无论家境贫富，养马都是主业首务，少则十余匹，多则百千匹为群。牧民在每群马匹中选一匹优良的公马作种畜，称为“阿吉热嘎”（即领头公马）。它既是配种的公马，也是牧民的助手，知道引领马群适宜的牧草地上觅食，还有抵御狼群侵袭的本领。待马群中有小公马诞生，本群的“阿吉热嘎”便被分牧饲养、分群管理。

现如今，机电动力的交通运输工具已经普及，马匹的骑乘驮运功能已经退出历史舞台。但是，作为草原民族的传统爱畜，草原上依然可以看到放牧的马群。在夏季，辽阔草原水草丰美，马匹可以在草原上自由觅食。牧民通常会相隔一两天察看一下马群情况。在冬春冰封时节，牧民每天驱赶马群到有“暖水”（即泉水，一般不封冻）的地方去饮水。对所骑乘的马匹，一般不归群牧养，平时将其用马绊绊在住宅附近的牧场，以备随时骑用。冬季和初春，则要给所骑乘的马匹添喂精饲料，以保证这些马匹在任何季节都能保持体壮力盛。

牛也是草原民族饲养的主要牲畜。草原牧民过去很少种植作物，牛肉和牛奶是他们的主要食物。牛皮是制作皮革制品的主要原料，也是防寒的重要材料。牛的性情温驯、行动迟缓，所以牧牛多由妇女负责。在草原上，牛以群牧，不圈养，可以是十几头到二三百头为一群。

羊有绵羊和山羊。牧民把绵羊视为很珍贵的家畜。绵羊身上的毛很丰厚，是他们毛纺的重要原料。牧民普遍喜欢食用绵羊肉，因而在祭祖敬宗或寺庙贡牲，都必须用绵羊肉。山羊的肉、乳同样是牧民不可缺少的食物。山羊绒是高档毛纺的重要原料。养羊是草原民族的传统生业。牧民养羊少者数十只，多者达数百乃至数千只。牧羊者也多是妇女，历史上还有牧童。羊只均为群牧，每群可多至二三百只。牧羊除了在草木繁盛的季节，一般都需要现地跟群放牧。冬季和初春，尤其是接羔季节，晚间要多次察看母羊产羔情况。每年清明过后，母羊集中产羔，牧民对羊群的管理更为精细。为了母羊和羔羊的安全，牧民日夜守候在羊群旁，还用毡子做成毡袋，把刚刚出生的羊羔及时装进毡袋里保暖。

骆驼是草原长途旅行的交通工具，素有“沙漠之舟”之称。从古至今，骆驼一直是牧民饲养的家畜。到了现代，骆驼饲养逐步减少。

（三）牧业生产工具

传统的畜牧专门工具很多，而且草原牧业和农区养殖的工具也各不相同。这里仅以草原牧民常用的小型牧具罗列如下。

套马杆，分套马索和套马杆两部分。套马杆用草原盛产的沙柳或野红柳的枝干制成，长约 5 米（一丈五尺）；套马索则用马鬃搓制或用牛皮条拧接而成，长约 3.3 米（一丈）。

套马绳，主体部分是用马鬃搓制的套索，顶端有长 1 米左右的牛皮绳。使用时将牛皮绳的一端与鬃绳系在一起，另一端系着一小铁环，将铁环套在鬃绳的上部结成活套索，套住马匹。

马汗梳与马汗刷，是给马匹梳毛刷汗的工具。马汗梳由一块长约 10 厘米、宽约 3.5 厘米的木、铁或骨块制成，双边锯齿形，用于梳理马的皮毛。马汗刷是在一块长约 22 厘米、宽约 10 厘米的椭圆形木板或铁片、骨块上，插上长约 2 厘米的猪、马鬃毛而成，用以洗刷马身上的灰尘和污垢，可使马匹汗毛孔收缩，起到防止感冒的效果。在夏秋炎热之季，要经常梳刷马匹，使马匹提神添膘、去污解热。

拴马桩，一般用直径 15 厘米左右的柳木或榆木做成，果木和杏木更佳；一般安插在房屋的右前方或牧场路口处，供骑乘或休息时拴系马匹。

马绊，控制马匹，不让其远行，便于牧民察看或使用马匹。

羊杈，是一种牧羊工具。羊杈头用当地所产的柠条支杈或沙柳、红柳支杈削制而成，再用细柠条根缠在细沙柳或红柳棍上即可使用。

奶羊嘴，多用牛角制成，是给羊羔饲喂乳汁或流质食物的器具。其形状是上粗下细，呈漏斗状，长约 15 厘米。

爪子，是分离山羊的粗毛和绒毛的工具，牧民用于抓取羊绒。

羊毛剪，分大剪和小剪两种。大剪是剪去山羊的梢毛（即超出羊绒长度的粗毛）的工具，小剪是剪取绵羊毛的工具。

烙印，游牧民常用的生产工具之一，一般为铜或铁制。使用时将烙印烧红，烙在马的臂部或牛羊的角上，作为永久的印记，以便与他人的畜群相区别。

（四）牲畜接生保育技术

牲畜幼崽的接生和保育是牧民牲畜养殖中一项关键的生产活动。不同牲畜对幼崽的护理程度不同，同时考虑到牲畜产羔季节的气候及环境条件，因此，有针对性地对牲畜幼崽进行接生和保育，对提高牲畜幼崽成活率至关重要。

羊。母羊产羔的季节气温相对较冷，同时母羊还存在不认幼羔的情形，因此需要人工进行干预。羊群的接羔保育，可分为产羔前的预备措施和产羔后的保育措施。产前措施：①产羔场地消毒：接羔前要清理场地的杂物，将焚烧羊粪产生的灰烬撒在场地上进行消毒；②备足牲畜的饲料。产后措施：①羊羔保暖：因绵羊产羔的春季，气温相对较冷，为了防止冻伤幼羔，要将刚出生的幼羔装入专用毡袋保暖。②辅助喂奶：幼羔刚出生时，自立能力较弱，尤其是对头胎产羔的母羊，需人工辅助喂奶，增强幼羔的体力。③标记：为了防止错配小羊和母羊，要在幼羔和母羊身上的同一位置打上同一颜色的记号。

马。增加看护次数。马群在野外自由采食时，牧马人只需一周看护一次。但是，到了母马产驹的季节，牧马人需要每日看护一次；老弱的母马需赶回营地专门喂养看护。

牛。产前措施：将母牛集中到温暖、水草充足的地方，自由采食，自行产犊。产后措施：牧民要把牛群赶回营地，拴系牛犊。母牛白天自由采食，傍晚收归后挤奶。

（五）公畜的阉割和管理

草原牧民把阉割公畜看作畜牧业生产上的一件十分重要和隆重的事情。阉割公马，必须事先选择吉日，自己亲自牵上所骑乘的马匹，恭请阉割师前来施行阉割手术。阉割公畜有火骟和水骟两种方法。火骟多用于公马的阉割。其方法是：先将公畜按倒，用阉夹［即两条厚约 1.7 厘米（半寸）、长 50 厘米（一尺五寸）、宽 3.3 厘米（一寸）的木条用牛皮筋固定一端］夹住睾丸的根部，将锄钩或其他铁器烧红，将其烫掉即可。这种阉割技术具有消毒效果好、不易感染或水肿的特点。公马用这种技术阉割后具有体壮、力强的特点。水骟技术多用于牛、羊。其操作方法是：用阉夹夹住公畜睾丸的根部，在睾丸的顶部用奶酒消毒后，拿剪刀剪开口，用手挤出睾丸并连根拔除。牧民们十分注意火骟后牲畜的管理，特别是对火骟后马匹的管理更为细致。对刚阉割的马匹，必须有专人看管，不让其到有水的地方饲草，不能让马匹在潮湿的地方卧。3天之后用毡被厚褥披在马上，让其发汗出水；7天后又用同样的方法让马匹再发汗出一次水。如阉割后的马匹刀口出现发炎水肿，则用9粒（或5粒7粒等单数）陈羊粪珠加艾叶点着熏治，其治疗效果甚佳。

（六）民间兽医学知识

对于家畜疫病预防控制，通常都注重与游牧方式相结合。季节性定时游牧转场可以有效防止或减少家畜粪便对草场的污染，有效防控家畜寄生虫病流行。同时，春秋各进行一次防疫和驱虫。5月中旬，母羊产羔基本结束，用驱虫药驱除羊体内外的各种寄生虫。10月中旬，再进行一次驱虫工作。此外，牧民还积累了许多的牲畜疾病预防和治疗的经验。草原所产的兽药丰富。牧民在长期治疗畜病的实践中积累了丰富的经验，掌握了一套使用本地所产的药物资源治疗畜病的有效方法。

常用的疫病防控方法如下。

放血疗法：对普通病的治疗，牧民就地取材，简便有效。常见的有放血疗法。这是牧羊人使用随身携带的针具，进行穴位刺破放血，治疗羊常见病的传统疗法。该方法简单方便、费用低、见效快。

常用药物：黄芩、黄柏、黄连、大黄、艾叶、甘草、车前子、蒲公英、地榆、败酱草等。

药方治疗：采集甘草、黄芩、黄柏等熬成汤药，每年在伏天灌饮牲畜两次，为牲畜泻火。又一方是，用栀子、诃子、川楝子这3味药拿开水冲和，给牲畜灌服，治疗牛、马的三焦热盛、腑脏实热、疮痈肿毒、口舌生疮等疾病。

喂药的“灌角”：形状似牛角，用以灌饲兽用汤药。此物中间较粗，头和柄部较细，柄部圆，头部卷为槽状。材质多为铁制，个别为牛角制。“灌角”是在草原上常发生的家畜因误食毒草而急性中毒时，牧民给病畜强制灌喂药汤治疗的便捷工具。

（七）充满智慧的草原游牧传统

这里首先要认识到，不能简单地将“逐水草而居”理解为“自由放牧”。实际上，牧民是根据草原的自然环境、地理特征，气候条件，以及草地资源禀赋等环境条件，因地制宜地选择游牧区域和放牧方式，其中蕴含着丰富的习俗知识和放牧经验（图 4-9）。游牧民族选择的是一种向自然界索取少，不给草原环境留下废物垃圾的特别节俭的生活模式，他们崇尚的理念是生活用品尽量简易实用，百年身后的安葬也要从简，使逝者回归自然。

图 4-9　内蒙古自治区东乌珠穆沁旗的草原游牧（内蒙古民族文化产业研究院　提供）

游牧民族以绵羊、山羊、牛、马等家畜种群之间相互依存关系为依据，融合协调的同时牧养多种家畜。牧民为了避免在严寒季节生产羊羔，保证羔羊的成活率，一般都把产羔季节调控在春暖花开的清明节前后。调控产羔时间的方法有两种：一种是用毡片或皮片裹住公羊的腹部，控制公羊交配的时间。这是适用于小规模养殖户的“控制繁殖”传统方法。另一种是将公羊和母羊分群放牧，固定在每年的 11 月初才合群放牧，使羊群自由交配。这样就能做到大规模的羊群在相对集中的适宜季节内产下羊羔。

传统游牧有着一套行之有效的知识体系。它是管理草原、放牧牲畜，调节“人 – 草场 – 牲畜”三者之间关系的习俗经验。这套知识体系基于长期对草原环境的经验观察和游牧的实践积累，能够很好地克服草原环境的“脆弱”“多变”和“不确定性”的负面制约，对维持草原生态系统的可持续性起着重要的作用。

草地资源是畜牧业生产中不可缺少的生产资料，气候条件、季节变化对它的生长有着决定性的影响。因此，游牧一般都按照气候条件和季节变化来利用牧场草地资源，依据地形环境，如海拔、水源、植物种类等因素决定放牧方式、牧群数量和放牧时段。此外，牧民还会将冬春季牧场中一部分区域划分出来作为打草场，收割和储备冬季草料，以便确保畜群冬季的草料供应，安全越冬。

草原牧民信奉的“天父地母”“万物有灵”“敬畏自然”的萨满教，产生强烈的心理约束力，规范牧民自觉顺应自然条件来采取相应的放牧活动（图 4-10）。他们在平时的生活中，总是将保护自然放在首位，个人利益次之，不会伤害自然。例如，蒙古包以树枝为支架，以家畜绒毛织成的毡子为覆盖物，体展现了“取于自然，还于自然”的理念；牧民以牛羊粪和枯树枝为燃料，不会砍伐薪柴而损坏树木；禁止在河水、湖水中洗涤污物和便溺，体现了对自然的保护与热爱。牧民们相信：人们只有积极适应自然、适度利用自然、合理改造自然，自觉保护环境，“一切顺其自然”，就会得到大自然的慷慨回馈；当人们破坏生态平衡，掠夺自然、盲目索取、暴殄天物，就会遭受大自然无情的惩罚。

图 4-10　内蒙古多伦湖畔暮归的牛群（内蒙古民族文化产业研究院　提供）

游牧文明与当代可持续发展理念完全吻合，高度一致。牧民在长期的游牧活动中逐渐认识和感悟到，游牧社会是由人、家畜、草场三个要素构成的一个复杂的、关联互动的生态系统。基于民族生存需要，当地居民在积极融入自然，心怀感恩，善待自然，敬畏自然的基础上，发展和形成了尊重自然的生态理念。可以说，生态思想是游牧传统文化的精髓。游牧民族具有保护草原、保护森林、保护水源、保护野生动物、保护牲畜的文化传统和生态习俗。

走马赛是最富有草原文化的风俗，原为蒙古族贵族的一种赛事，后来成为典型的民族地方性群众活动。走马，要经过较长时间的特殊训练后，方可参加比赛。比赛规则严谨，对马匹步伐的要求非常严格。走马赛，不是单纯比赛马的速度，而是一种以观赏马的独特步伐为主，稳中求快的娱乐活动。他以马的步伐稳健、姿态优美为主要的评比标准。另外，走马的装扮和骑手的穿戴，马和人配合的程度，还有整体上的美观等也都是评比的内容。

此外还有一个“马驹节”，蒙语为“乌那汗珠拉格”，一般在鄂尔多斯古历法的八月（农历五月）举行，是蒙古族传统的喜庆佳节。届时会举行各种传统竞技、娱乐活动。“马驹节”举行时，草原上的男女老少都格外欢快，全家出动，穿上鲜艳的盛装，骑上自家早已准备好参赛的“大走马”“儿马”（公马），从四面八方云集会场，共同庆贺“像湖海一样丰溢、像白云一样纯洁、像宝石一样珍贵、像母乳一样神圣”的鲜奶收获的季节。

总之，草原是牧民的生存之本，所以他们非常重视对草原的保护与合理利用。基于长期的牧业生产实践，牧民不仅对破坏草原的因素十分了解，而且将破坏草原的行为视为罪恶。他们不但有着处罚破坏草原行为的族规民约，而且还有相应的奖励机制，形成了游牧民族生态环境保护的优良传统和价值体系。这对现今如何合理开发和利用自然资源仍然具有重要的借鉴意义和应用价值。

第五章
西北各民族养殖史

一般来说，中国西北地区包括新疆维吾尔自治区、甘肃省、青海省、宁夏回族自治区、陕西省及内蒙古自治区的一部分。历史上，“北胡人”和“氐羌人”是西北地区的世居民族。后来，经过历代的民族融合或析出，产生了许多血缘相近的新族群。此外，从 366 年，即前秦建元二年之后，经北凉、北魏、西魏、北周、隋、唐、五代、宋、回鹘、西夏、元等不同历史时期的朝代更迭，西北区外的民族相继迁徙入境或杂居融合，又增加了新的少数民族。籍贯世居的有维吾尔族、蒙古族、藏族、回族、哈萨克族、乌孜别克族、柯尔克孜族、锡伯族、塔塔尔族、塔吉克族、裕固族、撒拉族、东乡族、保安族、土族等。西北地区位于内陆，地势大多在海拔 1000 米以上，气候寒冷干燥，年降雨量大都为 200—300毫米。祁连山、昆仑山、阿尔泰山、天山等纵横其间，形成许多谷地和盆地。境内有终年积雪的高山、一望无际的戈壁、茂密的森林、肥沃的草原。这里是古代游牧民族理想的天然牧场，堪称禀赋优异的农牧区。

第一节　西北民族的演替与地方政权的建立

西北地区在新石器时代就有丰富的农业文化遗存。甘肃省秦安县大地湾遗址考古表明，新石器时代的先民们已经种植粟类作物，并饲养猪、狗等家畜，过着定居的聚落生活。大地湾遗址的发现，对建立渭河上游史前文化序列，研究黄河流域新石器文化的产生和发展，探索中华文明起源的历史进程，具有十分重要的意义。在甘肃省、青海省、宁夏回族自治区，公元前3300—前2050年的马家窑文化发现了大量农具，粟黍等作物种子和猪、狗、羊、鸡等畜禽遗骨，可以窥见当时发达农牧业的盛况。公元前2000年前后，齐家文化的农牧业更为发达，发现了粟、储粮窖穴、石质农具和猪、羊、狗、马、牛等家畜遗骨。在新疆维吾尔自治区，距今3800年的孔雀河畔的古墓沟遗址表明，当地居民以畜牧为业，饲养山羊、绵羊和牛。该遗址出土的小麦籽粒，则是中国迄今最早的栽培小麦遗存之一。此外，在哈密市、巴里坤哈萨克自治县、木垒哈萨克自治县等地也发现石磨盘、石磨棒、石杵、石锄，以及麦粒等。

一、西域民族政权的"行国和居国"

居住在西北地区的地方民族政权，有的是"逐水草而居"的"行国"，有的是定居下来以绿洲农耕为业的"居国"。本书将古代西域的"行国"和"居国"合称为"行居国"。《汉书·西域传》说："自且末以往，皆种五谷，土地草木，畜产作兵，略与汉同。"汉武帝时，把匈奴人逐出河套和河西走廊，在此移民屯田，把中原农区和新疆天山以南的农区联结了起来。以后又在西域屯田，乌孙和羌人的农牧业都获得快速发展。据《甘肃通志》记载，羌人"缘山滨水，以广田畜"；"沃野千里，谷稼殷积"，过着富饶的生活。当时的西域地区，许多地方还有以游牧为生业的氏族部落。

自汉逮唐，分布于西北地区的少数民族主要有匈奴、氐、羌、吐谷浑等。吐谷浑（亦称吐浑，313—663 年）原是游牧于辽东的鲜卑慕容部的一支，从渤海之滨迁移至内陆的青海等地，当地藏族称之为“阿柴”。西晋至唐朝时，吐谷浑在祁连山脉和黄河上游谷地建立了民族政权，以畜牧为主，盛产马、牛、骡、骆驼，尤以良马“青海骢”最为有名。这一时期，高昌等西域诸国受中原战乱影响较轻，生活较为安定。中原地区由于长期战乱，众多汉族人为逃避战祸，纷纷徙入西北地区，与当地的世居各族交杂共处。汉族移民带去了先进的耕作技术和农具，同时也增加了从事生产的劳动力，促进西北原有的游牧经济向半定居或定居农业过渡。在这一过程中，游牧的“行国”逐渐向定居的“居国”过渡。在特定的草原生态环境中，保留了原先的游牧方式。

二、民族地方政权的建立

（一）藏族吐蕃

唐宋时代，中国西北地区的民族版图发生了重大变化。首先，在青藏高原建立了藏族吐蕃政权。吐蕃（633—842 年）几乎与唐王朝同时建立。自松赞干布至朗达玛，相继延续了 200 多年。吐蕃的族源来自远古的羌族。其支系如发羌、迷唐等部落，先后迁移到今天的西藏自治区，与当地世居民族相融合，繁衍发展，形成了吐蕃族。唐时，青藏高原各部落在吐蕃王朝的统治下凝聚成势力强大的藏族，逐渐走出封闭的内陆高原。藏族第一次以勃勃生机登上了历史舞台。尤其是吐蕃王松赞干布（617—650 年），先后征服了青藏高原上的诸多部族，如苏毗、羊同、白兰、党项、附国、嘉良夷等，甚至将属于鲜卑人的吐谷浑也纳入了吐蕃的麾下。随着吐蕃势力日渐昌盛强大，开始举兵进犯四邻，先后占领了河湟，攻陷了陇右，灭亡了吐谷浑，控制了西域要隘的天山南路。

（二）党项族与“李姓西夏”政权

隋唐以前，西北地区的另一个民族重大变化是，从今青海省东南部的羌族中析出一个“西羌”族群。唐时，逐渐繁庶起来的“西羌”再析出一个支系，称为“党项”。党项中的拓跋氏部落最为强盛。唐末黄巢起义时，党项族宥州（今内蒙古自治区鄂托克旗东北）刺史拓跋思恭出兵勤王，唐僖宗授其“定难军节度使”，加封“夏国公”，赐皇族姓李。其后人遂以李姓行世。宋朝时，拓跋思恭嫡裔李继迁在宋辽两大政权之间合纵连横，游走征战，为党项族占得了大片领地。之后，李元昊继承乃祖乃父大业，在天授礼法延祚元年（1038 年）正式称帝，号西夏，疆土包括了今天的宁夏回族自治区、甘肃省、内蒙古自治区和青海省、陕西省部分地区。西夏人畜养马、牛、羊、驴、骡和骆驼。及至移居今陇东及陕北地区、宁夏回族自治区、内蒙古自治区等地后，农业生产始有所发展。后被成吉思汗所灭。

突厥是历史上活跃于蒙古高原和中亚地区的诸多族群集团的统称，也是中国西北与北方草原地区继匈奴、鲜卑、柔然以来又一个重要的游牧民族。公元 540 年，“突厥”这个词始见于中国史册。745 年，唐朝与回鹘联合攻灭“后突厥汗国”，东突厥诸部或亡散于战争，或融入回鹘，或者融入汉族。唐朝显庆二年（657 年）灭西突厥，所属余部突骑施、乌古斯、葛逻禄、钦察、卡拉吉、样磨、处月等，逃亡西迁至中亚地区。

（三）“回鹘”汗国与维吾尔族形成

还有一个变化是维吾尔族先祖“回鹘”逐渐兴起。回鹘是铁勒诸部的一支。铁勒原是公元前 3 世纪分布于今俄罗斯境内的贝加尔湖以南的部落联合体。由于使用一种“车轮高大，辐数至多”的大车，又被称为高车族。北魏时，铁勒部属“袁纥”族群游牧于伊犁河、鄂尔浑河和色楞格河流域。隋大业元年（605 年），袁纥部与仆固、同罗、拔野古等部落成立联盟，逐渐强大起来。这个部落联盟统称“回纥”。唐贞观二十年（646 年），回纥部属配合唐军攻灭薛延陀政权，首领吐迷度接受唐朝管辖，领六府七州。天宝三年（744 年），以骨力裴罗为领袖的回纥联盟推翻了后突厥汗国，在漠北（今分属俄罗斯、蒙古国、中国及哈萨克斯坦等）建立回纥汗国，王庭（牙帐）设于今蒙古国境内的鄂尔浑河流域，疆域版图最大时，东接室韦（位于今大兴安岭北部东侧），西至金山（今阿尔泰山），南跨大漠（泛指蒙古高原中部的戈壁沙漠地区），北至北海（今俄罗斯境内贝加尔湖一带）。据《资治通鉴》记载，贞元四年（788 年），回纥取汉语“回旋轻捷如鹘也”之意，改称回鹘。自此族名以“回鹘”行世。840 年，回鹘汗国被所属部黠戛斯打败，余部西迁西域，与当地民族融合形成维吾尔族。①

三、西北地区的世居民族和迁入民族

元朝时，大量蒙古族群众进入西北地区。经过长久的多民族杂居融合，西北地区许多旧有民族消失了，代之而起的新民族接踵而生。他们有的是旧有民族的演化，有的是民族大融合后形成的民族共同体。当代西北地区的民族名称就是在此以后相继出现的。这些民族大多数经历了以牧业为主体的游牧阶段。随着元、明、清三朝的经济发展，以及对西北地区开发的深入，农业生产在其社会经济中出现了不同程度的变化。有的继续走向半农半牧，有的则已完全转化为以农业为主体的民族。

土族自称“蒙古尔”（蒙古人）或“察罕蒙古尔”（白蒙古），反映了土族族源与蒙古族的密切关系。相传成吉思汗的部将格日利特（格热台）率部留驻索卜滩（今青海省互助土族自治县境内），不久病死，他的部属驻扎定居下来，与当地霍尔人通婚，逐渐繁衍而成后世的土族。

保安族住于青海省同仁市。保安族的族源和形成，有源自蒙古族、回族和西域色目人等传说。根据保安族的史诗传说、语言特点和类似蒙古族的某些生活习俗来看，可能是元明时期一批信仰伊斯兰教的蒙古人，在青海同仁一带驻军垦牧，与周围的回族、汉族、藏族、土族各族

① 中国的汉文古籍在不同历史时期对维吾尔族名有不同的译写称谓。4 世纪称为“袁纥”。6 世纪末 7 世纪初称为“韦纥”。788 年以前为“回纥”。788 年以后至 13 世纪 70 年代则称为“回鹘”。13 世纪 70 年代至 17 世纪 40 年代称为“畏兀儿”。17 世纪 40 年代到 20 世纪初则称为“回部”“缠回”。1935 年始称“维吾尔”，绵延至今。——作者注

长期通婚交往，逐步形成的一个新民族。另一种说法是，元朝西征时，将中亚诸国大批青壮年编入“探马赤军”，这些人包括回回、哈剌鲁、康里、阿儿浑、撒尔塔、汪古等多个西域民族成员，他们大部分信仰伊斯兰教，保安族即是这些“西域色目人”融合而成的后裔。

裕固族源自唐代在鄂尔浑河流域游牧的回鹘人。9 世纪中叶，回鹘汗国崩亡，部众分途西迁。其中有一支迁至河西走廊的沙州（今敦煌市）、甘州（今张掖市）、凉州（今武威市）一带，受吐蕃政权统治，史称河西回鹘。后来，河西回鹘攻占了甘州城，自立可汗，因此河西回鹘又被称为甘州回鹘。明朝将关外诸卫迁入关内安置，甘州回鹘随之东迁入关，在肃州及甘州南山定居下来。由此确立了裕固族的族源主体。东迁后，裕固族在经济生产方式上逐渐发生变化。黄泥堡的裕固族受汉族影响，学会了农业生产技术，并逐步代替畜牧业；肃南地区的裕固族仍从事畜牧和狩猎业。

锡伯族的族名最早见于明万历二十一年（1593 年）。在之前的汉文史书中，有过须卜、鲜卑、犀毗、犀比、悉比、失比、失必尔、师比、西卑、室韦、失韦、斜婆、西伯、史伯、洗白、西北、席白、席北、锡北、锡窝等几十种音译写法。锡伯族源于东北地区的鲜卑及女真族。原居于东北伯都讷（今吉林省扶余市）等地。18 世纪中期，受清廷派遣，屯驻伊犁地区。遂兴修水利、大力垦荒种植，成为农业发达的民族。

东乡族因居住在河州（今临夏回族自治州临夏市）东乡而得名，在中华人民共和国成立前还不是一个具有血缘或文化标识的少数民族，只是称为“东乡回回”或“蒙古回回”。因生活习俗和宗教信仰与西北回族十分相似，历史文献上也常把他们归入“回回”民族之内。从西北地区的民族演变考察，东乡族可能是以东乡地区的回族为主，融合了当地的蒙古族、汉族和藏族，经过长期的通婚发展而成的新民族。

达斡尔族主要分布在内蒙古自治区、黑龙江省和新疆维吾尔自治区等地。新疆塔城地区是达斡尔族集中居住地。达斡尔族居住地最早记载为讨浯儿河（今洮儿河），明初迁往黑龙江以北。17 世纪中叶，达斡尔族内迁往嫩江流域，少部分仍留在外贝加尔一带。后因清朝征调青壮年驻防东北和新疆边境，逐渐形成了现在的分布状况。根据达斡尔族自身传说及达斡尔人与契丹人在生产、生活、习俗、宗教、语言等方面的相似性判断，一般认为达斡尔族属于辽代契丹人的后裔。

西北地区还有在不同时期迁入，并与世居民族交融杂居的许多民族。

回族是元代移居中国的回回人与汉族、维吾尔族、蒙古族等各族融合后而形成的民族共同体。因长期与汉族长期杂居，耕作技术大都与当地汉族相同。经营农业之外，一般都兼营商贩、手工业或畜牧业。

撒拉族主要聚居在青海省循化撒拉族自治县、化隆回族自治县、甘肃省积石山保安族东乡族撒拉族自治县。撒拉族的族源有多种说法，一说是来自土耳其，一说是来自哈密，一说是来自撒马尔罕。目前比较一致的意见是来自中亚的撒马尔罕。

此外还有不同时期先后入迁的柯尔克孜族、哈萨克族、塔吉克族、乌孜别克族、俄罗斯族等入迁的民族。

第二节　西北各民族的农牧业

西北牧区主要分布在高寒山地草原。山地草原和高寒草原植被具有独特的地域环境特点。由于水热条件的变化，植物群落由旱生逐渐变为微温强旱生或寒旱生类型。群落呈垂直地带分布。在蒙新区向青藏区过渡的地段，是植被类型较为多样化的地区。由于山岭、沟谷与湖盆相间排列，形成了截然分界的地形特征。山地由于新构造地质运动的影响，侵蚀、剥蚀、冰川、寒冻、风化的共同作用，以及地表径流的作用，使之形成低山、中山、亚高山和高山的独特地貌。

本区的农牧业也因所处环境的不同而有较大的类型差异性。新疆维吾尔自治区东南部、天山屏障以北，阿尔金山绵亘在南，塔里木盆地的东半部袒露于两大山脉之间，草原辽阔，四周高山环抱，无绝对无霜期。草原主要由针茅、狐茅和蒿等高寒草种构成。历史上，西北各民族的畜牧业都很发达，与中原民族形成既相携又相争的复杂交错的农牧关系。

一、匈奴族

匈奴族是公元前 3 世纪崛起于蒙古草原的游牧民族。匈奴族的发祥地在今内蒙古自治区河套和阴山一带。这里有多处新石器时代定居的农业遗址。考古所见的最早匈奴墓葬为战国初年。汉族文献记载，战国时期，匈奴已成为对中原华夏的重要威胁。公元前 3 世纪，匈奴首领冒顿弑父自立，建立了奴隶制国家。以后，相继击灭或降服了北方草原诸多游牧民族，势力范围东至辽河，西达葱岭，北抵贝加尔湖，南达燕山北麓。匈奴的经济基础是游牧业，实行“随畜牧转移”的游牧方式。匈奴人食畜肉、饮湩酪、衣皮革、被旃裘、住穹庐，以牲畜为生活资料和生产资料的主要来源。畜群规模很大。汉朝在对匈奴战争中，往往一次俘获牲畜就有上百万头。畜群中多羊、马、牛，还有骆驼、驴、骡等。马在畜群中占有特殊地位。匈奴人擅长骑术。骑马是匈奴人区别于此前的游牧民族（如西戎牧羊人）的重要特征。匈奴首领“单于”拥有强大的骑兵部队。汉高祖七年（公元前 200 年），冒顿单于以 40 万名骑兵围攻刘邦于白登。畜牧之外，兼事狩猎。《史记》称匈奴“其俗，宽则随畜，因射猎禽兽为生业；急则人习战攻以侵伐，其天性也。”

秦汉时，在叶尼塞河、色楞格河、图瓦河、鄂尔浑河和克鲁伦河流域等地，还相继建立过定居城镇，有从事农业的定居居民。《史记》记载，汉武帝元狩四年（公元前 119 年），卫青出击匈奴，至寘颜山赵信城（位于今蒙古国境内杭爱山南面支脉）得其积粟食军。匈奴人不但在本土从事耕作，汉昭帝时还遣骑兵 4000 人屯田车师（今新疆维吾尔自治区吉木萨尔县北破城子一带）。直至汉宣帝时，由于汉军的攻击才离去。汉宣帝甘露三年（公元前51年），呼韩邪单于投奔汉朝，徙居漠南，进一步加强与汉朝的政治、经济联系。在汉族先进耕作技术影响下，经营农业的人越来越多，或半农半牧，或完全从事农业。曹魏时实施“勤劝农桑”政策，令其接受地方官管理。将其编入户籍，又给予“不输贡赋”的优待。故其民众后来多被改造成农业生产者。

匈奴人的游牧畜种以迁移能力强的马和羊为主。这是适合大范围远距离的游牧空间的特定选择。马的驯养与利用对草原游牧至关重要。马的移动力最强，可以到达很远的地方，而且不与牛羊争食。在冬季冰封雪锁的严寒季节，马匹知道自己踢踏雪堆，觅食埋在雪下的枯草。此外，马在放牧时还有一项重要的功能就是成为牧民的坐骑，使牧民可以灵活而有效地控制和保护庞大的畜群。有研究表明，在今天的内蒙古地区，一个普通牧民一般可以放牧150—200只羊；如果他骑乘于马背上，则能控制500只羊；两个骑马的牧民可以管理大约2000只羊。马匹的机动性，能让牧羊效率大幅提高（图5-1）。正如史料所载，如果匈奴有40万名骑兵，就至少有40万匹服役的战马，外加20万匹后勤辎运的役用马。游牧民族可以做到“出则为兵，入则为民”。在国事安平、偃兵息战时，40万名骑兵就可以就地转成牧民。他们放养的畜群数量就十分庞大。公元前127年，卫青率兵北击匈奴，“得牛羊百余万”。

图5-1　内蒙古阿巴嘎黑马（海龙　摄）

匈奴人不仅善于放牧马、牛、羊，而且还驯养骆驼、驴、骡等杂畜（图5-2）。此外，从牧养駃騠（驴骡）、驴、騊駼（骏马）等牲畜来看，匈奴人显然已经懂得选育良种、培养杂交牲畜和依季节变化放牧、选择草场等技术了。匈奴文化中最具代表性的器物是以马具、武器和动物形状饰品，以及较多的骨制品组合的器物，是典型的骑马文化的特征。他们大多是游牧生活，或者保留了较多游牧遗俗，因此为了便于迁徙，通常没有大型容器，粗重的陶器也很少。由于畜牧业的发达，狩猎和捕鱼仅仅是一种次要的补充食品的来源。[①]

图 5-2　内蒙古戈壁红驼（内蒙古民族文化产业研究院　提供）

二、党项族

党项是古代羌族的一支，原居住在青海东南黄河弯折北流的地区，古文献上有时称为“析支”或“赐支”。文献记载，公元 1 世纪，党项族的势力范围扩大到青海的东南部、甘肃南部，以及四川西北部的广大地区。他们以畜牧为主，饲养有牛、马和羊（图 5-3）。北魏时期，吐谷浑部落将北方的草原马带到了党项人聚居的地区。随着疆土的扩大，经济的发展，党项族统治区域内形成了各自分立的多个部落。唐代贞观三年（629 年）后，党项各部相继归附于唐，逐步北迁至陕甘宁一带。8 世纪安史之乱期间，部分党项人迁至银州（今陕西省米脂县）以北、夏州（陕西省靖边县）以东地区。此后，党项部落的拓跋氏族日益

① 刘正江. 论匈奴族的两次经济转型［J］. 黑龙江民族丛刊，2008（2）：96-99.

图 5-3　甘肃省的天祝白牦牛（阎萍　摄）

强盛，接连降服本族内的诸多部落，势力范围迅猛扩张。10 世纪末，党项族首领李继迁举兵反宋。其孙元昊于 1038 年建立了以党项人为中心的割据政权“大夏”，占有今甘肃省、宁夏回族自治区全部以及陕西省、内蒙古自治区部分地区，宋人称之为“西夏”。1227 年，蒙古军攻灭西夏，党项人流散各地，多与当地民族融合。

党项人居住在青海东南时，还是一个“牧养犛牛，羊猪以供食，不知稼穑，土无五谷”的游牧民族，是一个无文字历法，以草木荣枯记岁月的民族。唐代内迁至秦陇交界及鄂尔多斯高原南部后，占有水草丰美的牧场，农牧业便逐渐发展起来。中唐以后，党项人居住的银、灵、夏、盐诸州，已成为唐朝军马的主要出产地。宋初沿边市马，以党项人居住的陕右诸州为盛。虽然种植业逐步获得发展，但大多数党项人仍然过着“逐水草畜牧，无定居”的生活。

北宋时，党项人建立了西夏政权（1038—1227 年）。西夏建都兴庆府（今银川市东南）。全盛时疆域包括今宁夏回族自治区、陕西省北部、甘肃省西北部、青海省东北部、内蒙古自治区西南部，以及新疆维吾尔自治区部分地区。居民有党项、汉、吐蕃、回鹘等民族，农牧业较为发达，在西北地区农业史上占有一定地位。

西夏疆土广袤，农耕地区所占比重不大，而宜牧地区十分辽阔。境内陇右地区，散布着大片适宜畜牧的优良牧场。横山以北至鄂尔多斯高原，地广人稀，汉唐时是“畜牧为天下饶”的牧区。党项人活动于这一广阔的天地，其善畜牧的传统得以充分发扬，“骆驼马洽足，无凶歉”。牧养的家畜有马、牛、羊、驼、驴、骡、猪等，以马、牛、羊、驼为主。《宋史》记载，西夏兵制：“男年登十五为丁，率二丁取正军一人……凡正军，给长生马、驼各一”。西夏全国兵员总计近70万名，应当有强大的农牧业为其后盾。马、牛、羊、驼和多种畜产品又是主要输出品，用以交换宋朝的缯、帛、罗、绮等。茶马交易是西夏和宋的一项重要交易。畜产加工品，如毡毯、毛褐；猎获物的制品，如麝脐、羱羚角、翎毛等，均为与宋交易的重要输出品。西夏专设群牧司，专司农牧业，又设飞龙院，掌管御厩。

西夏畜牧的生产方式多样，仍以游牧为主。西夏的畜牧与匈奴、突厥、蒙古等中国内陆游牧民族在基本经济特征及生产时令上具有相似性，如牧民居住在“帐”“包”之中，以部落为单位，携牲畜随季节循环移动。十月（农历）进入冬场开始屯聚，二月出冬场，七八月游至最远，开始返回。西夏还借鉴诸多政权的做法，通过划分“地界”来管理游牧部众。可以肯定，西夏游牧经济当为中国古代民族经济发展史上的重要一环。不过，西夏的游牧亦有其较为独特之处，如牧民常会在秋季发生分工，一部分人为牲畜抢膘，一部分至“冬场”打草；入冬之后，就在冬场设置“冬栏”以度过冬荒；再如，为适应西夏多山的地形，牧民多采取垂直迁移的模式；而分散、稀疏的水草又使他们迁移的频率较高，只是单次迁移的距离较短。而西夏“划分地界”的机制也比其他诸多游牧民族及政权更加细致与灵活。

与生产方式相适应，西夏的公有畜牧体系基本制度及管理措施大多都是围绕游牧经济的具体生产流程，以及游牧部落的基本组织形式而展开。西夏沿袭唐宋制度，设立群牧司并使其掌管全国各地的牧场，但牧场经营模式却别具一格。西夏将诸多游牧部落纳入其中，牧民从群牧司领养官畜，将其带到各自部落中进行生产。官府为其承担一定风险，但要求牧民缴纳“杂事”。官畜所繁衍的绝大部分幼畜都被征收，成为官营畜牧业发展的基础及增殖的“本金”，但乳品则大多数留给牧民所有，成为其生活资料。针对这种经济关系和部落组织的特点，西夏推行了一套自上而下与自下而上双轨并行、三位一体的管理办法：一是指派基层生产组织（牧团）的头目为牧监，负责登记牧民所领取官畜的数量、畜龄、孳育等；二是由诸多部落首领推举一名盈能，负责所管区域官畜的“号印”；三是由群牧司下派头监（亲事官）坐镇一地，征收畜产。事实上，正是经济与管理上的双重纽带，使诸多具有较强独立性并善于游走的部落，紧紧依附于政府并受到严格的管制束缚。

西夏统治区的畜牧经济有着显著的区域特点。在鄂尔多斯地区，畜牧业基础雄厚，载畜量很大，多产良马。但是，在瀚海地区，则是土地贫瘠，部族养畜水平较低，产马数量也很少。在天都山地区，地域载畜量和人均持畜量都较高，但以牛羊畜种为主，很少养马。在西部的阿拉善高原，主要饲养骆驼，绿洲地带及沿河两岸会有规模式牲畜牧养，有的已经形成农牧结合的新型生产方式。[①]

三、突厥族

突厥是历史上活跃于蒙古高原和中亚地区的民族集团统称。在中国西北与北方草原地区，先后出现过匈奴、鲜卑、柔然等强大的游牧民族。柔然是蒙古草原崛起的部落制汗国，是鲜卑族的一个支系。西魏废帝元年（552 年），突厥首领阿史那土门率众击破柔然，建立突厥汗国，核心区在准噶尔盆地以北地区。辖地东至辽海（今运河上游）以西，西至黑海（一说咸海），南至河姆河南，北至贝加尔湖。柔然汗国与北魏长期并立。天宝四年（745 年）为回鹘攻灭。

突厥人的经济基础主要是农牧业。《隋书·列传》记载：“其俗畜牧为事，随逐水草，不恒厥处。穹庐毡帐，披发左衽，食肉饮酪，身衣裘褐。”牲畜种类有马、牛、羊、骆驼，牛和骆驼牧养数量和在生产上的重要性远不如马羊。《旧唐书·列传》称“突厥兴亡，唯以羊马为准”。

① 高仁. 西夏畜牧业研究［D］. 银川：宁夏大学，2016：149.

畜群规模庞大。北齐和隋代，突厥各部战骑逾百万，尚不计非战斗马匹和其他牲畜。突厥人养马经验丰富，所产马俱精良，《唐会要·诸蕃马印》称其“技艺绝伦，筋骨合度，其能致远，田猎之用无比”。马除了自给，经常用以同中原交市，以换取日用必需品。唐初战乱之后，耕牛役畜缺乏，通过与突厥交换获得补充，促进了中原生产的恢复和发展。

狩猎在突厥人的生活中也占重要地位，是衣食的补充来源。《暾欲谷碑》称突厥人“以大兽、野兔自给，民众口食无缺”。西突厥叶护可汗也经常率大批随从出外围猎。牧猎之外，在汉族影响下逐步学会种植业。《旧唐书·列传》记载，贞观初，唐朝大臣张俭受命北征突厥，移其众于代州（今山西省代县）“劝其营田，每年丰熟”；又疏请实施和籴，受到突厥人民欢迎。《旧唐书·列传》有载，贞观中，监察御史李素立谕降突厥阙泥熟别部，为之建造房舍，导其屯田。7 世纪以后，农业生产进一步发展。武则天神功元年（697 年），黔啜可汗上书向唐朝请赐谷种、农具和铁器。武则天特颁粟 3 万石、杂彩 5 万段、农器 3000 具。

四、回纥族

回纥族又称回鹘族，是维吾尔族先民。11—12 世纪活跃于蒙古草原和中国西北地区，其游牧经济逐步过渡到定居农业。回纥先世是敕弥铁勒。初驻牧于漠北仙娥河（今色愣格河）和安侯河（今鄂尔浑河）流域，仍处于氏族社会。唐天宝三年（744 年），突厥内乱，回纥首领骨力裴罗袭破之，自号为骨咄禄毗伽阙可汗，建立回纥汗国。辖境东至室韦（今额尔古纳河流域），西至金山，南至东突厥降唐部落，北抵瀚海（今贝加尔湖）。《隋书·列传》记载，回纥原是游牧民族，“居无恒所，随水草流移”。饲养牛、羊、马、驼等，多大足羊，盛产马。常以马与唐人易换丝织品。8 世纪中叶后，农业有一定发展，并开始建立城邦，向半定居生活过渡。840 年，受黠戛斯人侵袭，回纥汗国瓦解。其部众西迁至甘肃西部，以“橐驼耕而种”，过着半农半牧生活。另有一部分族人移居西州（今吐鲁番市）、轮台等地，有的更迁至葱岭以西。

各与其地居民融合，逐步走上农业耕种道路。在伊犁河流域的阿里麻里等地，因与汉民杂居，受汉文化影响较大，习俗与中原地区相近。疏河灌溉，百谷丰稔。牧业仍很发达，盛产马、骆驼、牦牛等。从这时起，"回纥"的族名改称为"回鹘"。五代和北宋所需战马，主要从回鹘购买。金朝也常常用各种方式交换或购买回鹘的马匹。畜牧业是回鹘人主业。它既是生活生产资料，又为交通、军事等提供工具。

马是不可缺少的生产、生活、交通工具。11 世纪前后，回鹘人畜养的马匹品种繁多。马品种多样化反映了回鹘养马业的成就，是长期从事养马业的结晶。回鹘养马业不仅品种繁多，而且对马的生活习性有着精细而全面的认识。在长期的牧马生活中，回鹘人学会并使用自己制造的各种使马工具，体现了回鹘人牧马业的发达和牧马技艺的精湛。因而，回鹘对马的饲养十分重视。回鹘人的兽医业发达，对马的疾病及其治疗方法也有相当深入的了解。

回鹘人的养羊业亦有悠久的历史，享有很高的声誉。早在鄂尔浑游牧时代就有"畜多大足羊"的记载。西迁后，养羊业继续得到发展。《宋史·列传》记载："(回鹘)有羊，尾大而不能走，尾重者三斤，小者一斤，肉如熊白而甚美。"11 世纪前后，回鹘的养羊业仍也是很兴盛的。

养牛业在回鹘西迁转向农耕生产时获得很快发展。11 世纪前后，回鹘人已役使牛来打麦场。在打场时，把套套在中间的犍牛，其他犍牛在打场时围着它转。当时人们畜养的牛已有许多分类的名称，如奶牛、耕牛，犍牛、牛犊、一岁牛犊、两岁牛犊、两牙牛犊等。

总之，回鹘西迁后，经济生产逐渐向农耕类型转变，但仍保留着畜牧文化的色彩。当时不论是在主食、辅食及饮料上，都深深烙上了畜牧文化的烙印，反映了畜牧经济对回鹘饮食生活的深刻影响。从辅食上看，回鹘则完全保留了畜牧饮食生活的传统，日常辅食基本上都是肉食制品，素食极少。[1]

---

① 邓浩. 从《突厥语大词典》看回鹘的畜牧文化[J]. 敦煌研究，1995(1)：175-184.

五、维吾尔族

维吾尔族是中国西北地区的民族，主要由唐末西迁的回鹘人与新疆当地居民融合而成。维吾尔族先民可追溯至公元前 3 世纪之丁零，北魏时之高车，唐代的回纥。“丁零”是游牧民族，原驻牧于今贝加尔湖一带。匈奴冒顿单于时被征服，沦为奴隶。匈奴衰，遂自立。西汉末年，部分丁零人逐渐南移，并投附西汉王朝。汉末魏晋时期，北方游牧民族南迁，又有很多人乘机入塞。内迁后，丁零游牧人因与汉族长期杂居，后多放弃牧业而事农业。居于贝加尔湖及西迁至伊犁河流域一带的，则仍旧过着逐水草迁徙的生活。

南北朝时期居住于漠北的丁零人被称为“高车”，一称“敕勒”。5 世纪 20 年代时，被北魏拓跋焘袭破，徙居漠南。《魏书 · 列传》记载，其初“衣皮食肉”“乘高车，逐水草，畜牧蕃息”。民间广为流传的《敕勒歌》，就是其牧业生产兴旺发达的真实反映。因居地接近中原地区，受汉族文化影响，故南迁后不久，也“渐知粒食，岁致献贡”。

“回纥”，一称回鹘，原为高车一支，初住漠北色楞格河和鄂尔浑河流域，隶突厥。隋大业元年（605 年）摆脱了突厥贵族的统治，势力渐强。旋依附于薛延陀。贞观二十年（646 年），乘薛延陀内乱自立，接受唐朝册封，首领吐迷度被授为怀化大将军、瀚海都督。天宝三年（744 年），首领骨力裴罗称汗，辖地东至额尔古纳河，西至阿尔泰山，南至长城以北。其俗随水草畜牧，多大足羊，盛产马。

9 世纪中叶，回鹘汗国崩溃，部众移居甘州及西域地区后，又逐步走上半农半牧或完全农业的道路。转向农业的回纥人，后与当地居民融合，便发展形成了新疆境内的维吾尔族。他们引水灌溉农田，利用水力制作水硙，种植稻、麦、棉花、葡萄、瓜果等作物。在与汉族人民杂居的地区，由于受汉文化熏陶，耕作技术尤有改进，颇似中原地区。在玉龙喀什河、喀拉喀什河、叶尔羌河、喀什噶尔河、阿克苏河、木扎提河、开都河、塔里木河、伊犁河流域等地，都有许多农田和村庄，形成优美的绿洲。吐鲁番的植棉业、和田的养蚕业、阿克苏的大米、哈密的甜瓜都很出名。

13 世纪初，维吾尔人依附于蒙古统治阶级，居地为成吉思汗次子察合台封地。忽必烈统一中国后，为发展经济，曾多次派人到别失八里（今吉木萨尔县）、阿力麻里（今伊犁哈萨克自治州）、斡端（今和田市）、高昌（今吐鲁番市）、嘻什噶尔等地屯田，还于别失八里设立冶场，“鼓铸农器”，以供耕作需要。

17 世纪初，察合台蒙古贵族后裔建立叶尔羌汗国，与清朝保持朝贡、贸易关系，对内实施兴修水利和奖励农耕政策，又将喀什噶尔、库车、和田、叶尔羌等地居民，移居阿克苏和叶尔羌河上游一带，实施减免赋税政策，农业生产获得恢复。17 世纪末，准噶尔部贵族踞有天山南北地区，这时除了哈密、喀喇沙尔（今焉耆回族自治县）地区，大部分地区都有不同程度的发展。

18 世纪中叶，清朝统一天山南北地区。为安定新疆地区的局势，促进新疆地区生产发展，曾采取了一系列的施治措施。首要之策是设立屯田。包括“兵屯”“遣屯”“回屯”和“旗屯”，奖励垦荒种植。“兵屯”，是由清朝直接经营的军事化屯田组织，屯兵按军队编制。“遣屯”，是由流放犯人组成的生产组织，多附属于“兵屯”。“民屯”，是指自甘肃、陕西等地移入的民间屯田。“回屯”，是指由维吾尔人组成的屯田。“旗屯”，是指由锡伯、索伦、察哈尔、厄鲁特、满洲八旗兵组成的屯田。屯田初推行于哈密、辟展（今鄯善县）、乌鲁木齐、伊犁、塔尔巴哈台（今塔城地区）诸地，后又扩充至叶尔羌（今莎车县）、喀什噶尔（今喀什地区）、库车、阿克苏、吐鲁番和喀喇沙尔（今焉耆回族自治县）各地。仅道光至咸丰年间，新辟农田就有近百万亩。

六、契丹族

契丹族曾建立过强大的民族地方政权——辽和西辽。阿保机建国前，契丹人以畜牧为主。后在汉族影响下逐步发展种植业。契丹源出远古胡人系统的鲜卑宇文部，最早见于北朝的文献记载。

契丹人主要活动在今辽宁省朝阳市以北地区。隋唐之际形成以大贺氏为首领的部落联盟。中唐时，联盟领导权转移到遥辇氏族手中，契丹活动中心也向北方草原伸展。契丹人转向农耕活动，也多缘起于遥辇氏族的推动。随着唐朝国力衰落，回鹘西迁，契丹在经济大发展的基础上，势力迅速扩张。唐朝灭亡时，契丹迭剌部落首领耶律阿保机将领地分赐给贵族垦种。916 年，耶律阿保机平息契丹内部的冲突和分歧，建立了契丹国。948 年，改国号为“辽”，成为盛极一时的大国，是中原宋朝的强敌和对手。当时的辽海地区成为“编户数十万，耕垦千余里”的富庶之地。阿保机建国前，就曾把在山西、河北一带俘获的 15 万名汉人迁往潢水南岸，建立城栅围起来。以后契丹统治者常把汉人掳至草原，让他们成批住在一起，从事农耕，仍冠以原州县名字，时称头下军州。①

契丹人很早就以放牧牛马为生。除了牛马，契丹人还饲养羊和骆驼，其中以羊和马最重要。渔猎也是传统的生产办法，在垄上，这种办法，在东北地区沿袭至今。史称“契丹旧俗，其富以马，其强以兵”“马逐水草，人食湩酪”。北朝时，契丹各部落以所产名马向中原王朝进贡，并用以交换农产品和手工业品。牧地扩大，又从邻族掠夺大量牲畜，农牧业有较大发展。

辽朝历时 200 余年，疆域东至日本海、黑龙江口，西至阿尔泰山，北抵克鲁伦河，南以今河北省霸州市、山西省雁门关与宋接界。辖境北部，生活着游牧的契丹族、蒙古族、回鹘族诸族，其南部则居住着农耕的汉人和渤海人。畜牧业是契丹人的主要生业。

史载，宋朝苏颂出使契丹，看到“马群动以千数”“羊以千百为群，生息极繁”，甚为震惊。阿保机征伐河东地区及女真族时，一次即掠夺了马、驼、牛、羊数十万头，并在漠南、漠北和小辽河以北等地，择水草丰盛处建立官营牧场，设立“群牧使司”加以管领。《辽史·食货志》

① 又称投下军州，是辽朝特别设置的一种行政机构。契丹贵族在初期的征服战争中，劫掠了大量的人口，他们将这些人口聚集起来，建立州县城堡等组织，称为头下。——作者注

称有辽一代，“自太祖及兴宗垂二百年，群牧之盛如一日”。《辽史·本纪》称辽道宗（1032—1101 年）时，“牧马蕃息，多至百万”。

渔猎原是契丹人重要生产项目，辽朝建立后，随着农牧业的发展，渔猎在全国范围内只是辅助性产业。不过，在辽国君主出巡时，仍举行一些传统的渔猎活动，如凿冰钓鱼和鹰鹘捕鹅，这也是契丹人的渔猎遗俗。

辽朝被金朝灭亡后，契丹人多依附于金朝。部分契丹人融合于汉族或蒙古族；另一部分契丹人在辽国灭亡前夕，跟随贵族首领耶律大石西迁至中亚地区，并在那里建立了“西辽”王朝（1124—1218 年）。

七、氐羌族

氐羌族是中国古代族群的名称，主要分布在陕、甘、川交边地区。春秋战国时期，文献中多以“氐羌”并称。汉代时，氐羌族群发生了分化，氐族逐渐发展成为独立的族群。于是，氐族和羌族分支并行，繁衍复杂，延续久远，对中华民族的形成有着广泛而深远的影响。

羌族是中国一个古老的游牧民族，原初生活在今青海省、甘肃省一带。周、秦时分布在今甘肃省、陕西省、四川省三省相邻地带。羌族又称西羌，《后汉书·列传·西羌传》说：“西羌之本，出自三苗，姜姓之别也。”先秦时代，羌族已成为中国西北地区具有相当部族数量的部落。战国时期，中原地区战乱为羌族的发展提供了有利时机。由于地理环境和气候的关系，羌族始终是一个以游牧为生的民族。因长期居住于边远地区，在文化、经济等方面都十分落后，加之中原政权对边疆民族的偏见，所以羌族被鄙称为“夷族”“羌狄”。隋朝统一之后，在西北部与中原政权对峙 3000 余年的羌族融入了华夏大家庭。

早在三四千年前，羌族就在湟水流域和青海湖周围，逐水草而居，以游牧为生，牧养包括马在内的各种草原牲畜。1969 年 10 月，在甘肃省武威市雷台汉墓中出土的铜奔马，形态优美，定为国家一级文物，并作为国家旅游标志，表明浩门马和马踏飞燕之间有着历史的渊源关系。

公元 4 世纪，鲜卑族吐谷浑部自辽东来青海与羌人杂处，形成了强大的吐谷浑族，长期统治青海地区。《隋书 · 吐谷浑传》记有："青海周回千里，中有小山。其俗至动辄放牝马与其上，言得龙种。土谷浑尝得波斯草马，放入海，因生骢驹，日行千里，故世称青海骢焉。"唐初，吐谷浑族和大唐多有交集，甚至还迎娶了唐朝的弘化公主。青海有历史记载以来，就与马结下了不解之缘。吐谷浑族原是辽东鲜卑族慕容部落移牧青海而来，在这个过程中，吐谷浑吸收羌族、鲜卑族等民族的养马知识，养马技术日渐成熟，马匹成为吐谷浑族和中原交易的主要产品。唐朝在赤岭，也就是现在的日月山，开辟茶马互市，足以说明了这一点。赤岭是青海湖的门户，青海湖的青海骢肯定就在交易之列。

氐族是传说中的槃瓠后裔，是羌族的一个分支，居住在武都（今甘肃省成县，魏晋南北朝时称仇池国）。部落支系繁多，有青氐、白氐、蚺氐（也有赤氐的说法），以及巴氐、白马氐、阴平氐、秦雍氐、临渭氐等。自称"盍稚"，他族称之为"氐"。春秋战国至汉魏时期，常与羌并称混用，合称"羌氐"。

氐族居地处于中原政权与匈奴族的战争旋涡之中。甘肃省成县一带的白马氐，族属人数最众。汉武帝设武都郡后，部分氐族散居凉州、关中地区。《魏略 · 西戎传》说，氐族"其俗语不与中国同，及羌杂胡同。各自有姓，姓如中国之姓矣"。

从先秦至曹魏时期，长期居住在北方的羌族、氐族诸族受制于匈奴族、鲜卑族的压迫，纷纷内迁，北方少数民族的构成因此而发生了变化。在中原地区，汉族与羌族、氐族等少数民族和谐相处，促进了中华各民族的融合。西晋初期，居于塞外的少数民族比汉魏时期还有增多，而且出现了大族群聚集，以及弱小外族群体依附强势族群的现象。彼时，最为强劲的是匈奴族、鲜卑族、羯族、氐族、羌族五族。氐族是以繁殖培育良种羊而得名的古老民族。其祖先与太行山麓的戎族、北狄族、东夷族、东胡族等族融合，形成了众多氐族的族群，然后迁徙至甘南地区，与羌族杂居，互相融合。其经济生活仍以畜牧业为主。羌人以牧羊为主要生活来源，也以羊为图腾。氐民在冠礼和送葬仪式中，脖子上要系羊毛绳，以表示与羊同体；在丧礼中要宰羊一只为死者引路，称为引路羊。①

第三节　西北各民族的畜禽品种遗产

西北地区的农牧环境条件，远比东北地区复杂。这个辽阔的大区域里，广泛分布着山地草原、山地草场，高寒草原、高原盆地，内陆盆地，浩瀚沙漠，等等。在这样的区域环境中，孕育出奇异万千的农牧类型。在上游的河曲地区，黄河从阿尼玛卿山南侧自青海省流到四川省、甘肃省交界处转弯后向北，再由阿尼玛卿山北侧进入青海省，形成“U”形走向，地貌多为高山型草甸草原。高原湿地可分为山前湿地、高山湿地、河漫滩湿地、阶地湿地、河谷湿地、河流湿地和湖泊湿地等。在低山河谷地带，丘陵与宽谷相间分布。在高山河源地带，河流蜿蜒流动，形成很多交织的支流。支流间通常有岛状草地或河流湿地。总之，各类湿地的自然植被种类繁多，适宜畜牧业发展。

一、西北民族的畜牧业资源与环境

青海高原位于昆仑山系和祁连山系相互纵横交错形成的两个高寒地区，多高山草甸草场，以沙草科和禾本科的矮生牧草为主，青草期 4 个月。青藏高原有着世界上独一无二的大面积高寒湿地群。高原湿地多为高寒沼泽化草甸和高寒湖泊，具有生态蓄水、水源补给、气候调节等重要的生态功能。青藏高原西北部的山地和盆地，是中国面积大、海拔高的内陆盆地。自盆地中心向四周山麓，依次为盐沼、平原、戈壁、高山

① 吴建华. 先秦至隋朝羌氐两族兴衰罔论——兼论洛阳古代石刻中的羌氐族姓氏及民族融合［J］. 河南科技大学学报（社会科学版），2007（4）：20-23.

环状分布带，东至青海湖相连，南与玉树藏族自治州和西藏自治区毗邻，西与阿尔金山相接，北邻祁连山山脉与甘肃省接壤。

在甘肃省中部，祁连山东端，是青藏高原、黄土高原、内蒙古高原三大高原的交汇处。地貌类型多样，气候垂直差异明显，除了南部一些河谷属温带半干旱气候，大部分地方属寒冷半干旱和半湿润气候。当地适宜天然牧草生长，植物类型及草地类型多样，有草原牧场、山地草甸牧场、灌丛草甸牧场、疏林草甸牧场、高寒草甸牧场等 5 种类型。牧草种类繁多，有饲用植物 41 科 139 属 198 种，种植的人工牧草品种有一年生燕麦、饲用玉米、箭筈豌豆和多年生牧草等。在甘南地区则具有典型的大陆性气候特点，高寒阴湿，四季不分明；草地类型主要有高山草甸、亚高山草甸、灌丛草甸、盐生草甸、林间草甸、沼泽草甸和山地草甸等。人工牧草主要有燕麦、箭筈豌豆和紫花苜蓿；天然牧草以禾本科草、莎草科草为主，兼有少量豆科牧草。牧草一般从 4 月下旬开始萌发，9 月中期开始枯黄，枯草期长达 7 个月。河曲地区 4 个湿地共有 10 科 16 属 16 种，其中菊科的种类最多，共 4 属 4 种；其次是莎草科和菊科，为 3 属 3 种。① 著名的河曲马就是在高寒、湿润、雨量充沛、地势开阔、牧草丰茂的环境中长期适应性选育而成的。

地处青海省西北部的柴达木盆地为高原型盆地，是一个被昆仑山、阿尔金山、祁连山等山脉环抱的封闭盆地，是中国三大内陆盆地之一。这里是典型大陆性气候，降水量自东南向西北递降；境内的格尔木河和柴达木河，主要由四周高山冰川融冻和雨雪补给；由山麓地带向盐碱盆地中心土壤盐渍化程度越来越高。柴达木沼泽地区，以及盆地西部、盆地内的荒漠草场和沼泽草场冬季寒冷、夏季炎热、昼夜温差大、干旱少雨、日照长、枯草季节长的自然生态环境极为适应。盆地西高东低，西宽东窄。四周高山环绕，南面是昆仑山脉，北面是祁连山脉，西北是阿尔金山脉，东为日月山，为封闭的内陆盆地。处于平均海拔 4000 多米

---

① 林春英，李希来，金惠瑛，等. 黄河上游河曲地区湿地植物多样性及其湿地退化的气候背景分析［J］. 江苏农业科学，2015（5）：348-356.

的山脉和高原形成的月牙形山谷中。盆地内有盐水湖 5000 多个，面积最大的是地处青藏高原北部的 1600 平方千米的青海湖。柴达木盆地是中国地势最高的盆地。

塔里木盆地是中国最早饲养骆驼的地区。《汉书·西域传》记载：鄯善国（罗布泊附近的楼兰）“有驴马，多橐它（骆驼）”。《魏书·高祖纪》记载：“秋七月戊辰，龟兹国（今库车市）遣使献名驼七十头。”《魏书·西域列传》记载：于阗国（今和田市南）“有好马、驼、骡”。《梁书》记载：朅盘陀国（今帕米尔一带）“多牛、马、骆驼、羊”。可知早在秦汉时期，养驼已经是塔里木盆地各部族的生活习惯。《新疆图志·实业志》对骆驼特性记述道：“沙漠产明驼”“以卧时前蹄拳曲而不着地者谓之明驼”“戈壁中四五日程不得水草无害”。

天山北坡、准噶尔西部山地和阿尔泰山西段构成的广大牧区，以山地草场为主。草场可分为高寒草甸草场、山地草甸草场、山地草甸草原草场、山地草原草场、山地荒漠草原草场、山地荒漠草场、低地草甸草场和平原荒漠草场。牧草种类主要有嵩草、苔草、珠芽蓼、狐茅、针茅、狐尾草、鸡脚草、无芒雀麦、看麦娘、早熟禾、老鹤草、糙苏、千叶蓍、紫花苜蓿、黄花苜蓿、野豌豆、红豆草、博乐蒿、灰蒿、木地肤、璋味藜、驼绒藜、三芒草、芨芨草、芦苇等。历史上多以牧业为主，种植业也有一定的发展。适播的农作物主要有小麦、水稻、玉米、大麦、油料、豆类和薯类等。准噶尔盆地的植被由博乐蒿、灰蒿、羽茅组成。山区草场垂直分布，高寒草甸草场主要牧草有蒿草、早熟禾、猫尾草等。山地草甸、草场植被以针茅、弧茅、蒿属为主。山地荒漠草场主要有冷蒿，木地铁、驼绒藤、针茅等牧草。平原荒漠草场有博乐蒿、木地铁、梭梭、三刺草、圣柳等牧草。平原低地草甸草场植被以芨芨草、芦苇、甘草、苦豆子为主。水源以内陆河和降水为主。

阿勒泰位于中国西北边陲，新疆维吾尔自治区北端。阿勒泰地区草场面积广阔，是重要的畜牧业产区之一。种植业为一年一熟制，秋收作物以小麦为主，其他还有油菜，玉米豌豆等；粮食作物又以春小麦为主，饲料作物有豌豆和苜蓿等。

历史文献记载，早在3500年前的殷商时代，新疆一带已养驴、用驴，并不断输入内地。新疆是中国驴的主要发源地。当地人常说："吃肉靠羊，出门靠驴。"汉代时就有养驴记述。《汉书·西域传》记载："乌秅国（塔什库尔干东南一带），出小步马，有驴无牛。"公元3—9世纪的阿克苏地区拜城县克孜尔千佛洞第13区窟东壁壁画中，已画有赶驴托运的《商旅负贩图》，可见驴很早就在新疆的交通运输中起着重要作用。

西域的"丝绸之路"是东西方的经济、文化通道。当时西域的东西通道有南北两条：南道是从敦煌西南出阳光至楼兰，沿昆仑山北麓西行，经于阗（今和田市）、莎车等地，翻过葱岭（今帕米尔高原），经大月氏至安息转至罗马。北道出玉门关，经车师钱前王庭（今吐鲁番市西部），沿天山南麓向西南通过焉耆、乌垒（今轮台县附近）、龟兹（库车市）、姑墨（阿克苏市）、疏勒（喀什市一带），翻越帕米尔高原，直到地中海东岸地区。丝绸之路开通后，使者商贩往来不绝，一派繁忙景象。《后汉书·西域传》写道："驰命走驿，不绝于时月，商胡贩客，日款于塞下。"西域和中原地区商品交易频繁，也促进了塔里木双峰骆驼的形成。塔里木盆地西部帕米尔地区阿尔克孜族、蒙古族及塔吉克族等民族长期在此游牧。在历史变迁中，他们的家畜先后混入过乌兹别克斯坦、土库曼斯坦与吉尔吉斯斯坦等地区家畜的血统，同时也将中亚地区的骆驼传入西域。19世纪后半叶，英国、印度、阿富汗商人大量进入柯坪县境内经商。《柯坪县志》记述，清光绪二十九年（1903年）柯坪镇商人用驼队往返于喀什、阿克苏、乌什等地经商。

二、西北的传统名优畜禽品种

（一）良种马

宁强马。宁强原名宁羌，系卫州旧称，为氐羌据地。位于四川省、甘肃省、陕西省三省交汇处，自古以来就国兵家必争之地。古代宁强聚居着氐羌等民族。由于军事交通运输及农业生产的需要，促进了当地养马业的发展。经千年的自然选择和人工选择，形成了宁强马匹良种。

宁强马属山地驮挽兼用品种，主产于陕西省西南部宁强县境内，中心产区在秦岭南坡嘉陵江流域的巨亭镇、苍社镇、太阳岭镇、巩家河镇、燕子砭镇、安乐河镇、青木川镇等乡镇的狭长地带，在南郑县亦有少量分布。宁强马短小精悍，体形较好，行动敏捷，运步轻巧，善解人意，性情温驯，易于调教，蹄质坚硬，汗腺发达，不畏严寒酷暑，对牧草食性广，四季放牧，可与牛羊合群放牧，也可以猪牛羊同圈喂养。①

岔口驿马。岔口驿马是甘肃省的古老品种，以善走对侧步而闻名，属乘挽型品种。岔口驿马的中心产区位于甘肃省天祝藏族自治县的华藏寺镇、石门镇、打柴沟镇、松山镇等乡镇，在永登县、古浪县、武威市、山丹县、肃南裕固族自治县等县、市也有少量分布。岔口驿马的中心产区是古代通往西域要道，如永登的武胜驿、天祝的岔口驿、金强驿、黑松驿和武威靖边驿等。自南向北驿站相连。古代设立驿站，主要是传递军报文书，需要有骑乘速度快的走马。岔口驿马善走对侧快步，是驿道长途迅驰的理想马匹。岔口驿也是历史上良种马的重要集散地。

岔口驿马具有良好的适应性，产区高寒，马匹终年放牧，适当补饲，形成了极耐粗饲，乘挽皆宜，骑乘平稳舒适，抗病力强的特性。这种走马天生就会走对侧步，俗称“胎里走”。其遗传性能非常稳定。善走这种步伐的马匹，都具有躯干粗壮，四肢发达，气质灵敏，行走快速的特点。

大通马。大通马曾名浩门马，因产于青海省海北藏族自治州境内大通河流域而得名，属挽乘兼用型品种。大通马分布于青海高原东北部的祁连山南麓、海北藏族自治州境内的环青海湖地区，湟水流域以及邻近甘肃省也有分布，中心产区在大通河流域的门源县、祁连县两县。经过长期繁衍和人为选择，大通马非常适应高寒山地草原环境和粗放群牧条

① 国家畜禽遗传资源委员会. 中国畜禽遗传资源志：马驴驼志［M］. 北京：中国农业出版社，2010：113.

件，养成了耐苦、耐劳、耐粗饲，长膘性能好，抗病抗逆力强，繁殖力高，遗传稳定的特点。

河曲马。河曲马旧称南番马，属于挽乘兼用型品种。河曲马原产于甘肃省、四川省、青海省三省交界的黄河第一弯曲处，中心产区是甘肃省甘南藏族自治州玛曲县，四川省阿坝藏族羌族自治州若尔盖县、阿坝县和青海省河南蒙古族自治县。甘肃省的夏河县、碌曲县，四川省的红原县、松潘县、壤塘县，青海省的久治县，泽库县、同仁市、同德县等县、市也有分布。河曲马在群牧条件下培育，合群性好，恋膘性强，耐粗饲，性情温驯，易调教，对海拔较高，气压较低，气候多变的高山草原，少氧环境有极强的适应性。河曲马肺活量大，胸围早期生长发育快。

隋唐时代对这一地带的马统称“吐蕃马”。河曲马是其中的一个良种。当地交通运输主要靠马匹，牧民换取钱物也全靠出售马匹、羊毛和牦牛毛毡等。各族人民生活对马匹都十分依赖，重视良种性状的选择培育，从而形成了适应性强、体格较大的良种。

柴达木马。柴达木马因产于柴达木盆地而得名，属挽乘兼用型品种。柴达木马主产于青海省柴达木盆地境内，中心产区在青海省柴达木盆地中东部的都兰县、乌兰县、德令哈市和格尔木市的柴达木沼泽地区，盆地西部也有少量分布。

由于受产区独特的自然条件影响，柴达木马对盆地内的荒漠、沼泽草场和冬季寒冷、夏季炎热，昼夜温差大，干旱少雨，日照长，枯草季节长的自然生态环境都极为适应。不仅表现为抗蚊虻、抗盐碱，而且具有突出的恋膘力。在全年粗放管理的条件下，柴达木马春秋抓膘迅速，掉膘慢，上膘快，恋膘性强，还表现出皮厚毛密，皮质粗糙疏松，皮下囤脂力好，抗病力强，适应性好的特点。

羌人在西至鄯善、车师，南至蜀郡、广汉，包括柴达木盆地在内的广大地区，逐水草而居，以游牧为主。柴达木马是羌族先民利用原始的草原马与引进的蒙古马杂交选育而成，近代更有新疆马基因的渗入，在柴达木盆地的沼泽草场的气候环境条件下，经过自然和人工选择，最终形成了柴达木马。柴达木马主要是蒙古族、哈萨克族等民族的主要家畜，产区各民族将马作为农牧业生产和交通运输的工具，具有丰富的养马、育马、用马经验。

玉树马。玉树马又称高原马、格吉马、格吉花马，属藏马的一个类群，乘挽兼用型品种。玉树马主要分布在青海省玉树藏族自治州，中心产区在澜沧江支流的解曲河、扎曲河、子曲河和通天河流域一带，包括杂多县、玉树市和称多县等县、市，治多县和曲麻莱县两县也有分布。

当地藏族传说，唐代文成公主入藏时，曾在结古寺停留，并教当地藏族人民种植青稞。1260 年，八思巴被蒙古王朝崇为帝师后，往返于吐蕃和内地间的蕃僧多路经玉树。17 世纪时，蒙古族顾实汗统一唐古特四大部，建立大部落联盟，将青海分为左右二翼。随着民族往来逐渐增多，尤其是吐蕃和蒙古族强盛以后，外地良马陆续引入玉树，对玉树马的形成产生一定影响。玉树马是在当地特殊生态环境中，渗入少量外马基因，长期繁衍选育形成的一个良马品种。

巴里坤马。巴里坤马属乘挽型品种，主产于新疆维吾尔自治区巴里坤哈萨克自治县，在伊吾县和哈密市也有分布。在当地四季草场自然放牧条件下，巴里坤马对寒暑风雪等气候变化，以及各种恶劣草场具有很强的适应能力。在严寒缺草的冬春季节能保持体重，掉膘缓慢，能在无设施、无补饲的露地放养条件下，自行刨开 30—40 厘米积雪，啃食雪下枯草，繁衍生存。

巴里坤县与蒙古国接壤。伊犁、阿尔泰、塔城等地的哈萨克族牧民曾多次大规模搬迁到巴里坤，搬迁牧民达 1000 余户。移民带来的哈萨克马与驻扎巴里坤的陕西、甘肃、青海、宁夏籍军队带来的其他品种马杂交繁育，经风土驯化，逐渐形成了巴里坤马品种。

哈萨克马。哈萨克马属乘挽兼用型品种。哈萨克马产于新疆维吾尔自治区天山北坡、准噶尔盆地以西和阿尔泰山脉西段，是中国重要的产马区之一。新疆自古产良马。西汉时期，乌孙国（今伊犁一带）产乌孙马。《史记·大宛列传》记载："乌孙以千匹马聘汉女，汉遣宗室女江都翁主往妻乌孙。”《汉书·张骞李广利传》称乌孙马为“西极马”或“天马”，与“大宛马”相媲美。乌孙马即今哈萨克马的前身。在清朝乾隆年间，定居在俄国伏尔加河流域的蒙古族数十万人重返新疆，在当地设立大规模的马场，可能带回了中亚一带的马种，同时也受到蒙古马的影响。

哈萨克族以畜牧业为主，终年逐水草而居。冬季居于新疆境内，夏季迁到中亚一带。清同治三年（1864 年）中俄划定国界，部分哈萨克族人民开始定居新疆。哈萨克马生长在天山北麓水草丰茂的大草原上，历史上曾多次渗入外种基因，经哈萨克族人民长期培育，良种性能越来越优异，具有适应大陆性干旱、寒冷的气候环境，夏秋季节在水草丰盛的草原上放牧能快速增重，在冬春牧草枯黄季节体重降低缓慢。

哈萨克马与伊犁马分布在同一地区。当地习惯上称近代科学改良选育的马匹为伊犁马，而称未经科学杂交改良、体躯较小的土种马为哈萨克马。

柯尔克孜马。柯尔克孜马属乘挽兼用型品种，新疆维吾尔自治区克孜勒苏柯尔克孜自治州的三县一市均有分布。柯尔克孜马对高海拔、低气压的自然环境条件和高山草地具有广泛的适应性，体质结实，遗传性状稳定，耐粗饲，抗寒，抗病力强。

柯尔克孜族被誉为马背上的民族。柯尔克孜族饲养马的历史可追溯到公元前 209 年，即秦二世元年。当时，匈奴冒顿单于统一了中国北方诸部，坚昆部落降附于匈奴。坚昆部落游牧的广大地区，素以出产好马而闻名于世。公元前 3 世纪的柯尔克孜人留下的岩画，可见到圆形的白毡房，毡房的周围有大量的羊群和马群。由此可见，马是远古柯尔克孜人的主要畜种之一。《三国志·魏志卷》说，柯尔克孜人（坚昆）“随畜牧，亦多貂，有好马”。格尔克孜之人“婚嫁以养马为聘，富者则或千百计”。唐朝把柯尔克孜人称为“黠戛斯”。柯尔克孜人与唐王朝关系密切，每年献给唐王朝的贡品，主要就是马匹和貂皮。史书常见“坚昆献好马”“坚昆遣使献马”的记载。

柯尔克孜马广泛分布于新疆西南部的天山、昆仑山和帕米尔高原。

柯尔克孜人迁居天山山区和帕米尔高原以后，游牧于崇山峻岭之中，逐水草而居，几乎处于半封闭状态。正是这种特殊的自然环境和生产条件，使柯尔克孜马一直没有与外来马种混血，保留了古代马的原始特征，同时也造就了柯尔克孜马适应性好，能抵抗各种恶劣自然条件，善于在山路奔跑的独特性能。

（二）驴

图 5-4　甘肃河西走廊凉州驴（王春洪　摄）

凉州驴。凉州驴属小型兼用型品种。凉州驴产于河西走廊的甘肃省武威市凉州区，酒泉市、张掖市也有分布（图 5-4）。凉州驴长期受当地自然环境和饲养管理条件的影响，非常适宜河西走廊的自然条件，性情温驯，持久耐劳，耐粗饲，抗病力强，易于管理饲养。

凉州驴在西汉时期从西域输入，经不断选育和风土驯化而形成。其初，大多饲养于河西一带。这里气候干旱，作为农业生产生活的重要役畜，这种适宜贫瘠地区饲养的驴品种是最好的选择。甘肃河西一带，除了灌溉农田，植被稀疏，饲草缺乏，农民养驴以秸秆为主，少有精料，使役多，饲养粗放。在当地这种特定的自然环境和饲养管理条件下，经过长期的自然选择和人工选择，形成了凉州驴品种。

青海毛驴。青海毛驴俗名尕驴。青海省内的驴通常冠以县名，如共和驴、湟源驴、贵德驴、化隆驴等，属小型兼用型品种。主要分布在青海省的海东地区。海南藏族自治州、海北藏族自治州、黄南藏族自治州，以及西宁市的湟中县、大通回族土族自治县、湟源县三县的农区和半牧区也有分布。

青海毛驴适应性好，耐粗饲，抗逆性强，对青海农区半农半牧区的生态条件有良好的适应性，耐高山缺氧，寒冷环境，抗寄生虫病和抗传染病能力强，合群性好。

青海毛驴最早生活在青海的古代羌人选育而成。他们以游牧为生，活动范围广。青海省与甘肃省相邻，古代两省长期属于统一管辖区，畜牧交易极为频繁。青海毛驴与藏族、汉族、回族等民族人民的定居和迁入有密切关系。青海毛驴是明清时期由中原等地引进，经过产区各族人民长期选育，逐步形成的地方良种。

西吉驴。西吉驴是兼用型品种。中心产区位于宁夏回族自治区西吉县西部山区。与甘肃省静宁县、会宁县等接壤地区均有饲养。西吉驴耐粗饲，性情温驯，行动敏捷。善于攀登山路，应用性能较强，抗病力较强。自有记录以来，西吉驴没有发生过大规模传染病。

和田青驴。和田青驴原名青驴、果洛驴、果拉驴，属兼用型品种。中心产区在新疆维吾尔自治区最南端的和田市皮山县，皮山县周边区域也有少量分布。

和田古称于阗，汉代为皮山、于阗，扜弥、渠勒、精绝、戎卢诸国地。西汉以前，于阗与中原地区已有往来。汉武帝建元二年（公元前139年）张骞通西域后，中原与于阗的联系得到加强。汉宣帝神爵二年（公元前60年），在乌垒设置了西域都护府，于阗正式归入西汉版图。1759年，蒙古宗王封地，即征用皮山所产的驴作为运输军事物资的交通工具。和田青驴，体质结实，性情温驯，能够很好地适应当地自然生态条件，遗传性能稳定，耐粗饲，以当地出产的小麦、玉米秸秆为主要饲料草料。农忙季节补饲少量玉米，就可保持较高生产性能。和田青驴抗逆性强，在沙漠干旱恶劣的自然条件下，很少发生疾病。距今已有200多年历史，一直是当地重要的役用家畜。

吐鲁番驴。吐鲁番养驴历史悠久。据《后汉书·耿恭传》记载："建初元年正月，会柳中击车师，攻交河城……（获）驼驴马牛羊三万七千头”。由此可见，吐鲁番市养驴的历史至少可以追溯到东汉时期。吐鲁番市作为古丝绸之路的重镇，自古农业商业发达。不仅养驴、用驴，还大量贩运至内地。根据民国《吐鲁番志》记载：为适应农业生产和商旅托运需要，于1911—1925年引进关中公驴，与本地母驴杂交育种，培育出一种体形较大的杂种后代，经过自然选择和人工选择，形成繁衍至今的吐鲁番驴良种。

吐鲁番驴适应性很强，长期粗放饲养管理，经受寒暑风雪等艰苦自然条件，既能忍耐吐鲁番盆地夏季的炎热酷暑，也能适应高寒牧区冬季零下40摄氏度的严寒，即使在暴风雪袭击的情况下，仍然生存繁殖和正常使役。在农区和牧区简陋的棚圈中，喂给粗劣的饲草和少量精料，即能基本保持比较好的体况，对各种疾病有很强的抵抗力。①

（三）骆驼

青海骆驼。属兼用型品种。主产于青海省海西蒙古族藏族自治州的乌兰县、都兰县、格尔木市三县、市境内。毗邻的海南藏族自治州、贵南县、兴海县也有少量分布。青海骆驼抗寒抗旱能力强，耐粗饲、耐饥渴、负重大、善行走，不怕风沙、不畏严寒，对贫瘠的荒漠、半荒漠具有极强的适应性，对恶劣的环境有顽强的适应力和抵抗力。柴达木地区的荒漠、半荒漠地带，多生长碱柴、刺盖、茨蓬、芦苇、芨芨草、红柳、梭梭等植物。这些植物都有硬刺和异味，马、牛、羊不喜采食，却是骆驼的好饲草。

骆驼合群性比较弱，但母驼合群性比骟驼和幼驼强。骆驼有牧场恋旧的习性，对长期放牧采食的牧场顽固留恋。每当移入新牧场后，往往还会回到旧牧场去觅食。②

---

① 国家畜禽遗传资源委员会. 中国畜禽遗传资源志：马驴驼志［M］. 北京：中国农业出版社，2010：127-339.

② 国家畜禽遗传资源委员会. 中国畜禽遗传资源志：马驴驼志［M］. 北京：中国农业出版社，2010：368.

塔里木双峰驼（图 5-5）。塔里木双峰驼原为新疆双峰驼的南疆型，因其产地位于塔里木盆地周边而得名，属毛肉驮兼用型品种。塔里木双峰驼产区位于新疆维吾尔自治区塔里木盆地边缘，以及天山南坡的荒漠草场、荒漠草原草场地带，主要分布于南疆的阿克苏、巴音郭楞蒙古自治州、喀什市、和田市等地区。

图 5-5　塔里木双峰驼（付龙霞　摄）

塔里木双峰驼在塔里木盆地极度干旱的自然环境条件下，长期经历酷热、干旱、沙尘暴，高度适应当地自然环境。由于地理环境和维吾尔族饲养骆驼的习惯，新疆塔里木双峰驼常年在荒漠草场上自由觅食，无人看管，在无棚圈、无固定水源、饲草极度单一匮乏的条件下，形成新疆塔里木双峰驼耐寒、耐旱、耐粗饲、抗病力强、合群性好等特点。①

准噶尔双峰驼。属于新疆双峰驼的北疆类型，因其主产于准噶尔盆地周边而得名，属毛乳驮兼用型品种。中心产区为新疆维吾尔自治区阿勒泰地区福蕴县、塔城地区塔城市，以及昌吉回族自治州木垒县，广泛分布于天山北坡山地、伊犁河谷、准噶尔西部山地、阿勒泰南麓山地、准噶尔盆地和巴里坤—伊吾盆地。

准噶尔双峰驼高度适应北疆地区荒漠半荒漠和干旱生态环境，具有耐干渴、耐饥饿、耐粗饲、耐酷暑、耐严寒、嗜盐、耐风沙、厌湿，耐空气稀薄等特性，是善驮、挽，产毛、产肉性能好的优良品种。

① 国家畜禽遗传资源委员会. 中国畜禽遗传资源志：马驴驼志［M］. 北京：中国农业出版社，2010：371.

天山以北，自古就是优良的牧场，养驼历史悠久，公元前 3 世纪乌孙国有驼的记载。如《汉书·常惠传》有乌孙曾获马、牛、羊驴、骆驼七十余万头的记载。唐朝时期，丝绸之路从长安出发，经敦煌、安西（今瓜州县）沿着天山北坡到伊犁，通往中亚。在丝绸之路上，骆驼起着至关重要的作用。《伊吾县志》记载，1611 年，当地商人一次驱使六百峰骆驼，从巴里坤县、吾县等地启程，北往沙俄贸易。《塔城地区志》记载，18 世纪中期，从哈萨克斯坦、吉尔吉斯斯坦迁来的哈萨克牧民，带入一些境外骆驼，与蒙古牧民饲养的本地骆驼交配选培，奠定了准噶尔双峰驼的遗传种质基础。

（四）黄牛

柴达木黄牛。属役肉兼用型黄牛品种。中心产区位于青藏高原西北部的山地和盆地。这是中国面积大、海拔高的内陆盆地。自盆地中心向四周山麓，依次是盐沼、平原、戈壁、高山环状草原的地形地貌。在种群性状上，柴达木黄牛属于蒙古牛种中体形较大的类群。310 年前后，蒙古族的吐谷浑氏族，携带所牧养的蒙古牛，经甘肃敦煌进入青海的乌兰、都兰一带；另一个族群由永登进入柴达木盆地东部的环湖农耕区。后来，元军携带家眷和牲畜也走过同一路线，将带入的蒙古牛，风土驯化成柴达木牛。在近代，柴达木牛受到中亚瘤牛、哈萨克牛的影响，并在不同程度上导入了乳用牛血液。柴达木牛具有耐高寒、抗蚊虻和适应沼泽草场的特性，是中国这一区域宝贵的遗传资源。

哈萨克牛。属肉乳兼用型黄牛品种。原产于新疆维吾尔自治区北部的青河县，中心产区为哈巴河县、布尔津县。在哈密地区的巴里坤哈萨克自治县、伊吾县、木垒哈萨克自治县、奇台县也有分布。

哈萨克牛对恶劣的气候和粗放的饲养条件具有较强的适应能力，耐严寒酷暑和粗放饲养，放牧性能好，抗病力强。哈萨克牛全年放牧饲养，仅需在冬春时节少量补饲。夏秋季节生长膘快，冬季枯草季节也能较好的保膘，役力较强，持久耐劳，粗放条件下繁殖性能稳定，遗传性能稳定，极少发生遗传缺陷。具有肉、乳、役等多种用途，是培育新品种和杂交改良的优质种源亲本。①

（五）牦牛

甘南牦牛。以产肉为主的地方牦牛品种。主产于甘肃省甘南藏族自治州玛曲县、碌曲县、夏河县，该州其他各县市也有少量分布。甘南牦牛生长于海拔较高、无绝对无霜期、降水量少的地区。全年降雪日数，平均在40天以上。

甘南藏族自治州自古以来有繁育牦牛的传统，是牦牛的原产区之一。甘南牦牛与分布于青海省玉树藏族自治州、果洛藏族自治州的青海高原牦牛来源相同，属近似类型，是经过长期自然选择和人工培育、适应当地高寒牧区的牦牛品种。

甘南牦牛的饲养管理粗放，边远牧区至今还沿袭逐水草而居的游牧生活，甘南牦牛长期生长在高寒缺氧的环境中，没有棚圈设施，无任何补饲，终年依赖天然草场放牧，公牛、母牛、犊牛，混群放牧。甘南牦牛是青藏高原古老畜种，是经过长期的自然选择和人工培育，具有很强抗逆性的优良牦牛品种。

天祝白牦牛。主产区在甘肃省天祝藏族自治县毛毛山、乌巢山、乌鞘岭等地。天祝藏区历史上就以产白牦牛而闻名。1972年，天祝藏族自治县哈溪出土汉代铜牦牛，造型酷似天祝白牦牛原型，表明天祝在汉代就已经驯养白牦牛。《凉州府志备考》记载，明代多牧养白牦牛。当地藏族、蒙古族“不植五谷，惟事畜牧，逐水草，插帐而居”。天祝以白牦牛为图腾，是牧民心中的“神牛”。白牦牛的白毛能染色，经济价值较高，向来被视为珍品，可制作古装戏的胡须、拂尘，刀剑的缨穗及假发等。当地牧民自古注重选留和繁育白牦牛，形成被毛洁白、肉毛兼用，极具开发利用前景的优良牦牛品种。

青海高原牦牛。属于肉用型牦牛品种。产于青海省高寒地区，大多分布在玉树藏族自治州西部的杂多县、治多县、曲麻莱县三县，果洛

① 国家畜禽遗传资源委员会. 中国畜禽遗传资源志：牛志［M］. 北京：中国农业出版社，2010：201.

藏族自治州玛多县西部，海西蒙古族藏族自治州格尔木市，以及海北藏族自治州祁连县等地。青海高原牦牛源自当地的野牦牛。据《史记·五帝本纪》的记载，以及青海省都兰县诺木洪塔拉哈遗址出土的牦牛毛编织而成的毛绳和毛布，牦牛皮制作的革履和陶牦牛等出土物品，说明在3000年前，藏族先祖古羌族已在青海省南部和西部驯化了现今尚存的野牦牛。经过几千年的驯养，形成了当代的青海高原牦牛。青海高原牦牛是中国分布广、数量多、性能好的地方牦牛品种，对高寒严酷的青海高原生态条件有着很强的适应能力。

新疆巴州牦牛。属肉乳兼用型牦牛品种。中心产区位于新疆维吾尔自治区巴音郭楞蒙古自治州和静县、和硕县的高山地带，以和静县的巴音布鲁克镇、巴仑台镇为集中产区。新疆巴州牦牛在1920年从西藏引入，经过近一个世纪的选育，形成了一个具有共同来源、体形外貌较为一致、遗传性能稳定、产肉性能良好、适应性强的牦牛类群。新疆巴州牦牛能很好适应当地环境，是当地牧民饲养的重要牲畜。①

（六）绵羊

汉中绵羊。汉中绵羊属毛肉兼用型半细毛型绵羊品种。产区在陕西省汉中市宁强县和勉县。汉中绵羊产区与四川省北部阿坝藏族自治州的藏羊产区相连，历史上两地牧民的交流十分频繁，两种绵羊品种的自然杂交也经常发生，因此两地绵羊都有双方的血缘和基因。从种质资源上考察，汉中绵羊和藏羊均来自羌羊。羌羊进入汉中地区已有2700年历史。在封闭独特的秦巴山区的自然生态条件下，经过当地群众的精心选育，培育出与西藏羊、蒙古羊外貌特征有明显差别，而被毛基本同质的地方优良品种。②

同羊。同羊又名同州羊，古称茧耳羊。属肉毛兼用的脂尾型半细毛

---

① 国家畜禽遗传资源委员会．中国畜禽遗传资源志：牛志［M］．北京：中国农业出版社，2010：414.

② 国家畜禽遗传资源委员会．中国畜禽遗传资源志：羊志［M］．北京：中国农业出版社，2011：96.

绵羊品种。同羊原产于陕西同州府大荔县。同羊育成已有1300年的历史。《太平寰宇记》记载，西魏文帝大统七年（541年）以沙苑地“宜六畜，置沙苑监”。唐代《唐六典》有“沙苑监掌牧养陇右诸牧牛羊，以供宴会、祭祀及尚食”的记载，证明当地是官监放养牲畜之地。宋代用同羊肉烹调的佳肴家喻户晓。苏东坡说：“烂蒸同州羊，灌以杏酪，食以匕，不以箸，亦大快事。”

兰州大尾羊。属肉脂兼用粗毛型绵羊品种，原产于兰州市城关区和七里河。清朝同治年间（1862—1874年）有人从同州运来几只同羊，在兰州市拱星墩农家喂养，后来与当地的蒙古羊杂交，经风土驯化和长期选育形成体格大、体质强壮、抓膘快、易育肥、肉质细嫩，耐寒、抗旱能力强的地方优良品种。

岷县黑裘皮羊。又名黑紫羔羊，属裘皮用绵羊品种。主产区位于甘肃省洮河中、上游的岷县和岷江上游一带，主要集中在岷县。岷县黑裘皮羊形成历史很早，清代杨屾撰写的《豳风广义》记载：“羊，五方所产不同。临洮一带之洮羊，重六七十斤，尾小，又名紫羊。”可见在清代，岷县已有裘皮羊，当地群众素有以裘为衣的习惯。经过长期的精心选育形成了对高寒阴湿生态环境适应性强、耐粗饲、善走耐牧，被毛乌黑发亮、裘皮品质上乘的地方优良品种。

贵德黑裘皮羊。又名青海黑藏羊，贵德黑紫羔，属裘皮用型品种。主要分布于青海省海南藏族自治州的贵德县、贵南县、同仁县等县。大约育成于19世纪初。每年产羔季节，陕西省、山西省、河南省、四川省等地客商远道而来，云集于鲁仓一带，收购黑羔皮毛，运往中原销售。

滩羊。又名白羊，属轻裘皮用绵羊品种。原产地在宁夏回族自治区贺兰山东麓的洪广营地区，广泛分布于自治区各地，以及与陕西省、甘肃省、内蒙古自治区毗邻地区，主要集中在宁夏回族自治区中部干旱地带的盐池县、同心县，红寺堡区、灵武市等地。清朝乾隆二十年（1755年）《银川小志》就已经有记载。另外，《甘肃省通志》《甘肃新通志》也有记载。清朝时，滩羊皮已成为集市贸易的大宗商品。山西省交城一带的皮货商到宁夏收购羊皮时，发现羊群在河滩上放牧，故将黑羔毛皮称为“滩皮”。之后人们将生产“滩皮”的羊就称滩羊。

阿勒泰羊。名阿勒泰大尾羊，属肉脂兼用型，粗毛型绵羊品种。主产于新疆维吾尔自治区福海县，主要分布于阿勒泰地区的福海县、富蕴县、青河县、哈巴河县、布尔津县、吉木乃县及阿勒泰市等县、市。阿勒泰羊约有1200年以上的历史。据《酉阳杂俎》记载：“西域出大尾羊，尾房广，重十斤。”唐代贞观年间，大尾羊作为贡品，献给宫廷，有“新疆羊大如牛、尾大如盆”的赞誉。阿勒泰羊是在特定的自然生态条件下，牧民长期选育体格大、产肉多和适应性强的羊，通过精心培育形成的优良品种。

巴尔楚克羊。属肉脂兼用粗毛型绵羊品种，主产于新疆维吾尔自治区的巴楚县。巴楚县是古代丝绸之路的必经之地，早在西域喀喇汗（黑汗）王朝（840—1112年）时期就有饲养绵羊的记载。当时正值唐朝中期到南宋、金朝的中期，伊斯兰教开始在巴楚地区盛行，建立了巴尔楚克城。畜牧成为当时农牧民的主要生产和生活资料。在极端干旱的生态条件下，当地的绵羊经过农牧民长期选育形成了体质结实、抗病力强、适应性好的地方优良绵羊品种。

巴什拜羊。巴什拜羊属肉脂兼用粗毛型绵羊品种。原产于新疆维吾尔自治区塔城地区裕民县巴尔鲁克山区。巴什拜羊是20世纪初期，塔城人巴什拜从哈萨克羊中选出的优良母羊，与导入的野生盘羊进行杂交改良。通过牧民精心选育形成的产肉性能好、适应性强的地方优良品种。[①]

巴音布鲁克羊。又名茶腾大尾羊、巴音布鲁克大尾羊、巴音布鲁克黑头羊等。属于肉脂兼用粗毛型绵羊品种。主产于新疆维吾尔自治区和静县巴音郭楞乡、巴音乌鲁乡等地。巴音布鲁克羊属蒙古羊系统，形成历史悠久。早在元太祖时期（1206—1227年），由蒙古族牧民携带蒙古羊与当地羊杂交而成。1771年，土尔扈特部落东归时，带回一批欧洲、俄国的羊种与当地蒙古羊再次杂交繁育，在巴音布鲁克草原特殊的

---

① 国家畜禽遗传资源委员会. 中国畜禽遗传资源志：羊志［M］. 北京：中国农业出版社，2011：122.

自然环境条件下，通过长期风土驯化，形成了耐高寒、抗逆性强、适应性好、遗传性能稳定的地方优良品种。

策勒黑羊。属羔皮型绵羊品种。主产于新疆维吾尔自治区策勒县。策勒黑羊的来源没有详确的文字记载。当地民间相传，大约在 19 世纪末，通过丝绸之路前去西亚经商或朝圣的穆斯林信众，带回库车黑羔皮羊及其他黑色羔皮羊，与当地母羊杂交。牧民定向选择出一胎双羔、体大健壮、毛圈紧密、花纹清晰、毛色光洁的羊只做种羊，经过长期的精心选育，形成遗传性能稳定、繁殖力强、适应干旱荒漠生态环境的地方优良羔羊品种。

多浪羊。又名麦盖提大尾羊，属肉脂兼用粗毛型绵羊品种。主产于新疆维吾尔自治区喀什市麦盖提县和叶尔羌河流域的莎车县。当地商人 1919 年从阿富汗带回 4 只种羊，随后与当地绵羊杂交，经过多年精心选育形成体格大、发育快、产肉性能好、产羔率高、抗逆性好，对荒漠、半荒漠生态环境适应性强的地方优良品种。

和田羊。属地毯毛型绵羊品种，分农区型和山区型两类。农区型也称草湖型，中心产区位于新疆维吾尔自治区和田地区平原、洛浦、策勒、于田、民丰等县；山区型产于昆仑山区。和田古称阗国，为丝绸之路上的重镇。和田又是古老的农业区，《宋史・列传》记载：“有羊，尾重不能行走，尾重者三斤，小者一斤，肉如熊，白而甚美。”近年在和田市桑株楼兰遗址发现的岩画，以及民丰县尼雅遗址出土的东汉彩色毛织品，证明当时和田地区养羊业以及毛纺织业甚为发达。

柯尔克孜羊。又名苏巴什羊，属肉脂兼用粗毛型绵羊品种。主产于新疆维吾尔自治区克孜勒苏柯尔克孜自治州的乌恰县。柯尔克孜羊的来源无文献记载，其形成是在天山及帕米尔高原的高寒生态环境下，放牧羊群常与毗邻地区的绵羊混群杂交，其后代经过牧民长期精心选育，形成遗传性能稳定、抗逆性强、耐粗饲、易育肥、适应高海拔严寒生态环境的地方优良品种。

罗布羊。属粗毛型绵羊品种，主产于新疆维吾尔自治区尉犁县和若羌县等地。罗布羊的形成很早。距今约1000多年前的尉犁县兴地岩画中，就有羊的图画。南宋嘉定十二年（1219年），蒙古族随成吉思汗西征欧洲，途经新疆罗布泊地区，带入许多蒙古羊。后来，蒙古族东归时，从欧洲又带回少数俄国的羊种，经过世代变迁和自然选择，在沙漠地区的干旱炎热气候生态条件下，形成了体质结实，抗病力强，对蜱、蚊、虻、蝇的侵袭有抗性的古老地方粗毛绵羊品种。

塔什库尔干羊。又名当巴什羊，属肉脂兼用粗毛型绵羊品种。主产于新疆维吾尔自治区塔什库尔干塔吉克自治县，附近地区也有少量分布。1820年，当地引入了塔吉克斯坦和阿富汗的绵羊品种，与当地羊进行杂交改良，其后代经过牧民长期封闭选育，形成适应帕米尔高原高海拔、高严寒生态环境，遗传性能稳定的独特品种。

吐鲁番黑羊。名托克逊黑羊，属肉脂兼用粗毛型品种。主产于新疆维吾尔自治区托克逊县，以及相邻的吐鲁番市、善鄯县等。吐鲁番黑羊形成历史悠久，距今已有1000多年的历史。当地农牧民喜欢用黑羊毛制作的毛毡铺炕床，戴黑羊皮帽子，而且有用黑羊肉款待客人的民俗。在民间流传着许多有保健功能的羊肉食补偏方。这些都说明当地很早就饲养黑羊。[①]

叶城羊。叶城羊属地毯毛型绵羊品种，产于新疆维吾尔自治区叶城县山区以及周围各县。汉代时，县境南部属于西域三十六国的西夜、子合诸国，皆为游牧不定的“行国”。其民俗类似羌氐，逐水草而居。叶城地处丝绸之路要道，与喇喀昆仑山与克什米尔接壤，历来是新疆通往西藏及南亚各国的咽喉要道。叶城羊产品远销各地，成为当地人民重要的经济来源。

哈萨克羊。属粗毛型绵羊品种。产于新疆维吾尔自治区天山北麓和阿尔泰山南麓，主要分布于北疆各地以及与甘肃省、青海省毗邻地区。哈萨克羊终年在天然草场上进行季节性转场放牧。最长转场距离长达数

---

① 国家畜禽遗传资源委员会. 中国畜禽遗传资源志：羊志［M］. 北京：中国农业出版社，2011：148.

百千米。冬季极少补饲，仅在风雪灾害天时给予适量补饲，主要饲料、饲草有作物秸秆、青草、青干草和玉米等。冬季放牧时，具有扒雪采食的优良习性。哈萨克羊长期在严酷生态环境条件下繁衍生长，经过自然选择及农牧民的选育，形成适应性广、体质结实、四肢较高、善于爬山游牧、抓膘能力强的优良品种。

（七）山羊

新疆山羊。属绒肉兼用型山羊品种，新疆维吾尔自治区各地均有分布。新疆农牧民有着悠久的养羊历史，在艰苦的自然生态条件下，经过长期自然选择和人工选育，形成了独特的绒肉兼用地方山羊品种。

柴达木山羊。青海土种山羊，属于肉用为主的山羊品种。柴达木山羊中心产区位于青海省海南藏族自治州，与其相邻州、市也有分布。柴达木山羊属于蒙古系山羊，是由岩羊和蒙古系山羊混交，并经当地农牧民群众的长期选育形成，具有耐粗饲、采食广、易管理、羊绒细等特性的优良山羊品种。

中卫山羊。又名沙毛山羊，属裘皮型山羊品种，主产区位于宁夏回族自治区中卫市，分布于中宁县、海原县、同心县和甘肃省的靖远县、景泰县、皋兰县、会宁县等县。明代《宁夏府志》已有“香山之羊皮”的记载。中卫山羊是由蒙古粗毛山羊在特定生态条件下，经过长期选育形成的，由于手捻粗毛有“沙沙”之声，故名“沙毛山羊”。[①]

河西绒山羊。属绒肉兼用型山羊品种，主产区位于甘肃省河西地区，中心产区位于甘肃省肃北蒙古族自治县和肃南裕固族自治县，其他相邻县市也有分布。河西绒山羊饲育历史已有数百年。产区的少数民族以羊肉、羊奶、羊绒为主要生活资料，在当地荒漠、半荒漠草原及戈壁生态条件下，经长期自然选择和人工选择形成。

（八）猪

合作猪。又称蕨麻猪，因主产于甘肃省西南部的甘南藏族自治州合

① 国家畜禽遗传资源委员会. 中国畜禽遗传资源志：羊志［M］. 北京：中国农业出版社，2011：413.

作市而得名，属于藏猪中的一个类群。合作猪主要分布于甘南藏族自治州合作市、夏河县、碌曲县、卓尼县等地，迭部县境内沿白龙江两岸也有少量分布。合作猪是由当地先民从野猪驯化而来。据藏文佛经记载，合作猪已被驯化 4000 多年，是藏族长期驯养形成的小型地方品种。合作猪终年放牧，收牧后一般给予少量补饲。放牧于山坡、河谷或者麦茬地。合作猪野外采食能力强，行动敏捷，具有良好的采食野生植物的能力，对各种嫩枝多叶的野生植物都可采食，尤其喜爱采食蕨麻。

（九）家禽

海东鸡。海东鸡原产地及中心产区为青海省海东地区，主要分布于海东市乐都区、化隆回族自治县，西宁市湟中区，门源回族自治县，贵德县，湟源县，大通回族土族自治县，同德县等县区。海东鸡是以当地原有土鸡种与历代移民带来的鸡种杂交，经过长期选育而成。海东鸡是中国青藏高原的独特鸡种，适应高寒地区半农半牧生态环境和饲养条件，耐粗饲、抗寒、肉品质好。但是，由于该品种产蛋量低，早期生长慢，性成熟晚，导致孵化率、受精率较低，近年的饲养量已经逐年减少。作为一个历史鸡种资源，需要加强品种保护和繁衍传承。①

拜城油鸡。也称拜城鸡，原产于新疆阿克苏市拜城县，中心产区在拜城县的黑英山乡、老虎台乡、铁热克镇，种羊场等地。拜城油鸡的饲养历史悠久。雍正年间即有饲养，距今已有近 300 年历史。历史上当地农牧民有育肥拜城油鸡的习惯和技术，方法是在垂直的地坎上挖一个比鸡稍大一点的洞穴，把鸡放进洞内，洞口用木条和竹片做栅栏把鸡围堵在洞中饲养，喂以煮熟的玉米、豆类、甘薯、马铃薯及适量蔬菜，如此育肥 15—20 天，鸡体肥美，皮下均匀分布一层脂肪，故名油鸡。拜城油鸡具有体态优美、肉质优良、耐热抗寒、适应能力强等特点。②

① 国家畜禽遗传资源委员会．中国畜禽遗传资源志：家禽志［M］．北京：中国农业出版社，2010：343.

② 国家畜禽遗传资源委员会．中国畜禽遗传资源志：家禽志［M］．北京：中国农业出版社，2010：346.

和田黑鸡。又名民丰黑鸡、洛浦黑鸡、尼雅黑鸡，属蛋肉兼用型品种。和田黑鸡原产地为新疆维吾尔自治区和田地区民丰县，和田地区其他县市也有分布。和田地区是古丝绸之路的重要驿站，自古商贸繁荣。当地农牧民早有饲养黑鸡的传统，鸡是历代居民向过往商旅提供肉蛋食品的主要禽类。和田黑鸡分布区处于天山以南的塔克拉玛干大沙漠边缘。这里的气候炎热，干燥少雨，自然环境相对恶劣。和田黑鸡正是在这样的生态环境下，经农牧民世代选育而逐渐形成的品种。

伊犁鹅。伊犁鹅原产地为新疆维吾尔自治区伊犁哈萨克自治州和塔城地区一带，主要分布于博尔塔拉蒙古自治州、阿勒泰市、和田市、喀什市、阿克苏市、博乐蒙古自治州以及乌鲁木齐市等地。伊犁鹅起源于灰雁，驯养已有200余年。据《塔城县志》记载，清朝乾隆三十一年（1766年）当地即有人养鹅。新疆巩乃斯河与特克斯河汇合处的肖尔布拉克沼泽、草甸区域被证明是伊犁鹅早期的驯养中心。伊塔地区沿河两岸的居民，每年春季都有人到苇滩中去检雁蛋，捉雏雁，用于孵化和驯养，经过两代以上的驯养后，基本可成为家鹅。新疆是多民族地区，用鹅绒做枕头、棉衣和被褥，既轻暖又防潮，尤其是鹅绒枕头，被视为婚嫁珍品，鹅肉香美可口，鹅肉抓饭是民族佳肴，这些都是伊犁鹅形成的重要因素。

伊犁鹅是中国地方鹅品种中唯一来源于灰雁的鹅种，是非常珍贵的小型鹅品种资源。其抗病力强，耐严寒，善飞翔，既能在江河湖泊沿岸的水域饲养，又能在草原上放牧饲养，是一个适应性极强的品种。但由于产蛋量较低，需要加强品种优化选育，提高生产性能。

塔里木鸽。塔里木鸽原产地为新疆塔里木盆地西部叶尔羌河与塔里木河流域一带，中心产区为喀什地区的莎车县、阿克苏地区的新和县等，塔里木盆地其他市县亦有分布。塔里木鸽具有悠久的养殖历史。当地饲养一种半野生鸽的叶克亚娃（意即“灰色野鸽”）鸽子。这说明塔里木鸽是对野鸽长期驯化选择形成的品种。在饲养过程中保留了新疆野鸽灰色羽毛的遗传特性，此外还培育出黑色、咖啡色、白色等不同羽色花纹的种群。塔里木鸽具有很好的抗逆性，抗病力和繁殖力，耐粗饲，觅食力强。①

三、西北民族的畜禽饲养技术与畜牧文化

（一）畜禽饲养技术

汉代西北畜牧业，主要集中在长城以北、以西的广大地区，特别是河西地区。这里具有长期畜牧业的历史传统和适宜的自然条件。汉代的三十六所牧师苑，都设在“河西六郡的天水、陇西、安定、北地、西河、上郡”境内。《史记·货殖列传》载：“天水、陇西、北地、上郡，与关中同俗，然西有羌中之利，北有戎翟之畜，畜牧为天下饶。”，这些“畜牧为天下饶”的地区，也是汉朝官营畜牧业的主要生产基地。

汉代西北畜牧业，在畜牧兽医和饲养繁殖等方面也有新的发展和新的进步。主要表现在饲养管理技术的进步、兽医的专业化、相畜术的发展等方面。官营的牧师苑已经掌握了牲畜配种、保护孕畜、母幼畜管理、马牛使役、饲料储存、日常调理等方面的技术，积累了较为丰富的技术、技巧和有效实用的经验。汉代之前，民间兽医已逐渐专业化。据《史记·货殖列传》记载，张显因善治马疾而致富。这个以医马而致富的案例，能够入史传世，说明汉代不仅普遍重视兽医这个职业，而且“马医”已成为社会认同的专业化职业。兽医技术在畜牧业生产中发挥出了重要作用。

汉代以前，西北一带的畜牧业就已经比较发达。据《史记·秦本纪》记载，“昔伯翳为舜主畜，畜多息”。彼时陇山一带牧草繁茂，繁息良马成群，闻名成周代广域。汉代承袭畜牧传统。兹后，匈奴族、乌桓族等北方游牧民族内迁汉地，汉朝将其安置在西北边陲的各个属地内，使他们得以“因其故俗”，继续从事畜牧业。

汉承秦制，在太仆寺下设牧师苑官或牧师官，主管西北畜牧，大力

---

① 国家畜禽遗传资源委员会. 中国畜禽遗传资源志：家禽志［M］. 北京：中国农业出版社，2010：596.

发展畜牧业。东汉卫宏撰《汉官旧仪》载：西汉时“太仆帅诸苑三十六所，分布北边，以郎为苑监，官奴婢三万人，分养马三十万头，择取给六厩。牛羊无数，以给牺牲”。《东汉会要·太仆》记载，东汉时“牧师苑，皆令官，主养马，分在河西六郡界中”。汉朝不仅设置各种主管畜牧的机构，而且常派官员管理。如居延汉简载，元凤三年（公元前78年），酒泉库令遣官持传分行河西诸郡，课验民间养马。汉武帝太初年间，按一定的繁殖率征集马匹。《汉书·食货志下》：“令民得畜边县，官假马母，三岁而归，及息什一。”就是在西北边疆郡县，由官府向牧民提供母马，每三年按马匹繁殖数量的十分之一征收马税。①

隋唐皇朝的北面和西面存在着以畜牧业经济为基础的突厥族、吐谷浑族、吐蕃族、回纥族等民族政权。他们依靠骑兵快速部队，经常侵扰边界，劫掠人畜，成为隋唐皇朝最大的边疆忧患。畜牧业本身不仅对农业、手工业、交通运输业的发展起着重要作用，而且对政治、军事、商品交换，以及中西经济文化交流也都有着深刻影响。畜牧业还可为人们改善饮食，提高生活质量，增加财富，实为国计民生之大端。同时，农业发展也要仰仗畜牧业，牛、马等牲畜不仅为农业耕作提供畜力，而且还可以为农业提供肥料。手工业中的一些原料，如制作皮裤、皮靴、皮衣等各种御寒之物的皮张，制铠甲用的皮革，制弓弦用的牛筋，制号角用的牛角、羊角，熬胶用的动物骨头，编织褐、毯、毡等毛纺用品，都依赖牲畜业。这种以畜产品为原材料的派生产业，也可以看作是畜牧经济中的一个部分。人们日常食用的大量肉食、祭祖祭神用的牺牲，更是离不开畜牧业的供给。②

少数民族在畜牧生产中，不仅积累了许多简易实用的畜养技术的兽医技术，而且因地制宜地选育驯化出一批具有适应环境特异功能的地方良种。

① 陈宁. 秦汉马政研究［D］. 苏州：苏州大学，2006：34-49.

② 尹伟先. 隋唐时期西北地区畜牧业研究［J］. 西北民族大学学报（哲学社会科学版），2009（3）：52-68.

例如，吐鲁番驴的地域适应性很强，能够耐受吐鲁番盆地夏季40摄氏度的酷暑炎热，对常年干旱的气候适应性良好，极耐粗放饲养。日常仅饲喂粗劣饲草秸秆，对各种疾病抵抗力很强。在宁夏回族自治区南部的西吉县境内，山大沟深，交通不便，农业生产必须使用驴来驮粪、驮粮，农民生活也需要驴拉磨、骑乘，因此农民对驴的饲养十分精心，当地有“一年失了龙（指驴），十年不如人”的说法，足以说明群众对驴的重视，对驴的饲养管理，畜舍建筑，饲喂方法等均较为精细。当地草山广阔，有良好的放牧条件，群众素有种植苜蓿、青燕麦，草谷子等人工牧草的习惯。除了喂给驴专门种植的燕麦，还喂以豌豆、麸皮等。当地地多人少，在正常年景下，粮食及饲草丰富，给驴的生长发育提供了极为有利的条件。当地各民族都非常重视种公驴的选择。有专门从事选育饲养公驴的配种户，当地俗称“放公子户”。也有些富裕农家除了选养种公驴给自家母驴配种，也为其他农民饲养的母驴配种收取报酬。为了选优扶壮，种公驴从幼年即开始培育，一般多采用“一岁选、二岁定”的办法，体形较大且质优的公驴深受欢迎。

柴达木牛终年在天然草场放牧饲养，冬季基本不补饲，极个别补饲少量青稞。暖季将产犊牛赶回蒙古包附近草场放牧挤奶，其他牛则在距住地较远的草场放牧。牧民一般每隔半个月左右到牧地巡视，清点牛数和转移草场。冷季将挤奶牛赶回牛群，放牧方法与暖季一样。天祝白牦牛终年放牧，饲养管理粗放。暖季到夏秋草场，放牧抓膘，冷季转入冬春草场，一般冷季给犊牛补饲青干草或放至围栏草场放牧，很少补饲精料。青海牦牛饲养也比较粗放，终年依靠天然草场放牧，牧养方式多实行冷暖两季轮牧。夏季管理以产犊护犊、调整牛群、去势阉割、抓绒剪毛、药浴驱虫等为主，秋季管理以抓膘配种、打草贮草为主。甘肃省的合作猪一般都是终年放牧，收牧后或给予少量补饲。放牧于山坡、河谷、麦茬地。合作猪采食能力强，具有良好的利用野生植物的能力。对各种嫩而多叶的野生植物的茎、叶、籽实和某些植物的根茎都可采食，尤其喜爱采食蕨麻。

最有地域适应能力的是骆驼。骆驼对恶劣的气候环境条件具有很强的耐受能力，尤其对风沙、干燥抵御力强，能抵御最低气温零下 33.6 摄氏度，地表温度零下 38.6 摄氏度与大风的侵袭而不致冻死。暖季在最高气温 33.9 摄氏度、地表温度 71.1 摄氏度之下不影响行走。无风沙的好天气，鼻孔全开；有风沙时，鼻孔关闭。天气热时迎雨而卧，前后膝肘分开，腹下有通风空隙利于散热；空气天气冷时，则紧缩膝肘，背风而卧，膝下无隙，以减少身体周围的空气流动而保暖。骆驼不怕风沙、不畏严寒，对贫瘠的荒漠、半荒漠草原具有极强的适应性，对恶劣的环境有顽强的抵抗力。

（二）畜牧文化

塔里木盆地边缘绿洲上，居住着族源不同的少数民族，骆驼成就了他们辉煌的历史。柴达木地区的荒漠、半荒漠地带，多生长碱柴、刺盖、茨蓬、芦苇、芨芨草、红柳、梭梭等植物，这些植物都有硬刺和异味，马、牛、羊不喜采食，但却是骆驼的好饲草。清朝时期，阿尔金山、昆仑山一带和罗布泊地区，主要成为维吾尔人游牧和定居的地区。维吾尔人一般不食驼奶和驼肉，以表达对骆驼的敬意。维吾尔人待客一般都是宰羊，而用骆驼肉待客则是最高的礼遇。在婚庆、寿宴时，赠送体格高大的骆驼，表示对主人的无比尊敬。

哈萨克牧民多游牧，骆驼是搬迁转场的主要交通工具，因此骆驼成为哈萨克族游牧文化不可分割的一部分。哈萨克文学中有许多关于骆驼的乐曲和故事。哈萨克族的节日中有“萨热阿覃早扎”，是为纪念因守护骆驼而牺牲的小女孩而设立的。白杨河上游有一座山叫“推也巴斯”，哈萨克语即为“骆驼头山”。每年水草丰美的季节，在塔城市、巴里坤哈萨克自治县、木垒哈萨克自治县等哈萨克族聚居的牧区，哈萨克人都会举行大型集会，“阿肯弹唱会”上不仅举行弹唱、赛马等，还进行骆驼比赛。如今少数民族运动会也是重要的娱乐活动。除了传统的比赛项目，骆驼比赛最具特色。这些社会文化活动对新疆准噶尔双峰骆驼的形成具有重要的促进作用。

中国的绵羊以蒙系羊为主，藏系羊则分布于青藏高原及其邻近省份。各民族注重羊群的选种、留种，经过长期的人工选育和自然环境的影响，形成许多著名的地方品种，并且积累了丰富的养羊方法。

蒙古羊主产于蒙古草原。蒙古羊自汉代起向长城以南扩散，在华北与殷羊相结合，在西域与哈萨克羊相混合，形成一批各具优良性状的地方羊品种。哈萨克肥臀羊是与蒙羊杂交而成的品种，以阿勒泰肥臀羊最为有名。阿勒泰及其以西地区，在汉唐时代隶属康居国。西晋的《广志》和唐代的《酉阳杂俎》都提到，阿勒泰大尾羊，尾重十斤，出康居。唐代以后，康居大尾羊大量引入甘肃、陕西等地，对当地羊种产生了很大的影响。产于宁夏黄河滩草场上的滩羊也是属于蒙古羊系的品种。隋唐时期在宁夏设立过国家养羊场。在特定的生态条件下，经长期培育形成的滩羊品种，毛股紧密、花穗美丽，是历代制裘的佳品。

中国的另一个羊种是藏羊。原产于青藏高原，公母羊均有角，呈细长螺旋状，尾细长呈圆锥形，为产于中国的唯一属长尾型的品种，也是世界上处于海拔最高的高寒处特有的绵羊品种。

中国的山羊以宁夏中卫山羊最著名。其所产的二毛皮可与滩羊媲美。被毛白色，分为两层，外层长毛纤细有光泽，成花穗；内层绒毛柔软而无润。克什米尔山羊，原产于西藏高原和喜马拉雅山北麓，被毛白色，粗毛长 12 厘米，粗毛下的绒毛柔软纤细有光泽，是世界最著名的高级毛纺原料。

第三篇

南方民族地区的养殖

中国南方的畜牧业在规模和影响力上不及北方，但在中国农业和文化中占有重要地位，是不可或缺的一部分。由于南方地区独特的地理和气候条件，农耕文化较为发达，畜牧业相对而言并不占主导地位。然而，南方民族地区也有着悠久的畜牧业历史和独具的特点。

南方多民族聚居，农牧兼营。各民族都有着自己独特的畜牧业传统。早在新石器时代，南方民族地区就已经开始驯化和饲养家畜。南方水系发达，水牛在农业中扮演重要角色，多用于耕作和运输。家畜种类较为多样，除了常见的猪、牛、羊等家畜，鸭、鹅等家禽的饲养也很普遍，而且与农耕相结合，形成稻－鱼－鸭共生的复合农业模式。

由于地理环境的限制，南方民族地区的畜牧业以小规模的圈养方式为主。经历长期的自然选择和人工选择，南方的家畜品种具有很强的环境适应性，能够适应湿热的气候条件。畜牧业与农业合为一体，家畜粪便作为肥料回归农田，形成良性的资源循环利用的生态农业系统。

第六章
西南民族养殖史

西南地区包括重庆市、四川省、云南省、贵州省、西藏自治区。这里从远古时代就有人类生活繁衍。云南省元谋县、贵州省桐梓县、四川省资阳市等地出土了分别属于猿人、古人和新人的古人类进化的系列化石。新石器遗址遍及西南各地。云南省宾川县白羊村发掘出 4000 年前遗址，有木胎泥墙的住房、窖穴和墓葬，以及长条形石斧、新月形弧刃、穿孔石刀等，并有狗、猪、牛、羊的遗骨。

从公元前 3 世纪开始，西南各民族与中原地区就有经济、文化方面的交往。他们或聚族群居，或相互杂居，发展成区域性的独特民族文化。在多民族国家形成过程中，西南民族相继认同并接受先进的中原文化，成为多民族大家庭的重要组成部分。西南地区的各民族，虽然族源各异，文化有别，但都属历史悠久的本土民族。

第一节　西南地区世居民族的融合与演变

在历史上，中华民族的演进经历了十分复杂的过程。各民族的融合发展，构成了统一的多民族国家的坚实基石。任何形式的融合都是民族发展史上的进步。[①] 西南地区是中国世居本土民族类型最多、融合析离最复杂的地区。西南民族的族属甄别，涉及族源、迁徙、融合、析出等不同情况。[②]

在西南区域内，历史上主要分布着氐羌系民族、百越系民族、原生土著民族、孟高棉民族，以及历代相继迁入的蒙古族、满族、回族等民族。如此庞大的多民族群体经过相互影响、吸纳和通婚繁衍，形成了今天的壮族、彝族、苗族、瑶族、回族、藏族、白族、哈尼族、土家族、傣族、傈僳族、拉祜族、佤族、纳西族、羌族、景颇族、布依族、侗族、水族、仫佬族、仡佬族、布朗族、毛南族、普米族、怒族、独龙族、阿昌族、德昂族、基诺族、蒙古族等少数民族。在地域空间上呈现大杂居、小聚居的分布格局。尽管这些民族的形成时间各有早晚，但都拥有悠久的历史和让人惊叹不止的独特文化，都在历史长河中结成了复杂的社会经济文化的多重联系，形成了极其生动的民族关系画卷，丰富着统一多民族国家的发展历史底蕴与内涵。

一、西南地区的史前文明

西南地区是人类起源的重要区域，自古就有人类的生存和繁衍。古代先民为了适应不同的生存环境，形成了各具特色的地域性文化，同时又不断地和相邻地区发生着交流和联系。西南地区的旧石器时代文化与中国其他地区的文化有若干相同的地方，表明西南地区属于中国旧石器时代文化的一个组成部分。

远古人类及石器时代文化的遗址，如开远古猿（距今 1400 万年）、禄丰古猿（距今 800 万年前）、元谋古猿（距今 800 万—600 万年）和保山古猿（距今 800 万—400 万年）的化石发现于云南省，以及云南省的元谋人（距今 170 万年）、重庆市的巫山人（距今 204 万—

① 方铁. 中国边疆通史丛书：西南通史［M］. 郑州：中州古籍出版社，2003：7.

② 施联朱. 民族识别与民族研究文集［M］. 北京：中央民族大学出版社，2009：18.

201 万年）、贵州的桐梓人（距今 19 万—18 万年）等。除了元谋人、桐梓人，丽江人、资阳人、柳江人等都具有蒙古利亚人种的特征，这说明了西南地区的远古居民与中国大地上的其他远古居民在种族来源上是一致的。①

西南地区旧石器时代文化是中国旧石器文化系统中的一种地方性文化，有川西高原、横断山区、云贵高原和四川盆地四个亚文化。云贵高原的旧石器时代文化最具西南地域的代表性。在云南省发现的旧石器时代遗存有 57 处，出土人类化石 130 件，石制品约 18000 件，骨、角、牙器 200 余件，伴有大量动物化石，并发现用火遗迹。②在贵州省发现旧石器时代遗存 40 余处，出土大量文化遗物和动物化石，其中石制品 3 万余件、骨器 1000 余件、角器 20 多件、人类化石数十件。③

新石器时代大约开始于公元前 8000 年，农业畜牧业的产生是新石器时代的主要标志。这一时期出现了磨制的石器、陶器和纺织品，人类从原来依赖天然产品过渡到生产经济占主要地位的阶段。中国的新石器时代可分为早期、中期和晚期，这一时期中国西南的考古学文化有明显的共性。

在新石器时代，西南地区就有众多民族群体分布，并分别与西北、东南沿海的各民族联系密切。以西北甘青高原为中心的氐羌民族和以东南沿海为中心的百越民族，分布地一直扩展到西南各地。属于氐羌民族的人口，多散居在今四川省的西北部和西南部，云南省的北部、东北部和西部、西北部，贵州省的西部。

在新石器时代晚期，云南省的先民已经饲养了猪、狗、牛、马和鸡，可能驯养了猫。有了较完善的动物畜养业。猪是普遍饲养的家畜，

① 王文光，朱映占．中国西南民族史研究论纲［J］．西南边疆民族研究（第 7 辑），2010：24-49.

② 云南省文物考古研究所．云南省文物考古五十年，新中国考古五十年［M］．北京：文物出版社，1999：403.

③ 贵州省文物考古研究所．贵州省考古五十年，新中国考古五十年［M］．北京：文物出版社，1999：390-393.

还发现了狗。①

在西藏自治区的定日县、申扎县、林芝市、卡若区、拉萨市等地，发现了分别属于旧石器时代、中石器时代和新石器时代的遗存。在藏北才多茶卡湖畔还发现了原始石器制造场地。在雅曲雅土发现了游牧狩猎部落使用的半锥形石核。这些遗址一般濒临江湖，自然条件较好。其中最重要的是距今5300—4100年的昌都市卡若区新石器晚期遗址内有几十座不同类型的房址，打制石器、磨制石器与细石器共存；农业生产工具有石斧、石铲、石锄等。当地居民以种粟为主，养猪、牛，过着定居农业生活，狩猎在经济生活中仍占重要地位。这些遗址既有地方特点，又与中原原始文化有密切联系。据汉文文献记载，活动在中国西北地区的羌人的最西的一支叫“发羌”，与藏族有直接渊源关系。近人研究认为，藏族是由西藏地区的土著居民和陆续迁入该区的羌人融合而成的。

贵州省从春秋时期分属牂牁国、柯国、夜郎国三国，秦代在境东北部置黔中郡。当时已有一定规模的农业生产，在边远地区以畜牧业为主。《史记·西南夷列传》指出，“随畜迁徙，毋常处”，《唐书·蛮传》说：“两爨蛮土多骏马。”贵州省兴义市万屯镇和兴仁市交乐村出土的东汉铜车马，造型优美，也证明贵州早已是中国良马的产区。马之上者作骑乘，下者供驮运。到宋代以后，黔西马（即贵州马）作为“贡马”而在中原内地成为争相购入的名驹骏马（图6-1）。

图6-1　贵州马（《马驴驼志》，第74页）

① 方铁. 西南通史［M］. 郑州：中州古籍出版社，2003：17.

贵州高原山峦起伏，道路崎岖，交通不便，自古以来人民生活生产需要的物资，就靠马帮驮载运输。贵州省的世居民族，如苗族、回族、彝族、布依族、水族人民，喜爱“耍马”，选购体形壮美，体格高大的马，配以精美的辔头、鞍具，平时用于赶集串寨；节庆时，如五月端阳节“耍花山”、九月重阳节“过端”，都要举行赛马活动，有平地赛、跑坡，赛走马、比走法及比耐力等多种比赛形式。由于贵州省特定的自然环境条件、社会经济的影响和民族民俗的选择，促进了贵州马这类山地古老品种的形成和发展。

二、西南地区的民族谱系

四川盆地发现的新石器时代的文化遗址和文化遗物都比较多，但很少受到周边地区新石器文化的影响，是相对独立发展起来的地方性新石器时代文化。出现这种现象的原因有自然和人文两方面：一是高山峻岭阻隔了古人类的迁徙，更重要的是当时四川盆地已经有发达的区域性文化，这使外来文化难以进入，即使进入也会被同化或融合。①

川西高原和横断山区的怒江、澜沧江、金沙江、雅砻江、大渡河呈由北向南的流向，这使来自西北的文化通过这些河流进入西南。在云贵高原的南部和东南部，则有著名的两条大河，即元江（流出境外为红河）、南盘江（下游为珠江），这两条大河是西南民族与东南沿海地区沟通的重要渠道，而且这两条大河两岸地势平缓，对民族迁徙和文化交流并不构成障碍。

（一）蜀人和巴人

需要指出的是，历史上的“蜀族”和“巴族”，实际是地缘聚居的“族群”，而不是血缘意义上的“民族”，因此称为“蜀人”和“巴人”更为合适。他们率先进入农耕社会，农耕技术渐居华夏各民族前列。

蜀人最初活动在岷江上游的山地区域，后来逐渐向成都平原发展。

① 宋治民．蜀文化与巴文化［M］．成都：四川大学出版社，1998：25.

商代甲骨文中出现了“蜀国”。相传开国君王杜宇“教民务农”“以汶山为畜牧”（图 6-2）。蜀国的版图，北抵汉中，南达今云南省，东以涪江为界，西与巴国为邻。杜宇（约公元前 6 世纪）治理岷江水患，把岷江分流引到沱江，成为数百年后李冰父子修建都江堰的工程基础。蜀地素以富饶闻名。农作物以水稻为主。柑橘等水果生产也相当发达。蜀人早在原始时代即已栽桑、养蚕，是中国最早育蚕的民族之一。

图 6-2　汶川山羊（淳于权　摄）

巴人初居武落钟离山（又名“佷山”，在今湖北省长阳土家族自治县），后迁至今日的川东和鄂西。巴人大约在春秋初年建立了巴国。《华阳国志》说，其地“土植五谷，牲具六畜”。巴人是中国最早种茶和炒茶的民族。早在西周初年，已把茶树植于园圃，用茶叶作为对西周王朝的贡品。

巴人的主体成员是滇人和夜郎人，由于远离中原华夏族，先秦的文献对其记载较少。作为西南地区两大原始族群，滇人和夜郎人在先秦时代一直沿着自己的文化体系发展繁衍，独立地创造了较高的农牧文明。

公元前 316 年，秦国灭了蜀国，兼并了巴国，大批秦民随后迁入巴蜀。公元前 279 年，楚顷襄王派将领庄蹻率军征服夜郎国，一直攻打到滇池一带。史称“庄蹻入滇”。归入统一的秦汉帝国的版图之后，巴蜀族群的主体部分逐步与华夏族融合，成为汉族谱系的新成员。其余的巴蜀族群被统称为“西南夷”，渐渐融入居地的少数民族之中，承其俗，话其语，分别融汇成西南各民族的新成员。

汉武帝大举开发西南，汉民族开始进入古滇国、夜郎国。强大的汉文化以巴蜀为基地进入西南夷分布区。通过开路、设置郡县、移民实边等措施，西南地区获得长足发展。司马迁在《史记·太史公自序》中说：“奉使西征巴、蜀以南，南略邛、笮、昆明。”由此写出了《史记·西南夷列传》，并首次提出了“西南夷”的区域性群体性的民族分类概念。《史记·西南夷列传》将中国古代的西南民族划分为三类：夜郎、滇、邛都诸族为农耕族；嶲、昆明为畜牧族；笮都等为半耕半猎族。很显然，司马迁是把各民族的经济、政治与习俗状况作为分类依据的。后来晋朝范晔编撰《后汉书·南蛮西南夷传》时，进一步将西南民族分为七系：武陵蛮[①]、南郡蛮、江夏蛮、板楯蛮、南方蛮[②]、益州羌、西南夷[③]等。范晔以地理分布为标准，将上述七种名称的民族分属为四个种族名称：蛮、羌、夷、氐。魏晋南北朝时，史书文献称西南地区为“南中”，其地理空间上包括今天的云南省、贵州省和四川省西南部；其族群构成上则包括汉族在内的各民族血缘交杂关系。

（二）南迁的氐羌族群

先秦时代的原住民，属于南迁的氐羌族系的族群或部落很多，例如，滇、靡莫、劳浸、僰、嶲（叟），昆明、邛都、徙、筰都、冉駹、白马、摩沙，是藏缅语族的彝族、白族、纳西族、拉祜族、哈尼族、傈僳族、基诺族、羌族、普米族、景颇族、阿昌族、独龙族、怒族等民族的共同先祖。

由于中国西南特殊的地理位置，这里自古就是多民族迁徙、交流、

① 包括长沙蛮、澧中蛮、溇中蛮、零阳蛮、零陵蛮等种。——作者注

② 包括交趾、越裳、海州、九真、日南、合浦、蛮里、乌浒、象林诸蛮。——作者注

③ 包括夜郎、滇、邛都、筰都、哀牢、白马氐等族。——作者注

融合和汇集之地。无论是从北往南、从东往西迁徙的民族，还是从中南半岛往北流动的民族都在今天中国西南这块土地上留下了足迹。在这些民族当中，有的有自己的语言和文字，有的只有自己的语言而没有文字，还有相当一部分民族至少能够使用汉语，甚至用汉字来书写。西南各民族在一直作为“蛮夷”而游离在华夏边缘。因此，早在商周时期的甲骨文、钟鼎铭文当中，就有关于夷、羌的零星记载。

西南地区的原始居民与中原民族有着相同的种族来源。在夏商周三代，氐羌人的一些部落就居住在西南地区。公元前 7 世纪，西北地区的羌人因受秦国的威胁，大批移居西南。他们分布在今四川省西北部和西南部、云南省的东北部和西北部、贵州省的西部等广大区域内，成为藏缅语族各族的主体族源。

古代属于氐羌系统的民族有南北朝后期的乌蛮、白蛮、羌人诸部；有元明清时期的罗罗、白子、麽些、窝泥、栗些、俅人、怒子、西蕃、倮黑、峨昌等。发展到今天，他们分别成为西南汉藏语系藏缅语族的羌族、彝族、白族、哈尼族、纳西族、基诺族、景颇族、独龙族、阿昌族、普米族、土家族等民族。

在氐羌系统的西南夷民族谱系里，僰人的经济文化水平最高。僰人环滇池而居，因此也被称为“滇僰”。战国时代建立了“僰侯国”。他们在滇池周围的开垦了“肥饶数千里”的耕地。在云南省晋宁县石寨山等地发现的战国汉代的滇人墓葬，反映了僰人的青铜文化发展水平，青铜锄、镰、斧等农具已被广泛使用。农作物以稻谷为主。滇池附近产良马，滇马以温驯善走著称，东汉曾在这里设有“万岁苑”，专养军马。滇墓出土青铜器有牛、马、猪、犬、山羊和绵羊的模型，以牛为多，马较矮小。汉武帝征服滇国时，“获牛马羊属三十万”，可见滇僰人的农牧业已经很发达。①

昆明族是西南氐羌谱系的大族群。他们和僰人交错杂居。《史

① 尤中. 从滇国到南诏［M］. 北京：民族出版社，2010：3-7.

记·西南夷列传》记载，昆朋人“随畜迁徙，毋常处，毋君长”，说明当时以游牧业为生，有的开始定居营农。邛都（今四川省凉山彝族自治州）的僰族则农牧兼营，有的僰族仍然过着游牧生活。公元前 7 世纪，南迁的羌人带来牦牛种。他们以游牧为业，善养牦牛、笮马，故称为“筰人”。秦汉时巴蜀商人往往把笮马和牦牛转贩至中原。东汉朝廷曾在筰人居地（四川省西昌地区）设置长利、高望、始昌三个马苑。另在越巂郡设置牦牛道，将牦牛运至成都，再运往中原。[①]

滇僰擅长畜牧，饲养的牲畜有牛、马、猪、羊等。在晋宁县石寨山出土的青铜器文物中有许多放牧模型，牲畜的数量很多。饲养有水牛、猪、狗、羊、鸡、鸭等。《后汉书·列传》称当地有“盐池田渔之饶，金银畜产之富”。唐代文献记载，当地民族的农牧业相当发达，普遍饲养马、牛、羊、猪、犬、鸡等“六畜”和驴、骡、鸡、鸭、鹅等畜禽，出现“牛羊被野”的景象（图 6-3）。南诏大理产良马，最有名的是滇

图 6-3　云南曲靖牛（黄琦　摄）

① 中国农业大百科全书编委会. 中国农业在百科全书：农业历史卷［M］. 北京：中国农业出版社，1995：338.

西的“越赕骏”。有野放和舍饲两种养马方式。宋代大理马驰誉于世。[①]

商周时期，滇东、滇西等地的农耕区普遍饲养六畜。近年在云南省发掘的商周至汉初的24个墓葬，有11处发现了家养畜禽的模型或图像，分布在滇池和洱海周围，在剑川县、云龙县、楚雄彝族自治州等地也有发现。在祥云县大波那遗址铜棺墓出土的畜禽模型有15件，其中牛4件，鸡3件，马、羊、猪、狗各2件；其余墓葬出土的家养畜禽模型数量也不少。这些遗址出土的畜禽遗存有特点是，六畜中牛的数量最多，滇东养牛最盛；滇西养马明显早于滇东，骑马文化由西向东传播的趋势明显；饲养山羊和绵羊都较晚；养猪比较普遍。[②]

（三）百越族群

西南民族中有一支是从百越族分离出来的百濮部落。百越人在春秋战国期间，相继从东南地区迁入西南各地，散居在今天的贵州省和云南省，是侗傣语族的主体族源。

属于百越族系统的民族有：秦汉时的滇人、夜郎、且兰、句町、漏卧、滇越、哀牢；唐宋时期的僚人诸部、白衣、棠莫、金齿、银齿、绣脚、绣面；元明清时期的摆夷、侬人、沙人、仲家，等等。发展到今天，成为西南汉藏语系壮侗语族的壮族、傣族、侗族、水族、苗族、布依族、仫佬族、毛南族等民族的共同先祖。

（四）百濮族群

关于云南省百濮民族的族源，至今歧说甚多。比较有共识的是，云南省西南部的土著人是孟高棉语族的先祖。他们与此后陆续从江汉南迁的濮人以及从百越西迁的百濮，是不同血缘的民族群体，是历史进程中的“名同族异”的文化现象。也就是说，后人所说的西南地区的百濮族群，族源实际上是由三个部族构成。一是从江汉南迁的濮人。他们最早活动于江汉地区，主体在河湖密布的江汉平原，西及三峡山谷，南达洞

---

① 中国农业大百科全书编委会. 中国农业在百科全书：农业历史卷［M］. 北京：中国农业出版社，1995：340.

② 方铁. 中国边疆通史丛书：西南通史［M］. 郑州：中州古籍出版社，2003：38.

庭湖滨，北至汉水中游及其支流唐河、白河等地，比邻鄂西北及河南南阳。西周末年以后，随着楚国在江汉地区崛起，濮人的活动范围逐渐缩小，于是向西南地区迁徙，进入到今天的川、滇、黔地区，与当地人民的融合发展，创造了灿烂的文化。① 二是东南百越族西迁的濮人。他们在不同历史时期同化于不同氏族。② 一部分濮人同化于百越系，混合成为现在的壮傣各族；一部分濮人同化于氐羌系，混合成为现在的藏缅各族；还有一部分同化于苗瑶民族之中。这就是以上各民族都有濮人文化特征的由来。③ 三是世居于云南西南部的土著人与迁入的百濮人融合发展成云南孟高棉语族的佤族、布朗族、德昂族等三个民族。

实际上，在历史长河中，土著人和迁入的濮人融合杂处，发展成了西南地区的百濮族群。秦汉时期称苞满、闽濮；唐宋时期称朴子蛮、望蛮；元明清时期称蒲蛮、崩龙、卡瓦。④ 我们今天看到的西南地区有着数十个本地世居的少数民族称谓，是新中国成立初期，根据历史上形成的共同语言、共同地域、共同经济生活，以及共同习俗文化等四大要素划分出来的。在历史文献上，并没有这么多的民族名称。

（五）迁入的民族

需要注意的是，先秦以后的不同历史时期，还有很多其他地区的民族相继迁入西南地区例如，藏族、蒙古族、回族、满族等。经过长期的融合与分化，形成了包括汉族在内的多民族和谐共处的统一的民族共同体。

三、古代西南民族政权与州郡更替

（一）华夏统一政权下的西南州郡

秦始皇建立了中国历史上第一个统一的多民族国家。但是短暂的秦

① 中国社会科学院考古研究所. 新中国的考古发现和研究［M］. 北京：文物出版社，1984：125-136.

② 湖北省文物考古研究所. 五十年来湖北省文物考古工作［M］. 北京：文物出版社，1999：278-280.

③ 魏德明. 濮族研究［J］. 云南社会科学，1995（2）：68-74.

④ 王文光，朱映占. 中国西南民族史研究论纲［M］. 昆明：云南大学出版社，2010：24-49.

王朝统治时期，仅在今天的四川盆地设立了蜀郡和巴郡。接下来的西汉王朝，对西南的统治有所加强。汉武帝时，在今天的云南省、贵州省、四川省、重庆市所辖地设置了广汉郡、蜀郡、巴郡、犍为郡、越巂郡、益州郡和牂牁郡。东汉在原有七郡的基础上又增加了沈黎郡、汶山郡、武都郡、益州郡。东汉永平十二年（69 年），将益州郡的一部析出，添设永昌郡。至此，今天的云南省德宏傣族景颇族自治州、保山市南部、临沧市、普洱市、西双版纳傣族自治州全部纳入了东汉版图，成为统一多民族国家的组成部分。

秦汉时期设置郡县制以后，中原与西南边陲建立了便捷的经济交流和社会交往通道，牛耕技术传入西南地区，促进了西南夷属地的畜牧业发展。史书记载，当时的一次战争，能掠夺家畜 10 万余头，这足以表明畜牧业的发达程度。当时饲养的家畜主要是牛、羊、马，以牛、羊的数量最多，马匹饲养虽然比较少，但养马在西南夷地区相当普遍。①

魏晋时期，西南民族的融合产生了新的特点：一是建立过賨国政权的賨人和进入四川盆地的氐、叟、僚等部族逐渐融入汉族，后裔均以汉族身份立世；二是汉族大姓“爨氏”，割据地自立，从东晋（317—420 年）至唐天宝七年（748 年），统治南中属地 400 余年。归化唐王朝的爨氏族人逐渐夷化，最终融入居邻俗近的不同少数民族之中，成为历史上不多见的“汉转夷”的民族文化现象。

（二）南诏国和大理国

唐王朝是中国历史上强大的统一多民族国家，郡县制有所变化，基本上分为道、州、县三级。在边疆少数民族聚居区，设有由朝廷直接统辖的都护府，还设有由各少数民族首领担任都督、刺史的“羁縻州”。

由于魏晋南北朝时期处于相对封闭状态的西南地区获得了 500 余年的稳定发展，积蓄了相当的力量，因此，本来是受到唐王朝的庇护建立的南诏国，却发展成与唐朝相对抗的力量。南诏国的各种制度受唐朝体

① 方铁. 中国边疆通史丛书：西南通史［M］. 郑州：中州古籍出版社，2003：87.

制的影响很大，但并不完全照搬。宋朝积贫积弱，更加无力对西南地区施行强力有效的统治，结果是在南诏国的旁边又涌出了一个大理国。于是，宋代的郡县统治，基本上只能到达大渡河以北的四川盆地范围内。

唐宋时期，西南民族融合的情形是，四川盆地几乎全部汉化，川西高原、云贵高原的民族分化与融合仍在缓慢进行，主体民族仍是当地少数民族。进入这一地区的少量汉族，仍然被当地民族同化而发生逆向融合。除了地理因素，南诏国、大理国与唐宋的交往多以矛盾冲突和文化交流的双向方式进行，例如，南诏国一面与唐王朝发生“天宝之战”，却同时派遣贵族子弟到成都学习汉文化或通过交换获得汉文化典籍。因此，汉民族与南诏国、大理国辖境内的少数民族没有发生融合，只有经济文化上的交流。

宋朝神宗时，朝廷的统治逐渐深入西南少数民族腹地，次第将交界区域蚕食吞并。朝廷对待西南少数民族的态度转向强硬，朝贡的要求逐渐严苛。北宋前期，宋朝的对外重心在北方，始终处于防守之势。因此，对西南地区，一直秉承“羁縻蛮夷，以其为边境藩篱”的政策方针。但自从神宗朝提出“汉唐旧疆”拓边计划后，西南少数民族“藩篱”意义大为降低。

南宋朝廷对西南少数民族治理观念日趋保守，但是并没有照搬北宋初期以朝贡关系羁縻西南少数民族的政策，而是推陈出新，通过树立少数民族首领，扩大西南少数民族自主权的方式来施行羁縻统治。除此之外，随着南宋时期西南沿边互市贸易的发展，也使西南少数民族不需要通过复杂的朝贡方式获取物质产品。①

与宋朝并存的大理国自身也有一套自成体系的行政区划。除了首府大理，下设八府四郡四镇，即善阐、威楚、统矢、会川、建昌、谋统、永昌、腾冲等八府；河阳、秀山、石城、东川等四郡；成纪、蒙舍、镇西、最宁等四镇。

① 林建．宋代对西南少数民族治理观念的变迁［J］．西南民族大学学报（哲学社会科学版），2019（2）：206-209.

元朝时，首创行省制，全国共设立行省 11 个。其中，西南地区分设四川行省和云南行省。当时在少数民族地区采取土流并治政策。也就是在民族地区实行民族首领“土司”与中央任命的“流官”相结合的衙门官僚制度，在行省与郡县之间加设了一个军政合一的机构——宣慰司①。土司制度加强了元王朝对边疆各民族的统治，把前代不能有效统治的少数民族纳入了统一多民族国家，加快了西南少数民族融入统一多民族国家的步伐，对后来的明清两朝的民族政策产生了深刻的历史影响。

明代在中原内地的行省下设立府、州、县，在少数民族地区仍然实行土流并治的政策，设置羁縻州府，还有宣慰司、安抚司、宣抚司、招讨司等。四川行省下设十三个府、六个直隶州，以及若干个宣慰司、安抚司、宣抚司、招讨司、卫所等。针对云南行省多民族共处的特点，在云南行省下设十九个府，两个御夷府、四十个州、八个宣慰司、四个宣抚司、五个安抚司、三十三个长官司。为了有效地治理贵州的少数民族，永乐十一年（1413 年）朝廷设立了贵州行省，下辖十个府、九个州、一个宣慰司、七十六个长官司。

清代的郡县制，几乎全盘承袭了明代的官僚体制，奠定了直至今天的统一多民族国家的行政区划。清代在少数民族边远地区设厅，享有县级职权。与前代不同的是，清代大规模推行“改土归流”政策，民族地区的行政长官“土司”要由中央任命，并且不能在原籍任职，要与汉族长官一样，在全国相同职级之间轮岗流动，故称“改土归流”。清代西南的省级行政区基本与今天相同。

（三）西南的民族融合变化

西南边疆的民族融合进程，大致可以分为汉晋、唐宋、元明清三个时期。前两个时期民族融合的特点很鲜明，即元代以前，大量的汉族群体融入于非汉族之中。这种现象对普遍意义上的民族融合理论是不适用的，属于历史进程的一个特例。普遍意义上的民族学理论认为，如果文

① 宋濂．元史：百官志七［M］．北京：中华书局，1976.

明程度较高的民族征服了经济文化程度较低的民族，则被征服民族通常会接受较高水平的经济文化而被先进民所族融合同化。但是，中国的汉晋和唐宋时期，进入西南边疆的汉族人口在人数上处于绝对少数的劣势地位，虽然带来了先进的经济文化，但是由于人寡弱，最终被融入于驻地少数民族的习俗文化之中，成为这个民族的新成员。这种逆向的民族演进方式可称为“汉族夷化”。

元明清三代，中国统一多民族国家得到制度和文化的认同和巩固，西南地区在经历了南诏国和大理国的割据自立之后，再次融入统一多民族国家。在这样的历史背景下，民族融合的总趋势，主要是汉族分布区域和人口数量不断扩大，少数民族逐步退居山地边地，形成民族空间的大杂居、小聚居的格局。此外，汉族向西南迁移，已经由原初的军事驻防、贬谪流放、边贸商旅等功能性移民转向民间自发的营生开发的居留性移民变化，表现出各民族在经济文化、情感认同上的相互信赖、相互扶携的利益共同体意识。

总之，元明清时期，西南民族的融合，首先，汉族通过两条路径同化土著世居的少数民族，一是少数民族在文化梯度中逐渐融入汉族，二是少数民族整体族群自觉认同并接受汉族文化而改称汉族。其次，明代以后，大量土著世居的少数民族与进入西南的汉族通婚，经历若干世代的繁衍生息，在血缘成分上自然而然地成了汉人。当然，也有反向的情形，即汉族与少数民族通婚而成为少数民族成员。西南地区的民族融合，同时存在同源异流、异源并流和多元合流的三大类型。

第二节　西南各民族的农牧业

历史上，西南民族的民俗传统是以畜群多少作为财富的标志，足见畜牧业在其经济中的重要地位，《滇海虞衡志》称“马牛羊不计其数，以群为名，或百为群，或数百及千为群”。虽然随着时代的演进，游牧方式后来都逐渐转为定居营农，牧区逐步向深山转移，但许许多多少数民族仍然把春夏放牧的畜群牧养在秋冬收获后的田地上，形成农牧结合的特殊方式。在山区坡地，草山草坡放养的畜牧业，一直传承延续。西南地区民族养马很普遍。西南马中最有名的是云南省昭通市的乌蒙马和贵州省水西地区的水西马，善于登山履险。西南各族善养牛，培育出了各种类型的优良品种，如四川省阿坝藏族的三江牛、四川省凉山彝族自治州的峨边花牛、苗族聚居的滇黔桂交界的南北盘江流域的盘江牛、云南省大理市的乳用邓川牛等。西南的羊，除了本土山羊和藏系绵羊，还饲养着有西域大尾羊。养猪也传承着悠久的传统，滇黔川接壤的乌蒙山和大小凉山地区的乌金猪最为有名。另外，还有建昌猪、黔西猪，其饲养史甚至可追溯到汉代。

一、古僰族和彝族的畜牧业

古僰族属南迁的氐羌族系，广泛分布于甘青南部直至云南省边陲。战国时，聚居在今四川省宜宾市一带和云南省滇池周边的僰人，分别建立了僰侯国和滇国，他们在平坝地区发展农牧业生产，富甲一方。东汉时，僰人、叟人与汉族移民相融合，逐渐形成混血的大族群，史称“白蛮”。到隋唐时，分布到云南曲靖以西、洱海以东的“西爨”大片地区。部分西爨白蛮由滇池扩展到洱海地区，他们种植稻、麦、粟、豆、葱、韭、蒜、菁、桃、梅、李、柰等大田与园艺作物，饲养牛、马、猪、狗、鸡等畜禽，并种桑养蚕，从事手工纺织业。

白族是南诏国时期（738—902年），世居永昌（今保山市和大理市属地）的数十万名“西爨白蛮人”与当地汉族通婚繁衍而形成的民族。白族聚居的洱海地区，逐渐成为西南地区的政治经济中心。南诏国在洱海地区设有官营牧场，是当时的名马集中产地。其中声名最著者是“越赕骏”。

937年，白族人建立了大理国，农牧业生产又有进一步发展。在大理国统治区域内，农牧业很发达，培育出闻名全国的“大理马”。

叟族集中居住在邛都地区（今四川省西昌市），过着“耕田，有聚邑”的定居生活。但是，《大明统一名胜志·四川名胜志卷》记载，散居在西昌、雅安、甘孜一带的叟族，仍然是“食肉衣皮，不知盐谷”的游牧生活。滇西叟族也有一部分过着游牧生活。西汉在西南夷设置郡县，移民屯垦。铁农具和先进农耕技术在该地区传播开来，农业生产有明显进步。游牧的昆明族逐步转向定居农耕。不过，直到唐初，仍有一些昆明族保持着游牧传统，“夏处高山，冬入深谷”，在不同季节循环利用牧场资源。

到隋唐时期，昆明族和叟人融合成“乌蛮”，分布在滇东北、黔西北和滇黔桂交界的“东爨”地区。《太平御览》说，他们“散居林谷，土多马牛，无布帛，男女悉披牛羊皮”。可见当时的畜牧经济占据重要地位。后来，“乌蛮”逐渐形成七大部落，部落酋长称“鬼主”。环绕洱海周围，分布着六个乌蛮部落，称为六诏。其农牧业水平高于其他地区的乌蛮。

氐羌人后裔的彝族，在汉晋时代的西南氐羌族系中，昆明族人口最多，分布最广，被称为“大种”；叟族次之，被称为“小种”。昆明族是彝族先民的核心，叟族与彝族也有血缘关系。当时滇西、滇中、滇东北、黔南都有昆明族的足迹。《史记》记载，在今云南省保山市以东至大理白族自治州一带的昆明族，过着“随畜迁徙，毋常处，毋君长”的游牧生活。生活在保山一带的昆明族哀牢部落，农业很发达。

彝族在 8—10 世纪建立南诏国。农牧经济相当繁荣：“邑落相望，牛羊被野”。他们修建了水利工程，饲养柘蚕缫丝织绸。在滇中，白蛮西迁洱海，乌蛮进入平坝，加速了畜牧业向种植业的转变。但是，在滇东北和川西凉山附近的乌蛮部落，仍以牧业为主。贵州水西地区的乌蛮人聚居，“地产牛羊”。在 10—14 世纪大理国时期，大理统治者征调了不少白族人到彝族地区戍守屯种，进一步推动彝族地区的经济发展。1287 年，意大利人马可·波罗经过彝族聚居的今云南省昆明市和洱海，惊叹那里农牧业的发达、物产丰饶。12 世纪初，在滇东、黔西南地区出现了一个以“乌蛮”为主体的少数民族政权“自杞国”。1260年，自杞国被南下的元朝军队所灭。这个兼有肥沃坝区和丘陵山区的自杞国，平坝农业和山区牧业都有一定发展。他们每年都与中原进行频繁的经济贸易。

唐开成元年（836年），今贵州省南部的彝族首领“鬼主阿强”受封为罗甸王，封爵可世袭。地辖在今贵州省罗甸县、贞丰县、册亨县、兴义市、普安县、普定县、安顺市、贵阳市等地。入宋，彝族“鬼主”罗甸王将罗甸封地自号为“罗甸国”。罗甸国属地的气候温暖，每年都能“稻粟再熟”。罗甸国里的彝族人民，平时分散居住在近山就田的小村庄，一旦遇到战乱，就聚集起来集中居住在大聚落里，史书上说他们“战乃屯聚”。罗氏鬼主统治下的川黔地区，大力引进汉族的先进生产技术，“乃有良田万顷，颇多积谷”（《宋会要辑稿》）。这一带畜牧业也很发达。南宋购买的西南战马，主要就是来自罗甸国。这里的彝族商人每年都前往广西的邕州和四川的泸州贩卖良马，同时带回各地的土特产，传入各地的先进技术。南宋李心传的《建炎以来朝野杂记》说，罗甸国“多沃壤，宜耕稼……饮食种艺多与华同”。

元朝统一全国后，在云南广泛开展军屯和民屯。军屯土地相当部分由“爨僰土军”经营。民屯农户多由彝民充任。他们原是躲避灾荒或官司侵害而进入深山垦荒自存的“脱籍户”，得到官颁屯民的名分，并由官府拨给土地、农具、耕牛、种子等赀财，自然十分乐行其事，劬劳耕屯，不遗余力。彝族农民与内地调来的镇戍军户接触交往，提高了技术，发展了生产。特别是元代著名回族官员赛典赤·赡思丁（1211—1279年）治滇期间，对少数民族屯田户实行减轻地租，随宜缴纳的政策，兴修水利，推广技术，促进了平坝地区农业发展，对山区彝族畜牧业也产生了深刻影响。

明代承续元代屯田方略而扩广之，起自今四川省叙永县，越贵州省毕节市、威宁县，达云南省昆明市东川区、曲靖市、昆明市、禄丰县、南华县、祥云县、大理市，再至姚安县、景东县。这条交通干线所经的彝族地区，普遍设置屯田卫所，数十万名屯垦军民在彝族地区定居屯垦。清代又有新的发展。民族融合和交往，促进了彝族农牧业的发展。自清中叶起，以畜牧为主、农业为辅的情况逐步改变，但山地彝民仍然过着游牧生活。

元明以来，西南名马产区由滇西向滇东北和贵州水西地区转移。彝族牧民加强对孕期母马的饲养管理和利用马驹恋母心理加以训练等方法，培养出善于登高履险的乌蒙马和水西马。彝族人民培养的峨边花牛、盘江牛、乌金猪、建昌鸭等，也是颇负盛名的（图 6-4）。彝族人民有丰富的养羊经验，根据羊喜冷不喜热的特性，牧羊时夏天上高山，冬天下河谷；清晨上山，中午赶到阴凉处，晚上不关羊圈等。彝族人民还掌握了一种给母羊催情交配的秘方，就是用辣椒、木姜子、桔梗等喂饲母羊，促使母羊发情交配期提前，这样能使羊群在最佳繁殖季节集中产羔，提高羔羊的成活率，便于对母羊和羊羔的喂饲照料，选育出优良的品种。

图 6-4　云南宣威乌金猪（陈吉清　摄）

历史上，红河哈尼族彝族饲养的驴，也是财富的象征。俗话说："彝家有钱一群驴"。除了作为役畜，多余的驴作为商品出售，以换回日常的生活用品。当地山高坡陡，地势偏僻，交通不便，生产生活资料等都靠驴来托运。需要提到的是，彝族地区选育出来的峨边花牛，是从原产于大小凉山的本地黄牛群中定向选育出的优良品种，因其身上的毛色有着美丽的花斑色块而名。

二、藏族的畜牧业

西藏自治区境内江河纵横，水系密布，有雅鲁藏布江及其拉萨河、年楚河等大支流，还孕育出产草量高的藏北大草原。主要牧草植物有紫花针茅、草地早熟禾，冰川棘豆、细叶苔、青藏苔草、红景天、垫状点地梅，矮火绒草、垫状凤毛菊等。农作物一般一年一熟，主要有青稞、豌豆、小麦、油菜等。

藏族的先民最初居住在今雅鲁藏布江南岸泽当一带的雅隆地区，后来形成六个大的部落，亦即后来的“六牦牛部”，这是藏族族群的核心。根据藏文文献，雅隆居民最初“食自然之稻谷，衣树叶之衣”。经过漫长岁月，逐渐学会制作了弓箭斧刀，发展了农业。后来，被称为“六父王天神”嫡系后裔的聂赤赞普，做了六牦牛部首领，成为吐蕃王室的始祖。传至第八代赞普临墀（补代公杰）时，掌握了“烧木为炭，炼矿石而成金银铜铁”的技术，金属农具促进了农业发展。人们把草原垦为农田，修渠引溪水灌溉，制作木犁和牛轭，以二牛负轭牵犁耕作。约在6世纪，第30代赞普达布聂赛定居在清瓦达孜宫堡，雅隆居民开始饲养骡和犏牛等杂交牲畜，掌握了为牲畜储备过冬饲草的办法（图6-5）。

图6-5 中甸藏族牦牛（赵开典 摄）

到 31 代赞普囊日松赞时，社会分工更为明显，出现了专门饲养牲畜的放牧者。随着农牧的发展，生产上的剩余产品的增多，雅隆地区逐步进入奴隶社会，并开始向外扩张。

6 世纪时，青藏高原西部有象雄（羊同）部落，以畜牧为业，处于奴隶制早期阶段。中部、北部的苏毗部落，多经营农业，建立了奴隶制国家，但仍保持母系制度遗俗。7 世纪，雅隆部落联盟首领松赞干布兼并了邻近各部，在西藏建立了统一的吐蕃王朝。在与唐朝的争夺中把势力扩展到青海、甘肃、四川西部、云南西北部。从此，青藏高原的各部族进一步融合，成为一个新的族群共同体——藏族。

吐蕃社会经济主要是农牧业。农业生产以雅鲁藏布江中游两岸河谷最为发达，是吐蕃主要农区，其余则多为牧区。据记载，当时臧河（雅鲁藏布江）两岸农田相接，牛羊遍野，人们在高地蓄水为池，低地引水入河，既防旱，又排涝，农田和牧场分别经营。吐蕃的农作物有青稞、小麦、荞麦、鹿藿（又名鹿豆、野绿豆），农具有犁、轭、碾、磨、斧、锯、刀、镰等。牦牛与黄牛杂交而成的犏牛是主要耕畜，采用“耦耕法”，藏语为“托尔岱”，意为双牛耕地。而双牛一日所耕之地的面积称为“托”，这就是藏族计算土地面积的计量单位。饲养牲畜有牦牛、黄牛、犏牛、绵羊、山羊、马、犬、猪、驴、驼等。一些地方已形成定区放牧的习惯。一般，田野牧犏牛，草原牧绵羊，森林牧山羊，沼泽牧马，岩洞养猪。

马匹是吐蕃与唐朝交市的主要物资，其他畜产品如皮、毛、牦牛尾等也用于对外交换。狩猎和渔业是吐蕃经济中的辅助部门。官府也设有专门的猎官和渔官。民间还有采集药材的活动。在吐蕃时期，藏族与中原地区的农业文化交流得到加强。唐与吐蕃联姻，文成公主和金成公主相继入藏，带去了芜菁种子和马、骡、骆驼等，以后又添制了农具。松赞干布从唐朝请来育蚕和酿酒工匠，促进了藏族农业的发展。内地的茶叶传到西藏，成为吐蕃人民必不可少的饮料。吐蕃后期，在接近汉族的青、甘、川、滇等藏族地区，受到汉族先进农业文化影响，形成了许多新农区。由于这些地区的自然条件比藏族核心本部优越，很快成为吐蕃的经济重心，“军粮马匹，丰出其中”。

9 世纪末到 12 世纪，藏族地区处于分裂状态。吐蕃本土缓慢地从奴隶制向封建制转化，与此同时，佛教在藏族地区广泛传播，出现藏传佛教（俗称喇嘛教）的众多教派，并与地域性封建集团相结合而形成分散的割据势力。这一时期农牧业经济有重大发展，出现了薅草施肥等精耕细作技术，不少个体农户占有小块耕地进行独立地经营，同时在亲族邻里间开展调剂劳力的互助。农牧业收获中除了缴纳赋税和供养寺院，剩余部分可用以交换。这一时期贸易有了普遍发展。土地奴隶主国有制的格局发生了变化。土地产权或属领主，或属家族，或归个体农民私有，出现了为建寺而接受供养田、购置土地、家族争产业和拍卖房舍田园等情况。约在 11 世纪前期，出现了最初的封建领主庄园——溪卡。自吐蕃王朝灭亡后，北自河西、陇右，南到岷江以西地区先后被唐朝收复。原属吐蕃各族纷纷自立，吐蕃奴隶组成嗢末部，与当地各族杂处，形成彼此不相统属的几个集团。北宋时对吐蕃旧部实行怀柔政策。在泾渭河谷上游，委任吐蕃诸部首领为地方官吏，招抚部民屯垦。在杂居区优待蕃部，拨闲田，给牛种，免租税，派军保护播获。又招募蕃民作“弓箭手”，拨田垦种，纳马代税。这些直接纳入宋朝封建统治的蕃人被称为“熟户”。凉州的吐蕃六谷部，地扼河西走廊交通中枢，农牧业发达，宋朝视之为“生户”，但仍与之保持良好关系，保护和鼓励贸易往来。11 世纪初，六谷部分裂衰亡，河湟地区兴起以藏族（青唐羌）为主体的唃厮啰政权，与宋朝友好往来，共同对付西夏。在唃厮啰近百年的统治期间，河湟地区农牧业生产有很大发展，与中原贸易十分繁荣，向中原购茶献马不绝于史，成为中原汉区军马和耕畜的主要供应地之一。由于西夏占领河西，商旅受阻，“丝绸之路”改道青海湖北经鄯州通往渭河流域一线，青唐城（今青海省西宁市）遂成为东西交通枢纽。宋神宗时，唃厮啰部分裂，王韶奉命经营熙河，安定吐蕃诸部，推行蕃汉青苗助役法，发展茶马贸易，专以四川雅茶换取蕃马，每年远近诸蕃输马入宋超过 2 万匹。

元朝统一了全国，藏族地区结束了长期分裂割据的局面，西藏从此正式纳入中国的版图。元朝委派帝师作为藏区最高统治者，实行政教合一制度。以前一度普遍存在的自耕农基本上转化为封建领主的属民（农奴），而元朝又用法令形式把领主和属民的地位，以及属民对领主的人身依附关系固定下来。明清时代，政教合一制度延续了下来，而封建农奴制也获得了发展。官家（西藏地方政府）、贵族（包括僧侣贵族）和上层僧侣构成西藏的三大领主，他们占有全部土地，以庄园（溪卡）的形式经营。拥有一定的工具和耕畜，向领主领种一定数量“差岗地”从而为领主支差的叫“差巴”。基本没有工具，不能领种“差岗地”，只能向领主领种少量“耕食地”，并在领主庄园内服劳役的叫“穷堆”。差巴和穷堆是西藏农奴阶级的主体。他们负担的徭役、赋税、地租，统称“乌拉”差役，占了他们农牧业收入的70%以上。寺院中的下层喇嘛实际上也处于农奴地位。另外，还有少量完全丧失生产资料和人身自由的奴隶——“朗生”。

在元明清三代中，藏族社会相对稳定，农牧业生产有所上升。雅鲁藏布江仍然是西藏主要的农业区，这里分布着许多农村居民点，主要作物是青稞。在泽当，垦荒和植树颇有成绩。吐蕃的一些地方还种植葡萄。西蕃葡萄酒和青稞均为西藏对中央王朝的贡品。在西藏的其他地方，以农牧业生产为主。明代在藏区设置的各个卫所中，藏族土民和屯军共同垦耕，推广了粟麦的种植。青海的藏族兴建“城郭庐室”，有的经营“田牧”，有的耕种“土田”。在西南的鱼通（今四川省康定市一带），人们种植水田、旱田。这一切显示了农业在藏族经济中比重的增加。

在农牧业发展的基础上，手工业也有明显提高，家庭毛纺织品已有部分用于交换，名为毛布。西藏传统核心的卫藏地区生产的氆氇，更是远近闻名。从唐宋开始的内地与藏区的茶马贸易，元代继续进行，明代更为兴盛，明朝对茶叶实行统购，用以易马，对藏族产马部落，拨以牧地，发以金牌，规定纳马任务，并以茶作价补偿，从而每年获得大批藏马。内地的布、丝、绢、帛等与藏区畜产品和特产的交换，规模也颇可观。入清以后，民间贸易取代了传统的茶马贸易。

藏族很早就把野牦牛驯养为乳、肉、毛、役兼用的家牦牛。现在世界上各地饲养牦牛数量以西藏居首位，今日许多优良的牦牛品种也是藏族人民培养的。藏区出产的旄牛尾，殷周时已运往中原。藏族饲养的犏牛是动物远缘杂交的成功范例。藏马、藏猪、藏羊、藏犬，都是藏族人民培育的适应高原生境的地方畜种。大通马、河曲马则是青海藏族育成的良种马。在作物栽培方面，藏族种植大麦、青稞有悠久历史，吐蕃在引进天文历以前，长期"以麦熟为岁首"，藏族先民很可能是大麦的驯化者之一。

6 世纪后半期，现今日喀则市东部由于种植业对耕畜的需求，邻近的牧区盛行养殖牦牛，繁殖犏牛，以提供优良耕畜，牦牛逐渐在帕里适应并在当地居民生产生活需求和自然条件下，经过长期的选育逐渐形成了帕里牦牛品种。

拉萨河流域的山南地区，东邻工布江达县，西接拉萨市区，北抵那曲市嘉黎县，属农牧过渡型地带，草原类高寒高山草甸草场。属于温暖半湿润气候。牦牛终年放牧于斯布河谷周围，墨竹工卡县是自治区的主要粮食产地之一，农作物一年一熟，以青稞、冬小麦、春小麦、荞麦、蚕豆、油菜为主。

青藏高原是亚洲各地牦牛的驯养中心。根据藏、汉古代文献关于牦牛的记载，藏族先民至少在 4000 多年前已经驯化了野牦牛。雅鲁藏布江中游河谷哺育了灿烂的吐蕃文化，也是重要的牦牛再驯化中心，斯布牦牛正是在本地区内形成的一个古老品种。

西藏羊的中心产区位于青藏高原西南部、昆仑山脉及其支脉、喜马拉雅山脉、克拉昆仑山脉等。青藏高原素有"世界屋脊"之称，地貌多样，可分为藏北高原、藏南谷地、藏东高山峡谷、喜马拉雅山地四部分，地势由西北向东南倾斜。

藏猪原产区位于青藏高原。据《红史》《新红史》记载，"公元前 2 世纪雅隆部落首领聂赤赞普以雅隆索卡（现今乃东县中部）为中心建立吐蕃政权（现今工布江达县、朗县、米林县属其中心活动区域）。至8世纪之后，止贡赞普时代，吐蕃开始农耕种地，熔炼金银，修建桥梁，世人盛行从事农业之习规”，有了驯化猪的经济基础。《旧唐书》记载：“吐蕃气候大寒，不生秔稻，有青稞麦、褭豆、小麦、荞麦，畜多犛牛、猪、犬、马，又多金银铜锡。其人或随畜牧而不常厥居，然必有城郭。”

甘孜藏族自治州位于青藏高原东南边缘，地势西北高、东南低，甘孜气候的主要特点是气温低，冬季长，无霜期短，降水少干，雨季分明，光照强度大，日照时数多，气温随地势的升高而下降，呈明显的垂直分布。境内植物种类繁多，植被类型复杂，由森林灌木丛植被、草甸植被组成的植物群落，千变万化，丰富多彩。

甘孜藏族自治州交通封闭，藏族东移后，当地人口陆续增加，成了当地的主要民族，并带入西藏地区的藏马，这对甘孜马的形成与发展起了重要的作用。1939年的《西康概况》记载，元朝以来的商业往来中，藏族商人常骑骏马，赶逐驮牛，驮运各种土特产，如羊毛、皮张、虫草、贝母等来康定，交换大茶、布匹等物品。据《甘孜炉霍新龙概况》记载，甘孜家畜以牛为最多，羊次之，马多为西宁种。由此可知，甘孜马为青海玉树马与当地马杂交培育形成。甘孜藏牛处于封闭式自群繁育状态。早在殷周时代就有了黄牛和牦牛杂交生产犏牛的记载，说明甘孜藏牛的饲养历史非常悠久。甘孜藏牛的饲养方式为圈养和季节性放牧，大部分地区以放牧为主。一般组群10—20头，公牛、母牛、阉牛合群放牧，白天放牧在稍远的草山草坡或灌丛林间草地，收牧后晚间牛羊马混群关圈，有简陋的棚圈。分布于大渡河、雅砻江、金沙江及其支流河谷地带和海拔2千米左右地区的甘孜藏牛，以舍饲为主，放牧为辅，舍饲期间，以作物秸秆为主，同时也刈割青草饲喂。在农耕季节和越冬度春期间，补饲一定量的玉米、豌豆和混合精饲料。甘孜藏牛适应性极强，耐粗饲，温驯，易于管理。

青藏高原和云贵高原之间，海拔落差大，从谷地到山顶分布着河谷亚热带到高山亚热带的各种明显垂直气候带。受西南季风的影响，产区内冬暖夏凉，年温差小，干湿季节明显，冬春干旱少雨，年降雨量，分布不均匀。境内河流有盘江、金沙江、大渡河、安宁河、孙水河等。境内主要土壤为川西山谷红壤。植被多为耐旱喜光植物，牧草以禾本科为主，约占60%；豆科约占7%，沙草科约占10%，杂类草占23%。农作物主要有水稻、小麦、玉米、大豆、蚕豆、马铃薯等。德昌水牛分布于海拔480—2680米地区，适应于河谷亚热带至浅山暖温带、中山温带、高山寒温带等各种气候带生长。

三、百越族系的农牧业

云南省很早就有百越族系人群居住和繁衍。百越族系的傣族是中国西南地区农业民族，住干栏房，善种稻，对中国热带河谷地区的开发做出重大贡献。从傣族神话传说和古歌谣看：傣族从采猎时代进入农耕时代以后，曾居住在山区，实行刀耕火种，但他们较早下到坝区，并以善治水田和种植水稻著称。西双版纳的传说中有“百万稻谷国”的称号。东汉时，傣族先民所属永昌郡是农业生产比较发达地区。8—13世纪，被称为金齿、茫蛮的傣族先民居住在怒江到红河一带，隶属南诏蒙氏政权和大理段氏政权。他们主要从事农业生产，并已用畜力代耕。唐人樊绰的《蛮书》说：茫蛮“土俗养象以耕田”；“象，开南（在今景东，是南部傣族腹心地带）、巴南多有之。或捉得，人家多养之，以代耕田也。”所谓象耕，据近人研究，系以象蹈土，使“土厥草尽”“壤靡泥易”，以便播种。当时，傣族先民还收取“娑罗树”果实中的白絮，用以织布，谓之“笼段”“男女通服之”。娑罗树即木本棉花。但也有人认为是攀枝花。茶叶也有大宗生产，尤其是西双版纳所产茶叶，已远销吐蕃等地，备受欢迎。

从百越系统分化出来的水族、侗族、布依族、壮族、傣族和后来迁入的汉族、回族，以及受汉族影响很深的白族、土家族多生活在山间坝子和低平的河谷盆地。西南地区境内山峦纵横，河流众多，有横断山、大巴山、巫山、大娄山、乌蒙山等高山峻岭，有波状起伏的高原、低洼的盆地、平原及起伏和缓的丘陵，还有长江、澜沧江、怒江、红河、独龙江、珠江六大水系的大小河流。由于西南地区山地多，地形起伏巨大，垂直变化明显。西南民族的经济生活受其居住环境的影响，有游牧、游耕和农耕等类型。

百越族系长期从事精耕细作的农业生产，生产的稳定性强、规模大，社会发展水平相应较高。藏族、彝族、羌族等民族虽然继承了其母体的文化因子，仍然从事畜牧业，但与其所居环境相适应，他们的经济生活已和干旱草原的游牧民族有所不同。一方面，他们已经兼营农业作为补充；另一方面不再按南北向的季节游动放牧，而是垂直向上下游动放牧。苗瑶系统的苗族、瑶族长期以来从事流动性很大的狩猎，但随着狩猎所必需的较为广阔的流动空间的逐渐缩小和山地所能提供的猎物数量减少，他们开始从事游耕经济。藏缅语族中的拉祜族、景颇族、基诺族、怒族、独龙族，以及孟高棉语族的德昂族、布朗族、佤族等，他们居住在温带、亚热带山区、半山区，由于所居地山高坡陡、森林茂密，没有规模放牧以及在较小范围内休耕轮作的条件，但却有在一定区域内从一山迁往另一山的可能。再加上山区丰富的动植物资源，这就使他们也长期从事游耕经济。而其耕作粗放，产量低，生产力发展水平低，大部分游耕民族又兼及狩猎、采集或渔猎，处于低层次的发展之中。①

在经济发展基础上，11 世纪末西双版纳建立了著名的景龙金殿国（又名泐国）。据傣文《泐史》记载，景龙有上百万人口，白象和马匹都很多；所辖之兰那（今景洪市一带），意译为“百万稻谷国”。元代，傣族地区纳入统一帝国的行政编制，实行土司制度。从 13 世纪末到 14 世纪初，麓川（今德宏傣族景颇族自治州的瑞丽市、陇川县、芒市遮放镇及瑞丽江南岸一带）思氏势力兴起，形成割据政权；至明初征灭思氏政权，傣族才又重归中原王朝统辖。傣族营农虽早，但耕作一直比较粗放，农业劳动以妇女为主。直至明初，傣族地区仍是“地多平坝沃土，

① 王文光，朱映占．中国西南民族史研究论纲［M］．昆明：云南大学出版社，2010：24-49.

妇人用镬锄地，事稼穑，地利不能尽”。明代在边疆地区实行大规模屯田，大批内地农业人口进入傣族地区，使当地农业生产发生了飞跃。据《西南夷风土记》等的记载，当时傣族地区颇为富庶，许多地方以“田土富饶”“阡陌膏腴”“地广人稠”见称；“米谷木棉皆贱”。仍以种稻为主，一年两获，冬种春收，夏作秋成。接近内地的孟密以上地区已采用犁耕插秧法，其他地区则仍处于“耙泥撒种”阶段。园艺业也有所发展，已有青豆、紫茄、瓠瓜、大芋、甘蔗、香橙、橄榄等的生产。普洱茶行销云南各地，而湾甸细茶更以加工精细闻名。棉花、蚕丝生产有进步。麓川白叠布（棉布）坚厚缜密，“云南无贵贱通服之”。唐代傣族地区不养蚕，到了明代，已会用蚕丝织五色锦了。农牧业颇发达，饲养牛、马、山羊、鸡、豚、鹅、鸭之属。元明时代，傣族社会已由奴隶制进入封建领主制。

清代，傣族农业又进一步发展。与种稻相联系，傣族很早就进行农田灌溉，并逐步形成相当完整的灌溉系统。据老勐文《景洪的水利分配》一书记载，傣历 826 年（1464 年）景洪有 8 条水渠，以后又陆续增加了 4 条，灌溉着各寨广阔的农田，直到 1949 年。清代建立了完备的管理水利的组织制度。西双版纳从宣慰使司署到村寨的各级行政单位都有专管水利的人员。农作物仍以水稻为主，一般实行一犁一耙或两耙，大多不施肥、不除草；在靠近汉族的地区，农具与内地相同，耕作也比较精细。除了稻谷，还种植豆类、花生、棉花、甘蔗、茶叶和热带水果等。清代西双版纳地区仍保留比较典型的封建领主制和农村公社组织，而德宏地区则已向封建地主制转化。

苗族等少数民族群众长期居住在山高坡陡、道路崎岖、交通不便的山区，矮马一直是人们驮挽或骑乘的主要交通运输工具。云南矮马的形成和饲养历史相当悠久，中国从西汉至清代，均有矮马的记载。清代《滇海虞衡志》称：“果下马，滇亦有，然不多，但供小儿骑乘，故不畜之也”。据《屏边苗族自治县志》记载，早在西汉元鼎年（公元前 116—前 111 年）间，屏边县已划为进乘县地。据《康熙广西府志》，弥勒州（管辖屏边县）物产志记载：“兽之属，牛马驴骡”。《屏边苗族自治县志》记载：“马多分布于白河、湾塘两乡，民国 14 年有 3000 余匹。”

壮族的文山马赖以生存的生态环境主要是湿热的常绿阔叶林黄土地带，这决定了文山马主要的特征特性。此外，特有的饲养方式和选育目标在马种形成过程中也起了重要作用。文山马担负着乘、驮、挽等大量劳役，各族人民都重视养马。其中以瑶族养马历史较久，对马尤其偏好，瑶族的“耍马”这种赛马活动延续至今。为了适应耍马的需要，人们偏重于速度快，枣骝、栗色等毛色，蹄质坚实，步伐稳健，以及能够接受多种信号指令等方面的选择，对马种的形成起到促进作用。经过上述特定条件的共同作用，逐渐形成了这一地方优良马种。

文山壮族苗族自治州境内遗存的不少铜鼓上有精致逼真的瘤牛造型和剽牛图案。丘北县干洞、蛮王洞，西畴县大吉厂村等多处发现的牛类化石，证实在公元前 200 年以前，文山地区先民以饲养高峰黄牛，并已成为祭祀和肉食的来源，兼具耕作、驾车、驮载等役用功能。随着时代变迁和民族迁徙，牛的流动丰富了文山土著牛的资源。各族人民养牛爱牛，积累了丰富的选育经验。古老习俗促进了选育水平的提高，经过长期驯育形成文山牛品种。

独龙江流域一带，北部与西藏自治区察隅县接壤，东倚著名的高黎贡山，南部和西部与缅甸北部的克钦邦相邻。受印度洋海风的影响，雨量十分充沛，河床两岸海拔较低，地形复杂，从河谷到山峰的气候，从显著的垂直分布，河谷气候炎热，全年无霜，偶尔有轻霜。冬季高山积雪，中部夏季凉爽，形成谷底热、中间凉、山顶寒的立体气候。独龙江两岸，山间密布原始森林。树种沿海拔高度垂直分布，竹林遍布谷底至 3 千米以上的高山，农作物以玉米、荞麦、豆类为主，北部有少量青稞和燕麦。独龙江独特的环境培养了独龙江水牛（图 6-6）。

四川省阿坝藏族羌族自治州地处青藏高原东部边缘，北接若尔盖县、东邻松潘县、黑水县，西连甘孜藏族自治州、南与理县毗邻，地势由北向南倾斜，海拔 3400—3600 米，无绝对无霜期，属大陆性高原温寒带气候区，四季不分明，冬季长，干燥而寒冷。暖季短，温润温和，土壤主要为泥炭质草甸土，草地以高寒草地为主，其次为高寒沼泽草地和高寒灌丛草地，少量为亚高山林间草地。

图 6-6 云南独龙江水牛（赵开典 摄）

木里藏族自治县位于凉山彝族自治州西北部、青藏高原边缘的横断山区。境内雅砻江、木里河及水洛河将全县由北向南切割成四大块，形成南低北高，高山峡谷的地势，木里县具有典型的立体气候特征。光热条件好，草地植被较好，牧草种类多。全县草地可分为 9 个类型，以高寒灌丛草地面积最大，牧草有羊茅、莎草、珠芽蓼、委陵菜、尖叶龙胆、早熟禾等。牦牛品种形成历史悠久，是由羌人带着牦牛南下进入四川定居，经过长期自然选择与人工繁育形成的一个地方牦牛品种。

宁蒗彝族自治县位于云南省西北部横断山脉中段东侧、青藏高原与云贵高原过渡的结合部。境内连绵山脉，江河纵横切割，形成高山峡谷相间的地形，构成复杂多样的高原小盆地。农作物以马铃薯、荞麦、燕麦、玉米、稻谷、大豆、杂豆等为主；天然草坡、草山有山地灌木丛类、山地草丛类、高山草甸类、撂荒地类等草地类型。宁蒗彝族自治县的传统畜牧业发达，优质畜禽遗传资源品种丰富。高原鸡是当地长期饲养的鸡种，以体形大、脚长、脖子长、花色丰富、羽色鲜艳闻名。宁蒗黄牛也是历史悠久的著名地方良种。

迪庆藏族自治州境内有可利用草地广阔，主要为高寒草甸、亚高山林间草甸、沼泽草甸，山地灌丛、疏林林间草地等几种草场。草场植被以冷生、中生、湿生、多年生草本植物和灌木等为群落建群类型，主要种植马铃薯、蔓菁、青稞、油菜、燕麦等几种耐寒饲料作物。由于特殊的生态、地理环境，迪庆的传统畜禽品种众多，其中最有名的是“高原之舟”牦牛及其杂交种犏牛，以耐寒、耐粗饲、抗逆性强、瘦肉多、肉质好、鬃毛粗长著称。此外，迪庆藏猪，具有抗寒、耐缺氧、耐粗饲、肉质鲜美的优点。

图 6-7　云南撒坝黑猪（杨荣　摄）

据《华阳国志》记载，远在汉朝，四川、云南的彝族就“泽边牧猪，以此奉母”（图 6-7）。汉唐时期，这里水草丰茂，明朝“土人皆牧为主”。明洪武至清雍正年间，封建王朝曾数次镇压云贵一带的农民起义，加之各土司间争夺领地的战争，迫使彝族人民由今贵州省、云南省等地迁往大小凉山。彝族同胞的迁移集聚，生产生活方式与产区自然地理生态条件促进了凉山猪的形成。

香格里拉处于云南省、四川省、西藏自治区三省、自治区交界处，属半干旱半湿润寒温型高原季风气候带。草地主要为高寒草甸、亚高山草甸、沼泽草甸、山地灌丛、疏林林间草地等类型，较温暖的可耕地区主要农作物为马铃薯、蔓青、青稞、油菜、燕麦等几种耐寒作物。

贵州的水牛饲养历史悠久。《管子·小匡篇》记载：“秦夺楚黔中地，许多地方随畜迁徙。”《新唐书·列传》对“东爨乌蛮（也就是今天黔中一带）”的记载说：梁元帝时“南宁州刺史徐文盛召旨荆州，有爨玷者，据其地，延袤二千余里。土多骏马，犀、象、明珠。”当时，这里牛马成群，“牛”就是水牛。《唐土训蒙图汇·民俗》中已收苗族“斗牛”入画。清康熙年间所修的《贵州通志》及《苗疆闻见录》对“斗牛”都作了详细记载。可见贵州水牛是贵州省各族人民长期选育形成的。

贵州省地势北高南低，山峦重叠，沟壑纵横，相对落差大。境内植物呈明显的立体分布特征，饲料资源比较丰富，九龙牦牛随气候市场的变化而游牧于高山牧场，或谷地半农半牧区。九龙县属大陆性季风高原型气候，半农半牧区的河谷地带，一年两熟农作物以玉米、水稻、小麦、马铃薯豆类为主，高山地区除了放牧草场，还有种植业，作物以青稞、马铃薯、小麦为主，一年一熟。

第三节　西南各民族的畜禽传统品种

西南地区地形复杂，生态类型多样，历史上交通相对闭塞，民族习俗丰富，畜禽种类繁多。因此，西南地区蕴藏着极为富贵的畜禽品种资源库。

一、西南的畜牧业资源与环境

西藏自治区东部的横断山脉高山区山高谷深，地势陡峻，气候与植被呈垂直分布。牦牛都在4千米以上的高寒湿润地区生长。全年无夏天，年平均气温在0摄氏度左右，无绝对无霜期。良好的天然草场，主要由高山草甸、灌丛草甸构成，植被覆盖率大，可食牧草产量较高，草质良好。牦牛驯养的历史和藏族人民的发展历史有密切关系。林芝市、昌都市发掘出土的大量文物证明，早在4600年前，藏族已在这些地区定居并发展畜牧业和种植业。牦牛分布于藏族聚居区的状况是历史的自然延续，在西藏的高山寒漠地带，目前还存在相当数量的野牦牛。

西藏自治区南部地区，山地连绵起伏，大致以帕里镇为界，北部和南部在海拔、气候和自然景观上有很大差异。牦牛分布区的北部地势高，海拔一般在 4 千米以上，但地势较为开阔，起伏较为平缓，属高寒干旱气候。天然草场以禾本科和莎草科牧草为主。

四川省西北部属高寒地区，经长期自然选择和人工选育形成的肉乳性能好的牦牛品种，对高寒草甸及沼泽草地有良好的适应性。据文献资料记载，以及牦牛科研工作者多次调查，麦洼牦牛来源于甘孜藏族自治州北部色达县、德格县、炉霍县、新龙县等县，并混有青海省果洛藏族自治州和四川阿坝藏族羌族自治州的牦牛血液。20 世纪初，游牧于康北地区的康巴部落，为了避免械斗和寻找优良牧场而搬迁，途经壤塘、阿坝，青海班玛、久治等地，辗转到现在红原县境内的北部地区，统辖了该地区的楠木洛拉部落后，定名为麦洼。定居麦洼地区后，由于人少牛多，部分母牛不挤奶或日挤奶一次，从而使幼牛生长发育更好；加之藏族牧民有丰富的选育和饲养管理牦牛的经验，使麦洼牦牛的生产性能逐步提高。此外，以往麦洼地区曾有牦牛生存，在配种季节混入家牦牛群中配种，一定程度上改进了麦洼牦牛的品质。

云南省东北部，地势西南高，东北低，东南面与贵州接壤，西南和北面与四川省接壤。属南、北亚热带，南温带和中北温带气候类型。水量充沛，有金沙江、横江等大小江河 393 条，多属于雨水补给型高原河流。境内自然条件复杂，天然牧草种类繁多，再生能力强，由于海拔高低和气候不同，耕作制度差异较大，总体复种指数为 170%。主要种植玉米、水稻、大豆、蚕豆、马铃薯、甘薯、花生、油菜、芝麻、向日葵、烟草、蔬菜、水果，等等。早在 2000 年前的秦汉时期，当地已经饲养水牛。主产区的自然条件有利于水牛的繁衍生存，通过长期的自然选育，逐渐形成“头雄、角圆、颈粗、骨大、身长、尾短、蹄圆、肢壮”的水牛品种（图 6-8）。

图6-8　云南德宏水牛（赵开典　摄）

贵州省的山脉自西向东盘亘于中部，成为境内长江水系和珠江水系的分水岭，将全省分割为北部长江水系地区、南部珠江水系地区及中部苗岭山脉地区。由于河流的纵横切割，地貌破碎，地形复杂，北、中、南三大区域的气候、土壤、植被的区域性差异较大，加之苗族、侗族等民族多集中居住于黔南、黔中，黔北较少，各地区民族风俗习惯以及生产生活水平的差异，使贵州水牛逐渐形成了北、中、南三个类型。

二、西南民族的畜禽良种遗产

（一）良种马

甘孜马。原为藏马的同一个类群，因产区旧属西康，又称西康马或康马，藏语称“博打”，属骑驮挽兼用型品种。甘孜马主产于四川省甘孜藏族自治州的石渠县、色达县、白玉县、德格县、理塘县、甘孜县等县，广泛分布于全州其他各县，历史上曾被引入邻近的阿坝藏族羌族自治州，现主要分布于阿坝藏族羌族自治州红原县，当地称为麦洼马。甘孜马对高原山地具有良好的适应能力，耐严寒、耐粗饲，在牧区大雪纷飞大地封冻的情况下，仍全群放牧，并能刨雪觅食，耐劳苦，善行走于陡峭山路，持久力强，远销外地，适应性良好。

建昌马。建昌马属乘驮兼用型品种，主产于四川省凉山彝族自治州，其中盐源县、木里藏族自治县、会东县、昭觉县、金阳县、冕宁县、普格县、西昌市、布拖县、越西县等县、市为中心产区，州内其余各县，以及雅安市汉源县、石棉县，攀枝花市盐边县、米易县等地也有分布。

建昌马有极强的适应能力，在极为粗放的条件下，终年以放牧为主；冬季枯草期，适当补饲草料，均能很好的生长发育；且发病少，抗病力强。建昌有赛马习俗。据《西昌县志夷族志》记载：“彝族以做白为重大事，丧家有于做白后，主客集议，各出其马，竞走比赛，以奔驰最速者评为第一骏马。彝族多欲购得此马，其价骤增倍蓰。”清代考选当地武生时，即在西昌校场举行骑射比赛。西昌曾经有专人训练调教马匹，叫作“漂马”。调教的人称为“骑师”。他们常选购外形优美，生长发育良好的断奶幼驹，精心培育和训练调教，然后出售。产区群众对马的选育、饲养管理比较重视，积累了丰富的经验。这些都对建昌马的形成起着一定的作用。

大理马。生活在山区半山区，适应性强，耐粗饲。耐受高温、高湿、高寒，在海拔 1000—3000 米的地区也能正常生长繁殖，合群性强，放牧采食能力强，抗逆性和抗病力强，如果饲养管理得当，很少发生疾病。

腾冲马。原属于云南马的一个类群，属驮挽乘兼用型品种。腾冲马产于云南省西部边陲的保山市腾冲县，中心产区在腾冲县北部的明光镇、滇滩镇、猴桥镇等地的边远村寨。腾冲马适应性强，性情温驯，富持久力，适应高热、潮湿环境，是优良的乘、驮、挽用马。一年四季均以草场放牧，晚上适当补饲青干草、农作物秸秆等。抗病力强，只要饲养管理得当，一般不会发生疾病，但易感染马气喘病。

文山马。原归属于百色马种的小型马群，山地驮挽兼用型品种。文山马主产于云南省文山壮族苗族自治州。其中，富宁县、麻栗坡县、丘北县、马关县、广南县等县较多。文山马具有耐劳、耐粗饲、食量小、抗炎热、耐潮湿、持久力强等特点。对当地气候环境有较强的适应性，主要用于乘骑和驮运物资、拉车。在坝区还可用于犁田、耙地等农活。

乌蒙马。属于云南马种的山地驮乘兼容型品种。主产于云南省昭通市的镇雄县、彝良县、永善县、昭阳区等区县。主要集中在乌蒙山海拔1200—3000米的山区。在此高度范围以外虽有分布，但数量相对较少。乌蒙马耐粗放饲养，抗寒、耐湿、能适应当地南干北湿的气候特点，适应性广，抗逆性强，吃苦耐劳、持久力好，善走山路、夜路，善走对侧步，上山攀登有力，遇到陡滑坡路时，可用马尾牵引助人。下坡或过河时，机灵勇敢，平稳跳跃，涉水而过。抗病力强，一般不易发病。

永宁马。是骨粗体大的大型藏马。历史上云南与西藏之间的联系密切，特别是唐宋之后直至明清，藏族及纳西族杂居一区，加强了云南与西藏的政治经济文化等各方面的联系，形成重要的牲畜及畜产品交易市场。通过交易，藏马进入宁蒗的永宁地区。在特殊的生态条件和社会经济条件下，经当地各族人民长期选育形成了永宁马品种。据科学考证，永宁马与金沙江以北的野马祖先及古代西藏良种马均有血缘关系，但其体形性状上又区别于今日的西藏马和川西甘孜马。长期以来，永宁马都在宁蒗自群繁育，很少受外来马种的影响，遗传性能稳定。永宁马具有耐高寒、耐粗饲、抗病虫、合群性强、性情温驯、易饲养的特性。在恶劣气候条件下，仍能正常生长繁殖。其运步灵活，善走崎岖山路，富持久力，适合驮载和骑乘，适应高山深谷及气候垂直差异显著的环境条件。

云南矮马。是在当地自然环境条件和社会经济条件下，经劳动人民长期选育形成的典型山地类型。具有体小灵活、行动敏捷、性情温驯、耐粗饲、耐劳役等特点。与邻近地区的其他马种有明显差异。云南矮马的适应性较强，各种野草及秸秆均可采食，在海拔200—900米的地区能正常生长繁殖。

中甸马。原属于藏马的一个类群，是高原驮乘挽兼用型品种。中甸马主产于云南省迪庆藏族自治州香格里拉县海拔3200米以上的高寒山区和坝区。香格里拉市山高坡陡、路窄沟深、河流湍急、村落分散、交通不便，中甸马在当地主要用于驮乘。中甸马具有善走山路，持久力强，运步灵活，抗病力强，以及耐严寒、耐低氧、耐粗放管理等优点，是较好的高寒地区驮乘兼用型马种。这是高原小型山地马的古老品种。产地中甸县是唐宋元明清各个时期连接的吐蕃和内地的关隘驿站，设有军马驿站和官马牧场，以及以马易茶的马市。当地群众每年端午节藏民举行赛马集会，进行赛马与马上技巧比赛。这种传统集会历经千余年的历史，一直延续至今。在特殊的环境条件下，经过藏族人民长期精心选育，形成了兼容型的中甸马。

西藏马。属于古代战马的主要类群，是青藏高原高海拔地理环境中特有的马种。西藏马主产于西藏自治区的东部和北部，以昌都市、那曲县和拉萨市三个地区最多，西部和南部较少。有着分别适应山地、高原、河谷、林地等 4 个生态型的亚种。西藏马对高原的适应能力很强，适用范围广，在西藏各种生态环境下都有适宜品种。西藏马善奔跑，吃苦耐劳，抗病力强，很少患病，能在海拔 4700 米的草场放牧，冬季可自己扒开深雪啃食枯草。

贵州马。也称黔马，属驮乘兼用型品种。贵州马（图 6-9）主产于贵州省的西部和中部，其中以毕节市、六盘水市等黔西地区为集中产地，以边远山区为多。贵州马矮小精悍，体质结实，行动敏捷，性情温驯，在主产区生态环境具有良好的适应性。耐粗饲，役用能力强，体力持久。

图 6-9 贵州马（《马驴驼志》第 74 页）

大理马。也称滇马，古称越赕驹，是云南马的一个古老类群，属驮乘兼用型品种。大理马主产于云南省西部横断山系东缘地区，中心产区为大理白族自治州的鹤庆县、剑川县、大理市，大理州境内的洱源、剑川、漾濞，巍山、云龙等山区也有分布。

（二）驴

川驴。主产于四川省甘孜藏族自治州的巴塘县、阿坝藏族羌族自治州的阿坝县和凉山彝族自治州会理县。甘孜藏族自治州的乡城县、得荣县等县，凉山彝族自治州的会东县、盐源县等县，广元市的部分县及产区周边县市也有分布。川驴体小灵活，耐粗饲，适应性强，耐寒，抗暑，吃苦耐劳，抗病力较强，特别能在山地高原的生态环境下，从事驮、乘、挽等多种工作。

云南驴。这是云南省各地所产小型驴的统称。云南驴原产于云南省西部的大理白族自治州、楚雄彝族自治州、丽江市，以及云南省南部的红河哈尼族彝族自治州等县市，在云南省的干热地区均有分布。云南驴的适应性较强，生长在炎热干燥、土地瘠薄、草被稀疏的生态环境中，在海拔300—3200米的地区皆能正常生长繁殖。云南驴不择食，耐粗饲，能吃苦耐劳，耐高温和高湿，耐饥渴，性情温驯，合群性好，抗病力强，能较好地适应云南的立体性气候特点。①

康驴。又称西藏野驴，目前产区仍有大量种群。关于西藏驴的起源，有两种观点：一是由非洲野驴驯化家养，经中亚、中国西北逐渐播迁到西藏广大地区；二是由亚洲野驴亚种的骞驴直接驯化而来。从体形上看，捕获到的西藏野驴与西藏驴有较相似的外形特征，藏民仍有捕幼小野驴驯化家养的习惯。因此，西藏驴可能是上述两种来源的混合杂交的混血类型，经过长期的自然选择和人工选育形成的独特品种。西藏驴和当地农业生产关的系非常密切，其起源驯化与青稞的起源种植处于同一个历史时期，至少已有4000年。

西藏驴。亦白朗驴。属小型兼用型品种。西藏驴主产于西藏自治区的日喀则市的白朗县、定日县等县，山南地区的贡戛县、乃东区、桑日县等县、区。中心产区是白朗县、贡戛县、乃东县三县。西藏驴是当

① 国家畜禽遗传资源委员会. 中国畜禽遗传资源志：马驴驼志［M］. 北京：中国农业出版社，2010：303.

地主要役畜。体躯矮小，体质结实，性情温驯，行动灵活，耐粗饲，耐寒，善走山区小道，挽役力强，在传统农业时代了重要作用。由于产地的恶劣环境，造就了西藏驴较强的抗逆性能。[①]

（三）黄牛

川南山地牛。包括荥经黄牛、叙永黄牛和筠连黄牛 3 个亚种，生活于相同的生态环境，主要特征特性相似，有的分类学家认为它们是同种异名的品种。川南山地牛产于四川盆地东南部边缘山区，主产于筠连县、珙县、古蔺县、叙永县等县，分布于兴文县、荥经县、宝兴县、汉源县等县。川南地区是汉苗民族杂居的地方，养牛历史悠久。据《叙府县志》记载："苗族风俗爱牛，耕牧兼用。苗人生产恃牛，苗俗以牛多为富，婚姻交际多以牛酒。"

峨边花牛。属肉役兼用型黄牛品种。中心产区在四川省凉山彝族自治州东北部小凉山北坡的峨边彝族自治县中山地带的彝族聚居区，其邻近的大、小凉山亚高山地带，以及汉源县等均有少量分布。

甘孜藏牛。乳役兼用型黄牛品种。甘孜藏牛主产于四川省甘孜藏族自治州的半农半牧区县，包括康定市、九龙县、雅江县、炉霍县、甘孜县、新龙县、巴塘县、稻城县、泸定县、丹巴县、乡城县、得荣县等，遍布全州。甘孜藏牛是甘孜州仅次于牦牛、绵羊、山羊的重要畜种，为该州农牧民提供大量的肉、奶及役力。甘孜藏牛适应性强，遗传性能稳定，耐粗放，温驯，繁殖中的难产和流产都极少见。

凉山牛。属役用型黄牛品种。中心产区为四川省凉山彝族自治州的盐源县、会东县、会理市、昭觉县、美姑县、普格县、布拖县等 7 个县、市，分布于全州 17 个县、市及邻近的攀枝花市各县区。

凉山牛以放牧为主，饲养管理比较粗放。在冬春季节补饲少量农作物副产物，使役期间补喂玉米、荞麦等精料。有饲喂食盐的习惯。个别农户有用腊肉煮米饭饲喂耕牛的习惯。凉山牛性情温驯，易饲养管理。

① 国家畜禽遗传资源委员会. 中国畜禽遗传资源志：马驴驼志［M］. 北京：中国农业出版社，2010：308.

母牛繁殖极少难产。

三江牛。属役用型黄牛品种。产区在四川省阿坝藏族羌族自治州汶川县，以及茂县、理县等地的峡谷地带。产区有广阔的放牧地，也有少量的耕地。三江牛的形成已有200多年的历史。三江牛体形较大，体质结实，适应性好，耐粗饲，抗病力强，性情温驯，有较强应用性能，特别适应高山峡谷地带饲养和使役。

关岭牛。属役肉兼用型品种，产于贵州省西南部产区，中心产区在关岭布依族苗族自治县，故习惯称为关岭牛。关岭布依族苗族自治县居于黔西南高原山区至黔中丘陵的过渡地带。当地群众对关岭牛的饲养管理以放牧为主，冬春喂以稻草、麦秸，辅以补料，保膘越冬并积肥。在河谷坝区，由于受放牧条件的限制，大多数采取舍饲圈养的方式。关岭牛性情温驯，易于管理。

黎平牛。俗称“小个子牛”，属肉役兼用小型黄牛品种。黎平牛原产于贵州东南部黎平县，主要分布于贵州省、湖南省、广西壮族自治区三省、自治区的交界地区。苗族、侗族擅长养牛。《黎平府志》有记载说：“饲之以谨其时、审其方，冬欲热时，喂以谷豆秕糠；夏秋之间，饮以井水、沃草与盐汤，与取其凉。春初草生，毋畏手僵，与一束青草，其壮也。”由此可见，黎平牛是经产区各族人民长期精心喂养选育而形成。

威宁黄牛。中心产区在贵州省西部高寒山区的威宁县，分布于毕节市的赫章县、纳雍县、大方县、黔西市和金沙县等县、市。产区位于云贵高原乌蒙山脉东延部分，属贵州高原的高寒山区，境内谷地幽深，峰峦叠嶂，海拔1000—2800米，属亚热带湿润季风气候。土地瘠薄，土壤以黄棕壤为主。农作物主要有玉米、马铃薯、燕麦、荞麦和豆类等。草地宽广，牧草资源丰富，天然牧草多为狗尾草、野古草和马唐草等适宜放牧利用。夏秋季节牧草丰茂，早出晚收抓秋膘，冬则晚出早收，大雪封山时进行舍饲。辅以玉米秸和杂草，刈割青草喂老年体弱的牛只。夜晚补饲草料，每月喂盐水1—2次。回民颇善育肥，常用老残牛短期催肥。有春末返青或秋收开始购牛，以舍饲为主，饲喂马铃薯，至10月上旬宰杀腌制牛肉干巴的习惯。咸宁牛就是在产区的自然生态条件下，经当地群众长期选育而形成的品种。①

务川黑牛。属役肉兼用型黄牛品种。务川黑牛生产于贵州省北部遵义市务川仡佬族苗族自治县。产区养牛历史悠久，苗族、汉族、仡佬族等各族人民世代都有养牛的传统习惯。据《遵义地区畜牧资源与畜牧区划》记载，清朝末年就有务川黑牛繁衍。仡佬族、苗族等素有以牛为婚丧礼品和食用牛肉的习惯，过节迎宾宰牛，以牛肉待客以为上品。由此形成了务川黑牛品种。务川黑牛适应性强，不易发生难产，具有抗病、抗寒等特点，肉味鲜美，很受欢迎。

邓川牛。属役、乳、肉兼用型黄牛品种。邓川牛中心产区为云南省大理白族自治州洱源县邓川镇，因古时多数滇乡属邓川县，以地理位置命名为邓川牛。邓川牛主要分布于大理白族自治州洱源县的邓川镇、所右镇2个镇和邻近的镇江山区。

当地人以鲜牛奶为原料制作储存方便、有效期长的乳制佳品乳扇。清代嘉庆年间《邓川州志》记载："乳扇者，载诸远，为美味香脆酥酪，凡家四牛，日作乳扇二百张，八口之家足资仰俯矣。"历史上群众饲养邓川牛，出售育成牛，制作销售乳扇，获得很好的经济收入。

迪庆牛。属役肉兼用型小型黄牛品种。迪庆牛主产于云南省西北部迪庆藏族自治州的建塘镇、小中甸镇、格咱乡、洛吉乡、东旺乡、尼西乡等以藏族为主的地区。迪庆牛由犏牛（黄牛与牦牛的杂交后代）进一步与黄牛杂交繁育形成的群体。迪庆牛属于小型黄牛，毛色以黑色、浅褐色、黛色居多，其次为黄褐色、黑白花色和白斑色。白斑色牛主要为背腹白带、白额、白蹄和白尾，其他部位多有黛色。极少见季节性斑点和局部淡化，无沙毛，鼻镜、眼睑以黑色和褐色为主，偶有粉色。迪庆牛常年放牧饲养，很补饲。迪庆牛目前尚未建立保护区和保种场，处于

① 国家畜禽遗传资源委员会. 中国畜禽遗传资源志：牛志［M］. 北京：中国农业出版社，2010：131-159.

农户自繁自养状态。迪庆牛适于高海拔山区放牧饲养，对当地高寒山区有良好的适应性，可在纯种繁育基础上引进小型专用肉用品种进行杂交改良。以提高其产肉性能。

滇中牛。又名楚雄牛，属役肉兼用型黄牛品种。滇中牛的中心产区在楚雄彝族自治州曲靖市，大理白族自治州，文山壮族苗族自治州普洱市思茅区、韶通市和临沧市等地区，分布于云南省全省。滇中牛体形较小，体质结实，结构匀称，全身被有红褐、淡黄、黑等色，皮肤以棕色为主，四肢内侧色泽淡，95% 的牛的牛角色多黑褐色或蜡黄色。角形多为短角、小圆环角、萝卜角。滇中牛以放牧为主，坝区、半山区一般中午 11 点放牧，傍晚收牧回圈。山区除了农忙耕作时将役用牛圈养耕地，其余时间常年在山坡放牧。在母牛产犊期间、役用牛工作时间和阉割肥育期间，有的补喂混合饲料。滇中牛遗传性能稳定，具有体质结实、发育均匀、体小力大，以及耐劳、性情温驯、行动敏捷、善于爬坡等特点。

文山牛。又名文山高峰牛（图 6-10）。属役肉兼用型黄牛品种。文山牛在云南省文山壮族苗族自治州文山市、砚山县、西畴县、麻栗坡县、马关县、广南县、富宁县等八县、市均有分布，其中广南县、丘北县、砚山县等县海拔 900 米以上旱地面积较大的地区分布较多，广南县、富宁县两县结合部的百乐村、坡油村一带的文山牛最为出名。文山牛体躯结实、肌肉发达、力大耐劳、繁殖力强、性情温驯，易调教、耐粗饲、对湿热及寒冷条件有较好的抗逆能力，肉质好，是一个优良的地方役肉兼用型牛品种。

图 6-10　云南省的文山高峰牛（赵开典　摄）

昭通牛。主要产于云南省昭通市。由于产区自然条件和地形地貌复杂，昭通牛的饲养方式也不一样。山区草场宽阔的地区以放牧饲养为主，坝区无放牧草场的地区多圈养，一般情况下，在坝区多采用精料加秸秆与青草的饲养方式，常年补给一定量的精料。部分回民将马铃薯煮熟后，冬春时给牛补饲。在山区和半山区放牧后几乎不补饲精料，江边河谷区和矮山区，虽无大片草场，但气候温和，牧草繁茂、生长期长，终年可放牧或牵牧。高寒山区常终年放牧，均不补料。①

阿沛甲咂牛。属役肉兼用型黄牛品种。“阿沛”是庄园名，“甲咂”是加尔各答。意思是阿沛庄园引自加尔各答的黄牛。阿沛甲咂牛主要分布于西藏自治区林芝地区的工布江达县，集中分布于该县尼洋河谷地区。阿沛甲咂牛是当地黄牛与印度牛杂交选育形成，已经有 100 多年的饲养历史。

日喀则驼峰牛。又名高峰牛，藏名巴尔札，属役肉兼用型黄牛品种。日喀则驼峰牛主产区在日喀则地区的藏南河谷农业区和喜马拉雅山南麓山裙地带。日喀则驼峰牛是日喀则牧民近代引进印度、尼泊尔、不丹的瘤牛公牛，与当地黄牛杂交，经过长期选育，逐渐形成的牛群。日喀则驼峰牛有不同类型的南亚瘤牛血统，个体差别较大。日喀则驼峰牛的饲养粗放，饲养方法比较简单。主要饲料有秸秆、干草、麸皮、酒糟、豆渣等。

图 6-11　西藏牛（《牛志》第 192 页）

西藏牛。属乳肉役兼用型黄牛品种。西藏牛（图 6-11）主要产区在西藏雅鲁藏布江中下游，喜马拉雅山东段和三江流域下游地区，以及毗邻的草甸草场。西藏牛是海

① 国家畜禽遗传资源委员会. 中国畜禽遗传资源志：牛志［M］. 北京：中国农业出版社，2010：163-175.

拔高达 4500 米的高原地带唯一的家牛品种，其主要产区在海拔 2300—3800 米的地区。西藏牛适应性很强，具有适应高海拔、高缺氧环境和粗放粗管理的特性。

樟木牛。是由小型黄牛、瘤牛，以及西藏牦牛在特定自然环境条件下，通过远缘杂交形成的杂交种。该牛兼有黄牛、牦牛和瘤牛的种群遗传特点，是极为稀有的地方牛品种。樟木牛的中心产区位于日喀则地区的聂拉木县，邻近的吉隆县、定日县，以及邻国尼泊尔边境地带亦有分布。聂拉木县樟木口岸是西藏的重要通商口岸。特殊的地理条件和交通条件，给樟木牛的自然扩群和杂交改良提供了便利条件。樟木牛适应高山峡谷环境，具有较好的产奶和产肉性能。其体格小，善走山路，性情温驯，便于管理，具有多种抗逆性能。

（四）水牛

德昌水牛。原产地位于四川省凉山彝族自治州安宁河流域的德昌县、西昌市、冕宁县、会理市、会东县等县、市，以及分布于凉山彝族自治州全州及攀枝花市郊县。德昌水牛耐粗饲，抗病力强，易管理，母牛繁殖极少难产。饲养以放牧为主，一般夜间补饲草料，农忙季节补饲糠麸类精料，冬春有喂酒、红糖、糯米饭保膘过冬的习惯，定期补饲食盐，产后补饲黄豆浆。

贵州水牛。原产于贵州，全省均有分布可划分为黔北水牛、黔中水牛和黔南水牛等 3 个亚型。贵州水牛的饲养管理简单。当地群众在水牛饲养、管理、选种、防病方面积累了丰富的经验。平时以放牧为主，夏秋农忙过后多割草舍饲或放牧，只在冬季的雪天或凝冻的天气不能放牧时进行补饲干稻草、玉米秸秆等干草，只有在农忙的季节和母牛产犊后几天内补饲稻谷和磨碎的玉米等。

槟榔江水牛。是役、乳、肉兼用的水牛品种，中心产区位于云南省腾冲市槟榔江上游。槟榔江水牛适应性强，主要生活在海拔较低的低热河谷地带，采食能力强，耐粗饲，各种青草、树叶、农作物秸秆均可作为其饲料。性情温驯，易管理。槟榔江水牛主要是役用，也可产水牛奶。

德宏水牛（图6-12）。主产区位于云南省德宏傣族景颇族自治州，临沧市、保山市、大理白族自治州等地区也有分布。德洪傣族景颇族自治州是以傣族、景颇族为主的23个民族聚居地区。不同民族、不同地区饲养水牛的方法大同小异。德宏水牛较温驯，容易管理，坝区的水牛一般分为关养和混养放牧，都由小孩和老人放牧，部分牛常年生活在山上，甚至母牛分娩也在野外。

图6-12 云南省的德宏水牛（杨国荣 摄）

盐津水牛。原产地为云南省昭通市，其分布区域从海拔267米的江边河谷到海拔2200米的坝区与二半山区均有饲养。产区农户对水牛饲养较为精细，习惯以小群放牧为主，结合舍饲。盐津水牛耐粗饲，生活力强，在河谷和矮山区，自然条件好、山场宽阔、野草丰茂，几乎终年放牧；在雪天，凌冻时和农忙季节补喂干草、米糠、玉米等。坝区无成片草山，以舍饲为主。夏秋放牧于田边地角，河堤路边等。

独龙牛。又名大额牛。独龙牛（图6-13）原产于云南省贡山独龙族怒族自治县独龙江一带，是一种半野生、半家养的畜种。独龙牛是独龙族人民拘捕野生状态下的野牛，长期驯养和自然选择而成，是适宜高山峡谷陡坡环境生存的一个珍稀牛种资源，其驯化时间已有

图6-13 独龙牛（赵开典 摄）

数百年。独龙牛觅食能力强，游走范围广，具有很强的适应性和抗逆性，具有野牛的体形，彪悍的外貌特征和习性。[①]

（五）牦牛

九龙牦牛。原产地为四川省甘孜藏族自治州九龙县及康定县南部的沙德区，海拔3000米以上的横断山脉灌丛草地和高山草甸。此外，雅砻江东北部的高山草原也有分布。九龙牦牛饲养是最早见于《史记》《汉书》等记载的牦牛品种。

木里牦牛。主要分布于四川省凉山彝族自治州木里藏族自治县，海拔2800米以上的高寒草地，冕宁县、西昌市、美姑县、普格县等县也有少量分布。木里牦牛的抗寒和抗病力强，耐粗饲，抓膘快，是当地牧民的主要牧养家畜，是主要经济收入来源。

中甸牦牛（图6-14）。主产于海拔2900—4900米的云南省香格里拉县北部地区及周边的乡城县、得荣县、稻城县，以及剑川县老君山等地，在海拔2500—2800米的温带地区也有零星分布。中甸牦牛以终年游牧的半野生状态方式饲养，有的地方在冬季和初春进行昼牧夜圈。犊牛则全年昼牧夜圈，极少补饲。泌乳期的母牛适当补饲青干草和秸秆，有时配以青稞面加盐的混合面粉诱食进行拴系挤奶。中甸牦牛极耐粗饲管理，具有极强的抗病力，很少发病，极少见母牛难产。母牛母性极强，护犊性好。

图6-14　中甸牦牛（赵开典　摄）

帕里牦牛。主产区位于西藏自治区日喀则市的亚东县的高寒草甸草

① 国家畜禽遗传资源委员会．中国畜禽遗传资源志：牛志［M］．北京：中国农业出版社，2010：186-361.

场、亚高山林间草场、沼泽草甸草场、山地灌丛草场和极高山风化沙砾地。帕里牦牛特征鲜明，生产性能较高而且稳定，产肉性能好，产乳量较大，是藏族地区历史上的主要牦牛品种。

斯布牦牛。原产地为西藏自治区斯布地区，中心产区墨竹工卡县西部。斯布是历代班禅额尔德尼的专属牧场，牧草繁茂，草质优良，至今仍有野牦牛出现。斯布牦牛正是在这种优良高寒草甸草场以及不断杂交获得野牦牛基因的背景下，经当地群众长期选育而形成的地方优良品种。斯布牦牛的生产性能较好，繁殖性能较高，但是由于会与当地野牦牛发生间断性回交，造成驯化选育程度不高，野性特点明显，经济性状不足。

高山牦牛。属于乳肉役兼用型牦牛品种。主要产于西藏自治区东部高山深谷地区的高山草场，在西藏自治区东部南部山原地区、海拔4000米以上的高寒湿润草原地区也有分布。西藏是牦牛最早驯养的地区。西藏高山牦牛终年放牧饲养，很少补喂饲草、饲料。母牦牛产犊多在春季。西藏高山牦牛数量多、分布广、适应性强，是藏族生产生活不可或缺的重要畜种。

娘亚牦牛。又称嘉黎牦牛，产肉型牦牛品种。娘亚牦牛原产地为西藏自治区那曲地区嘉黎县，主要分布于嘉黎县东部各乡镇。娘亚牦牛以放牧为主。公牛基本上终年放牧，不收群，只在配种季节补饲少量的麸皮和盐。母牛全年白天放牧，晚上拴系，挤奶后与犊牛分群放牧，分群拴系。犊牛初生至一月龄由母牛哺乳，母牛不挤奶；一月龄以后控制哺乳，给犊牛少量补喂一些乳清之类。除了在配种季节表现比较暴躁，大部分时间都是性格温驯，便于管理。娘亚牦牛分布地区的海拔高、昼夜温差大、气候寒冷、空气中氧气少。娘亚牦牛高度适应恶劣的自然环境条件，体躯高大，十分耐寒，产奶量高，护犊护羔，是优良的牦牛品种。[①]

（六）绵羊

威宁绵羊。饲养历史悠久。养羊是贵州省威宁县等地苗族、彝族、

① 国家畜禽遗传资源委员会．中国畜禽遗传资源志：牛志［M］．北京：中国农业出版社，2010：392-443.

回族、汉族各民族的肉食和经济来源。产区人民常用羊皮做衣服，用羊毛纺纱织布。当地历来重视养羊，多以有经验的牧民专做牧羊人，逐水草常年放牧。当冬季大雪封山时，给羊补饲农副产品饲料。在当地社会经济条件下长期选育成了威宁绵羊。

迪庆绵羊。主产于云南省迪庆藏族自治州香格里拉县的高原坝区和高寒山区，半山区河谷地带有零星分布。迪庆羊多与牛混群放牧，夏秋昼牧夜圈，冬春半舍饲；主要饲料为干青草、农作物秸秆，适当补饲四季豆、青稞、小麦、玉米等。迪庆绵羊性情温驯，适宜于放牧管理。

兰坪乌骨绵羊。属于以产肉为主的绵羊地方遗传资源。中心产区是云南省兰坪白族普米族自治县。兰坪乌骨绵羊（图6-15）性情温驯，耐粗饲，易管理。羔羊自然哺乳，出生后一周即可随母羊放牧。兰坪乌骨绵羊是从当地绵羊分化出来的一个类群，其肉骨膜呈乌色为特征。经研究证明，该羊品种的黑色素与乌骨鸡的黑色素相同，具有较高的抗氧化能力，是中国十分珍稀的绵羊品种资源。

图6-15　兰坪乌骨绵羊（陈吉清　摄）

宁蒗黑绵羊。是云南省丽江市宁蒗彝族自治县的特色品种。当地彝族习俗崇尚黑色，喜欢披黑色披毡。宁蒗黑绵羊是地毯毛用和羔羊皮用主要品种。具有适应冷凉山区多变的环境条件，抗逆能力强，草料利用范围广等特点，经长期的自然选择和人工选择选育而成。

石屏青绵羊。主产于云南省石屏县北部山区。石屏青绵羊全年在天然草场上放牧，仅对哺乳母羊、羔羊、病弱羊进行适当补喂饲料、秸秆及少量青草。当地方言称“黑色”为“青色”，石屏青绵羊的体躯被毛实际是黑色。这种绵羊具有行动灵活，善爬坡攀岩，耐寒和耐粗饲，适应性和抗病力强，肉质细嫩，粗蛋白含量高，香味可口等特点。

腾冲绵羊。是腾冲先民 400 多年前选育成功的一个品种。腾冲绵羊耐粗饲，抗病力强较温驯，合群性好，管理成年羊与高阳区采取全年放牧，饲养管理水平较低，一般是白天放牧，晚上赶回“上圈”，很少补饲。腾冲绵羊具有抗潮湿，体形大，生长快，抗逆性强，肉质好等特点。

昭通绵羊。属于短毛山谷型藏羊。产区集中于云南省东北部，这里是典型的高原山地构造地貌，生态条件优越，天然牧草繁多，牧草生长繁茂。昭通绵羊性格温驯，易于饲养管理，以放牧为主。昭通绵羊适应当地高山陡坡的山地草场和冷凉气候，善于爬山越岭，放牧性好，抗病力强。被毛洁白，是制作高级地毯和擀毡的优质原料。

（七）山羊

西藏山羊。属肉绒皮兼用的高寒地区山羊品种，距今已有 4000 多年的历史，是藏族生活中毛、皮、肉、奶的主要来源。主产于青藏高原，四川省、青海省有少量分布，适应高原严寒条件。

酉州乌羊。俗称药羊，因产地酉州而得名，属于肉皮兼用型山羊品种。酉阳苗族土家族自治县建制已有 2000 多年的历史。酉州乌羊在喀斯特地貌的疏林和灌丛草地生态环境中，经过长期封闭选育和自然选择形成的，具有适应性强，善游走攀岩，体质健壮，耐粗饲，抗病力强等特性的山羊品种。

白玉黑山羊。主产区位于四川省白玉县、德格县、巴塘县等县的干燥河谷地区，是古羌族将野生山羊驯化后形成的品种。定居在现今甘孜藏族自治州金沙江、大渡河流域的羌人以牧羊著称，黑山羊是牧民长期在该地区进行封锁繁育，通过世代的自然选择，适应了当地气候和环境条件，逐渐形成了适应性强，产肉性能好的优良山羊品种。

北川白山羊。主产区位于四川省北川县，相邻的平武县、江油市、安县、茂汶羌族自治县，松潘县等县、市也有分布。北川是古羌族人聚居地，《史记》记载："羌从羊，喜牧羊。"养羊是羌族的主要生计来源。羊只多放牧于高山灌丛中。白色山羊醒目，易管理。羌族在祭祀和过年过节时要宰杀肥大的骟羊，因而在选择种羊时都以生长快、个体大、体色洁白的种羊。经过长期的人工选择形成优良地方山羊品种。

古蔺马羊。俗称马羊，主产区位于四川省古蔺县，附近的叙永县、纳溪区、泸县以及贵州省的习水县、怀仁市、金沙县等地也有分布。古蔺马羊产区位于苗族聚居的山区，民间有去势羊育肥、吃带皮的涮烫羊肉的习惯，逢年过节或红白喜事，都宰杀大阉羊办酒。因此，在选择上要求种羊"单脊胛扁，胸肋骨深，长摆高稍"，同时，为便于管理，注意选择无角羊。

建昌黑山羊。主产区是四川省的会理市、会东县、德昌县三县，周边的米易县、盐边县也有分布。清代同治《会理州志物产》记载，在会理、会东、米易一带有黑山羊。建昌黑山羊是会理等地的原始品种。[①]

美姑山羊（图 6-16）。也称美姑巴普山羊或巴普山羊，主产区是四川省美姑县。据 2000 多年前的彝族神话故事《孜孜尼乍》记载，古

图 6-16　美姑山羊（淳于权　摄）

① 国家畜禽遗传资源委员会. 中国畜禽遗传资源志：羊志［M］. 北京：中国农业出版社，2011：231-358.

代美姑彝族人在祭祀神灵、祈求平安的仪式中，所用的动物就是黑白花公山羊。由于当地彝族群众在婚丧嫁娶，习俗法事活动中都有宰杀山羊羔的习俗，故对产双羔、多羔的公母羊和后代十分珍惜，定向选育产羔多、生长快的个体做种用。经过长期的不断选择，逐步形成了适应高原地区的一胎多羔的优良品种。

贵州白山羊。主产区位于贵州省黔东北乌江中下游的沿河土家族自治县、思南县、务川县、桐梓县等县，在铜仁地区遵义市及黔东南、黔南两自治州的 40 多个县也有分布。贵州白山羊是一个古老的山羊品种，已有 2000 多年饲养历史。《史记》《后汉书》等史籍记载，在汉代以前，现今的沿河土家族自治县、思南县、印江县一带，养畜业已具规模，黄牛、山羊已是当地的主要畜种。明嘉靖年间编撰的《思南府志》记载："羊，皆山羊，罕绵羊。"①

贵州黑山羊。属肉用型山羊品种主产区位于贵州省威宁县、赫章县、水城县、盘县等，贵州西部的毕节市、六盘水市、黔西南布依族苗族自治州、黔南布依族苗族自治州和安顺市也有分布。贵州黑山羊产区养羊历史悠久，在赫章县可乐乡出土东汉时的文物就有铜羊；黔西市出土的西汉末年陶羊等，形态逼真，造型优美。当地彝族、回族、苗族、汉族等民族，素有养羊习惯，至今仍然保留婚丧、嫁娶、祝寿，以羊馈赠的习俗，养羊成为提供肉食和肥料的主要家庭副业。这些民间习惯对贵州黑山羊的形成和发展有积极的促进作用。

黔北麻羊。俗称麻羊，主产区位于贵州省北部的仁怀市、习水县，邻近的赤水市、遵义市及金沙县、桐梓县也有分布。黔北麻羊形成历史悠久。习水县的土城镇，在北宋时是州府，属政治、经济、文化中心。赤水河是贵州省北部与重庆市、四川省的交通要道，自古商贾云集。他们将这里的农副产品、生产资料，以及羊肉、皮张、山货等运销重庆市、四川省及全国各地，促进了当地养羊业的发展。当地群众素有婚丧

① 国家畜禽遗传资源委员会. 中国畜禽遗传资源志：羊志［M］. 北京：中国农业出版社，2011：364.

嫁娶、立房、祝寿“以羊馈赠”的习俗。这些对黔北麻羊的形成和发展有积极的促进作用。

凤庆无角黑山羊。分布于凤庆县与相邻的云县，永德县也有分布。彝族历来有养山羊的习惯，养羊是农民的肉食和肥料的来源，也是主要的家庭副业。这些习俗和自然条件，是凤庆无角黑山羊的形成和发展的基础条件。

圭山山羊。属乳肉兼用型山羊品种。主产于云南省石林彝族自治县，邻近的彝族支系撒尼支居住的宜良县、弥勒市、泸西县、陆良县、师宗县等县、市，以及昆明市郊区也有少量分布。居住在圭山一带的彝族撒尼人，2800多年前就饲养山羊。300多年前，撒尼人就有挤羊奶做乳饼的习俗，并选育产奶量高的山羊品种。经过长期的自然选择和人工选育，逐步形成了适应性强、产奶量高的山羊品种。

龙陵黄山羊。是肉用山羊品种，主产区位于云南省龙陵县，与龙陵县接壤的芒市和腾冲市有少量分布。龙陵黄山羊是在当地特殊的自然环境及社会经济条件下，经自然选择和人工选择形成的优良品种。龙陵黄山羊以放牧饲养为主，在母羊妊娠后期及哺乳前期补饲一定量的混合精饲料，优质青干草、青贮料和青绿饲料，部分地区实行划区轮牧。

图6-17　罗平黄山羊（黄琦　摄）

罗平黄山羊（图6-17）。又名长底山羊，鲁布革山羊，属以肉用山羊。主产区位于云南省罗平县。罗平黄山羊是当地特殊的自然环境条件作用下，经过长期的选育，逐步形成适应云贵高原气候条件、品质独特的山羊品种。

马关无角山羊。俗名马羊，以肉用为主。主产区位于云南省马关县。马关无角山羊饲养历史悠久。贾思勰《齐民要术》记载了无角山羊品种："大率十口二羝……羝无角者更佳。"无角山羊性情温驯，容易管理，生活力强，配种率高，所以无角山羊作被选择为育种目标，进行有意识定向培育，形成了性状稳定的优良品种。

宁蒗黑头山羊。属于产肉为主的山羊品种。宁蒗县志记载，清朝雍正、乾隆年间，彝族的一个支系从四川凉山迁至宁蒗定居，带来了山羊。当地群众素有养羊积肥、喜食羊肉、穿羊皮褂的习惯。在长期的养羊生产中，发现黑头山羊体形大、产肉多，有意识地选留黑头山羊做种用，逐步形成了体形外貌一致的黑头山羊品种。

云岭山羊。又名云岭黑山羊，属肉皮兼用型山羊。云南省大姚县、永仁县、双柏县、楚雄彝族自治州等有分布。云岭高山峡谷，有大面积的草场和灌木林场，山羊可攀登到悬崖陡坡上采食。产区彝族素有养山羊的习惯。养羊积肥、穿羊皮褂、吃羊肉为当地群众的生活需求，在生产中当地群众注意选择体大、抗病力强的种羊。经过长期培育形成这一地方山羊品种。

弥勒红骨山羊。属肉乳兼用型山羊品种。康熙年间《弥勒州物产志》记载："兽之属，牛、马、羊、驴、骡。""家有婚姻丧葬，不过多蓄牛、羊、鸡、猪数只。"说明羊在康熙年间已成为弥勒县各族人民生活中不可缺少的重要资料。在当地羊群中发现了红骨山羊，并单独隔离饲养，保持自群闭锁繁育，逐步形成形状独特的弥勒红骨山羊。

昭通山羊。属皮肉兼用型山羊品种，主产区云南省昭通市，邻近的县也有分布。昭通山羊是本地原有的品种，在当地独特的生态环境条件下，和各族人民长期精心培育下，形成的肉皮兼用型地方山羊品种。①

（八）猪

乌金猪。云南省、贵州省、四川省三省接壤的乌蒙山和大小凉山地区的地方猪种。贵州省的赫章县、威宁彝族回族苗族自治县、盘州市，云南省的富源县、宣威市、会泽县、昭通市、彝良县、镇雄县和四川省

① 国家畜禽遗传资源委员会. 中国畜禽遗传资源志：羊志［M］. 北京：中国农业出版社，2011：364-395.

的雷波县、金阳县、昭觉县、冕宁县、会理市、会东县、宁南县等地均有分布。因位于乌蒙山与金沙江半，被毛有黑色和棕黄色两类，1976 年云贵川三省联合调查认为是同种异名，将其统称为“乌金猪”。

柯乐猪。以贵州省赫章县为主产区，与威宁彝族回族苗族自治县的法地猪、毕节市的朱昌猪、六盘水市水城区的台沙猪、纳雍县的张维猪、盘州市的坪地猪、大方县的百纳猪、黔西市的黔西猪，以及金沙县的安洛猪等分布于黔西北的多个猪种属同种异名，柯乐猪为其代表。产区地处高寒，交通闭塞，群众多以喂养母猪、繁殖仔猪出售作为家庭的副业，历史上是有名的猪仔集散市场，贩运至云南宣威一带出售。柯乐猪是贵州地方腌制肉用型优良猪种，故有“宣威火腿威宁猪”之称。

图 6-18　大河猪（尤如华　摄）

大河猪（图 6-18）。产于云南省富源县大河镇，与之相邻的贵州省盘州市山区，也有少量分布。《富源县志》记载，富源养猪历史悠久，至今已有 2000 多年的历史，早在西汉时，当地就以养猪为业。清朝康熙年间，猪是全县居民蓄养的家畜，是人们肉食和经济的主要来源之一。据文献记载，1918年，云南大河猪存栏2.6万头。1945 年这里成为抗日战争的后方基地，养猪业空前发展，当年存栏大河猪 4.4 万头。大河猪以青草、菜叶、瓜薯类、豆糠、米糠等青粗饲料饲养，具有耐粗饲，抗病力强，易饲养等特点。

昭通猪。与前面说到的四川乌金猪是同一个类型。广泛分布在昭通市各县。在春秋时期，昭通已有“宰猪祭祀”之俗。由此推测，当地家猪是由野猪驯养而来。到唐宋时期，昭通已发展出较为成熟的山地畜牧文化。昭通市地处云南省、贵州省、四川省三省接壤交界地区，受社会经济和自然环境，以及迁居移民等因素的影响，形成了体形外貌、肥育性能、肉质风味独特的地方猪种。

凉山猪。为产于四川省凉山彝族自治州的猪种。凉山猪耐粗饲、耐高寒、抗病力强，具有适应高寒气候和粗放饲养的能力，觅食野草和拱食植物根茎能力较强。凉山猪在海拔 2000 米的草地放牧，自由觅食野生植物，均能正常生长繁殖。

雅南猪。原产于洪雅县、丹棱县、雅安市名山区、邛崃市、犍为县和荣县等地。雅南猪饲养历史悠久。东汉墓内殉葬品石猪及乐山柿子湾东汉时期石墓石壁上的木栏猪圈浮雕等文物表明，东汉时期当地已经普遍采用圈栏养猪，其木圈舍的结构与现在的形状相似，距今已有 1800 多年历史。产区处于丘陵农耕地带，猪粪是当地肥料的主要来源，农民习惯养猪积肥。雅南猪的骨架大、嘴长、腰背平直、四肢坚实，母猪乳头 7 对以上，产仔较多，育肥性能较好，具有耐粗饲，适应性强，繁殖性能高的特征。

白洗猪。又称苗寨猪，因最早在贵州省施秉县杨柳塘镇白洗村发现而得名，是贵州东部的一个地方猪种，可分为白洗猪、谷陇猪、金盆猪、平庄猪、坪地猪、小河山猪等 6 个类群。产区是苗族聚居地，当地群众富有选择种猪的经验。对种猪形态的要求是尾巴细、耳朵薄、狮子头、羊子脚，同时还要求是被毛全黑的猪。因产地十分偏僻，与外界交往较少，在相对闭锁的生态环境中，逐渐形成耐粗饲生长较慢、早熟的黑毛猪。

关岭猪。产于贵州省中南部地区，分为关岭猪、宗地猪、摆金猪、牙舟猪、柿花猪、牛场猪、五花猪、岩脚猪、高坡猪和平寨猪等 10 个类群，统称为关岭猪。历史上这里交通闭塞，当地群众以养母猪、出售仔猪为副业，大量猪源、猪种，通过产区内的八大牲畜集散市场，相互交流。由于分布地域连片，猪种的血缘一致，产地生态条件和饲养管理水平相近，形成了体形外貌、性能一致的关岭猪。

江口萝卜猪。因其育肥后，体躯丰满，形似萝卜，故称之为萝卜猪。江口萝卜猪的饲养管理粗放，饲料以野生青饲料为主。为节省饲料，当地农民在农作物收获后进行田间放牧；为缩短饲养周期，群众选育早熟易肥、个体较小的猪作为种猪。加之多用公猪配种，近亲繁殖普遍，形成了体形矮小，皮薄骨细，肉质细嫩的萝卜猪。江口萝卜猪是当地群众长期选育形成的中小型猪种，具有耐粗饲、适应性强、早熟、易肥，以及皮薄肉嫩等特点。

黔东花猪。是贵州省东南部的地方猪种，体躯黑白毛分布不定型，故名黔东花猪，分布在锦屏县、玉屏侗族自治县、天柱县、三穗县、从江县、榕江县、雷山县、台江县等地。这一片产区是云贵高原向湘桂丘陵过渡地带的低中山地，山峦起伏，河流纵横，地形复杂。气候温和，土壤肥沃，植被茂盛，饲料丰富，给养猪业提供了良好的基础。产区是侗族、汉族、苗族的多民族聚居地。当地传统习俗是把育肥猪在腊月宰杀，制成腊肉和腌肉储藏。

贵州香猪。又称珍珠猪，分布在贵州省和广西壮族自治区的交界处。瑶族称之为“别玉”，壮族称之为“牡汗”，属小型猪。根据香猪的产地和毛皮颜色，区分为从江香猪、环江香猪、剑白香猪等类群。产区内居有苗族、侗族、壮族、瑶族、水族等民族。产区高山低谷，高岭纵横，森林密布，交通闭塞。香猪长期在封闭的林区环境中生息繁衍，逐渐形成近亲交配不退化、基因纯合度高的小型猪种。香猪的母性好、护崽、易饲养。香猪饲养通常都在草坡、山地、林下等处放牧，自由觅食野生植物，只有在育肥阶段才进行舍饲。

保山猪。又名保山大耳猪。保山猪产于云南省保山市各县，在德宏傣族景颇族自治州也有少量分布。保山猪适应性强，在海拔 500—3800 米的高寒山区或者湿热地区都能正常生长，具有较强的觅食能力。保山猪产仔多，母性好，耐粗饲，采食力强，适应放牧饲养。保山猪有较强的抗逆性，很少生病，而且肉质细嫩，香味浓郁。

高黎贡山猪。产于云南高黎贡山。高黎贡山猪是怒江傈僳族自治州海拔 1800—2300 米的山区、半山区。产区居民有傈僳族、怒族、独龙族、白族、汉族、普米族、景颇族、藏族等 22 个民族。其中，傈僳族占人口的一半左右，是全国傈僳族集中居住地。产区山高坡陡，交通闭塞。特殊的自然地理和社会环境，使高黎贡山猪一直处于封闭环境中自然近亲交配，呈现半野生的牧养状态。

明光小耳猪。产于云南省腾冲市北部。明光小耳猪分布在海拔1000—3000米的高寒山区，气候寒冷，地广人稀，交通闭塞。明光小耳猪就是在高海拔、低气温的寒冷条件下选择形成的猪种。当地的傈僳族和山居汉族，都选择行动灵活、耐粗饲，抗逆性强、适宜山林觅食的猪来放牧饲养。公猪与母猪长期小群自由交配，也有母猪与野猪杂交的情况，所产仔猪在野外放牧中经自然选择，保留下来生命力强、耐粗饲的群体。

滇南小耳猪。俗名冬瓜猪、小耳朵猪、小山猪、勐腊猪、爱尼猪等，属于华南型猪种。主要分布于西双版纳的热带亚热带高温多湿地区，在海拔500—2000米的地区间能正常生长繁殖。产区有傣族、哈尼族、布朗族、佤族、基诺族、瑶族、拉祜族等民族村寨。这些民族历来就有养猪的习惯。多用母猪自产的小公猪自由交配，长期近亲繁殖选育形成了滇南小耳猪。

撒坝猪。原产于云南省禄劝彝族苗族自治县撒营盘镇，旧称撒坝，故名为撒坝猪。撒坝猪的形成没有明确的历史记载。根据楚雄彝族自治州地方猪种资源调查资料以及各县县志记载，大体上有两种说法：一是外省移民带入。武定县的调查资料显示，最早是挪姓土司和黄姓土司从四川凉山移居当地，带入猪种。二是当地人民将野猪驯化为家养。产区各县有猪、牛、羊一起放牧的习惯，野公猪和家养母猪自然交配时有发生，撒坝猪有可能由当地的野猪驯化繁育而成。楚雄彝族自治州撒坝猪主要分布在边远山区，多数饲养条件较差，猪、牛、羊一起混牧。当地没有专门饲养配种公猪的习惯，多用断奶后3—4个月的小公猪配种，配种后即阉割育肥。

藏猪。主要分布于青藏高原的农区和半农半牧区，是世界上海拔最高地区的猪种，能适应恶劣的高寒气候和以放牧为主的低饲养条件。西藏藏猪的头形和体形与当地野猪相似，有的成年公猪长有野猪的獠牙，说明藏猪还处于半驯化姿态，是在野猪频繁出没地带，家猪与野猪杂交形成的群体。

迪庆藏猪（图6-19）。产区为滇西北的高寒山区和河谷二半山区[①]，迪庆藏猪分为大、中、小三型，分别产于迪庆海拔2000米左右的低山河谷地区，海拔2000—3000米的半山区，海拔3000—4000米的高寒地区和高山区。迪庆藏猪主要是小型猪。清朝余庆远的《维西见闻录》记载，迪庆"多畜马牛羊及琵琶猪为富，头目倍畜之，冬日屠猪去骨足，腌令如琵琶形，故云琵琶猪"。

图6-19　迪庆藏猪（杨荣　摄）

四川藏猪。产于四川省的阿坝藏族羌族自治州和甘孜藏族自治州。四川藏猪系高原放牧猪种，终年随牛羊混群或单群放牧。由于长期生活在恶劣的高寒气候和低饲喂的环境条件下，形成适合高原生态环境的特点。例如，头长、嘴尖，适宜拱土取食；耳小直立，转动灵活，耳郭面积小；体躯窄，后躯较长，略高；四肢结实，紧凑，利于爬坡奔走；被毛下着生大量绒毛，保温性能好，心肺器官发达。四川藏猪视觉发达，听觉和嗅觉灵敏，反应迅速。藏猪产地分散，交通不便，传统都是自繁自养，形成稳定的闭锁群体。[②]

（九）鸡

瑶鸡。广西壮族自治区称南丹瑶鸡，贵州省称瑶山鸡。瑶鸡主产地是广西壮族自治区南丹县和贵州省荔波县。毗邻的广西壮族自治区河池

① "二半山区"是特定的专用名词，指高落差山区环境中，一半具有河谷地带的气候特点，一半具有高寒山区的气候特点，简称为"二半山区"。——作者注

② 国家畜禽遗传资源委员会. 中国畜禽遗传资源志：猪志［M］. 北京：中国农业出版社，2010：178.

市和贵州省独山县也有饲养。瑶山鸡的形成与当地的自然、社会条件有密切关系。产区的瑶族习俗是在房前屋后的树林、草地上放牧养鸡。此外，瑶寨多处偏僻之地，交通闭塞，很少有外来鸡种引入，基本上都是自繁自养。经过当地群众长期的繁育驯化形成了瑶鸡。瑶鸡具有耐粗饲、适应性强、觅食力强、肉质细嫩鲜美、皮下脂肪少的特点，是典型的瘦肉型鸡种。

金阳丝毛鸡。又称羊毛鸡。彝语称为“约瓦”，属肉卵兼用型鸡种，具有一定的中医药用价值。金阳丝毛鸡原产地为四川省凉山彝族自治州金阳县，毗邻市县也有少量分布。金阳丝毛鸡是彝族人民长期选择形成的类群，彝族村寨当作神鸡来饲养。在祭祀时，一只丝毛鸡可抵一只羊。由于产区交通闭塞，村寨间相互不往来，使金阳丝毛鸡在部分村寨得以长期保存。金阳丝毛鸡属于珍稀品种，有一定的观赏和药用价值。

泸宁鸡。中心产区为凉山彝族自治州冕宁县。产地偏远，交通不便，外来鸡种不易传入。产地气候温和，物产丰富，天然草场宽阔。当地群众待客人和过节，都要杀鸡款待，形成家家户户养鸡的习俗。在这样的特定自然条件和文化习俗下，经过长期的人工选择和自然选择。逐步形成了泸宁鸡。

凉山崖鹰鸡。原产地为四川省美姑县、雷波县两县，分布于凉山彝族自治州各县。凉山崖鹰鸡有悠久的饲养历史。品种来源可追溯到秦汉时期。当地饲养大红公鸡用于报时、待客、祭祀等习俗。凉山崖鹰鸡体形较大、具有生长快、觅食力和抗病力强，肉蛋品质好的特点。适合林间放牧等。

米易鸡。又称草凳鸡，原产地为四川省米易县。分布于米易县和盐边县附近的二半山区和高山区。二半山以下的雅砻江流域也有分布。米易鸡体形较大，性情温驯，便于饲养。其肉质风味独特。

石棉草科鸡。原产四川省贡嘎山南坡石棉县草科藏族乡。分布于石棉县 1200 米以上的高山地区。石棉草科鸡的饲养已经有 300 年的历史。

贵州矮脚鸡。属肉卵兼用型品种。分布于兴义市及周边的兴仁市、安龙县、贞丰县、册亨县等县。矮脚鸡已有200多年的饲养历史。产区内有布依族、苗族、汉族等多民族聚居。历来有用鸡头祭祀，喝鸡血酒誓盟拜友，以及用鸡孝敬老人、宴请亲友的习俗。贵州矮脚鸡性情温驯，具有产蛋多、肉嫩味鲜、适应性强和抗潮湿的特点。

长顺绿壳蛋鸡。主要分布于长顺县。当地的汉族、苗族、布依族群众利用母鸡抱窝时选用绿壳蛋进行孵化繁育，经长期定向选择，逐渐形成了长顺绿壳蛋鸡。绿壳蛋是患者、产妇的滋补珍品，常常作为走亲访友的馈赠礼物。产区交通闭塞，养鸡多为自繁自养。长顺绿壳蛋鸡具有觅食力强、耐粗饲、抗逆性强、肉质好等特点，其所产绿壳蛋品质好。

普定高脚鸡。原产地为贵州省中部的普定县。普定县农村居住分散，习惯放养高脚鸡，当地历来每逢节日和婚嫁喜事，都以大公鸡作为馈赠礼品，逐渐养成选大鸡、大蛋留种的习惯，逐渐形成了高脚大鸡的品种。高脚鸡具有体形大、产肉多、脂肪沉淀能力强、肉质较好等特点。

黔东南小香鸡。产地是榕江县、从江县、黎平县、锦屏县等县，分布于周边的剑河县、天柱县、雷山县和台江县等。黔东南为少数民族聚居地，耕地少，粮食产量低，饲料贫乏，鸡群白天在房前屋后、野外树林的杂草丛生之地自由觅食，夜间栖于楼角、畜圈。在这样的经济和自然条件下，逐步形成了黔东南小香鸡体形小、耐粗饲、耗料少等特点。

乌蒙乌骨鸡。原产地为云贵高原乌蒙山区的毕节市、织金县、纳雍县、大方县、六盘水市水城区等地。乌蒙乌骨鸡是特色鸡品种，鸡肉中富含黑色素。该品种就巢力强，产蛋少，繁殖率低。

云南茶花鸡（图6-20）。原产于云南省德宏傣族景颇族自治州、西双版纳傣族自治州、红河哈尼族彝族自治州、文山壮族苗族自治州等地，因公鸡啼声酷似傣语发音“茶花两朵”，故名茶花鸡，傣族称之为

"盖则傣"，意为"傣族鸡"。产区在西南边境的原始森林地区。森林中的野生红原鸡有时会进入村寨与家鸡混群觅食，产生公原鸡与家母鸡交配，形成啼声、外貌与红色原鸡相近的茶花鸡。茶花鸡体形小、体重轻、骨细嫩，当地妇女产期喜吃未产过蛋的子母鸡，认为可滋补身体，增加泌乳。当地还有以鸡肉稀饭招待客人的习俗。

图 6-20　云南茶花鸡（杨荣　摄）

独龙鸡。因独龙族选育饲养而得名。独龙鸡产区为云南省贡山县独龙江乡。独龙语称这种鸡为"感并"，意为"小小鸡"。由于产区位置偏僻，地形陡峭，交通不便，加上每年有半年的冰雪封山期，外来鸡种难以传入，农户多自繁自养，经长期自然选择，形成羽毛较杂、体小、善飞、觅食力强的独龙鸡。

大围山微型鸡。俗称香鸡、娇鸡、金鸡。原产地为云南省屏边县。屏边县的苗族自古以来就有驯养斗鸡娱乐的习俗，因此选育出的大围山微型鸡体形小、外形美、喜争斗，被用作观赏或打斗。另外，屏边县苗族有吃乌参鸡的习俗。大围山微型鸡骨骼较细、低脂肪、肉香，成为当地的特色菜肴，逐渐形成大围山微型鸡的品种特征。

兰坪绒毛鸡。原产地为云南省兰坪县。兰坪绒毛鸡饲养历史悠久。当地群众素有用绒毛鸡招待贵客，馈赠亲友的习俗。当地习惯用兰坪绒毛鸡和本地的白木瓜一起炖煮，有祛风除湿的功效。由于产地交通不便，无外来鸡种引入，故经长期选择形成兰坪绒毛鸡。

尼西鸡。是云南省德钦县、香格里拉县、德荣县等地的特产品种。据《元一统志·巨津州》记载，西周至汉时期，中甸称为"牦牛徼外白狼部，或定居或随畜迁徙，无大君长，养六畜为生"。推测汉代以前中甸地区养鸡已经很普遍，因为当地藏民有制作酥油煮鸡、酒煮鸡、酒蒸鸡作为补品和招待宾客的习俗。当地群众重视鸡的产蛋性能，选育出鸡产蛋量多的尼西鸡。

瓢鸡。俗称闭毛鸡，因该鸡种没有尾羽，尾部羽毛形状似瓢，故名瓢鸡。瓢鸡原产地为云南省镇沅县，相邻的宁洱县也有少量分布。瓢鸡产区位于海拔较高的山区，历史上交通闭塞，经济文化落后，鸡群长期处于小群封闭、农户自繁自养状态，没有外来鸡种引入，故而形成体形特别的鸡种。

腾冲雪鸡。原产于云南省腾冲市高黎贡山西麓。腾冲雪鸡有几百年的饲养历史，因其肉香味美、乌骨、黑肉、羽毛雪白，深受当地群众的喜爱。由于产区高黎贡山的自然和生态条件特殊，与外界相对隔离，经长期选育，逐渐形成白羽、乌骨、黑肉的特色品种。

他留乌骨鸡。俗称白毛黑肉鸡，属兼用型品种。他留乌骨鸡原产地为云南省丽江市永胜县，中心产区为永胜县六德傈僳族彝族乡，永胜县其他乡镇也有分布。他留乌骨鸡饲养历史悠久，因由居住于他留山上的彝族分支他留人所饲养而得名。据他留墓碑史料记载，“始祖是中原人，由洪武调卫入永。遣流东郊，移居斯邑。世代为他留牧民”。推测当时所饲养的鸡是随移民带入。长期以来，他留人有用大红公鸡祭祀、馈赠亲友的习惯；当地妇女产期喜欢用白母鸡炖汤，以滋补身体。经当地人民长期选育形成体大、乌皮、乌骨、乌肉的他留乌骨鸡。

武定鸡。中心产区为武定县，禄劝彝族苗族自治县、元谋县、禄丰市，富民县、双柏县、安宁市等县、市及昆明市市郊皆有分布。武定鸡分大小型两种，分布在山区的多数是大型种，分布在坝区的是小型种。据民国时期编撰的《新纂云南通志》说：“武定鸡为全省优著，明末即驰名全滇。”说明云南省武定县早在明朝期间，养鸡业就进入繁荣时期。武定的彝族人以养鸡为副业，逢佳节或走亲友，都以鸡为佳肴和礼品。村寨素有“卖只鸡，不买鸡”的习俗，即村寨族人只能卖出自养的鸡，不准买入别处的鸡，以防鸡种混杂。这种习俗使鸡群长期处于自繁自养的封闭状态，保持了武定鸡的优良纯种特征。

图 6-21　南涧无量山乌骨鸡（杨荣　摄）

南涧无量山乌骨鸡（图 6-21）。又名南涧无量山绿耳乌鸡、普洱哀牢山毛脚鸡等。无量山乌骨鸡中心产区为景东县、镇沅县、南涧县。周边宁洱县、景谷县、墨江县也有分布。无量山乌骨在三国时代就有饲养。产区村寨分散，林地广阔，动植物饲料丰富。加之产区山高坡陡，交通不便，农村农户主要依靠售卖禽畜产品计生计。村民逢年过节和走亲访友，也常以鸡相馈赠。产区人民注重鸡的选育，逐渐形成南涧无量山乌骨鸡。

盐津乌骨鸡。产区为云南省昭通市的盐津县、大关县、威信县等县，在彝良县、绥江县、永善县等县也有分布。盐津乌骨鸡饲养历史悠久。民国的《盐津县志》记载："盐津各乡，无论临河居山，素重饲畜之习，尤以猪鸡最多，不分贫富，俱各饲养。"说明当地养鸡相当普遍，盐津乌骨鸡肉嫩味美，当地有将其入药的传统。产区地理偏僻，对鸡群纯种繁育较为有利，逐渐形成了盐津乌骨鸡。

云龙矮脚鸡。又称天登鸡。原产地为云南省云龙县。云龙矮脚鸡的品种形成和饲养历史从元代开始。云南傈僳族"好居山林，喜猎禽兽"。元代，傈僳族人从金沙江流域向怒江、澜沧江流域迁移并定居于云岭山脉的崇山峻岭之间。境内众多山水天然屏障，阻碍与外界的交往，形成相对闭塞的区域，为矮脚鸡的形成和保纯创造了优越的自然环境条件，经长期人工选择，育成了具有抗逆性强、耐高寒、胫短、肉质好的云龙矮脚鸡。

藏鸡。产地为青藏高原的农区和半农半牧区，包括雅鲁藏布江中游河谷区和藏东三江中游高山峡谷区，以及四川省西北高原甘孜藏族自治州、阿坝藏族羌族自治州等藏族聚居地。云南省迪庆藏族自治州中北部的高寒山区及干旱河谷农区也有藏鸡分布。民国《巴塘县志》记载，巴塘的物产有马、驴、骡、牛、绵羊、山羊和鸡等畜禽。可见藏鸡的饲养由来已久。藏族习俗一般不吃鸡食蛋，养鸡的目的只是用公鸡司晨报晓和祭祀等，同时也作为贡品交纳。因此，藏鸡的饲养管理很粗放，处于半野生状态。由于青藏高原高山深谷纵横，形成天然隔离屏障，在独特的生态环境中形成藏鸡品种。①

（十）鸭

重庆麻旺鸭。产地为重庆市酉阳土家族苗族自治县麻旺镇，秀山土家族苗族自治县、彭水苗族土家族自治县也有分布。清代《酉阳直隶州总志》记载："若豚若兔若鸭若鸡若鸽之""水禽凫水鸭有大小二种"。麻旺鸭成熟早，产蛋量高，适应性强，体小灵活，觅食力强，具有极强的耐寒力，易于饲养。

建昌鸭。中心产区为安宁河流域的西昌市，德昌县、冕宁县、会理市和喜德县等县，广安市、巴中市等地也有分布。距今2000年的西昌汉墓出土的"陶塘"上，已有鸭子雕塑，说明该地区已养鸭。西昌古名建仓，859—873年设为建昌府，当时所产之鸭，颇负盛名，故称建昌鸭。当地居民多为回族，素有填制板鸭取其腹脂制作食用油的习俗。民国《西昌县志》记载："每年产量为二三十万只，其肉肝及卵，气味之美，为他省之冠，鸭卵和鸭肝尤为盛名，但鸭肉鲜者，味易平常，若用盐腌之成为板鸭后，味美不可言矣。"建昌鸭是经长期自然选择和人工选择形成的肉用性能和肥肝性能好的鸭种。

三穗鸭。中心产区为贵州省三穗县，镇远县、岑巩县、天柱县、台江县、剑河县、锦屏县、黄平县等县有分布。三穗鸭的由来和当地的传统习俗有着密切的联系，至少有300年的历史。当地每逢立夏、端午、

---

① 国家畜禽遗传资源委员会．中国畜禽遗传资源志：家禽志［M］．北京：中国农业出版社，2010：228-455.

中秋、重阳等节气，家家户户都要宰鸭、吃鸭蛋来欢度节日。当地农谚有：“立夏不吃蛋，瘦得不好看。”“家有几只下水船，不愁油来不愁盐。”平时将鸭和蛋出售换取生活用品，也作为走亲访友的礼品。这些传统促进了当地的养鸭业，在长期的养殖过程中选育形成了早熟、产蛋多、善走、觅食能力强等特点的三穗鸭。

兴义鸭。产区为贵州省兴义市、安龙县、兴仁市、贞丰县，以及邻近的册亨县、望谟县、普安县、晴隆县、镇宁布依族苗族自治县等县。清代乾隆时的《兴义府志》记载：“按凫，全郡皆产，府厅辖境之绿海尤多。”当地鸭农在饲养过程中积累了丰富的饲养、繁殖、选种经验，稻田养鸭是产区养鸭的主要形式。清朝光绪年间传入人工炒谷孵化和棚养技术，扩大了兴义鸭的养殖规模。

建水黄褐鸭。俗称酱色鸭、牛屎鸭。建水黄褐鸭原产地在建水县。是从当地麻鸭中选育出来的一个特色品种，具有肉质鲜嫩，性情温驯，放牧觅食力强、耐粗饲、产蛋多，以及适应性强等优良特性。主产区群众不断选育，形成了毛色特征一致的建水黄褐鸭。

云南麻鸭。产地为云南省晋宁县，昆明市、玉溪市、曲靖市、红河哈尼族彝族自治州、文山市、保山市、西双版纳傣族自治州、普洱市、德宏傣族景颇族自治州、楚雄彝族自治州、昭通市等地也有分布。云南麻鸭饲养历史悠久。清代文献的记载说，滇南多水似江湖，故所畜鸡鹅鸭之利是在司牧。鸭蛋、鸭肉是产区的传统食品，养鸭是农村的重要副业。经过长期选育，逐渐形成了适应性强、蛋肉兼用的云南麻鸭。

（十一）鹅

四川钢鹅。又名铁甲鹅、建昌鹅。钢鹅原产地为四川省西昌市，中心产区为安宁河流域的西昌市、德昌县、冕宁县，会理市、宁南县、越西县及米易县等地，在高寒的昭觉县也有饲养。安宁河流域多为丘陵，水草丰盛，雨量充沛，年间温差小，是养鹅的理想环境。历史上，该地区交通闭塞，长期处于自给自足的自然经济，无外地鹅种流入，同时产地回族人多，户户有养鹅的习惯，除了肉用，还取其腹脂作为食用油的来源。长期以来，群众注意选择体形大的鹅做种用，这对钢鹅的形成有重要的作用。钢鹅属中型鹅种，耐粗饲，易肥，肉嫩鲜美，适应性强。当地农户习惯利用钢鹅强制填饲，生产肥鹅肝，因而钢鹅具有较高的产褥性能和肥肝性能。

云南鹅。中心产区为大理白族自治州永平县和玉溪市通海县，分布于大理白族自治州、楚雄彝族自治州、文山市、德宏傣族景颇族自治州、玉溪市等地，云南省内其他地区也有饲养。据大理白族自治州地方畜禽品种志记载，1263 年永平回族纥骨氏开始驯养鹅，迄今为止已有 740 多年的历史。腊鹅是回民的主要食品之一，鹅油亦是回民摄取脂肪的主要途径之一，故永平县回民历来有养鹅并填肥的习惯。在永平县有水域的汉族村庄也大量饲养鹅。经产地群众长期选育形成了云南鹅。云南鹅属中型鹅种，具有耐高海拔、生长快、耐粗饲、抗病力强、肉质好、脂肪沉积能力强等特点，适宜腌制腊鹅。①

三、西南民族的畜禽饲养特点

在云南省西北部曾发现距今 1 万年前后的新马马种化石，在云南省西南部已发现 3000—10000 年的马演化史的化石。这些人类史前马的发现说明新马在形成过程中可能受到野马祖先的影响。从考古发掘的青铜器、玉石、海贝等文物说明，早在公元前 4 世纪，云南地区和缅甸、印度就有经济贸易往来，后来逐渐频繁。

马是贸易活动必不可少的运载和驾乘工具。当时，商人以马帮驮载货物与缅甸、印度、中亚商人进行交易。腾冲是这一条商贸通道的枢纽，驮马直接从腾冲进入印度平原。腾冲因地理位置的特殊性，对马的需求量很大，马的交易活动比较发达，促进了马的繁殖选育工作。经过长期选育，逐渐形成了适应长途驮运，体大、坚实的马种。此外，特定的游牧饲养和群牧繁殖方式也直接影响了腾冲马品种的形成。受商业驮运的需

① 国家畜禽遗传资源委员会. 中国畜禽遗传资源志：家禽志［M］. 北京：中国农业出版社，2010：473-576.

要和腾冲草场资源条件及繁殖饲养方式的综合影响，腾冲马得以形成。

唐宋以来，马市盛行，设茶马司以茶盐易马的商业活动和马政有组织的经营，在一定程度上对大力马的形成产生了影响。产区各族人民养马历史悠久，在特定的生态和社会经济条件下，形成了坝区马匹舍饲，白天牵牧或系牧，而山区马匹定居定牧为主的饲养管理制度，群众积累了丰富的马匹选种选配经验。山区交通不便，群众依赖马驮运、乘骑，每年借传统节日和各种交易会进行竞赛，选择良马。大型马是在特定的生态环境，社会经济和传统文化条件下，为满足当地群众驮载货物，骑乘代步需要，经长期自然选择和人工选择，形成的小型山地托乘兼用型地方马种。

昭通在公元 1731 年前称为乌蒙，昭通盆地不断出土史前更新世时期三趾马和云南马化石，说明史前很长时期，马属野生祖先就普遍繁衍在昭通盆地乌蒙山一带。公元前 11 世纪前后，昭通地区均为蜀部族地，开发较早。当时发生战争，蜀部族及附近地区曾以兵马供役于殷王室。周秦时期乌蒙马更广泛用于交通使役以及战争。

昭通地区多为民族聚居地，马匹为该区人民必需的生产资料。彝族、苗族人民尤喜养马，苗族人民每年端午节的“耍花山”赛马活动一直沿袭至今。赛马会上比速度、比走法，骑者舒适平稳，乌蒙马就是在这种特殊的自然环境和社会经济条件下，经长期的选择培育形成。

在苗族群众每年的传统节日“花山节”等重大节日中，“赛马会”往往是重要的活动之一。因此，云南矮马是在特殊的自然环境与社会环境中，在相对封闭的山区，经长期的自然选择与人工选择形成的。云南矮马是适应当地炎热、湿热的气候和陡峭的山地，以驮运骑乘为主的品种。云南矮马未进行系统选育，也未引入过其他品种杂交，马群处于相对封闭、自繁自养状态，遗传性能稳定。

由史料可知，西藏人民繁育良马至少有 2000 多年的历史，随着畜牧业生产的发展，西藏良马源源不绝地输入四川、陕西一带，为开发内地农业生产做出了贡献。西藏高原地域广阔，交通不便，需要对当地条件适应性良好、适合高原条件下骑乘及供其他用途使役的高原马类型。藏族人民在选种中注意外形选择，如要求尻形似琵琶，背形宽似牦牛等。马匹主要靠放牧采食，对个别优秀个体补给青稞、豌豆，有时喂以干奶酪。经常在高原条件下适应锻炼，使其养成了良好的高原适应性。1949 年以前西藏马多集中在寺院，就地进行闭锁选育。西藏马在藏族人民长期按一定目标选育、牧养下，形成具有一定特点的品种。西藏马曾被认为是西南马的一部分，1980 年经普查后才被确定为一个独立的品种。

川驴养殖历史悠久，据《倮情述论》和《西昌县志》等记载，南诏时代（距今 1000 余年）“有段氏女赶驴驮米送寺斋僧诵经”的记载。《会理州志》记载：“驴，别名长耳公，曰汉骊，曰蹇驴，似马而长颊，广额，磔耳，修尾，低小，不甚骏，善驮，有褐、黑、白三色。”《广元县重修县志》也记有“如驴乳成分，与人乳相近，可育婴儿。县产行小不敌秦产，可骑乘载物”。这些记载形象而生动地描述了川驴的由来、发展、外貌特点与利用情况。

当地群众十分重视公驴的选育，常在优秀的种公驴后代中选择，将出生体重较大，生长发育快，体质健壮，结构匀称，生殖器官发育正常的公驴作后备种驴，并精心饲养管理；对母驴的选择不太严格，成年后基本均留作繁殖。

历史上，大小凉山腹地的彝族聚居区，交通阻塞，没有外地牛种引入。彝族群众一贯认为花牛是祭祀和肉食的上品，专选花牛放牧于草山草坡，不作役用，供屠宰祭祀后食用，由此形成了具有较好肉用特征的峨边花牛。

峨边花牛全年放牧，只在山坡牧地自然放牧，不需专人管理。畜主定期上山查看，晚上不收牧。当年 11 月至翌年 4 月，再将牛只赶往海拔 800—2000 米的中山与河谷地带放牧，只在晚上进入岩穴或简易牛棚过夜。在枯草季节补饲玉米苞壳、豆秸和干草，不补饲精饲料，有喂盐习惯。峨边花牛性情温驯，易于管理，母牛极少难产。

凉山牛是凉山彝族自治州旱地工作的主要役畜，饲养历史悠久。会理县出土的汉代铜鼓身上铸的长角高峰纹饰，与现代的凉山牛特征相似，表明 2000 多年前凉山牛的饲养已有相当的规模。唐代樊绰的《蛮书》说：乌蛮部落“土多牛马，无布帛，男女悉披牛羊皮”的记载。凉山牛广泛饲养于中高山地区和河谷沟坝地区，当地人民除了用于耕地，还作为肉食和祭祀上品。为了适应山地土硬、坡大和地块小的工作需要，经当地人民长期选择和繁育，逐步形成了体格较小、四肢结实、肩峰突出、蹄质坚固、行动灵活的小型用牛品种。

产区养牛历史悠久，苗族、布依族、仡佬族等族劳动人民，世代都有养牛的传统习惯。据史料记载，“苗族善养牛、善打猎”。当地少数民族有婚丧祭祀用牛的习惯。当地流行“或者人族三月三、四月八、以山歌对答，相和成婚，名曰赶表，并与黄牛一条”的说法。至今仍有喂“姑娘牛”作聘的风俗。布依族有“追聘开吊，各亲以牛祭，绕棺三匝，用斧捶牛头倒地，则剥皮用肉以餐来者”的习惯。关岭县历史上是关岭牛的主要集散地，清咸丰二年《安龙府志》记有：“辖内牛 10 万余，集散于关岭者多。”关岭为古之“滇黔锁钥”，驿道直达昆明，百余年来“菜牛”不断销往昆明等地。产区农民有爱牛的传统，每年农历十月初一为牛之生日，村村户户必打糯米粑敬牛。将粑粑佩戴于牛角，让牛先吃后家人方可进食，并停止役使一天，以示爱惜。关岭牛是在上述特定的生态环境和社会经济条件及民族习惯的影响下，通过各族人民长期精心饲养选育形成的一个地方良种。

黎平牛产区养牛历史悠久，苗村、侗寨就有“斗牛坪”和牧场，侗族“聚款”时，“杀杀盟誓”，苗族“鼓社”时，有掌管杀牛仪式的“果礼”。清代《黎平府志》记载：“侗族有接其以之婚丧”“婚礼以牛行聘，议聘之以牛，牛必双。”过佳节或亲朋远志，则宰牛以烹。

自汉朝以来，生活在邓川地区的人民就是养黄牛用于耕地使役，并注意选择泌乳期长、泌乳量高的母牛及其后代，选留奶包低平、乳房前伸、皮薄、奶眼粗圆，放奶快，奶筋（乳静脉）粗弯，挤奶后奶包松软的牛。在体形的选择上，选留垂皮大、前后躯宽大、腹围大、四肢较细、尾长、尾帚大的牛，群众称之为“张飞身子娘娘脚”“金线吊葫芦”；在毛色选择上，要求“黑牛白奶包”，额上有白斑，尾帚黑大，尾尖白，称之为“乌云盖白雪”，喜欢“紫红色牛”“铁鼻铁尾”和“草上霜”（黄毛，毛尖是白色的）。

文山牛的体形，因生态条件和饲养条件不同而有一定的差异，分为山地型和平地型两种。山地型牛的总体结构为全躯稍低，前胸发达，四肢较紧凑，躯体略呈楔形。平地型牛后躯较长，尻稍平，四肢较粗大，身躯呈长方形。

文山牛的饲养方式以放牧为主，圈养为辅，上午放出，傍晚收牧，只在以下几种情况才圈养，一是产犊三天内的母牛；二是遇到雨雪天气，半月龄内的小犊牛；三是催肥后期的肉用牛；四是一些特殊用途的牛（例如角斗、配种）；五是短时无人放牧或缺乏适合的放牧场所。文山牛适应性强，耐粗饲，在正常放牧情况下，一般不进行补饲，只在冬季或者役用时才进行补饲；冬春季，坝区主要补饲干谷草，山区用玉米秸秆，加少量精饲料，比如玉米面等；夏秋季补饲主要为青草，有部分农户制作青贮饲料。

西藏牛形成历史悠久，在《西藏王统记》一书中有“黄牛驮灰囊”的记载，可知 1900 多年前的藏文书籍中就有关于西藏牛的描述。

西藏牛的主要产区以半放牧、半舍饲饲养为主，除了依靠天然草场，农作物秸秆和部分农副产品，都被用作饲料。一般数头母牛喂养于一个棚圈，公牛则多单圈饲养；耕牛因头数较少，多与母牛同圈饲养。母牛每日早晚各挤乳一次，先让犊牛吮吸 15 分钟后再进行人工挤乳，挤乳的同时饲喂草料。一般每天放牧 5—7 小时，晚上补饲秸秆、干草。犊牛 3 月龄断乳，断乳后直至成年，一般无任何补饲措施。因此，育成牛早期生长发育受阻。西藏牛性情温驯，容易管理，西藏牛具有适应高海拔缺氧环境和粗放饲养管理的特性。

腾冲市位于云南省西部，与缅甸接壤，海拔高度 930—3780 米。

全年盛行西南风，属印度洋亚热带季风气候，立体气候明显。境内有槟榔江、陇川江、大盈江三大水系，年径流量 81 亿立方米；土质分亚高山草甸土、棕壤、红壤等；主要农作物有水稻、玉米、谷子、小麦、大麦、油菜、大豆、蚕豆、豌豆、荞麦、马铃薯、甘薯和瓜类等，经济作物主要有甘蔗。

槟榔江水牛在腾冲已有 500 多年的饲养历史。清乾隆五十三年（1788 年）的《腾越州志》记载：明代嘉靖末年“家温饱者，养洋牛，赡牛种，力耕耨，办公籴者，未尝无人”。洋牛是水牛的一种，毛周身通黑，也称嘎啦牛。《腾冲县志》记载，光绪二十八年（1902 年），由腾越海关进口的货物中，有缅甸、印度进口牛 1029 头的记录，加上民国引进印度牛 6000 多头，从 1902—1919 年统计进口牛超过 7000 头，多为嘎拉水牛。由于主要分布于腾冲槟榔江流域，长期闭锁繁育，经风土驯化，形成了适应当地气候环境，具有独特体形外貌和遗传特性的地方水牛类群，故命名为槟榔江水牛。

德宏傣族景颇族自治州自然条件优越，为水牛的生长发育提供了优越的生态环境。当地群众主要以从事农业生产为主，生产耕作时习惯于单牛犁田，对水牛的种质比较重视，选育的主要标准：一是要体大、力壮，公牛要有雄相，脖子粗短，前肢要高；二是嘴要大，蹄大而圆，四肢姿势端正，肢间开阔，胸宽深，臀圆，肌肉丰满，肋骨开张，拱圆，旋毛着生于肩胛两旁者为最佳，等等；三是母牛中后躯要大，表示生育旺盛。在这样的条件下，经过当地群众长期的人为选择培育，形成了体躯发达，前胸开阔，四肢粗壮，强健有力，繁殖力强，性情温驯的德宏水牛特有品种（图 6-22）。

图 6-22　云南德宏水牛（赵开典　摄）

山高水多是典型的山地地貌，荒山荒坡和草山草坡遍布野生牧草主要以禾本科为主，菊科、蓼科次之。农作物有水稻、小麦、玉米、马铃薯等，经济作物有烤烟、萝卜、甘蔗、油菜、水果等。养殖业是家庭经济的重要来源，畜牧业比较发达。

石屏青绵羊饲养历史有200多年，主要是在彝族聚集的高寒山区，交通不便。彝族群众婚丧嫁娶及举行各种重要活动都需要宰羊，妇女喜欢用青绵羊皮做垫背，用其毛毡子御寒和防雨、防潮。受当地彝族群众生产、生活、风俗习惯及自然环境的影响，经过长期的自然选择和饲养驯化，形成了体形外貌较为一致的石屏青绵羊。

柯乐猪品种的形成历史很长。当地群众养猪历史悠久，赫章县可乐乡曾出土西汉末年的栏式陶猪圈，黔西市曾出土汉代陶猪。远在汉朝时彝族就有牧猪于此的记载。这些资料均证明黔西北地区放牧养猪有漫长的历史，当地群众有丰富的选育猪的经验，可乐乡群众对猪种的要求是，“耳大齐嘴岔，额宽顶八挂。腰长背宽条式好，脑门心山有旋毛，大腿穿套裤，蹄硬脚杆粗，毛稀嘴齐尾巴短，嘴上还有三道箍”。

群众在昭通猪的选种方面积累了丰富的经验，特别是对母猪的选留，要求“条条好，门扛嘴，奶奶多”，意思就是选体长、体大、吃口好、产仔多的母猪。还有“头大、嘴短，四肢硬，毛稀皮薄，粗短尾”“蒲扇耳朵鸭嘴婆，毛猪皮薄泥鳅尾”“拖肚牙猪（公）杠奶结”“头上生八卦，嘴短脖子粗，后腿穿套裤，鼻梁三道箍，腰长架子大，定是大型猪”等选种谚语。

历史上以拉萨为中心的雅鲁藏布江中游流域，已有发达的定居农业，猪已经是当地居民的家畜。当时雅隆一带的猪，头狭浅、嘴筒尖长，以至于《红史》作者蔡巴·贡噶多吉（1309—1364年）把它形容为“蒙古靴”状。这和现在藏猪中的灵芝猪的头型是一致的，可以肯定灵芝猪是由雅鲁藏布江中游流域和雅隆一带的家猪与野猪混血形成的。除了血统来源，当地独特的生态环境和饲养方式、繁育方式也是形成西藏藏猪的两个重要因素。

第七章
东南和中部少数民族养殖史

东南地区及中部包括安徽省、江苏省、浙江省、湖北省、湖南省、江西省、广东省、广西壮族自治区、福建省、台湾省、海南省等省、自治区。上古时期，这里的土著民族分属百越和苗蛮两个族系。春秋战国时，东南地区的族群分别发展成强大的吴国、越国和楚国。秦汉时，大多数百越和苗蛮族群与黄河流域的华夏族融合成汉族。但是，有一部分百越、苗蛮族群迁移到珠江流域及南方沿海岛屿。经过各个族群之间的融合与分化，逐渐形成壮族、瑶族、仫佬族、毛南族、京族、土家族、黎族、畲族、高山族、苗族、侗族等民族。这些民族是中国最早的稻作民族，是水田农业、南方畜牧业和渔业的开创者。他们与汉族一起，为中国南方经济开发做出了重要贡献。

岭南通常指越城岭、都庞岭、萌渚岭、骑田岭、大庾岭等五座山岭的南面，又称岭表、岭外、岭海，是中国大陆的最南部，地势多为山地、丘陵、台地、平原的相互交错。岭南有一部分地区是属于少数民族聚居地，其间生活着黎族、瑶族、畲族、壮族、苗族、侗族、回族、毛南族等民族。各个民族因地理环境和历史文化不同，分别有自己独特的信仰习俗的农牧文化。[1]

---

① 雷祖娇. 浅论原始信仰中的生态保护意识及实践——以岭南少数民族的神话传说为例 [J]. 广东技术师范学院学报（哲学社会科学版），2012（8）：17-21.

第一节　东南和中部的少数民族源流

2016 年 11 月，中国科学院院士谢华安、中国工程院院士颜龙安等一批水稻科技界、农业考古界的专家学者在“2016 年科技论坛——中国稻作起源地学术研讨会”经过反复研讨，郑重联合签署了一份被称为“万年宣言”的《科学家建议》：“我们认为，中国栽培水稻起源于 1 万年前的以江西省万年县仙人洞与吊桶环遗址为代表的长江中下游及其周边地区和以南地区。”①

迄今为止，经测定新石器时代遗址中年代最早的三处水稻遗址都超过 12000 年，分布在中国东南地区，即湖南省道县玉蟾岩遗址、江西省万年县仙人洞和吊桶环遗址。考古资料表明，长江流域的稻作文明起源很早，与黄河流域的粟作起源几乎同时，甚至稍早。稻作文化是中华文化的重要组成部分。考察稻作民族的农牧业起源和演变，对认识中华农耕文化具有溯本清源的意义。

一、东南及岭南原始农牧业起源

东南地区的原始族群，除了种稻，还饲养猪、狗等动物，并从事狩猎。在两广和江西省、福建省等地，新石器时代早期人们居住在洞穴里，仍以渔猎采集为主要生计，有些地方可能已经逐步形成农耕文化，开始耕种和养殖。如广西壮族自治区桂林市甑皮岩遗址的洞穴发现了迄今最早的家猪遗骨。有人推测这一地区种植业是从种植块根块茎类作物开始的。人们在河流两旁台地或山岗上发展农业。在南方滨海和湖泊沼泽地区的沙丘上往往有贝丘遗址，其居民长期以采集贝类软体动物和捕鱼为主要生活资料来源，同时经营少量农牧业。

① 胡晓军．中国栽培水稻源自江西万年［N］．光明日报，2016-11-29（9）．

广西壮族自治区桂林市甑皮岩、浙江余姚市河姆渡等一系列属于“先越文化”的考古遗址表明，中国华南地区是农业的发源地之一，壮侗语族各族的共同祖先越族是最早发明农业、栽培水稻的族群之一。甑皮岩遗址中出土有大量的猪骨，估计个体数达 67 个。其中 40 个可以进行比较准确的年龄估计，1 岁以下个体有 8 个，占总数的 20%；2 岁以上的个体 9 个，占 15%；1—2 岁者（许多是 1.5 岁以上）共 26 个，占 65%。在所有标本中，犬齿数量不多，较为长大的粗壮犬齿更是少见，犬齿槽外突的程度很差，牙齿中有一枚已经磨蚀很深。这表明甑皮岩人已经驯养猪。潮州市潮安区石尾山贝丘遗址已发现有驯养的牛。潮安区陈桥村贝丘遗址发现驯养的猪和牛，英德市青塘洞穴遗址发现驯养的羊。这表明越人在距今 10000 年前后便已有了饲养业。而家畜饲养是与农业分不开的，家畜所需的饲料必须以农业来提供。①

夏朝末年，商族兴起，祝融部落的一支迁至汉水流域荆山地区，与当地土著居民结合，形成一个新的民族，商周文献称之为荆楚或荆蛮。荆楚是商代和西周的南方属国，经过长期经营，吞并了江汉地区苗蛮族系诸部落和汉水流域华夏姬姓诸国，成为春秋五霸和战国七雄之一。战国时，楚国灭越以后，“私吴、越之富，而擅江海之利”，势力几及整个中国东南地区。春秋战国时，楚国的冶金业相当发达。属于楚国故地的湖北省大冶市铜绿山发现了春秋时代冶铜遗址。春秋时，楚国是青铜生产大国。当地出土青铜器数量多，制作精美，有的是用先进的“失蜡法”铸造的，其中也包括镰、镬等农具。春秋晚期，楚国的冶铁业发展起来，目前已出土的 10 余件春秋铁器，多见于湖南省、湖北省、河南省南部的楚国故地，包括“凹”字形铁锸和铁锄等农具。战国时的楚国在农业上已普遍使用铁器，出土的铁农具种类有锸、镬、镰和铁刃木耒等，其中以“一”字形和“凹”字形刃套的铁锸数量最多。江汉流域苗蛮族系有悠久的种稻历史，长期采用火耕水耨生产方式，它以初具农田

① 李富强. 越族原始农业的起源［J］. 广西民族研究，1989（4）：49-52.

排灌设施为前提。这种经验的发展，使楚国成为中国最早出现大型陂塘蓄水灌溉工程的地区。在公元前 7—前 6 世纪之际，孙叔敖主持修建了期思陂，引决今河南省固始县附近的灌水蓄为陂池，灌溉史河、泉河之间的田野。战国初年，子思主持在今安徽省寿县修建芍陂，兼有灌溉、防洪和航运之利，使寿春地区成为当时重要的经济中心。此外，楚国又“通渠汉水、云梦之野”，发展江汉地区水利事业。楚灭越后，在故吴、越地区继续开沟渎、修陵道、置围田、建仓库。农业的改进、水利的兴修，使楚国农业获得长足进步，时人谓其可以“粟支十年”。除了粮食生产，纤维作物、园艺作物、蚕桑生产和畜牧、渔业都获得了相应发展。

岭南作为一个完整的地理单元，今天分属广西壮族自治区、广东省和海南省。自古这里就有众多民族共融杂居，各民族之间一直交往密切。先秦时代活动于江淮及其南境的有百越系统和苗蛮系统的居民。远古与先秦时期百越、苗蛮系统独立发展，开创了中国的稻作文化。

广西农业，虽然产生于新石器中、晚期，但是原始农业延续的时间特别长。直到春秋战国时期，黄河长江中下游地区已经使用铁农具和牛耕，发生了奴隶制向封建制过渡的社会变革；但广西境内的西瓯、雒越人的部落，社会生产发展仍十分缓慢，仍处在金石并用的原始农业阶段。对土地经营仍然是“刀耕火种”，这可以从恭城瑶族自治县金堆桥春秋墓葬出土文物考察中得到证实。《史记·南越列传》、李隐引的《广州记》记载：这时期的交趾骆（雒）田是“仰潮水上下，人食其田”。这些“骆田”，大都在江河之滨，全靠潮水滋润和淤泥肥土。《太平寰宇记》窦州风俗条有关“僚人”的记载也说：“谷熟时里闬同取。”可以想见，壮族先民进行着集体劳动，共享劳动果实的原始共产社会。《史记·货殖列传》记载：“楚越之地，地广人稀、饭稻羹渔，或火耕而水褥，果隋蠃蛤，不待贾而足，地势饶食，无馑饥之患。”这就是当时先民生活生产的写照。从平乐县银平山岭战国墓出土的铁器农具来看，居住在广西东部的西瓯人，那时已经进行“开荒”；把森林稀疏的地方垦辟为耕地，从种植粮食作物中获得可靠的生活资料，当时有可能从迁徙农业过渡到了定居农业。这是生产上一个很大的进步，但各地而异，发展极为不平衡。

二、秦汉时期东南农牧业的发展

从秦始皇统一中国到唐代最后灭亡的1100年间，随着中央封建王朝统治的日益加强，汉族人民来到岭南的日渐增多，传来了先进文化和生产技术，使壮族社会经济得到更大的发展。

公元前221年，秦始皇统一中国后，派尉屠睢率领五十万大军，兵分五路，向岭南进发。至公元前214年，秦军最后打败西瓯人，统一了岭南，设置桂林郡、南海郡、象郡三郡，派遣官史进行统治。《史记·南越列传》说，中原迁来一批汉族人到岭南“与越杂处”，带来了中原地区的先进文化和生产技术。秦朝史禄开凿兴安灵渠，原是为了军事运输上的方便，但灵渠修建后，使它发挥了灌溉的作用。随着秦戍卒的“屯垦”，中原铁农具更多地传入和使用，灵渠推进了岭南农业的发展。汉武帝最后平定南越后，设苍梧郡、郁林郡、合浦郡、南海郡、交趾郡、九真郡、日南郡、珠崖郡、儋耳郡等九郡，郡下设县。元封五年（公元前106年）汉皇朝分全国为十三部，岭南属交趾部。汉族迁来南越的陆续增多，各族经济文化交流更为密切。

百越族群分布于从汉代交趾刺史部（今广东省、广西壮族自治区和越南北部）到会稽郡（今江苏省东部、浙江省西部）的广阔地带，与考古发掘出土含有几何印纹陶的青铜文化的分布大体一致。它包含许多不同分支，如于越、瓯越、南越、扬越、雒越等，没有形成统一民族，但又具有一些共同特点，如种植水稻，捕捞鱼鳖蛇蛤为食，利用葛藤、苎麻作纺织原料，使用有段石斧和有肩石器，有发达的青铜铸造业，烧制几何印纹陶，住干栏房，习水善舟，等等。他们主要是由当地原始先住民发展形成的。

苗蛮族群分布于以今湖南省、湖北省和江西省为中心的南方山区。战国时吴起说：“三苗之居，左彭蠡之波（今鄱阳湖），右有洞庭之水

（今洞庭湖），文山在其南，而衡山（今长江北的大别山脉）在其北。”从地域看，江汉流域的大溪文化、屈家岭文化和青龙泉文化当系苗蛮族系及其先民创造的。虞夏商周时，南方的苗蛮族系是与中原华夏族抗衡的重要力量。迄至春秋战国，百越族系的句吴、于越和苗蛮系统的荆楚分别在长江中下游兴起。

句吴居于今苏南、皖南和浙江省北部部分地区；于越居于今浙江省宁绍平原、杭嘉湖平原和金衢丘陵一带。句吴和于越，彼此邻接，有共同的语言和风俗，春秋末相继争霸中原。公元前 473 年越灭吴，公元前 334 年越被楚兼并。吴、越的强大是以农业的发展为基础的。吴越地产铜锡，青铜冶铸业发达，青铜农具生产量大而普遍。《考工记》说越地人善于制造青铜农器。从考古发掘看，春秋时代的长江下游除了继续使用石犁、有段石锛、蚌镰等，已相当广泛地使用青铜农具，如锸、锄、铲、镰、犁等，还出土了先进的青铜锯齿镰。长江下游地势低洼，吴、越人民为了在湖滩洼地发展农业，很早就修河筑堤、挡除外水、排除内涝，形成围田。公元前 6 世纪中，吴国迁都于位于太湖平原中部低洼区的苏州，附近出现了以“噻墟”“波”相称的围田，又在今江苏省西南的固城湖附近筑城围田。越国也在古东江水系，即今嘉兴市海盐县一带围田垦殖，灭吴后，继续围田，并向苏州东南沼泽洼地推进。这些活动，成为后世太湖流域兴修塘浦圩田体系的滥觞。吴、越还修建了不少运河和陵水道，最著名的是沟通江淮的邗沟。虽然修运河是直接为了军事目的和交通运输，但也为发展农田灌溉和围田创造了条件。随着农田垦辟和水利兴修，粮食生产十分发达，吴、越之间一次借还粮食就达万石之多；人们还用大量粮食为死者随葬。水稻仍是主要粮食作物，但粟、黍、麦、大豆、赤豆等的种植，也见于这一时期的记载。在纤维生产方面，吴、越不但继续利用野葛，而且开始了种葛，越王勾践曾在国内征收细葛布 10 万匹送给吴王夫差。苎麻生产颇盛，大麻大约也在这时引进吴、越地区。民间还有栽桑养蚕的，吴楚之间曾因边境争桑而发生战争。

此期间的农牧业有了长足发展。畜禽品种增加，不但有六畜，而且有鸭等。又出现大型官办牧场，如牛宫、马丘、犬山、鸡墟、豕山、鸭城等。长江下游的自然条件本来不大适合马匹大量放牧，养马发生较晚，但后来居上，发展很快。吴国春秋中期始习车战，到了春秋后期，对邻近小国邾国显示碾压式的武力阅兵，竟动员了 4000 辆战车，战马 1.6 万匹，可见当时饲养和训练战马的技术达到了相当惊人的高度。吴、越的渔业也很发达，除了捕捞，还出现了较大规模的陂池养鱼，如越国会稽山上有鱼池，苏州附近有吴国的“鱼城”等。

秦末汉初，岭南的畜牧业相对落后，马、牛、羊也依赖北方输入，自西汉中后期起农业发展，需要畜力和厩肥，刺激了畜牧业的兴起。不少后进的少数族从采集和狩猎转向农耕生产和禽畜饲养，促进了家禽的兴旺繁殖。这一时期墓葬的出土器物中，陶屋模型都有喂养畜禽的处所。畜牧业成为每个家庭必不可少的副业生产。所以，各种泥塑的猪、牛、羊、鸡、鸭、鹅在岭南的汉墓中比比皆是。

牛的饲养在当时最受重视。文献记载“以百牛犒劳”①，“合浦多牛”②，“日南多快牛”，③以及广州汉墓中雕塑得栩栩如生的黄牛、牛拉车的泥塑，都说明耕牛在当时是最重要的牲口。马是重要的交通工具，在当时也大力繁殖，汉墓中有不少骑马的木俑。《三国志·士燮传》记载，士燮为了附和孙权，每年向吴地进贡珍奇异物，其中“壹时贡马凡数百匹”，可知岭南马匹的繁殖颇盛。《岭外代答》记载：“果下马，土产小驷也，以出德庆之泷水者为最，高不逾三尺，骏者有两脊骨，故又号双脊马，健而善行。”《南方草木状》也有记载：“南方冬无积稿，濒海郡邑多马”，冬天以一种特殊的饲料“巴马草”喂马，马匹特别壮实、肥大。

猪的饲养在岭南最广泛，无论是土著的越人还是南迁的汉人都以此作为主要的肉食来源。考古发现的猪骨和陶猪几乎遍及岭南。例如广东省肇庆市高要区、广州市象岗有猪骨出土。合浦县、梧州市、贵县、韶

① 郦道元．水经注·浪水：卷三十七［M］．陈桥驿，译注．北京：中华书局，2017.

② 王谟．汉唐地理书钞［M］// 张勃．吴书地理志．北京：中华书局，1961.

③ 杨孚．异物志：卷二［M］．曾钊，辑．北京：中华书局，1985.

关市、广州市等地汉墓有陶猪出土。从出土的陶猪看，当时已经育出耳小、身肥、头短、品质优良的华南猪型。①

秦汉魏晋南北朝时期民族大融合、民族文化大交流，原南方土著民族向偏远地区发展。战国晚期，吴、越和荆楚族随着经济发展和文化交流已基本上华夏化，秦汉统一的封建帝国建立后，这些地区居民很快成为汉族一部分。汉人大量进入南方，形成汉族与原土著族交错杂居的新局面。在长期发展中，汉族吸收了许多其他民族的成分，逐渐成为南方占主导地位的民族，原土著民族中的一部分则继续向偏远地区发展。

汉代，沿着秦朝开辟的新道，岭南越族开始与内地“通关市”。除了从内地输入大量的金、铁、田器、马、牛、羊，岭南百越还从中原引进日常生活用具，而且数量很多。②

汉六朝隋唐时期的岭南，是越人及其后代乌浒人、雒越人、俚人、僚人等土著民族活动的地区。汉六朝隋唐本地还存在两种不同类型的农业文化，岭南土著农业文化和北方移民带来的中原农业文化。汉六朝隋唐时期岭南的民族地理非常复杂。汉代文献记载有南越族、雒越族等越人，晋六朝起则有俚族、乌浒族、蛮族，隋唐间又有俚族、僚族、莫瑶族、僮族③、黎族、畲族等多种民族。由于岭南少数民族地理分布的广泛性，以及自然地理条件的多样性，也使岭南农业文化的地域色彩更加强烈。需要关注的是，自秦汉以来北方人士通过戍守、谪宦、迁移等途径来到岭南。在两类民族尚未充分融合的时候，存在两种不同的农业文化类型。④

东南沿海地区中国东南沿海地区很早就有百越族系居民的活动，商周时期，他们进入青铜时代。1990 年在江西省新干县大洋洲商墓中出

---

① 冼剑民．秦汉时期的岭南农业［J］．中国农史，1988（3）：16-18.

② 何海龙．走出蛮荒——交通与秦汉时期的岭南越族社会浅析［J］．贵州民族研究，2006（4）：201-204.

③ 僮族，新中国推行简化字后，谐其音写作“壮族”。——作者注

④ 吴建新．汉六朝隋唐时期岭南农业文化的特色——兼述冼冯家族的兴起与岭南农业文化的关系［J］．农业考古，2006（3）：83-84.

土了一批犁、锸、铲、耜、锄等青铜农具，数量大、铸工精，标志当地农业已达到较高水平。西汉初，东南沿海地区出现两个地方民族政权：浙南瓯江流域的东瓯和福建、赣东、粤东的闽越。其经济是农业和渔猎的结合。已经使用铁农具。闽北崇安汉城出土当地铸造的铁器中就有犁和锄；据考证，该遗址前期是属越族某王的。粮食生产相当发达。今江西省余干县是当时闽越重要的粮食基地，能养活数十万军队，使闽越能与秦、汉王朝长期抗衡。主要作物是水稻，实行火耕水耨。也养畜、种麻、饲蚕。这一地区棉作有悠久历史，在福建省武夷山市战国时代的悬棺中，已发现中国迄今最早的棉布。西汉曾将大批越人徙处江淮，这些越人仍以善治水田闻名。后来，有些越人被调去经营废弃了的河东渠田，竟取得扭亏为盈的效果。

秦、汉帝国占领吴越和闽越故地设置郡县以后，留居当地的越人大部分逐步与汉族融合；另一部分越人进入山区，“依据山险，不纳王租”，这就是从汉末到隋唐见于文献记载的“山越”。三国时，他们分布于今苏、浙、皖、赣、闽、粤等省，大分散、小聚居。各地山越族的生产力发展水平不一，有的能冶铜、冶铁，有的则仍然使用石器和骨器。他们一般以经营农业为主，种稻谷，作物种类较单一，产量也不高。东吴及历朝统治者往往用武力强迫和招诱其出居平川地区，并在其原居地设置地方行政机构。这既增加了平原地区的农业劳动力，有利于南方的开发，也在客观上促进了山越人与汉族的融合。至南宋时，山越族已不见于记载。

岭南地区先秦与秦汉时代活动在岭南地区的百越族系居民，有分布于广东的南越和分布于广西、广东西南、越南北部的西瓯族和雒越族。西瓯族、雒越族是同一民族的不同称谓，他们在商末周初均已进入青铜时代，青铜农具多有出土。稻作地区在扩展。根据“五羊衔谷，萃于楚庭”的传说，周朝时，以羊为图腾的农业部落进入珠江三角洲番禺（今广州市）一带，使这里以捕捞采猎为主的经济转变为以稻作为主的经济。雒越地区在秦汉置郡以前有一种“随潮水上下”的“雒田”，可能是浮田的一种。战国中晚期，岭南部分地区已经开始使用铁农具。如广东省始兴县白石坪遗址发现铁斧和铁锸；广西壮族自治区平乐县银山岭战国秦汉墓出土铁器181件，其中铁锄就有89件。公元前218—前214年，秦始皇出兵统一岭南地区，旋置南海郡、桂林郡和象郡。在这过程中开凿了沟通长江和珠江水系的灵渠，修筑从中原通往岭南的道路，又遣50万人谪戍岭南，从而加速了岭南地区的开发。公元前206年，原秦南海尉赵佗乘秦败亡之际自立为南越王，建立以百越族为主体的割据政权，据有两广、黔南和越南北部地区，传五世，历95年。南越国时期，社会比较安定，境内各民族关系比较融洽，赵氏政权重视农业生产，大力推广中原先进生产技术，引进“金、铁、田器、牛、马、羊”。铁农具使用已较广泛。在广州市和广西壮族自治区贵县等地的南越国墓葬里，出土包括铧、锸、锄、铲、镰、斧在内的大批铁器，其中以锸和锄最多。许多荒地因而得到垦辟。牛耕可能已开始。农田水利受到重视。水稻有不同品种。除了种稻，还有多种经营项目。

岭南畜牧业在两汉有了初步的发展，这从岭南两汉墓葬中出土的文物得到反映。从出土的禽畜模型来看，以陶猪模型居多。广东汉墓就出土有陶猪、滑石猪模型。从西汉中期开始用木猪随葬，晚期出现了陶猪、陶制猪栏，东汉时更为流行。岭南中部贵港市汉墓也发现有猪圈模型，还有喂猪的陶俑形象；合浦县望牛岭一号汉墓出土的陶屋猪圈内就有猪五头；平乐县银山岭墓群也有陶猪发现，说明这一时期岭南瓯雒之地家庭养猪业的盛行。从出土明器来看，汉代广东的养猪业发展显著，有独立的猪圈，也有在作坊后部附建猪圈或在干栏式建筑底下养猪，这类陶明器在广东汉墓中出土甚多。①

西汉初期，岭南的马、牛、羊的饲养是不多的，要依赖从北方输入。所以，当高后对岭南进行经济封锁时，除了下令禁止向南越国输送“金铁田器”，还限制马、牛、羊的输入，马、牛、羊即使输入也只是

① 何海龙. 边缘之拓治——秦汉时期岭南地区的开发［D］. 厦门：厦门大学，2007：96-98.

输入雄的而不输入雌的，使南越国无法繁殖马、牛、羊。随着关系的改善，岭南与中原的交往频繁，这一状况发生了改变。此外，在海南岛珠崖、儋耳地区亦有家畜饲养。《汉书·地理志》说："自合浦徐闻南入海，得大州（指海南岛）……亡马与虎，民有五畜。"两汉之时，岭南黄牛、水牛应广为饲养。如《水经注·叶榆河》载："十月援南入九真，至无切县，贼渠降。进入馀发，渠帅朱伯弃郡，亡入深林巨薮。犀象所聚，羊牛数千头。"①

《汉书·地理志》说：南越国雒越人，"男子耕农，种禾稻、纻麻。女子桑蚕织绩"。六畜之中除了马均有饲养。考古发现有稻、粟、黍、菽、大麻、薏苡、芋等籽实。岭南是中国最早的棉作区之一，《尚书·禹贡》提到南方"岛夷"贡品有"织贝"，或谓"织贝"即吉贝，是棉花和棉布的古称。岭南又是中国甘蔗的原产地，甘蔗汁液浓缩暴晒后制成的"石蜜"，是南越国向中原王朝进贡的珍品。岭南越族是中国许多原产的热带、亚热带果树的驯化者，其中最有名的是柑橘、荔枝和龙眼。广西壮族自治区贵港市汉墓出土了许多瓜果蔬菜种实。有黄瓜、甜瓜、葫芦、姜、花椒、桃、李、桔、橄榄、梅、人面子等 11 种。南越国境内各地农业发展是很不平衡的。公元前 111 年，汉武帝灭南越国，于其地置南海等九郡，属交趾刺史部。国家的统一促进了民族文化的交流和岭南百越地区农业的进一步发展。如东汉马援抚交趾时，在所过郡县穿渠灌溉，任延任九真太守时铸作田器，推广牛耕。据东汉杨孚《异物志》载，当时交趾（包括两广在内）已有"农者一岁再种"的双季稻。广东省佛山市出土的东汉陶水田模型也展示了双季稻耕作中边收割、边犁田、边插秧的景象。这种在全国居于先进地位的水稻栽培技术是包括越人在内的南方各族人民共同创造的。

长江中游地区除了荆楚族战国时已基本华夏化，秦汉时长江中游地区和淮河流域等地原苗蛮系统居民尚多，被泛称为蛮。主要有两大系统：

① 郦道元. 水经注：卷 37：叶榆河［M］. 北京：中华书局，1985：91.

在洞庭湖以西的山岭中居住着古老的以犬为图腾的槃瓠蛮，或因居地称作武陵蛮或五溪蛮，长沙蛮亦属此系统；在今鄂西、川东地区，则居住着以虎为图腾的廪君蛮，或因居地称作巴郡南郡蛮。这些民族从事农耕已久，种稻，已使用铁器，会织布。但社会发展水平不高，如武陵蛮还没有“关梁符传、租税之赋”。西晋户调制（见田租户调制）则规定向夷人征收赉布或义米。这些蛮族自东汉开始强盛起来，魏晋南北朝进入一个十分活跃的时期。除了留居原地的，相当一部分蛮族趁北方战乱之机向北、向东发展，即由南朝内地的山谷迁移到南北政权交界的江淮汝颍之间和沔水南北比较平坦的地区，仍以山险为依托。由南郡迁至汉水下游以至庐江一带的为豫州蛮，主要是廪君蛮后裔；从武陵长沙北上湖北的称荆州蛮、雍州蛮，主要是槃瓠蛮后裔。他们和汉族人民交错杂居，蛮族各支系间也交错杂居，不少汉人也因逃避赋役进入蛮族地区。这部分蛮族的农业经济有较大发展。随着蛮族农业发展，封建王朝逐步改征布为征粮，如到宋时的荆州蛮、雍州蛮，每年一户要输谷数斛。他们为长江中游的开发，尤其是南北朝交接地区的开发做出了重要贡献。到了南朝后期，他们已基本上融合于汉族。居住在湘鄂西部的蛮族，则较多地保留了原有的特点。

三、南北朝以后东南地区的民族融合与农牧业发展

魏晋南北朝时，原南越族、雒越族等族大多已和汉族融合，部分居于山地，保持原民族特点较多的则被称为俚人，主要分布在广东、桂东南和湘南小区。据《隋书·地理下》记载，他们“巢居崖处，尽力农事”，盛行蓄奴，社会组织以峒为单位。大部分俚人已和汉人杂居，同为国家编户，缴纳赋税。居住在贵州、广西等地的百越人，还有称为僚的。4世纪时，大量涌入四川，布满山谷。以后又扩展到陕西西南部和湖北西部。《通史》记载，他们“依树积木，以居其上，名曰干栏”。以农业为主，种植稻米。他们织出的细布，色至鲜洁。还善于潜卧水底持刀杀鱼。

隋末，肖铣割据岭南，称梁帝，置百官。武德四年（621 年），唐将李靖统兵灭肖铣，岭南始归入唐朝版图。唐初，分天下为十道，岭南道为其中之一，道下有州、县。“永徽后，以广、桂、容、邕、安南府，皆隶广府都督统摄，谓之五府节度使，名岭南五管。”① 唐初制定了以羁縻制度为主体的民族政策，实施了不同的统治策略。在经济尚不发达、以少数民族为主体的岭南民族杂居区，唐王朝在政治上主要采取羁縻的统治方式。《新唐书·地理七》载：“蛮夷稍稍内属，即其部落列置州县。其大者为都督府，以其首领为都督、刺史，皆得世袭。虽贡赋版籍，多不上户部。”在经济较落后的少数民族居住的岭南偏僻山区，唐王朝势力不及，因而采取任其存在、任其发展的策略。这种地区大多仍旧保留着较原始的生活状况，赋役皆无，享有完全的自主权。如唐代时生活在黎母山区的黎族群众依然过着闭塞、落后的原始生活，而与中原封建王朝几乎没有任何政治经济联系，更无赋役可言。②

唐宋至明清时期是近代诸民族形成并继续对南方偏远地区开发做出贡献的时期。唐宋时代原苗蛮和百越族系居民绝大多数已融合于汉族，另一部分居于山区或较偏远的地区，仍泛称蛮僚，但已出现僮、苗、瑶、黎、畲等与近代一脉相承的族称。明清时代，各族名称更加固定，形成稳定的共同体。

宋元以来，伴随着华夏文明的急剧扩张，大量少数民族开始逃往荒无人烟、远离中原王朝控制的山岳地带。在这样的历史背景下，横亘于粤、赣、湘、桂四省地域的南岭山地，似乎成了少数民族逃离国家管控的最好落脚点。南岭又称五岭，包括越城岭、都庞岭、萌渚岭、骑田岭和大庾岭。其山脉由一连串走向不一的山岭构成，中间夹有许多平缓的山隘和盆地。自秦汉以来，南岭以一个阻隔中原王朝势力的重要政治

① 刘昫，等. 旧唐书：卷四十一：地理四［M］. 北京：中华书局，1975.

② 雷学华. 试论唐代岭南民族政策［J］. 中南民族学院学报（哲学社会科学版），1999（2）：84-87.

地理屏障的面貌而存在。随着苗族、瑶族、壮族、畲族等民族的不断徙入，围绕着南岭地域的社会演变，特别是在宋元以后及明清时期，得到了极大的展开。因此，南岭山地社会的存在，于近一个世纪以来，引发了许多学者的探讨。这些研究成果，以民族学及人类学的取向最为典型。[①]

围绕着南岭地域，特别是就历史地理学而言，也在上述背景下得到衍伸。[②]作为南岭山地的一部分，连山也在上述的历史背景中，展现出了自己独特的区域个性。如瑶族、壮族的徙入及定居，便是最好的例子。[③]

明代广西地区的畜牧业发展较快的是牛和马的饲养。广西的牛主要有黄牛（也称沙牛）、水牛两种。钦州地区的水牛有黑、白二色，沙牛有黄、黑、白、花斑，虎斑等色。当地的习惯是养水牛耕田，黄牛杀以“祠鬼”。桂西北是广西主要的产牛地，当地饲养黄牛多于水牛；桂南地区的情形相反，水牛数量多于黄牛。广西养马业兴盛于宋代。

明代岭南已经分化出许多文化信仰各不相同的少数民族，史称“夷凡十数种，杂处郡县山野间”[④]，少数民族的人口占有较大比重。在广西，少数民族甚至超过了汉族。《明史》称“广西瑶壮居多”[⑤]。明代岭南地区少数民族融合关系的发展，主要表现在以下三方面。

一是各民族经济联系加强，少数民族对汉族经济依赖性加大。岭南地区的少数民族，大多僻居深山，坡陡涧深，交通极为不便。在恶劣的自然环境里，岭南少数民族“不谙贸迁”，商品经济意识十分淡薄。《海槎余录》载：“黎村贸易处，近城则曰市场，在乡曰墟场，又曰集场，每三日早晚二次，会集物资，四境妇女担负接踵于路。”明代岭南民族间经济联系的加强，还体现在少数民族对市场的依赖程度提高上。由于少数

① 麻国庆. 南岭民族走廊的人类学定位及意义［J］. 广西民族大学学报（哲学社会科学版），2013（1）：84-90.

② 吴滔，等. 南岭历史地理研究：第 1 辑［M］. 广州：广东人民出版社，2016：17.

③ 古时曾出现对瑶族及壮族的蔑称式书写为“猺”“獞”。本文书对“猺”及“獞”等字的引文一律改为“瑶”“僮”，而在自述文字中则将“僮”改用通行的“壮”字。——作者注

④ 魏浚. 西事珥：卷五：夷风记略［M］. 济南：齐鲁书社，1996.

⑤ 张廷玉，等. 明史：卷三百一十七：广西土司一［M］. 北京：中华书局，1974.

民族地区用具缺乏，很多都需要通过墟市向汉族购买，一旦明朝地方官府禁止其进入市场交易，少数民族地区的经济生活立刻受到极大的影响。

二是语言文化和习俗上的影响增大。经济联系的加强，使各民族不断接近，交往了解，进而在语言文化和生活习俗等方面互相影响，彼此关系不断密切。语言上，岭南的壮族、瑶族、苗族、侗族等少数民族在与汉族的交往中，学会并掌握了汉语，交往较为密切的瑶族、壮族，互相学会了对方语言。在广西，明代有被称为“俍人”的壮族，接受了汉族的语言文字。

三是通婚融合。通婚是民族融合的基本形式，也是民族间经济文化各方面关系发展的重要结果。明代岭南的瑶族、壮族等族在经济文化等方面的联系加强之后，民族间的通婚与融合不仅较为普遍，形式也多样，既有以少数民族汉化为主要特征的通婚融合，也有少数民族间的通婚融合，还有少量汉族主动融入少数民族之中。[①]

湘西有苗族、土家族，岭南有壮族、瑶族，海南省有黎族，东南各省山区有畲族，台湾省有高山族。这些民族均属农业民族，大多居于崇山峻岭中，在坡地山谷从事山地农业，耕作较粗放，但也有部分居于沿江平原，经济发展很不平衡。隋代始在蛮方民族地区实行“树其酋长，使自镇抚”的政策，唐代对内附各族建立羁縻州，宋代对少数民族首领大规模封官赐土，元明继承这种办法，并称为土司制。各级土官是世袭的，不但握有政治权力，而且占有土地等生产资料。他们直接掌握的土地为“公田”“官田”，由“田丁”（土家族、苗族）或“峒民”（壮族、侗族、布依族等族）耕种。按人口分配给农民使用的为份地，但不能典卖，这是以劳役地租为主要剥削方式的封建领主制。在实行土司制期间，中东南地区少数民族农业有进一步发展，多数地区已使用牛耕，农田水利和生产技术也有所发展，尤以壮族地区最为明显。明末清初，朝廷实行改土归流，取消土司制。封建地主经济兴起，生产力获得解放。

① 刘祥学. 明代岭南地区的民族融合关系论析［J］. 广西师范学院学报（哲学社会科学版），2006（1）：125-128.

到19世纪中叶以前，中东南各族基本已进入封建地主制阶段，但一些距汉族较远、比较闭塞地区，如湘西苗族聚居区、桂西的壮族、瑶族地区，海南岛五指小黎族中心区，以及台湾岛山地的高山族等，经济发展较为缓慢，不同程度地保留了一些领主制乃至原始共产制的残余。

清代连山位于南岭山脉之西南麓，大约包含今连山壮族瑶族自治县全境及今连南瑶族自治县涡水河以西的地带。[①] 其地处湖南省、广东省、广西壮族自治区三省区交界。境内属于中亚热带季风气候，地貌以低、中山丘陵为主。全区为起微山脉贯穿南北。四周则分别以大雾山、芙蓉山、大竹山及黄连山等海拔超过1200米的山地与今连州市、阳山县、贺县及怀集县等所隔，从而形成了一个较为封闭的地理格局。

康熙十四年（1675年）就任连山知县、来自中州河内的张化凤，就曾感叹道："连处天南之末，蕞尔遐陬，在万山蓁簇中，鸟道羊肠，另辟一境。城市村落，庐居井里，总其编户，不及大县一乡也。"[②]

根据张化凤的描述，清代的连山地区，为山林所充斥。境内道路艰险难行，且居民稀少，散布于山间之中。然对连山地区持有这种印象的，并不止张化凤一人。稍后于康熙二十二年（1683年）就任连山知县的福建人萧象韶在来到此地之初，亦发出了类似的评价："甲子春，余奉命出宰连山。度庾岭，历凌江，过中宿、浈阳诸峡，皆极幽遐瑰异之观。迨入湟水三十里许，有高山陡立，中辟门户，则为连界之鸡鸣关。自是而风景迥殊，万山盘踞，巨石奔腾，潺潺涫水。更行数十里，山腰平处，有人烟历落，则为连山之县治。"根据萧象韶的描述，他进入连山是从大庾岭翻越后坐船进入北江，顺流而下，再进连江，逆流而上三十里许，就到了鸡鸣关。鸡鸣关，又称鹿鸣关，其地今存，位于今连

① 明初，连山县罢置不常。明永乐三年（1405年），连山县隶连州，属广州府。清初因之。嘉庆二十一年（1816年），裁连山县，改广东理瑶同知为连山绥瑶同知，县治在太保旧城，属连山直隶厅。——作者注

② 广东省政府地方志办公室. 广东历代方志集成：韶州府部第十六册［M］. 广州：广州岭南美术出版社，2009：246.

南瑶族自治县三江镇之西北一带，为今连山壮族瑶族自治县与连州市的分野地之一。在进入鸡鸣关后，萧象韶便进入了连山地域。其时风景突变，山峦峰林，怪石嶙峋。连山县治，即今连山壮族瑶族自治县太保镇旧城一带，就处于山腰平坦处。

直到清康熙四十二年（1703 年），来到此地的提督殷化行也对此地瑶族、壮族、汉族多民族杂居的形势进行了描述：“八排（瑶）毗连，各一聚落，皆在深岩邃壑之内，丰草密菁之间，并无出产，止以耕田度活。虽亦薄供租税，颇就羁縻，但种自流移，族无统属，驯扰不常，伏莽藏林，好行窃劫。而州县人民，亦多散居山谷，与各瑶村落相望。”① 到了民国，另据《连山县志》：“连山县为岭南边徼地，屏蔽湘桂，控驭僮瑶，固百粤之要害也。”②

第二节　东南及中部少数民族农牧业

春秋至秦代，史籍中对东南地区农业情况的记载很少。自秦汉以来，南方地区纳入多民族统一国家的郡县制以后，东南各民族与中原地区汉族的经济文化交流日渐增多，随着北方人民与南方民族的交往日益频繁，他们带来中原地区的先进农具与技术。南方的水田农业快速发展起来。家畜饲养也相当普遍，种类有牛、羊、猪、鸡等。

一、黎族

黎族是中国南方有悠久农耕历史的民族，是海南岛最早的开发者。约在距今 4000—3000 年前从大陆南部和东南部沿海地区移居于海南

① 袁泳锡．连州志：卷九：艺文［G］// 广东省地方史办公室．广东历代方志集成：韶州府部第十二册．广州：岭南美术出版社，2009：555.

② 凌锡华．连山县志：卷二：地理志［G］// 广东省地方史办公室．广东历代方志集成：韶州府部第十六册．广州岭南美术出版社，2009：409.

岛。西汉时的雒越族，东汉至隋唐的俚族、僚族，包含了黎族先民在内。“黎”作为族称始见于唐代后期文献，普遍使用于宋代，并沿用至今。

1949 年后在海南岛已发现新石器中晚期遗址 100 多处，时代相当于中原的殷周之际（一说夏代与商初），与中国东南沿海地区新石器文化属同一系统。这些遗址一半以上在现今黎族聚居区。它们多分布于河流两岸的山坡和台地上，文化层不厚，出土的石器有农具类的斧、铲、犁，渔猎工具类的戈、矛、网坠，手工工具类的锛、凿、纺轮等，陶器亦多有出土。这些情况表明，当时的黎族先民已普遍从事农业，但渔猎仍在经济生活中占重要地位；农业生产方式主要还是刀耕火种，但已懂得翻土，部分地进入早期锄耕农业。没有发现这一时期的谷物遗存，估计当时种植薯芋等块根块茎类作物，以及旱稻、粟等。东汉杨孚的《异物志》谈到南方海岛上的人以甘薯（薯蓣科块根植物）为传统食品。而黎族在宋代还流传着“占薯芋之熟，记天文之岁”的习俗。《尚书·禹贡》中有“岛夷卉服，厥篚织贝”的记载。有人论证织贝（吉贝）即棉花，认为海南岛人民在 3000 年前已经种植棉花了。

唐宋时期，汉族移民增多，从岛北、岛东北沿海逐步扩展到比较偏远的岛南，与黎族杂居，使这些地区及其附近的黎族农业有较快发展，普遍种植水田和使用畜力。谪居海南的苏东坡父子所写黎族农事诗中常提到锄、耜、耰、耦，以及牛耕等，反映北宋后期儋州一带黎族使用农具和农艺与邻近汉族接近。农田水利的发展，使许多旱田变成水田。如北宋开宝八年（975 年）在琼州开渠引峻灵塘水灌田 200 余顷；南宋时琼州帅守韩璧也曾派人教当地黎人“灌溉之法”。优良的占城稻种也传入了海南岛。经济作物有很大发展，苎麻一岁可收采四次。槟榔、吉贝（棉布）成为外销的大宗商品，黎峒出产的香料、赤白藤等亦由汉商贩运至内陆。但宋代黎族内部发展极不平衡。南宋赵汝适的《诸蕃志》说，当时大多数黎族地区的农牧状况是“地狭民稀，气候不正，春常苦旱，涉夏方雨，耕种不粪不耘，樵牧渔猎……家无宿粮”。铁器虽已普遍使用，但仍以山地农业为主，稻米不足，以薯蓣为粮。部分巢居洞穴的黎族，仍以铁刀、铁斧、尖头木棒行砍倒烧光法，土地“通同占据，共耕分收”（《续资治通鉴长编·卷三百十》），还处在原始社会阶段。

明清时代，黎族地区农业生产有较大发展，尤其是与汉族杂居或邻近汉族区的黎族。如文昌、乐会、琼山、会同、安定、儋州、万州等县的部分黎峒，已广泛使用犁、锄、伊、镰、钩刀等铁质农具；有些临近江河地区，还学会“以竹筒装成天车，不用人力，日夜自动车水灌田”（《海槎余录·卷一》）。普遍实行中耕和施肥，粮食产量大为提高。据《海槎余录·卷一》记载，旱地推行大面积间作，“杂植山萸棉花，获利甚广”。一些离汉族居地较远的黎族地区，明代以前还被视为“蛮烟瘴雨之地”，明中叶以后，被开垦为“膏腴田地”。特别到了清代，许多土质水源较好的地区，都辟为水田。所产稻米不但自给，有些地方还有余米出售。人们已不像过去那样迁徙游耕，形成许多“土沃烟稠”的村寨，如当时崖州有些黎村多至千余家。农牧业也有长足发展。牛和槟榔、椰子、吉贝、香料等一样，是明代黎峒输出的主要物资，而牛税与槟榔税则成为琼州两大商税的来源。但明清黎族农业发展仍存在显著的地区性不平衡。一些偏远山区的黎族仍以刀耕火种农业为主，岁岁易地。虽也种植部分水田，但“不识耕种之法，亦无外间农具”，播种前纵牛于田，往来践踏，俟水土交融，即行播种，不耕不耘。收获时以手掐穗或以小刀刈穗。

二、瑶族

瑶族是中国南方一个以从事山地农业为主的少数民族。传说瑶族先民与上古的“三苗”“荆蛮”有密切关系，最早居于今江淮的丘陵地带及江湖沼泽、平原，饭稻羹鱼，火耕水耨。由于中原王朝不断对这一地区用兵，大部分瑶族先民被迫向西南迁徙。秦汉时期主要分布在武陵、长沙两郡（即今湖南西部和南部一带）的深山密林地区，从事刀耕火种的山地农业，居无定处，“食尽一山移一山”，每到一处，均以氏族或家族为单位进行集体号地垦种，收获物共同享用，过着原始公社的生活。

隋唐时，除湘西、湘南一带，在粤北、桂西边远山区的密林中已有瑶族活动的足迹。耕作方式仍为刀耕火种，待雨而耕。这时瑶族已比较普遍使用刀、斧等铁制工具在山林中开垦畲田。其耕作过程，见于刘禹锡的《畲田行》。因其耕作粗放，广种薄收，故渔猎在当时瑶族的经济生活中占相当比重。住在平原地区的瑶族先民也有一些从事狩猎。

唐宋朝廷在瑶族聚居区普遍建立羁縻州县，客观上为瑶族与各族经济文化交流创造条件，促进了瑶族地区农业生产的发展。北宋朝廷在湘西、湘南一带瑶族地区推行“计口给田”或“籍户授田”，并采取了若干有利于农业生产发展的措施。宋神宗熙宁（1068—1077 年）年间，章惇被委派到湖南资水中、下游开发梅山瑶族地区，贷给瑶民耕牛、铁器、种子和粮食，且“教之耕犁”。由于牛耕技术的推广，当地瑶民垦种农田 1.7 万多公顷。他们学会种植水稻，植桑养蚕。另一些瑶族地区使用踏犁翻土，这种工具后来得到迅速推广。宋代瑶族地区虽然开垦出相当数量的水田，但其中有相当一部分耕作十分粗放，不懂得移秧、灌溉、施肥、中耕。而且在大部分瑶族地区仍以“耕山为主”，如《岭外代答》所记，“山谷弥远，瑶人弥多”；“以粟、豆、芋魁充粮，其稻田无几”。因其耕作粗放，“终岁勤劳，不得一饱”，不得不“猎食山兽以续食”。他们的经济作物中最主要是苎麻，所织麻布用蓝靛、黄蜡染成精美细致的“瑶斑布”，颇有名气。

明清时期，瑶族地区的农业生产有所发展。如聚居在湘南、桂北等地的丘陵、平坝和河谷平原的一些瑶族，由于不断受到邻近的汉、壮等民族先进生产技术的影响，已普遍使用犁、耙、锹、锄、镰等铁质农具，牛耕推广，土地广辟。这些地区大多以种植水稻为主，水田耕作一般都一犁两耙，甚至两犁两耙；普遍分秧移栽，耘耨施肥；近河溪的水田使用戽斗、水车进行灌溉，一些地区已“岁耕两造”。住宅附近，大多开有园地，种植各种瓜菜豆类，普遍饲养牛、猪、鸡、犬等家畜。居住在山区的一些瑶族，由于输入的铁质工具，如锄，锹、斧、刀等，不断增加，部分摆脱了原始的耕作方法。他们在不太陡的山坡上开种梯田，利用竹枧从林间山泉引水灌溉。一些以耕山地为主的瑶族也学会充分利用山区有限的耕地进行合理的轮作、间作；一些兼营林业的瑶族还在一块土地上进行林、粮间作，即苗木刚栽下的头三四年内间种杂粮，不仅无损苗木生长，而且对树木生长有好处。栽种的粮食作物除了原先的旱稻、粟及芋，明末清初还开始引进玉米和红薯，因其适合山区生长，很快便成为他们主要粮食作物之一。在清代，瑶族地区的经济作物也得到发展，普遍种植油茶、油桐、苎麻、蓝靛、茶叶、花生、棉花等。此外，在湖南江华、广西大瑶山等地的一些瑶族还经营林业，主要有杉、松等，并较早就已商品化。他们把砍下的杉木、松木扎成排，趁溪水上涨时，顺流而下，运到外地出售，换取生产和生活必需品。但明清时期居住在边远山区和自然条件恶劣的地区的瑶族，由于交通闭塞，与外界联系较少，农业生产仍然十分落后。刀耕火种，撂荒耕作，居无定所，反映了这部分瑶族农业生产的发展极不平衡，这与瑶族历史上被迫频繁迁徙和居地自然条件极大差异有着密切关系。

三、壮族

壮族是中国南方有悠久农耕历史的民族，对广西等地的开发做出了重大贡献。壮族主要源于古代西瓯族、雒越族，与东汉以后的乌浒人、俚人和僚人等有渊源关系。南宋时始以“僮”为民族称谓，1956 年改“僮”为“壮”。

原始农业时期作为壮族及其先民长期活动中心的广西，很早就出现了原始农业。距今 9000 年前的桂林甑皮岩遗址早期文化层和南宁附近的豹子头贝丘遗址，发现大量野生动物、鱼类、贝类的骨骼和石镞、骨镞、骨鱼镖、石网坠、骨鱼钩等渔猎工具，同时又有磨光的石刀、石斧、石锛、石杵、石磨盘和原始陶片出土。甑皮岩遗址还有家猪遗骨，表明这些遗址的主人在以渔猎为生的同时已开始经营农牧业。到了新石器时代晚期，广西平原或丘陵地带普遍出土大石铲，尤以桂南和桂西南山坡遗址最多。隆安大龙潭新石器晚期文化遗址和扶绥那淋屯新石器晚期文化遗址都出土了200多件大小不同的各式石铲。这是可以安柄使用，与现在铁锹相似的翻土工具，是当地原始农业获得重大发展的标志。

春秋时期广西一些地区已进入青铜时代，桂东恭城春秋墓有30余件青铜生产、生活用具伴随石器出土，武鸣春秋墓也出土了一批铜斧和半月形铜刀。战国时部分壮族先民普遍使用铁器。平乐县银山岭110座战国墓出土锄、镬、锸、刮刀、斧、凿等铁器100余件，个别铁刮刀和铁锄有明显淬火组织，已属钢质工具。据《水经注》引《交州外域记》载，包括广西在内的交趾地区在未并入秦汉帝国版图以前有一种“雒田”“其田随潮水上下”。有人研究认为是类似后世葑田和架田的一种浮田，是壮族先民在土地利用方面的创造。

秦汉时期大量汉人移居桂东、桂东南和桂中，与壮族先民杂居，传播了先进农具和生产技术。在桂东、桂东南、桂东北及桂中、桂南普遍出土这一时期的犁、锸、镬、锄、铚、耙、耨、镰、斧、锛等铁器。贺县莲塘乡出土铁犁铧正面呈三角形，两边和前端锐利，首部平直，可挖沟分土。至迟东汉初，牛耕已在部分壮族先民地区推广。这一时期水利也有发展。秦始皇时修凿灵渠，沟通了湘江和漓江，虽然是为了运输军粮，但也有利于当地农田灌溉的发展。东汉马援在南征交趾的归途中，下令沿途“穿渠灌溉，以利其民”。农田已经施肥，在广西汉墓出土的房屋模型中有用于积肥的与厕所相连的猪圈。农作物种类繁多。这一时期墓葬出土作物遗存以稻谷最多，包含了本地栽培和从外地引进的不同品种。另外还有粟、豆、芋、葫芦、黄瓜、芝麻、姜、甜瓜等。根据出土文物和文献记载，栽培果树有荔枝、龙眼、柚、橘、桃、李、橄榄、甘蔗等，尤以荔枝、龙眼载誉中原。猪、牛、羊、鸡、鹅、鸭、马、狗骨骼和模型的出土，则表明了当时农牧业的发达。桑麻种植相当普遍，该时期丝麻织物遗存多有发现。壮族先民活动地区还是中国最早植棉区之一，东吴时交广地区土著居民已懂得“丝布古贝”(棉花织成“五色斑衣”)，种植和利用棉花当在此以前。

三国两晋南北朝时期又有大量汉人迁入桂东北、东南和中部地区，促进当地农业生产发展。这一时期出土的犁铧中间带脊，锄有铁质曲柄，锸銎呈六棱形，比秦汉时有明显改进。在梧州市倒水乡一座东晋晚期墓中出土一件陶质耙田模型，四周有保水田埂，四角有排水灌溉设施；使用的整地工具是南方水田专用的耖，这种工具宋代才传至长江下游地区。

唐宋时期，铁器在广大壮族地区进一步推广，牛耕也相当普遍。农田水利有较大发展。唐代王晙任桂州都督时，组织拦河筑坝，垦田数千顷，引水灌溉。唐长寿元年（692 年）在桂林附近开凿了相思埭，不但沟通了桂江和柳江水运，而且灌溉了沿河田亩。景云年间（710—712 年）在邕州城南开凿一条排灌渠道，既防止郁江水患，也利于农田灌溉。宋时，壮族地区普遍修建大小陂塘，用龙骨车、筒车提水灌溉高田；有些地方用竹枧引泉水灌溉，变旱地为水田。宋代，壮族居住的抚水州一带“种稻似湖湘”。南宋初，广西剩余稻米运销广州等地。唐代，壮族地区已种植麦类。当地植茶始于汉晋间，至唐大盛，象州、容州是唐代著名茶区。北区苎麻一年三收，壮族妇女所织麻布驰誉中原。从南宋周去非的《岭外代·惰农》可知，唐宋时桂中一些地区和桂西广大地区的壮族的耕作技术仍然十分粗放，种稻时“仅取破块，不复深易，乃就田点种，更不移秧，即种之后，旱不求水，涝不疏决，既无粪壤，又不耕耘，一任于天”。在偏远山区的壮族，则依山林而居，实行砍倒烧光的原始耕作。

明清时期，壮族地区农业生产又得到进一步发展。在桂东北湘江流域、桂江流域一带及桂东南浔江流域和郁江流域各地的壮族耕作技术已相当精细，普遍实行犁耕牛耙，分秧移种，中耕施肥及引灌排涝。在桂东南和桂中一些地区，由于气温高、日照长，大多“岁耕二造”。据明代的《钦州志》载，当地稻谷有 26 个品种。明末引进的玉米得到迅速推广，尤其是在桂西左、右江流域和红水河流域一带的干旱地区普遍种植，成为当地主要粮食作物之一。在同一时期还引种了番薯，后来也成为壮族重要粮食作物，此外还普遍种植芋头、木薯等杂粮。在桂东北地区种植小麦、大麦、荞麦相当普遍，后来麦类的种植又逐渐在桂北和桂西推广。经济作物种类繁多，由于气候条件，当地种植的甘蔗的产量和含糖量都很高。广西丘陵地多，宜于植茶，桂平市所产的西山茶“色青绿而味芳烈，不减龙井”。到清代，广西已成为中国重要的蔗糖和茶叶产地之一。花生、芝麻、油茶、油桐及八角、茴香等作物自明清以后在壮族地区大力发展，当地所产桐油和八角、茴香，远销国外。这一时期蓝靛的种植也甚盛，郁林州一带所产的“北流靛”远近闻名，运销苏、杭、粤等地。此外，各种热带、亚热带水果和蔬菜、豆类应有尽有。

但壮族地区的农业生产由于诸多原因，发展一直很不平衡。居住在桂东、桂东南、桂东北及桂中一些壮族地区，平原较多，土地较肥沃，又有江河灌溉之便，易于开发。加之秦汉以来不断受到中原比较先进的经济和文化的影响，农业生产不断发展。但在桂西、桂西北及桂中的部分壮族地区，石山多，平原少，如在都安瑶族自治县、德保县、马山县等壮族聚居县，更有“九分石头一分土”之说，对农业的发展十分不利。加之地势高峻，溪流湍急，灌溉比较困难，又缺乏水利设施，故耕地多为“望天田”。

四、苗族

苗族是中国南方古老的农耕民族，历史上从长江中下游向西南山区转移，对南方开发有特殊贡献。苗族先民与上古时代的“九黎”“三苗”有密切关系，最初活动于长江中下游及黄河流域部分地区。尧舜禹时代居于江淮，地处平原，有洞庭湖、鄱阳湖诸湖之利，种植业较发达。湖北地区新石器晚期的屈家岭文化，普遍发现有稻谷壳印痕的红烧土块，穿孔石铲、凹腰或双肩石锄、石镰等农具，以及猪、狗等家畜骨骼，表明当时已有比较发达的原始稻作农业。屈家岭文化的主人应包括苗族先民在内。夏商以来，苗族先民迫于战祸，除了部分留居洞庭湖、鄱阳湖地区，大多退出平原，向西南山区转移。他们又回到原始的刀耕火种，以简陋的木、石、角制工具，辟榛莽，植稻粟，实行集体生产和共同分配，农业发展呈现很大曲折且不平衡。

秦汉时，苗族先民主要分布在今湘、鄂、川、黔交界地区。他们中相当一部分已较普遍地使用铁制农具。从湘西、鄂西楚墓中出土的“凹”字形铁口看，其形式与湘西苗族长期使用的完全相符。据《汉书·地理志》记载，包括武陵郡一带在内的“楚越之地”“民食稻鱼”，实行火耕水耨。但当时大部分苗族先民主要从事刀耕火种农业，过着“随山散处，沿山迁移”的游耕生活。农作物除了稻谷，还有燕麦、小米、豆类等，并普遍种植苎麻。按人口数输麻布若干代赋，称作“賨布”。另有部分苗族先民迁至贵州东北部地区，“畲山为田”，实行粗放耕作。

唐宋时相当一部分苗区农业有明显提高。留居长江中下游的苗族已和当地汉族融合，农耕方式与汉族无异。武陵、邵、桂一带苗族聚居区，农业中普遍使用铁器，大量土地获得开发。宋代，黔东南与中原地区交往频繁，许多苗民采用了从汉族引入先进农具与技术，大量垦辟土地，改变了农业的落后面貌，农牧业也获得发展，普遍饲养牛、马、猪、羊、鸡、鸭。牛耕在相当一部分苗区中逐步推广。居住在今湘、桂、黔交界地区的苗族已是一岁“稻粟再熟”。至于偏远山区的苗族，农耕仍十分粗放，据《老学庵笔记》记载，如辰州（今怀化市北部）、锦州（今凤凰县、保靖县部分及铜仁市东部交界地带）等地山区苗族“焚山而耕”“所种粟豆而已，食不足则猎野兽，至烧龟蛇啖之”；鄂西山区和黔东南东谢地区的苗族，据《太平御览》记载，仍“不以牛耕，但为畲田，每岁一易”“居无定处”。

明清时期，苗区农业生产有较大发展。川东、湘西、黔东、黔东南及城步地区苗族较普遍地使用牛耕和各种铁农具，包括水犁、旱犁、水耙、踩耙、薅耙、钉耙及各种挖锄；中耕施肥亦已普及，耕作日趋精细，懂得根据土壤性质和作物特性安排种植种类，有的地方实行林粮间作；广泛开渠、筑堰灌田，学会使用水笕、槔、龙骨车等灌溉工具。凡有水源的地方大都开辟为水田，不少苗族聚居区都有梯田。粮食作物一般以稻谷为主，如黔东南的清平（今凯里市）、镇远、偏桥（今施秉县）和思南州等地的苗族，所种稻谷有六七个品种，产量已和邻近汉族相近。在湘西凤凰厅、乾州厅、永绥厅等部分地区的苗民善于利用当地优越自然条件种植水稻，产量高于邻近汉区，故“三厅米谷甚贱，其他食物俱为便宜”。大麦、小麦、红稗、高粱，亦有种植，明末清初引进玉米，逐渐推广于偏僻缺水的山区，成为当地主要粮食作物。此外还有甘薯、木薯、马铃薯、豆类等各种杂粮。蔬菜也相当丰富，有白菜、青菜、萝卜、南瓜、冬瓜、茄子、辣椒，等等。经济作物有油菜、花生、烤烟、甘蔗、茶叶、蓝靛、苎麻、棉花、油桐、油茶等，还有柑橘、西瓜、桃、李、杏、柚、梨、柿子、杨梅等水果。其中又以苎麻、油桐、油茶最重要。唐宋时苗族人民所产的苎布、葛布已远近闻名，清代还远销国外。清代苗区 400—800 米山坡地带广泛种植油桐和油茶，每年大宗外销。清末民初，仅湘西永绥厅“岁出桐油数百万斤，茶油数千万斤”，远销欧美。苗族大多居于山区，林木资源十分丰富，而且材质优良。居住在融水和五溪上游一带的苗族，唐宋时已采伐放排销于湘、粤沿江城镇，到 19 世纪，仅清水江流域杉木年产销售额为白银二三百万两。当时贵州每年输出外省的木材一半以上伐自黔东南，被称为“苗木”。

明清时期苗族地区的农牧业也有较大发展。元代时，黔西北一带是当时全国十四道牧地之一。当地饲养的马身体小，但十分灵活，宜在山区道路奔波。由于广泛应用牛耕，牛的饲养十分普遍。苗民根据山区的自然特点，在长期实践中培养出许多优良的畜禽品种，如黔东南的小个子黄牛，四肢短小强健，蹄质坚实趾密，行走轻捷且能持久，每天可犁水田一亩多，肉质细嫩、味美，是一种优良的役肉兼用的牲畜。此外，黔东大花猪、威宁细毛羊、从江香猪、三穗鸭等都属地方良种，清代已驰名省内外。

五、土家族

土家族自称“毕兹卡”，本地人称汉人为客家。他们是古代巴人的后裔，秦汉时居住在今湘西、鄂西一带，是廪君蛮的一支。五代以后逐渐成为单一民族，宋至清史籍中常称之为“土人”“土民”等，清末的地方志中开始出现土家这一族称。唐宋间土家族以耕山兼事渔业和经营林副业为生。农业尚处于刀耕火种阶段，种植杂粮，不施粪肥，不用牛耕。农闲时兼营狩猎和林业，沿江、沿溪地区土家族人则饲养鸬鹚捕鱼。但居住在澧水中游和北江地区的土家族，农业比较发达。五代以后，土家族地区长期实行土司制。12 世纪初，鄂西土家族地区地旷人稀，富豪之家多方引诱汉族农民前去开垦，带来了先进的工具和生产经验。从元到清初，土家族地区农业缓慢地不断向前发展。牛耕已普遍使用，平坝处种水稻，山坡岩角种粟、豆等杂粮，河旁畔开沟引水，或以筒车提水，灌溉农田。榨油、割漆、种茶、采药、养蚕、养蜂等副业生产也出现了。但刀耕火种仍然盛行，很少施肥，水利设施也不多，产量不高。雍正五年到十三年（1727—1735 年），朝廷先后在土家族地区实行改土归流，农民的生产积极性有所提高。汉族农民和商人又大批进入。当地农业生产面貌大为改观。牛耕更为普及，铁犁、铁耙代替了木犁、木耙。农田水利受到重视。提灌用的水车、筒车、手摇式“蜈蚣车”、引水用的“冲筒”和利用水力加工的水碓、水碾、水磨纷纷出现。作物种类和品种增多，粮食作物以玉米、小米、荞麦、红薯为主，稻和杂粮比例为3∶7。稻谷品种已达一二十个。棉花普遍种植。油桐、油茶、茶叶、养蜂、采药等副业生产有较大发展。施肥、中耕、复种、及时播种等已较讲究。刀耕火种基本上已不存在。

六、畲族

关于畲族的来源，意见不一，或谓出于南蛮，或谓出于越人，或谓与瑶族同源，等等。至迟隋唐之际，畲族人民已聚居于闽、粤、赣交界山区，火耕，种黍稷，兼事狩猎。南宋时出现“畲”的族称；“畲”即刀耕火种之义；广东汉人则称之为“輋”，意为在山上搭棚而居的人。明清时代，部分畲族向闽东、浙南等地迁移。当地平坝区多为汉族所居，畲族人民利用从汉族换取的铁农具，如犁、耙、锄、山锄、田刀、草耙、柴刀等，把山谷冈麓，“皆治为陇亩”；有水源地方则开为梯田。各地畲族种植作物种类和品种大为增加。稻谷品种多种多样，尤以种于旱地一年两熟的“水稻”和品质好的“畲米”颇具特色。番薯传进畲族地区被普遍栽种，芋头也是重要杂粮。经济作物和经济林木则有香菇、蓝靛、茶叶，以及杉、竹等。他们还从事狩猎、采薪和制造筐篚、收酿蜂蜜、饲养畜禽等副业。他们为南方山区的开发做出了贡献。

第三节　东南及中部少数民族传统畜禽品种

多民族分散杂居的民族情况。岭南民族组成包括汉族和多个少数民族。其一，少数民族方面，岭南多个少数民族分散杂居。岭南多个少数民族分散在丘陵地带中形成多个小的部落，势力较为分散，难以形成大规模的集中军事势力。不同于北部边疆少数民族由一个或为数不多的几个少数民族聚居而成，岭南部落势力单一、较小且各自分散，难以集中成强大的军事力量，因此其境内叛乱一般不易威胁中原地区。其二，岭南汉民族方面，岭南汉民与其他少数民族杂居。岭南地区汉民通过历史上数次大规模南迁进入岭南，如赵佗赴岭南、东汉末年战争移民和八王、永嘉、侯景之乱的中原居民南迁，汉民进入岭南后多和少数民族杂居，并多习得南俗。①

畜牧业和种植业同为农业经济中的两个主要部门，如果就全国范围来说有农区和牧区的区分，那么在平原和山地、丘陵错杂的南方农牧区，并没有明显的地域界线，粮食种植主要是在江河流域的平原地区；畜牧业都分布在有较多草地的山区；蚕桑养殖历来就是作为农民的副业，只是以北部湾的沿海地区才有独立的蚕业经营。

① 支峭原. 代岭南羁縻之法研究［D］. 广州：华南理工大学，2017：15.

一、东南及中部民族的畜牧业资源与环境

岭南地区，河流密布、雨量充沛、森林茂密、气候湿润。岭南特殊的自然环境，岭南地区地理上远离京城。唐代的岭南地区主要包括今两广、海南和越南北部至中部部分地区。根据《馆驿使壁记》所载，唐代从首都通往岭南的主要驿道以长安为起点，经过襄、鄂、洪、吉、虔各州，最后到达广州，总共约 2000 千米（4000 里）。岭南被选为流刑中最严重一等的目的地，可见其偏远。岭南与中原地区以“五岭”相隔。所谓五岭包括都庞岭、萌渚岭、骑田岭、大庾岭和越城岭五个山脉。岭南为丘陵地区，山丘众多，既分隔了中原与岭南地区，也分隔了岭南以“蛮夷”统称的多个少数民族部落。岭南特别是东部多有临海州县，其中最有代表性的是联结南海海域的广州，如《旧唐书》所载“地际南海”①，使岭南自古有外交和对外贸易之便。岭南气候和中原地区差异较大，被普遍认为气候恶劣。特别是由于炎热潮湿而产生“瘴疠”之气，又加上蚊虫蛇鼠众多，导致中原人士进入岭南多对气候有所不适。岭南的特殊气候在唐代是中原地区与岭南地区进行各方面交流的一大障碍，但同时也在军事方面在中原地区和岭南地区之间形成了一道天然屏障。

古代所说的六畜是指猪、牛、羊、马、鸡、狗。中原地区在商周时代就六畜具备。商代，广西最先饲养的是狗。据《逸周书》记载，商汤时，岭南的瓯、邓、桂国、损子、产里、百濮、九菌等部落向商王朝进献土特产，其中就有短狗。

南方没有广阔的草场，导致畜牧业很长的时期内都没有从农业中分离出来，直到西汉初年，马、牛、羊等大牲畜还要从北方成批输入。在南越武王赵佗与西汉王朝的关系破裂后，据《汉书评林》记载，吕后下令：“毋予蛮夷外粤金铁田器、马牛羊，即予，予牡，毋予牝。”正因为汉王朝禁止向岭南输送牛、马、羊，反而促进了南方地区畜牧业的

① 刘昫，等. 旧唐书：列传第三十九［M］. 北京：中华书局，1975.

发展。①

牛在社会生活的作用和意义，则较多表现在民俗文化方面，或可称之为牛文化。它既表现在物质文化方面，也表现在精神文化方面，体现了独特的地方民俗文化。

首先表现在牛耕的发展较为迟缓。古代岭南地区牛耕历史虽然悠久，但长期处于不发达状态，其在生产中的作用应该说并不太大。早在汉唐时期，一些农业开发较早的地区已实行牛耕，即使在山区丘陵等少数民族聚居的地区，至少在宋代也偶有所见。嘉祐七年（1062 年），侬宗旦父子，“请以所领雷火、计城诸峒属县官，愿得归乐州，永为王民，诏各迁一官，以宗旦知顺安州，仍赐耕牛、盐、彩”。② 以官方赐给耕牛的形式安抚少数民族，显然是以当地已实行牛耕为前提。但是，岭南受社会生产力发展水平的制约，耕牛的饲养以及牛耕技术水平却甚为低下。③

在宗教民俗文化活动中，牛是岭南地区少数民族重要的拜祭供品。岭南少数民族自古笃信鬼神，宗教形式原始，其中，杀牛拜祭祖先鬼神甚为普遍。魏晋时期，《天中记·卷三》记载“郁林郡山东南，有一池，池边有一石牛，人祀之。若旱，百姓杀牛祈雨，以牛血和泥，泥石牛背，礼毕，则天雨大注，洗牛背，泥尽即晴。”④ 类似的牛祭之俗一直延续。

也有通过对牛的保护来表达宗教意识，如海南地区的“佯应黎”，自称为“水牛的孩子”，视水牛为自己的祖先或保护神，这是图腾崇拜的表现。有些黎族家中还珍藏一块宝石，称为“牛魂”。壮族地区也有举行牛王节等农业崇拜活动，称牛魂节，多数是在春耕后的一天举行，也有固定于农历四月初八进行。这天，各家带着一篮五色糯米饭和一束鲜草，到牛栏旁边祭牛魂，然后把一半食品及鲜草分给每只耕牛吃。⑤ 这实际

① 李炳东，戈德华. 广西农业经济史［M］. 南宁：广西民族出版社，1985：326.

② 脱脱. 宋史：卷四百九十五：蛮夷三［M］. 北京：中华书局，1985：18-19.

③ 陈伟明. 古代岭南少数民族的牛文化［J］. 广东史志，1996（4）：19-23.

④ 顾徽. 广州记［M］. 广州：广东人民出版社，1986：48.

⑤ 王志芬，谢翔. 壮族牛王节中的多元文化因素——兼论及时调整制定边境少数民族政策的重要性［J］. 西南边疆民族研究. 2012（2）：110-117.

上也是对生产工具表达某种宗教崇拜意识。宋代周去非的《岭外代答》说，粤西狭人[①]，“无蓄积多以牛为富”。黎人“以牛之有无多寡计贫富，大抵有牛家即为殷实，有养至数十头及数百头者，黎内谓之大家当。”[②]

牛也是岭南少数民族重要的交通运输工具之一，在交通民俗文化活动中具有重要的意义。唐代，“琼州不产骡马，人多骑黄牛，亦饰以鞍鞯，加之衔勒。可骑者，皆自小习其步骤，亦甚有稳快者。”[③] 明清时期，有乌犍牛，“出阳春电白等界，毛色光腻，土人饰鞍髻乘之，以代骡驴。”[④] 在古代岭南地区，牛多作为专用交通工具，与其他地区的牛以耕作为主、交通运输为辅的应用特点显然有别。[⑤]

从已发掘的汉墓出土材料看，猪的模型最多。由这些出土模型可以知道，当时广西农家都有养猪圈，养猪少则一头多则四五头。此外，在汉墓中还出土有马、牛、羊的明器。在畜牧业的发展方面，役畜的增加和畜禽良种的培育最为显著。牛以耕作之勤而得到农家的重视。汉墓出土的陶牛属于黄牛，可能当时饲养最多的是黄牛，水牛比较少。到唐代，养水牛已经十分普遍。《岭表录异》说：“容南风土，好食水牛肉。”在牛耕普遍推广到了桂东的情况下，还将牛宰食，表明役畜来源增加了。如果像汉初那样要从北方输入马、牛、羊，是不会轻易宰杀水牛的。明嘉靖《钦州志》记载：“钦州有水牛、黄牛，水牛以耕，黄牛杀以祠鬼。”[⑥]

草地比较广阔的桂中和桂西，已成为宋代广西畜牧业基地，但是饲养牛的技术还比较落后，致使耕牛不耐苦作。周去非《岭外代答·踏犁条》记载：“牛自深广来，不耐苦作，桂人养之，不得其道，任其放牧，未偿喂饲。夏则放置水中，冬则藏之岩穴，初无栏屋以御风雨。”[⑦]

---

① “狭”古时同猺，“狭人”是古代汉族文人对少数民族的贬称。——作者注

② 陈伟明. 古代岭南少数民族的牛文化［J］. 广东史志，1996（4）：19-23.

③ 刘恂. 岭表录异：卷中［M］. 广州：广东人民出版社，1983：24.

④ 吴震方. 小方壶斋舆地丛抄第七帙：岭南杂记［M］. 杭州：西泠印社，2006.

⑤ 陈伟明. 古代岭南少数民族的牛文化［J］. 广东史志，1996（4）：19-23.

⑥ 李炳东，戈德华. 广西农业经济史［M］. 南宁：广西民族出版社，1985：326.

⑦ 引文中的“深广”，系唐宋时代的习语，意指广东、广西地貌的平坦肥沃地区。——作者注

猪的饲养和牛的饲养一样，也几乎遍及一般农家，汉墓出土的陶猪模型就说明了这一点。养牛耕田、养猪积肥，猪、牛同为农家之宝。近代广西的猪有花、黑、白等种，本地猪繁殖力较强，每胎产仔有 10 余头。饲养方法，平原地区用圈养，山区则以放牧，所培育的良种猪，以陆川猪为最著名，特点是皮薄毛细，肉质细嫩，早熟易肥，适应性强，遗传的稳定等。迁江（今来宾市）、上思等地的香猪也很有名，其地水质特异，汲来养猪，肉味香美，腴而食之不腻，所以上思香猪，特别著名。

三国时合浦郡向孙权贡马。宋代，广西马的主要产地在桂西，据南宋周去非的《岭外代答》记载，有天马、蛮马、果下马等品种。天马是山上的野马与家马的杂交种，行走疾迅若飞；蛮马是从云南引进的良马；果下马是本地土种马，俊者有两脊骨，故称双脊马，特别健壮，耐苦善行。由于宋金对峙的局势，宋朝特别重视广西的马政，元丰年间（1078—1085 年）就在邕州设官衙，办理买马事宜。绍兴三年（1133 年），又设置提举买马司，朝廷收取钱、盐、锦作买马的费用，每年向大理买马 3500 余匹。马匹成交后，邕州提举买马司派官员去横山寨（今广西壮族自治区田东县）押送。

在《岭外代答》中记述，永州溪峒有名马，淡黄色，高四尺，耳朵细如小指，眼睛大如铃铛。传说该马是“蛮王”骑乘的“宝骑”。

羊的饲养，从贵县汉墓发现的陶窑模型的情况来看，可知当时广西东部有空旷荒地可以牧羊，当然无法与桂西和桂中的大片草场相比。此后见于记载的产羊地区都是在桂西。《岭外代答》记载：“有花羊、绵羊两种，“绵羊出邕州溪峒及诸蛮国，与朔方胡羊不异，有白黑二色，毛如茧纩，剪毛作毡，尤胜朔方所出者”。广西饲养的羊不多，山间有野羊。

岭南地区不仅瘴气弥漫，且地瘠民贫，不利于农业生产。如史载：“广地沙瘠易燥，半月不雨又复苦干”，故而“广西州县，例皆荒瘠之所”。瘴气比较严重：“二广气候恶弱，西广尤甚。”开发程度极为低下。正因为如此，岭南的人们结合当地的自然地理条件，在渔业、海盐和畜牧业等生产部门大做文章。甚至有些地区“不种田，人海捕鱼为业”，一些州县勉强耕种，“禾粟春种秋收，多被海雀所损”，影响了农户的生产积极性。[1] 与农业生产相反的是，岭南地区的畜牧业却有了一定程度的发展，尤其是牧牛业和家禽饲养业堪称兴盛。

二、岭南地区马、牛等大牲畜的饲养业

（一）养马业

宋代范成大的《桂海虞衡志》里，有关于岭南马匹的记述。马性喜凉，岭南地区由于气候炎热，不大适合马匹的生存。宋代文献里也常见到岭南马匹因高温和疫疾死亡的记载，如《忠肃集》：“邕州置马军五百，马不能夏，多死。”《宋史·五行志》：“绍兴五年，广西市马全纲疫死（注：每纲 50 匹）”。正因为如此，岭南当地产马较少，《文献通考》记载当地产一种小马，“匹直十余千，与淮、湖所出无异。”大约与淮南、湖南的土产马为同一个品种。这种马机灵体小，称为果下马，不能用于作战。本土马并不多。范成大《桂海虞衡志》记载：“蛮马出自西南诸藩，多自毗那、自杞等国，自杞贩马于大理，古南诏也。地连西戎，马生尤蕃。”这些来自周边民族地区的马匹，对改良当地马种起到一定的作用。如绍兴年间，广西向朝廷上贡良种马百余匹，“几似代北所生”，显然都是经过改良后的马匹。总体而言，岭南地区马生不蕃，民间养马业较为落后。

（二）牧牛业

《岭外代答》中有很多关于岭南地区耕牛饲养的记述。书中提到，雷州、化州等州“牛多且贱”，是南方的重要产牛区。广西郁林州每年把盐运到容州、邕州等州出卖，全部使用牛车；静州盛产牛酥，可见广西牧牛业相当兴旺。叶梦得认为在南方能够提供耕牛的路中，福建居首位，岭南地区屈居亚军：“两浙、福建、二广出产（牛），除福建外，止是二广。”由于气候炎热、产牛较多，以及当地落后的牧养方式，岭南

① 张显运. 宋代岭南地区畜牧业简论［J］. 农业考古，2016（6）：19-21.

牧牛业采取的是粗放经营，如《岭外代答》所记："养之不得其道，任其放牧，未尝喂饲。夏则放之水中，冬则藏之岩穴，初无栏屋以御风雨。"显然，这种任其自牧的牧养方式，影响了耕牛的役用效果。

岭南由于农业生产方式的落后，农户饲养耕牛很少用于农业生产，而是大量用于祭祀和贸易。如广西的农户甚至每年每户要提供一头牛用作祭祀。江西吉州、赣州的农民每到农闲季节，"即相约南人贩牛"，谓之"作冬"。由于来此贩牛者多，征收"贩牛税"已成为岭南各州、郡经济收入的来源之一。

牧牛业的兴盛还催生了屠牛业的兴起。据《东坡集》记载："岭外俗皆恬杀牛，而海南为甚……既至海南，耕者与屠者常相半。病不饮药，但杀牛以祷，富者至杀十数牛。"海南地区经济落后，许多牛用于祭神、治病。除了食用、祭神需要屠牛，连亲人死亡也要杀牛，据《文献通考》记载："惟食生牛肉以为哀痛之至"。

（三）羊犬饲养业

《岭外代答》同时提到，养猪是岭南农区最普遍的副业。地处偏远、气候潮湿的岭南虽是烟瘴之地，但由于猪的适应性较强，一般居民家里也养有猪、牛等家畜。"深广之民，结栅以居，上施茅屋，下豢牛豕……牛豕之秽，升闻于栈罅之间，不可向迩。彼皆习惯，莫之闻也。考其所以然，盖地多虎狼，不如是则人畜皆不得安，无乃上古巢居之意欤？"由于气候环境等因素的影响，岭南地区"五谷涩而不甘，六畜淡而无味"，部分地区的人们甚至"不食豮肉"，养猪主要用于祭神。陆游在广西桂林看到舟人祭神一次就用了10余头猪。祭神是推动养猪业发展的因素之一。

养羊。这是岭南民间普遍的畜牧副业。不少地区选育出了适应当地环境的是优异羊品种。据《岭外代答》记载，广东产有一种绵羊，"毛如茧纩，剪毛作毡，尤胜朔方所出者"。岭南英州的农户在宋代培育出一种体白如乳的乳羊，据宋代朱彧的《萍洲可谈》所载："碧落洞生钟乳，牧羊者多往焉。或云羊食钟乳间水，有全体如乳白者，其肉大补羸，谓之乳羊。"范成大《桂海虞衡志》则认为："乳羊本出英州。其地出仙茅，羊食茅，举体悉化为脂，不复有血肉，食之宜人。”虽然二人所见相左见异，但有一点相同，就是这种羊通体乳白，其肉大补，食之宜人，堪称羊中佳品。据《仇池笔记》记载，当时岭南惠州的州治是个小邑：“市寥落，然每日杀一羊。”可见，羊肉已成为人们日常生活必不可少的肉食来源。

养犬。岭南地区的农户同样酷好养犬。据《事实类苑》记载，雷州的黎族，“率以香树为槽，以饲鸡、犬”，几乎家家养犬。苏轼被贬岭南时，有一次下雨，他头戴蓑笠，引起“邑犬群吠”，从这里也可看到当地养狗之普遍。岭南还出产不少名犬，据《桂海虞衡志》记载，有一种蛮犬“如猎狗，警而猘”；郁林州产郁林犬，“极高大，垂耳拳尾，与常犬异”。这些都是岭南犬中的稀有品种。

（四）家禽饲养业

除了大牲畜，南方农民也喂养小家禽，直到近代，所养的家禽许有多种类。

养鸡业。岭南地区民间养鸡业发展迅猛，并培育出许多优质品种，是其他地区望尘莫及的。岭南地区民间养鸡业相当发达，有不少非常珍贵的品种。据《岭外代答》记载，岭南福建出产的“潮鸡”，“潮至则鸣，身小足矮”。有一种钦州出产的“枕鸡”：“大如初生鸡儿，毛翎纯黑……人置之枕间，以之司晨。亦名曰鹨子，余命曰枕鸡。”据《桂海虞衡志》记载，有一种钦州溪峒所产的长鸣鸡：“高大过常鸡，鸣声甚长，终日啼号不绝。”这种鸡体形大、羽毛美、鸣声嘹亮、价格昂贵，是非常优质的品种。岭南地区民间鸡不仅品种多，而且饲养非常普遍，一般的家庭也都养上百只，在乡村经常可以看到“群雄竞鸣”的现象。①

养鸡作为一种副业，是家庭经济收入的来源之一。《文献通考》记载：“某客杀我一鸡，当偿一斗。一斗者，雌雄各一也。一雄为钱

① 张显运. 宋代岭南地区畜牧业简论［J］. 农业考古，2016（6）：19-21.

三十，一雌五十。一斗每生十子，五为雄，五为雌。一岁四产，十鸡并种当为六斗，六斗当生六十鸡，以此倍计，展转十年乃已。误杀其一鸡，虽富商亦偿不足。”岭南地区养鸡业的兴盛丰富了人们的社会生活，为人们提供了鲜美的肉、蛋，提高了饮食质量。据《栾城集》记载，苏东坡谪居雷州时“肉食还须五母鸡”，虽仕途坎坷，鸡肉还是不能少的。

南方少数民族地区出产的鸡种，多属矮小，散见于各地，其中多有嘉种。广西壮族自治区罗城仫佬族自治县产一种鸡，有红、黑、白、灰、茶褐、花等毛色，以白毛乌肉者最佳。南宁市邕宁区称这种鸡为白凤鸡、白毛鸡，以其羽毛呈丝状，冠似茶辣，绿耳五爪，皮骨俱黑，五黑具备者为贵。

鹅鸭饲养业。岭南地区地广人稀，湖河众多，从地理环境上看较适合饲养鹅、鸭。宋太祖开宝年间（968-976 年），广南转运使王明就曾上言本地农牧税收负担之重：“猪、羊、鹅、鹿、鱼、果并外场镇课利，岁收铜钱一千七十贯。”（《宋会要辑稿·食货四九》）可见，鹅是当地政府的税收来源之一，说明当地的家禽饲养较为普遍。由于养鹅较多，岭南的人们就利用丰富的鹅毛织成棉被，如《文献通考》记载：“洞人生理尤苟简，冬编鹅毛木绵，夏缉蕉竹麻纻为衣，抟饭掬水以食。”罗愿的《尔雅翼》对此也有类似记载：“邕之南多熟鹅毛为被，取项、腹软毛蒸治之，如稻畦，纳之。其温软不下绵纩，且宜小儿衣中云。”鹅毛做衣服、被子温柔轻软，又能挡避风寒，是不可多得的好原料。其实，岭南人用鹅毛做被早在唐代就有了。《太平广记》记述道：“南道之酋豪，多选鹅之细毛，夹以布帛絮而为被，复纵横纳之，其温柔不下于挟纩也。俗云鹅毛柔暖而性冷，偏宜覆婴儿，辟惊痫也。”由史料可知，唐代时这种鹅毛被只是极少数酋豪使用。到了宋代，就连那些“生理尤苟简”的平民百姓也广泛使用它们了，说明宋代岭南地区鹅的饲养远比唐代发达，鹅像鸡一样成为农户普遍饲养的家禽。

鸭有白鸭、黑鸭、麻鸭几种，以体不甚大、嘴足皆黄者为上。鸭成长快，一般 3 个月即可宰杀，每只重约 1.5 千克，饲料用蚯蚓、谷米、鱼虾、玉米等。除了作肉食，还可供蛋食，做腊鸭或酱鸭。鸭毛可供毛制品原料。

农户养鹅不太普遍，以广西壮族自治区苍梧县一带稍多。鹅有大小两种，大者羽毛或白或灰，嘴足皆黄，体壮肉粗；小者较鸭略大，羽毛或白或黑，嘴足俱黑，体肥肉滑味香，烧炙尤妙。二者毛俱堪作被。

岭南地区鹅鸭饲养业的发达与当地家禽饲养技术的进步是密不可分的。如"广东汤焊鸭卵出雏"。岭南人已经能够用温水孵化出鸭雏，这是中国首次利用提高温度进行家禽人工孵化的记载，是家禽饲养技术发展史上的一次飞跃。岭南地区在古代科技比较落后的情况下，能够率先在全国发明这一孵化技术实在是难能可贵，估计与当地发达的家禽饲养业息息相关，长期的经验积累逐渐使农户创造了人工孵化技术。①

综上所述，岭南由于特殊的自然气候和地理环境，落后的社会生产条件，使当地的人们因地制宜大力发展畜牧业，在一定程度上改善了农户的生活，增加了家庭收入，同时也为其他地区提供了一定数量的牲畜。畜牧业成为社会经济中不可分割的重要组成部分，是政府税收的来源之一。

三、东南及中部传统名优畜禽品种

（一）马匹

百色马。因乡人常用于婚嫁迎娶，故称"轿马"，属驮挽乘兼用型马。产于广西壮族自治区百色市右江区、田林县、隆林各族自治县、西林县、靖西县、德保县、凌云县、乐业县等地。相邻的桂西山区县、市也有分布。产区牧草丰富，有利于草食牲畜的繁衍生息。百色马适应山区的粗放饲养管理，在补饲精料很少的情况下，繁殖和驮用性能正常，无论是酷暑还是严寒，长年行走在崎岖山路，表现出耗料少、拉货重、灵活、温驯、耐劳、适应性强等特点。

百色马的饲养历史已近2000年。在文献和出土文物、房屋装饰和

① 张显运. 宋代岭南地区畜牧业简论［J］. 农业考古，2016（6）：19-21.

壁画中均有反映。据《田林县志》记载，宋代迎娶时用“轿马、锣鼓、灯笼火”。《凌云县志》记载：“行之一事，殊感两难，有余之家，常用轿马，畜马一匹。”产区交通不便，历史上百色至南宁和贵州兴义货物往返运输均靠马匹，在马的选育和饲养方面积累了丰富的经验。百色马是在产区自然条件和经济因素的影响下，经精心选育而形成的适应山地环境的良种马。

德保矮马。当地民间俗称石山矮马，古代文献是多称为“果下马”，以体形矮小、可行走于果树下而得名。“果下马”名称多见于古书记载及出土文物。远在西汉时，广西便有铜铸矮马造型，是著名的驮挽乘和观赏兼用型品种。德保矮马体形矮小，健壮结实，行动灵敏，性情温驯，易于调教，对崎岖山地环境的适应性好、抗逆性强，是石山地区的优良品种。德保矮马在粗放饲养条件下能正常生长繁殖，能正常役用于驮物、骑乘、拉车等。清代的《德保县志》记载，明朝嘉靖年间，“议定各土司贡马”。说明在明代，德保县是南方的重要马匹产区，是被列入贡纳役马的地区。

（二）黄牛

巫陵牛。属役肉兼用型黄牛品种。巫陵牛分布于湖南省、湖北省、贵州省三省交界的土家族、苗族聚居地区。产区分布于武陵山系和大娄山系以北地带。由于历史上这一地区的牛交易频繁，牛种的遗传性状特征渐趋一致。湖南的巫陵牛实际上包含了湖南的湘西牛、湖北的恩施牛、贵州的思南牛等品种。这些牛种的起源进化基本相同，生长的生态条件也基本一致，因此可以认为是巫陵牛的同种异名。产区境内到处是大山峡谷，地势高低悬殊，地形复杂多样，高地、丘陵、平坝相间，海拔一般为800—1400米，由此形成多种地域性小气候。产区草场辽阔，牧草繁茂，具有养牛所需的放牧地和丰富的饲草资源，是中国南方黄牛的重要产地之一。产区养牛不仅用于农耕，还有肉用、皮革、肠衣等多种用途。湘西民谣有“牛肉豆腐当小菜”的说法。《永顺县志》记载，明代以来，大量牛皮或肩挑或船运，运销常德。由于养牛业兴旺发达，产区各族人民重视养牛，在牛的选育方面积累了丰富的经验。如对母牛要求“尾长根粗能遮阴，十胎牛儿九不丢”，选配上有“留牛崽，看牛娘，好母还靠好牛郎”，这些育种和选种的经验，逐渐选育出性状稳定的巫陵牛。

雷琼牛。是役肉兼用的黄牛品种，主产于广东省雷州半岛的徐闻县、遂溪县，以及海南岛各县市。当地习惯上，将产于雷州半岛的黄牛称为雷州黄牛或徐闻黄牛，产于海南的则称为海南高峰牛。雷州半岛与海南岛隔海相望，自古两地的牛只贸易来往频繁，血缘来源相同，生态类型相似，体形外貌相近，属于同种异名，故将分布于这两个地区的牛取名为雷琼牛。产区地属亚热带，气候炎热，受海风影响，昼夜温差较大。农作物生长良好，农副产品丰富，有以甘蔗梢及甘蔗煮稀饭喂牛的习俗。产区地多人少，有丰富的草地资源，牧草生长茂盛，而且四季常青，牛只可终年放牧，有利生长繁殖和提高役肉生产性能。产区有悠久的养牛历史，根据海南岛《琼州府志》记载：“牛有二种，曰水牛、黄牛。山牛与家牛无异，白眼红耳，山中作队而行，见人不避，海南山中最多。”据考其源，张勃《吴录地理志》记载：“合浦、徐闻县多牛，起顶上有突骨，大如覆斗，日行三百里。”该书认为雷琼牛是汉代初期由北方输入，可见雷琼牛已有2000多年的饲养历史。雷琼牛是当地耕作运输的主要动力。同时，当地人民有食牛肉的习惯，促进了群众养牛的积极性，重视牛种的选育。经长期严格选育而形成了雷琼牛。

隆林黄牛。产区在广西隆林各族自治县、西林县、田林县和毗邻的云南广南县、师宗县，以及贵州省兴义市等地。产区属于低纬度、高海拔、南亚热带湿润季风气候区。由于受地形的影响，产区各地降水量差异较大，一般是高山的降水量比谷地多，谷地少雨干旱。境内河流属珠江流域西江水系，水源丰富。土壤以山地红壤为主。自然地理环境适宜各种林木生长。荒山荒地较多，牧草生长繁茂。种植业以旱地作物为主，有玉米、水稻、豆类、小麦、甘蔗、玉米、瓜类等，大部分为一年一熟。隆林牛是在喀斯特地貌环境和农耕条件下，经过长期风土驯化选育形成的黄牛品种，是适合当地环境的役肉用兼用品种。产地的壮族、苗族、彝族、仡佬族等民族历代都有饲养隆林牛的习惯，并有杀牛办红白喜事的风俗。最终选育出适应性强、疾病少、易于饲养、肉质细嫩、味道鲜美的黄牛品种。隆林黄牛的饲养方式以自然放牧为主，一般全天放牧，早出晚归；也有的分早晚两头放牧，中午休息。有些村屯在农闲时几户或全屯，集中将牛群赶入深山放养，常年不收牧，到农忙时才收牧，极少圈养。牛舍简易，大部分是木栅栏、茅草顶、泥土地面。对怀胎、哺乳期的母牛和役用期的成牛，采用舍饲补料。其他牛只全靠放牧自由采食。既可放牧，亦可圈养，易于管理。隆林黄牛具有较强的使役和爬山能力，又有较高的肉用性能。隆林黄牛体躯较高大，发育匀称，肌肉发达，性情温驯，耐粗饲，耐劳，耐热，耐寒，适应性好，肉质细嫩，屠宰率较高，胴体中肌肉比例大，有向肉役多用途方向发展的前途。

南丹黄牛。产区在广西壮族自治区南丹县境内，相邻的环江毛南族自治县、天峨县、东兰县、金城江区等地也有分布。地处广西壮族自治区西北部、云贵高原南缘，是高原向丘陵的过渡地带。产区的气候条件比较优越，冬无严寒，夏无酷暑。每年夏季为雨季，属亚热带山地湿润区和季风气候区。土壤以黄壤土、红壤土、石灰土和紫色土为主。农作物主要有水稻、玉米、小麦、油菜等，夏季主要种植水稻和玉米，冬季种植少量小麦、油菜。南丹黄牛是广西优良的黄牛品种之一，南丹县、天峨县、环江县等地，历来都有饲养牛的习俗，因此南丹牛的形成与独特的自然环境生态条件密切相关。

涠洲牛。中心产区在广西壮族自治区北海市的涠洲岛和斜阳两岛，其中涠洲岛牛群占绝大多数，北海市周边山区也有少量分布。涠洲岛是中国最大的火山岛，呈半月形，从南向北倾斜，全年无霜，属南亚热带湿润气候区。岛上无河流，淡水来自雨水和地下水。土质属火山岩土。土地肥沃，土质疏松，适宜多种农作物。农作物主要有水稻、玉米、甘蔗、花生、木薯、番薯、香蕉等。由于岛内日照时间长，气候温和，水稻一年两熟或者三熟，其他作物一年两熟，宜牧地有灌木林台地和农隙地、草地，有蛋白质成分较高的银合欢灌木林，禾本科牧草主要有刺芒野古草、狗牙草、纤毛鸭嘴草、铺地黍、马唐草、臭根子草、牛筋草等。农作物秸秆如甘蔗尾、花生秧、芭蕉叶等饲料资源十分丰富。据《涠洲大事记》记载：清代初期，厉行海禁。1806年，地方官衙以“盗匪出海抢劫，流宿麇集涠洲岛”为借口，强迁岛上居民至雷州、廉州诸郡，不时派兵船登岛搜查，使涠洲岛变无人荒岛。1821—1850年，遂溪、合浦等地，贫苦百姓因生活无着，遂纠集百余人，偷渡入岛栖居，暗中以渔捞和垦殖为生。后来，地方官衙管制稍缓。附近府县的农民迁居入岛渐多。雷州半岛及合浦县一带的移民，将日常饲养的耕牛也随之带到岛上，以作役用和肉食。涠洲牛虽然与雷州半岛和合浦一带的黄牛有着血缘关系，但涠洲岛独特的封闭环境和岛屿牧草特有种类的影响下，经过长期的自然选择和人工选择，逐渐形成了独特的黄牛品种。涠洲牛开始都以役用为主，后来逐渐选育出肉质细嫩的肉用型涠洲牛品种。①

（三）水牛

恩施山地水牛。主要分布在恩施市、建始县、巴东县、利川市、宣恩县、咸丰县、来凤县、鹤峰县等地。湖北省恩施土家族苗族自治州是土家族、苗族聚居地。地处湖北省西南部，是四川盆地与江汉平原之间的隆起台地。境内山峦起伏，沟壑纵横，河谷深切，高低悬殊，平均海拔1000米左右，属于亚热带大陆季风湿润性山地气候带。具有温暖湿润、四季分明、雨量充沛、雨热同期的特点。受地形地貌复杂，地势高差很大等非地带性因素的影响，呈现出气候环境多样，气候垂直差异明显的立体气候特色。农作物一年两熟，以水稻、玉米、油菜为主，另有甘蔗、马铃薯等。恩施山地水牛经长期的自然选择和人工选择，逐渐形成了适应当地自然条件的水牛品种。由于产地海拔高度不同，分为平坝型和山地型两个亚种。平坝型水牛产地海拔高度800米，体形较大，结构均匀；山地型水牛产地海拔高度1200米以上，体形较小，结构不太

① 国家畜禽遗传资源委员会. 中国畜禽遗传资源志：牛志［M］. 北京：中国农业出版社，2010：96-119.

均匀。恩施山地水牛采取季节性放牧、冬季补饲的饲养方式。在饲养过程中多采用精料加秸秆的补饲。精料一般选用玉米、稻谷、米糠等配合秸秆、干青草等作为枯草季节饲养的主要饲料。恩施山地水牛耐粗饲，抗病力强，饲养管理简单，母牛产犊时很少发生难产现象。恩施山地水牛是恩施土家族、苗族的主要役用畜，耐寒、耐热，耐粗饲，抗病力强，体质结实，性情温驯，容易管理，役用性能好，适宜山区饲养和使役。

西林水牛。属于役肉兼用型水牛品种。西林水牛原产地为广西壮族自治区西林县，中心区为西林县、田林县、隆林各族自治县三县，毗邻的云南省广南县、师宗县及贵州省兴义市也有分布。

西林县位于广西最西端，云贵高原边缘，云南省、贵州省、广西壮族自治区三省、自治区交汇处。属于亚热带季风性气候区，河流纵横。清水江、南盘江流入县境北部。驮娘江横穿中部，南部有西洋江，山间溪水长流。土质以沙页岩为主。农作物一年两熟，以水稻、玉米为主；经济作物有甘蔗、豆类、薯类。广西西部山区人民养牛的历史悠久。据宋代《西林县志》记载："饮酒及食牛马犬等肉。"西林水牛产区属于高原山地，植被资源丰富，产区农作物以水稻、玉米为主，习惯用水牛耕田，多自繁自养。由于水田土壤的黏性大，犁耙工具粗重，须选用大牛耕田。在长期的生产和生活实践中，当地群众有一套选牛经验。公牛要求雄性强，眼大、蹄圈大、尾根粗，四肢正，胸宽深，臀部肌肉丰满者为佳。由于自然生态环境条件的影响和当地生活的需要，经过自然和人工的定向选择，逐步形成了西林水牛。在当地，西林水牛以农户分散饲养为主，大多每户养1—2头母牛作为繁殖牛，公牛则作耕田冬天犁使役。耕作之外，水牛都是全年放牧，很少饲喂。放牧随季节而变，一是全天放牧，二是早晚两头放牧，三是野营放牧。在公牛配种季节、役用牛使役期间，补喂稀饭、泔水和食盐等。母牛产后半个月内，除了放牧，同样补饲稀饭、泔水和食盐等。

西林水牛结构匀称，体格粗壮，四肢强健，性情温驯，使役性能好，耐粗饲，善爬山，抗逆性强，遗传性能稳定。在四季放牧条件下，生长发育和繁殖性能良好，能适应南方高寒山区及高温高湿气候，广西优良的水牛品种。[①]

（四）山羊

都安山羊。又名马山黑山羊，属肉用型山羊品种。产区位于广西壮族自治区都安瑶族自治县，分布于邻近的马山县、大化瑶族自治县、平果市、东兰县、巴马瑶族自治县、忻城县等地。都安山羊饲养历史悠久，据清代《都安县志》记载：“本县家畜大的如牛、马、猪、羊，小的如鸡，唯山地间养山羊。”都安县北部的瑶族居住地取名“三只羊乡”，历来盛产山羊，历史上以山羊作为赋税上缴，民间素有以羊作聘礼、杀羊为祭祀供品、烹制羊肉招待贵宾的风俗。由此可见，当地的民族文化促进了都安山羊的形成。

隆林山羊。以产肉为主的山羊品种。产区位于广西壮族自治区隆林县，与隆林各族自治县毗邻的田林县、西林县等地也有分布。据清代《西隆州志》记载，当地物产有“马牛羊猪鸡鸭”。可见隆林各族自治县早在几百年前就已经饲养山羊。隆林各族自治县地处云贵高原边缘，山峦重叠，交通闭塞，山羊长期处于封闭状态。当地少数民族历来就喜养山羊，凡遇婚丧大事，以所送山羊体格大者为荣。隆林山羊经过长期的自然选择和人工选育，逐步形成适应性强，形状独特的地方优良品种。[②]

（五）猪

巴马香猪。当地俗称冬瓜猪、芭蕉猪，后以主产地巴马取名。产区为巴马瑶族自治县、田东县、田阳区等地。历史上，产区群众逢年过节、红白喜事，均宰杀小香猪或用小香猪请客送礼。由于产区交通闭塞，当地多采用留子配母的配种方式进行近亲繁殖，通常是从一窝仔猪中选择一头小公猪留作种用，其余的全部去势，待母猪发情配种后，再

① 国家畜禽遗传资源委员会. 中国畜禽遗传资源志：牛志［M］. 北京：中国农业出版社，2010：309.

② 国家畜禽遗传资源委员会. 中国畜禽遗传资源志：羊志［M］. 北京：中国农业出版社，2011：217.

将所留小公猪去势，后备母猪也从同窝仔猪中选留。这种是配母或同胞间交配的近亲繁殖方式，已世代相袭几百年，加之长期的自然选择，造就了遗传性能稳定的品种。当地苗族称巴马香猪为“别玉”，壮族群众称之为“牡”，汉族群众称之为“冬瓜猪”或“芭蕉猪”。由于其骨细皮薄，肉质细嫩，肉味鲜香，传名为香猪。巴马香猪是长期近亲交配形成的小型猪种，以肉味香浓著称，其遗传性能稳定，耐粗饲，抗病力强。

德保猪。产于广西壮族自治区德保县，全身被毛黑色，因此也称为德保黑猪。德保猪的形成，缺乏文献记载，当地世代传说，几百年前当地饲养的德保猪，是一种个体不大的小种猪，后来经过长期选育，逐渐形成个体大、耐粗饲，具有较强适应性和耐粗放饲养的猪品种。德保猪，抗病力强，适应性广，是广西优良品种之一。

桂中花猪。主要分布于广西中部而得名。桂中花猪源主产于少数民族聚居的百色市、河池市、南宁市、柳州市等地，桂林市永福县也有分布。历史上当地山区交通阻塞，群众养猪多放养，饲料主要为野草、野菜、树叶和少量玉米、米糠、薯类等。在分散的村庄，有些农户养母猪，采用“留子配母”或“同窝相配”等近亲繁殖方式，经过不断的自然选择和人工选择，形成了体质健壮、四肢坚实，抗病力强，耐粗饲，遗传性能稳定的花猪品种。

隆林猪。主产于广西壮族自治区隆林各族自治县。毗邻的西林县、田林县、乐业县也有少量分布。隆林当地聚居的壮族、苗族、瑶族等少数民族，都有红白喜事杀母猪祭祀的风俗。当地群众认为母猪养大后，体重太大，饲料增多，容易压死仔猪，所以对母猪每养两三年就进行换种，每年淘汰下来的母猪较多，客观上起到“去劣选优”的作用。养母猪繁殖仔猪出售是当地乡民的主要经济来源，一般都很重视种猪的选择，要求体形大、身长、背腰平直、嘴短、鼻孔宽、耳大下垂，耐粗饲、耐寒，抗病力强等体形和性状，经过长期地选优去劣，形成了隆林猪。

五指山猪。原产于海南省中部的五指山区。五指山猪属于小型猪，行动灵活，头尖长，体形似鼠，故俗称“老鼠猪”。五指山猪主要分布在东方市、白沙黎族自治县、保亭黎族苗族自治县、五指山市、洛东县、三亚市、琼中黎族苗族自治县等地的黎族、苗族居住山区。历史上，山区腹地与外界交通隔绝，由于地理环境及历史条件的限制，饲养繁育长期采用“拉郎配”“子母配”等高度近亲繁殖的方式，形成了耐近交的生育特性，遗传性能相当稳定。在传统时代，当地农业经济落后，村民饲养猪的方式主要是放养，饲养水平比较低下。偶有饲喂，主要是一些剩饭剩菜，以及米糠、薯秧等。五指山猪在放养过程中，能跑进山里觅食，各种植物根茎、野果、野草，以及蜗牛、蚯蚓等都是其食物。长期的低水平饲养形成了抗逆性强的特点。

恩施黑猪。以产区在湖北土家族聚居的恩施土家族苗族自治州而得名，与产区毗邻的宜昌市亦有分布。恩施黑猪有大中小三型，中心产区多为中型猪，数量多，质量优，称为“二眉猪”，是该品种的代表；小型猪主要在恩施市、建始县和巴东县；大型猪在鹤峰县。恩施黑猪产区为汉族、土家族、苗族等多民族混居地，其礼仪习俗都离不开猪。祭祀礼仪上有“一牛一羊一猪”作供品。产区是周边地区的名猪行交易集市。据地方志记载，明代万历年间，该县有交易猪行30余处。历史上因灾荒、战乱等引起人口迁入恩施山区防灾避难，四川、湖南等地的移民迁入时带来外地猪，与恩施当地土种猪杂交，逐渐形成了大中小不同类型的黑猪品种。恩施黑猪大都生活于海拔800米以上山区，以玉米、薯类、旱杂粮、薯类等作物的副产品为主要饲料来源。另外，产区内各种野草、树叶，以及橡实等也可作为猪的补充饲料。当地也有放牧养猪的习惯。长期在山区条件下形成了耐粗饲、耐寒湿、蓄脂能力强的恩施黑猪。

台湾蓝屿小耳猪，饲养在台湾省台东县土著民族地区的蓝屿岛而得名，当地民众俗称“迷你猪”。蓝屿岛是台东县在太平洋中的一个小岛。台湾高山族在山岳地带饲养的小耳猪种，包括蓝屿小耳猪、小型长鼻猪和大型长鼻猪等。据地方志书资料记载，荷兰人入侵前的17世纪初期，台湾当地已饲养一种红毛小耳猪。这种猪与汉族移民带来的猪种交配，产生了黑毛小耳猪，当地又名“生番猪”，其性多粗野，以放牧为主。经过世代演变，随着台湾养猪业的发展、猪种的更替，这种小耳猪的数量大大减少。目前，台湾省畜产试验所在台东县宾朗村建立的台东种畜场，作为蓝屿小耳猪的保种场，至21世纪初，每年存栏数保持60头左右，主要用作试验动物和种质资源保护的传种繁殖。[①]

（六）鸡

东兰乌鸡。原产地为东兰县和凌云县。毗邻的凤山县、巴马瑶族自治区、河池市等地也有分布。东兰乌鸡具有肉质细嫩、味鲜，有一定的获胜价值。乌鸡具有觅食力强、耐粗饲、抗病性强的特点，适应山区和丘陵地区放养。

龙胜凤鸡。俗称瑶山鸡。原产地广西壮族自治区龙胜县。资源县、三江侗族自治县也有少量分布。龙胜县群山环绕，形成与外界隔离的天然屏障。瑶山鸡就是在相对封闭的环境和瑶族特有的传统风俗共同影响下，长期选育形成的。瑶山鸡羽毛缤纷，外表艳丽，体形优美，因此称为“凤鸡”。龙胜凤鸡肉质鲜美、抗病力强、耐粗饲，适合山区饲养。

（七）鸭

恩施麻鸭。俗称利川麻鸭，属蛋用型品种。原产地为湖北省恩施土家族苗族自治州利川市、来凤县、宣恩县、咸丰县等地。来凤县松花皮蛋自古闻名。当地鸭农历来注重鸭种选育，经过世代不断的选优去劣的选择，逐渐形成了恩施麻鸭体小灵活，觅食力强，产蛋多，不抱巢的特点，适合山区饲养。

小麻鸭。原产地为广西壮族自治区西林县，在广西壮族自治区其他县、市以及云南省、贵州省的邻近县、市也有少量分布。小麻鸭可利用水田、水库、河溪等水域浅滩放养，百千为群，自由觅食，早出晚归。由于产区交通不便，无外来鸭种血缘，长期在相对封闭的生态环境中自繁自养，逐步形成了体形小、生长快、肉质好、产蛋多、生活力强、繁

① 国家畜禽遗传资源委员会. 中国畜禽遗传资源志：猪志［M］. 北京：中国农业出版社，2010：279.

殖性能好的蛋用鸭品种。

靖西大麻鸭，俗称马鸭。原产地在广西壮族自治区靖西市，与靖西市毗邻的德保县、那坡县也有分布。据考证研究，靖西麻鸭是当地的绿头野鸭与斑嘴野鸭杂交的后代，当地壮族先民将野外拾获的野鸭雏带回圈养，经历数百年的人工繁育驯化，逐渐消除了野鸭的迁飞习性，形成了具有性情温驯、耐粗饲、合群性好、生长发育快的靖西大麻鸭。

龙胜翠鸭。俗称苗洞鸭。历史上，人们都将龙胜苗族饲养的一种体形修长的鸭子称为“苗洞鸭”，意思就是苗族人养的鸭子。苗洞鸭的显著外貌特征是黑羽毛、黑脚掌、青蛋壳，这与苗族崇尚黑色有关。苗族人喜欢穿黑衣服，包黑头巾，吃黑糯饭，也喜欢养黑色鸭，认为青壳蛋具有清凉滋补作用。苗洞鸭因全身黑色羽毛带有墨绿色翡翠般金属光泽而被美称为“翠鸭”。龙胜翠鸭在相对封闭的环境和苗族崇尚黑色的传统风俗等影响下，经长期选育形成了具有独特的体形外貌，肉质细嫩、青壳蛋多的特色鸭品种。

融水香鸭。因主产于广西壮族自治区融水苗族自治县的三防镇而有“三防鸭，三防香鸭”之称。融水是苗族聚居之地，素有养鸭的传统习俗。民国《融县志》记载:“肉食以猪牛鱼为主，鸭鸡次之，食羊马肉少。”融水香鸭是苗族人民长期选择而形成的鸭品种，具有耐粗饲、抗病力强、适应性强、鸭蛋优质、肉质鲜美、产青壳蛋等特点。

（八）鹅

右江鹅。中心产区在百色市，在广西壮族自治区的其他县、市也有分布。百色市的右江流域和驮娘江流域各县，历来有养鹅的习惯。“百色”最初得名于壮语村落“博涩寨”，意思是“洗衣码头”。清朝雍正七年（1729 年）建“百色厅”，别称“鹅城”。百色建城之初，因其地民俗多养鹅而被称为“鹅城”。由此可证右江鹅饲养的悠久历史。右江鹅属中型鹅品种，具有耐粗饲、抗病力强和生长发育快等特点。[1]

① 国家畜禽遗传资源委员会. 中国畜禽遗传资源志：家禽志［M］. 北京：中国农业出版社，2010：417.

四、东南及中部民族的畜禽饲养特点

中国农区牛的围圈舍饲出现较早。甲骨文中的“牢”字即牛舍的象形，殷人有其先祖“立皁（食槽）牢”的传说。《周礼》中有“牛人”负责养牛、“充人”负责祭祀用牲前的肥育的记载。关于牛的饲养和役使，据《说苑》记载，早在2500年前，百里奚就总结出“饮食以时，使之不以暴，有险，先后之以身，是以肥也”的经验。《齐民要术》说：“服牛乘马，量其力能，寒温饮饲，适其天性，如不肥充繁息者，未之有也。”还指出十月要造牛衣，修牛舍，泥牛室；十一月置碎草牛脚下，舂粪田，等等。宋代陈旉《农书·牧养宜用之宜》中指出：要上下共同爱护耕牛；要经常保持牛舍卫生，以防疾病发生；要注意选择和调制饲料，使牛吃好吃饱；要根据季节适当安排饲养和使役，以防牛受寒暑之害，困苦羸瘦之弊，等等。元代《农桑辑要·孳畜篇》认为舍饲要与积肥相结合；耕牛一具三只日饲豆料八升；喂饲时实行“三和一缴”，使先粗后精的喂法更具体；喂后不久即可使役，不要等到反刍完了才使用；需给牛以休息和刷拭，使之在休息中得到充分的反刍机会，等等。到明清之际，对耕牛的饲养管理又有进一步的总结。如蒲松龄的《农桑经》介绍了给盐肥牛法和重视作物副产品的利用。张宗法在《三农纪》介绍，夏季养牛的饲料或用水浸，或用尿浸的经验。这种方法能尽量利用饲料营养，至今不失其实用价值。从文献记载看，古代养牛常用的饲料有青绿饲料（稿秆和枝叶）、块根饲料、作物籽实等精饲料，以及矿物质饲料等。饲料的调制方法可概括为铡（挫）、碾、磨、炒、煮、浸、发芽，以及搅拌等。

中国古代对牛病的防治和卫生一向很重视，几乎历代都有关于牛病防治的记载，唐宋时还曾出现过几部《牛经》《牛书》，尤以明清二代，牛病著作骤增。但是，中国古代对繁殖技术重视不够，一般都在牧群中任其交配，缺少较完善的办法。由于古代兽医的发展，对母牛和产科病早已注意，且积累了一些经验，如助产术，虽至《齐民四术》才有简括的总结，但这无疑是有利于繁殖的。直肠检查法用于妊娠诊断，宋元时已推广到民间，并由兽医和配种户世传至近世。

猪的选育和饲养管理技术进一步的提高。据《史记·始皇本纪》记载，秦时已有供公众配种用的串户配种公猪，称为“寄豭”。《史记·日者列传》称：“留长孺以相彘（猪）立名。”这是关于相猪法最早的文字记载。明代的《物理小识》引留长孺的相猪法：“短项无长毛者良，一厢有三牙者难留。”说明当时人们已认识到外形是体质的外部表现，能反映其生理机能特点和生产能力。这对选留猪种很有意义。《尔雅》记载了秦汉之际猪的不同品种，如：豱，是头、足和躯干都短，毛短，黑色，皮理膝蹙的猪；豥，是四蹄都是白色的猪；豟，体形较大而有力的猪。《广雅》有以地域命名的良种猪，如顿丘猪，是今河南省浚县一带的良种猪；梁猪是梁州（今陕西省南郑县东）地方良种猪。《异物志》也有以地域取名的良种猪：“郁林大猪，一蹄有四五甲、多膏，卖者以锥刺其头，入七八寸得赤肉乃动。”说明当时在广西郁林地区已育成肥大的良种猪。出土文物亦反映了各地猪种的区别。广州市郊区出土的东汉陶猪，具小耳竖立，头短体圆，背宽肢短等华南小耳猪的特征，表明当时已基本具备华南小耳猪的早熟、易肥、肉质佳良的特点。泰州市出土的汉代滑石猪，其头、颈、嘴和腿都短小，背宽微凹，臀部发达，具有泰兴大伦庄猪的基本特点。总之，两汉时期由于相猪术的发展和应用，以及饲养管理技术的提高，许多地区都逐渐育成了各自的地方优良品种。中国猪种的选育成功，对世界猪种的选育具有重大影响。《大英百科全书》指出：早在2000多年前（约在汉武帝时）罗马帝国就引进中国猪种（岭南猪，即广州太白猪）改良他们的原有猪种而育成了罗马猪。而罗马猪，对近代西方著名猪种的育成曾起过很大的作用。此后，英国引用中国猪种，育成著名的大约克夏猪和巴克夏猪。美国引用中国猪种，育成著名的波中猪和切斯特白猪。

《齐民要术》对半舍饲半放牧而以舍饲为主的饲养方式作了总结，提出“圈不厌小……处不厌秽……亦须小厂，以避雨雪。春夏草生，随时放牧……八、九、十月，放而不饲，所有糟糠，则畜待穷冬春初”。

《齐民要术》非常重视猪的选育和饲养管理，尤其重视对母系的选择和仔猪的饲养等。书中认为："母猪取短喙无柔毛者良。喙长则牙多；一厢三牙以上则不烦畜，为难肥故。有柔毛者，焖治难净也。"各地出土的南北朝猪俑的形态，与《齐民要术》的要求大体一致。为了保证仔猪能充分采食，《齐民要术》提出要把仔猪与其母分圈饲养，又"宜埋车轮为食场，散粟豆于内，小豚足食，出入自由，则肥速"。对寒天出生仔猪，要用蒸笼保暖，"不蒸则脑冻不合，不出旬便死。所以然者，豚性脑小，寒盛则不能自暖，故须暖气助之。"近代科学研究证实，新生仔猪的大脑皮层发育不全，调节体温的机能不完善，极易受外界气温变化的影响，一旦受寒则直接使体温发生不可逆的降低，并导致死亡。

隋唐以后，养猪业又有发展，并且成为增加农民收益的一项重要内容。《海录碎事》载："唐洪州有人畜猪以致富，因号猪为乌金。"不仅民间积极养猪，部分州县也曾有过大规模的官府养猪。如当时的虢州就有"官豕三千"。这一时期，猪种的选育改良技术继续发展。西安市李静训墓、合肥市伏波墓分别出土的陶猪形态，都生动地显示了当时渭水、淮河流域猪种的良好繁殖性和哺育能力，且具有旺盛的将饲料转化为乳汁的能力。华北唐墓出土的红胎陶猪，显示出华北小耳型猪种的早熟、易肥、多产等特点。

宋以后的养猪业，在持续发展中有反复。这一时期的养猪经验散见于《农桑辑要》《农政全书》《本草纲目》《三农纪》等书。在前人经验的基础上，不但注意外形，要求体质结实，发育匀称、骨细、少筋、多膏等，而且注意经济价值，要求饲料利用率高、耐粗饲、增重快、多产等。这一时期不但注意猪种的选育、饲料源的开辟，而且注意饲养管理技术的不断改进。如《农政全书》记载："猪多，总设一大圈，细分为小圈，每小圈止容一猪，使不得闹转，则易长也。"《三农纪》讲道："若养数猪，饲须少下。豢人持糟立圈外，每一槽着糟二杓，轮而复始，令极饱。若剩糟，复加麸糠，散于糟上，令食板净方止。善豢者六十日而肥。"为了促进猪的快速肥育，《农政全书》《三农纪》《卫济余编》《豳风广义》等均提到育肥、催肥的药物食疗法。如“用管仲三斤、术四两、黄豆一斗、芝麻一升，各炒熟，共为末，饵之，十二日则肥”。

中国养猪自古以来均以青粗饲料为主，适当搭配精料。据不完全统计，古代人民养猪采用的饲料共有12类42种之多。《氾胜之书》提出用葫芦瓤喂猪;《淮南万毕术》提出麻盐肥猪法和精粗饲料搭配混合搅拌喂猪;《神农本草经》提出“梓叶、桐叶饲猪，肥大三倍”等。这些记载说明人们在用青粗饲料养猪方面积累了丰富的经验。《齐民要术》较全面地总结了这些养猪经验，以后均以此为基础而加以发展，受小农经济的限制，充分利用青粗饲料，把有限的精料用在仔猪发育生长阶段和冬末春初舍饲的催肥阶段。这种方式虽然饲养周期延长了，但利用了大量廉价的农副产品，所以还是合算的。为了广辟饲料源，元、明以后对猪的青粗饲料不断加以研究和推广。如元代的《王祯农书》说:“江南水地，多湖泊，取萍藻及近水诸物，可以饲之。养猪：凡占山，皆用橡实，或食药苗，谓之山猪，其肉为上。江北陆地可种马齿苋，约量多寡，计其亩数种之，易活耐旱。割之，比终一亩，其初已茂，用之铡切，以泔糟等水浸于大槛中，令酸黄，或拌麸糠杂饲之，特为省力，易得肥腯。”这里不仅提出向水、陆开发饲料的先进经验，而且提倡用发酵饲料喂猪，从而进一步提高了饲料的利用率。清代的《三农纪》《豳风广义》等书里也收载有类似的内容，且比之《农政全书》《王祯农书》《沈氏农书》等有所增益。已出现地主养猪不计成本的富养猪方式的势头。

养鸡技术的发展在《夏小正》有“正月鸡桴粥”的记载，表明当时人们对鸡的自然孵化习性及其最佳时期已有认识。《诗经·君子于役》有“鸡栖于埘”“鸡栖于桀”的诗句，当时把鸡窝搭在墙上，并放置木架供鸡栖息，反映当时的鸡仍保留某些野生习性。春秋至秦汉，养鸡相当普遍，已积累了不少经验，出现了《相鸡经》等专书。春秋末年的吴、越，还建立了“鸡陂墟”“鸡山”等大型养鸡场。北魏时的《齐民要术》对养鸡技术作了比较系统的总结。它指出应选取桑落时生的作种蛋，孵出的鸡形小、浅毛、脚细短，产量多，守窠，善育仔。主张“据地为笼，笼内著栈”，废弃任由鸡群在树上栖息的原始方式。它还提倡一种快速育肥法，如别筑墙匡，开小门，作小厂，令鸡避雨日，斩去翅翎，多饲秕、稗、胡豆等。斩羽的作用不但可以防止鸡群糟蹋园圃和鸱、狐为害，而且可以控制其产蛋周期，至今农村仍有应用。《齐民要术》还引用汉代的《家政法》，介绍了人工育虫饲鸡的方法：“二月，先耕一亩作田，秫粥洒之，刈生茅覆上，自生白虫。”以此增加蛋白质饲料，使鸡易育肥和多产蛋。

隋唐时期，养鸡多仍旧法，史料记载甚少。但在饲养选择上有以昆虫、蚯蚓等动物性饲料饲喂的记载。明代，中国养鸡技术有了发展。《农政全书》在前代人工育虫喂鸡的基础上又有创新：在一大园中，划为四区，轮番育虫喂鸡。“俟左尽即驱于右。如此代易，则鸡自肥，而生卵不绝”。在鸡病防治上也总结了新经验，如《便民图纂》指出：“若遇瘟疫，急用白矾、雄黄、甘草为末，拌饭饲之。”治疗鸡病，用“麻油灌之”。《三农纪》还提出要隔离病鸡，单独喂养，以防传染。清代出现了第一本养鸡专著《鸡谱》，不但提出“相鸡”的经验和方法，而且对鸡的饲养管理、繁殖、防治疾病等方面都有进一步的总结，其中包含15篇关于养鸡经验的内容。

在鸡的繁育方面，中国古代创造了多种多样、简便易学的人工孵化方法（详见《家禽孵化史》）。鸡阉割后，生长快，易肥育，体形大，肉质鲜嫩肥美，能提高养鸡的经济效益。此项技术的应用与发展，也以中国为早。

在历史上中国人民培育了众多的家鸡品种。3世纪时，晋人郭义恭所撰的《广志》，记载了第一份鸡品种名录：“鸡有胡髯、五指、金骹、反翅之种，大者蜀，小者荆。白鸡金骹者善奋，并州所献。吴中送长鸣鸡，长倍于常鸡。”《本草纲目》记述：“鸡类甚多，五方所产，大小形色，往往亦异。朝鲜一种长尾鸡，尾长三四尺。辽阳一种食鸡，一种角鸡，味俱肥美，大胜诸鸡。南越一种长鸣鸡，昼夜啼叫。南海一种石鸡，潮至即鸣。蜀中一种鹍鸡，楚中一种伧鸡，并高三四尺。江南一种矮鸡，脚才二寸许也。”“乌骨鸡，有白毛乌骨者，黑毛乌骨者，斑毛乌骨者，有骨肉俱乌者，肉白骨乌者。但观鸡舌黑者，则肉骨俱乌。”说明中国在400多年前已存在多种乌骨鸡，并且已知鉴别方法。《豳风广义》记载：“江西一种泰和鸡，按时而鸣，我秦中一种边鸡，一名斗鸡，脚高而形大，重有十余斤者，不杷屋，不暴园，生卵甚稀，欲共饘者多养之。又有一种柴鸡，形小而身轻，重一二斤，能飞，善暴园，生卵甚多，欲生卵者多养之。”

中国历代品种鸡的发展和传播，对世界养鸡业影响很大。最著名的品种鸡有狼山鸡、萧山鸡、九斤黄鸡、乌骨鸡（丝毛鸡）、北京油鸡、芦花鸡、桃源鸡、寿光鸡、浦东鸡等。这些是历代劳动人民辛勤培育的结果，为后世培育和改良中国的品种鸡起着巨大作用，也为世界著名品种鸡的改良有着重大影响。如1872年，英国引进中国的狼山鸡，对改良后育成的奥品顿鸡、澳洲黑鸡种的贡献较大。九斤黄鸡的传播在英国《赖氏家禽》一书曾有记载。现今日本的“长崎长鸣鸡”“昌国鸡”“小国鸡”，都具有中国鸡的血统，中国乌骨鸡已发展为世界上的标准品种鸡。

岭南少数民族神话传说中，蕴含着非常丰富的生态保护意识。如壮族的神话传说《布洛陀》中有一个小节讲的是布洛陀用黄泥捏了一头黄牛，用黑泥捏了一头水牛，捏成的牛可以给人们干活。但是因为牛太多而导致牛闯祸，惹怒了皇帝，皇帝大肆屠杀牛，吓得牛魂跑了，于是所有的牛都死了。后来，人们只能买了两头牛回来，然后好好对待它们，终于让牛在壮家重新繁殖生息下来了。[①]这讲述的就是壮族的牛图腾崇拜。除了壮族，侗族的一个名为《贯公》的神话故事也是表现了牛图腾崇拜。

由此可知，在岭南少数民族的图腾崇拜中，由图腾崇拜而禁打、禁杀和禁食图腾物，从而更好地保护图腾物的行为，构建了一种人与自然

① 谷德明. 中国少数民族神话选［M］. 成都：西安交通大学出版社，2009：171.

的和谐相处与平等关系，使他们在对待大自然时，不是以一种征服的态度，而是以虔诚的、互相尊重的态度来对待。这种虔诚的态度使这些民族敬畏大自然，尊重大自然，从而实现人与自然和谐相处的愿望。这种生态保护意识贯穿了民族文化的始终，也将以一种生态的传承方式承续下去。①

① 雷祖娇．浅论原始信仰中的生态保护意识及实践——以岭南少数民族的神话传说为例［J］．广东技术师范学院学报（哲学社会科学版），2012（5）：17-21．

主要参考文献

一、图书

[1] 谭其骧. 中国历史地图集：第七册：元明时期［M］. 北京：中国地图出版社，1996.

[2] 方铁. 中国边疆通史丛书：西南通史［M］. 郑州：中州古籍出版社，2003.

[3] 高文德，等. 中国少数民族史大辞典［M］. 长春：吉林教育出版社，1995.

[4] 谷德明. 中国少数民族神话选［M］. 西安：西安交通大学出版社，2009.

[5] 郭沫若. 殷契粹编［M］. 北京：科学出版社，1965.

[6] 国家畜禽遗传资源委员会. 中国畜禽遗传资源志：马驴驼志［M］. 北京：中国农业出版社，2010.

[7] 国家畜禽遗传资源委员会. 中国畜禽遗传资源志：蜜蜂志［M］. 北京：中国农业出版社，2010.

[8] 国家畜禽遗传资源委员会. 中国畜禽遗传资源志：特种畜禽志［M］. 北京：中国农业出版社，2012.

[9] 国家畜禽遗传资源委员会. 中国畜禽遗传资源志：家禽志［M］. 北京：中国农业出版社，2010.

[10] 国家畜禽遗传资源委员会. 中国畜禽遗传资源志：牛志 [M]. 北京：中国农业出版社，2010.

[11] 国家畜禽遗传资源委员会. 中国畜禽遗传资源志：羊志 [M]. 北京：中国农业出版社，2011.

[12] 国家畜禽遗传资源委员会. 中国畜禽遗传资源志：猪志 [M]. 北京：中国农业出版社，2011.

[13] 黎虎. 汉唐饮食文化史 [M]. 北京：北京师范大学出版社，1997.

[14] 李炳东，戈德华. 广西农业经济史 [M]. 南宁：广西民族出版社，1985.

[15] 李根蟠，黄崇岳，卢勋. 中国原始社会经济研究 [M]. 北京：中国社会科学出版社，1987.

[16] 梁家勉. 中国农业科学技术史稿 [M]. 北京：中国农业出版社，1989.

[17] 马俊民，王世平. 唐代马政 [M]. 西安：西北大学出版社，1996.

[18] 梅森，等. 驯化动物的进化 [M]. 王铭农，李群，等，译. 南京：南京大学出版社，1991.

[19] 彭邦炯. 商史探微 [M]. 重庆：重庆出版社，1988：230.

[20] 施联朱. 民族识别与民族研究文集 [M]. 北京：中央民族大学出版社，2009.

[21] 宋治民. 蜀文化与巴文化 [M]. 成都：四川大学出版社，1998.

[22] 王利华. 中古华北饮食文化的变迁 [M]. 北京：中国社会科学出版社，2000.

[23] 文物出版社. 新中国考古五十年 [M]. 北京：文物出版社，1999.

[24] 汪兆镛. 稿本晋会要：卷五十四 [M]. 北京：北京图书馆出版社，1988.

[25] 吴存浩. 中国农业史 [M]. 北京：警官教育出版社，1996.

[26] 吴滔，等. 南岭历史地理研究：第 1 辑 [M]. 广州：广东人民出版社，2016.

[27] 谢成侠. 中国养马史 [M]. 北京：科学出版社，1959.
[28] 谢成侠. 中国养牛羊史：附养鹿简史 [M]. 北京：中国农业出版社，1985.
[29] 游修龄. 中国农业大百科全书：农业历史卷 [M]. 北京：中国农业出版社，1995.
[30] 于船，牛家藩. 中兽医学史简编 [M]. 太原：山西科学技术出版社，1993.
[31] 袁庭栋. 殷墟卜辞研究：科学技术篇 [M]. 成都：四川省社会科学院出版社，1983.
[32] 郑学檬，等. 中国经济通史：第 4 卷 [M]. 北京：人民出版社，2005.
[33] 中国社会科学院考古研究所. 甲骨文编：考古学专刊：乙种第 14 号 [M]. 北京：中华书局，1965.
[34] 中国农业大百科全书编委会. 中国农业在百科全书：农业历史卷 [M]. 北京：中国农业出版社，1995.
[35] 中国社会科学院考古研究所. 新中国的考古发现和研究 [M]. 北京：文物出版社，1984.
[36] 邹介正，等. 中国古代畜牧兽医史 [M]. 北京：中国农业科技出版社，1994.

二、期刊论文

[1] 林春英，李希来，金惠瑛. 黄河上游河曲地区湿地植物多样性及其湿地退化的气候背景分析 [J]. 江苏农业科学，2015 (5)：348-356.
[2] 尹伟先. 隋唐时期西北地区畜牧业研究 [J]. 西北民族大学学报（哲学社会科学版），2009 (3)：46-62.
[3] 车海锋. 中国东北肃慎族系民族神猪崇拜研究 [J]. 满族研究，2017 (4)：52-60.

[4] 陈海建. 浅析战国时期的养马业 [J]. 山东省农业管理干部学院学报，2010，27（6）139-140.

[5] 陈伟明. 古代岭南少数民族的牛文化 [J]. 广东史志，1996（4）：19-23.

[6] 邓浩. 从《突厥语大词典》看回鹘的畜牧文化 [J]. 敦煌研究，1995（1）：175-184.

[7] 干志耿. 古代橐离研究 [J]. 民族研究，1984（2）：1-7，23.

[8] 耿铁华. 集安高句丽农业考古概述 [J]. 农业考古，1989（1）：97-103.

[9] 龚一飞. 中国养蜂史述要 [J]. 中国养蜂，1981（6）：1-4.

[10] 何天明. 乌桓族社会经济及其南徙 [J]. 前沿，1994（3）：39-41.

[11] 樊志民. 传统农业与中华文明（上）[J]. 农村农业农民，2024（17）：52-54.

[12] 胡雪艳，梁云. 呼伦贝尔地区早期拓跋鲜卑文化概述 [J]. 牡丹江大学学报，2020，29（1）：67-70.

[13] 景永时. 西夏马政述论 [J]. 北方民族大学学报（哲学社会科学版），2015（5）：38-43.

[14] 雷学华. 试论唐代岭南民族政策 [J]. 中南民族学院学报（哲学社会科学版），1999（2）：84-88.

[15] 雷祖娇. 浅论原始信仰中的生态保护意识及实践——以岭南少数民族的神话传说为例 [J]. 广东技术师范学院学报（哲学社会科学版），2012，33（8）：17-19.

[16] 李富强. 越族原始农业的起源 [J]. 广西民族研究，1989（4）：49-61.

[17] 李群，李士斌. 我国养鸭史初探 [J]. 农业考古，1994（1）：307-309.

[18] 李三谋，李霞. 明代官马牧养问题研究[J]. 古今农业，1999（3）：310-317.

［19］李希光．渤海扶余府的经济状况与政区要素初探［J］．边疆经济与文化，2019（1）：92-94.
［20］梁玉多．渤海国的畜牧业考［J］．黑龙江档案，2018（5）：41-44.
［21］林建．宋代对西南少数民族治理观念的变迁［J］．西南民族大学学报（哲学社会科学版），2019，40（2）：206-212.
［22］刘祥学．明代岭南地区的民族融合关系论析［J］．广西师范学院学报（哲学社会科学版），2006（1）：125-131.
［23］刘振宇．宋代中央马政机构及其职能演变［J］．西部学刊，2018（5）：32-34.
［24］刘正江．论匈奴族的两次经济转型［J］．黑龙江民族丛刊（双月刊），2008（2）：96-101.
［25］栾凡．明朝的羁縻政策与文化边缘地区的文化嬗变——透视明代女真文化［J］．社会科学战线，2002（3）：149-152.
［26］麻国庆．南岭民族走廊的人类学定位及意义［J］．广西民族大学学报（哲学社会科学版），2013，35（3）：84-90.
［27］乔幼梅．金代的畜牧业［J］．山东大学学报（哲学社会科学版），1997（3）：80-86.
［28］秦保生．汉代农田水利的布局及人工养鱼业［J］．农业考古，1984（1）：101-102.
［29］任式楠．公元前五千年前中国新石器文化的几项主要成就［J］．考古，1995（1）：37-49.
［30］沈仲常．东汉石刻水塘水田图象略说——兼谈我国古代中耕积肥的历史［J］．农业考古，1981（2）：50-55.
［31］史念海．论两周时期农牧业地区的分界线［J］．中国历史地理论丛，1987（1）：55-56.
［32］孙炜冉．高句丽的社会经济状况发微——以鸭绿江流域经济状况为中心［J］．山西农业大学学报（哲学社会科学版），2017，16

（6）：63-70.

[33] 唐长孺. 拓跋族的汉化过程 [J]. 历史教学，1956（1）：21-29.

[34] 王华夫. 中国养蜂史上的几个问题 [J]. 中国农史，1987（4）：91-103.

[35] 王怀栋，范青. 管窥唐朝时期马政制度对西北地区的影响 [J]. 兰台世界，2015（3）：83-84.

[36] 王磊，张法瑞. 略论元代的马政 [J]. 古今农业，2011（1）：63-72.

[37] 王利华. 中古时期北方地区畜牧业的变动 [J]. 历史研究，2001（4）：33-47，188.

[38] 王文光，朱映占. 中国西南民族史研究论纲 [J]. 西南边疆民族研究，2010（1）：24-49.

[39] 王妍. 清代马政概说 [J]. 历史教学（下半月刊），2016（3）：35-41.

[40] 王颖超. 清代东北马政探析 [J]. 满族研究，2007（2）：61-67.

[41] 王裕昌，宋琪. 汉代的马政与养马高峰 [J]. 西北师大学报（社会科学版），2004（6）：49-53.

[42] 魏德明. 濮族研究 [J]. 云南社会科学，1995（2）：68-74.

[43] 魏丽英. 明清西北官苑屯牧考略 [J]. 社会科学，1987（6）：112-118.

[44] 吴建华. 先秦至隋朝羌氐两族兴衰罔论——兼论洛阳古代石刻中的羌氐族姓氏及民族融合 [J]. 河南科技大学学报（哲学社会科学版），2007（4）：20-23.

[45] 吴建新. 汉六朝隋唐时期岭南农业文化的特色——兼述冼冯家族的兴起与岭南农业文化的关系 [J]. 农业考古，2006（3）：83-89，107.

[46] 冼剑民. 秦汉时期的岭南农业 [J]. 中国农史，1988（3）：10-20.

[47] 萧平汉. 王夫之《噩梦》要旨 [J]. 船山学刊，2002 (1)：11-14，22.

[48] 许生根. 西夏马政及畜牧业探析 [J]. 西夏研究，2018 (4)：36-41.

[49] 薛正昌. 明代宁夏马政 [J]. 宁夏大学学报（人文社会科学版），2003 (6)：58-64.

[50] 阎玉启. 辽朝的养马业和辽宋关系 [J]. 北京师范大学学报（社会科学版），1990 (4)：38-44.

[51] 尹伟先. 隋唐时期西北地区畜牧业研究 [J]. 西北民族大学学报（哲学社会科学版），2009 (3)：52-68.

[52] 余和祥. 唐宋时期的马政初探 [J]. 中南民族大学学报（人文社会科学版），2007 (5)：133-136.

[53] 余华青. 秦汉时期的渔业 [J]. 人文杂志，1982 (5)：58-66.

[54] 袁靖. 中国新石器时代家畜起源的问题 [J]. 文物，2001 (5)：51-58.

[55] 张显运. 浅析北宋前期官营牧马业的兴盛及原因 [J]. 东北师大学报（哲学社会科学版），2010 (1)：86-92.

[56] 张显运. 宋代岭南地区畜牧业简论 [J]. 农业考古，2010 (6)：19-21.

[57] 赵越云，樊志民. 农牧关系：中华文明早期发展的农史考察——兼论历史早期的“中国”边界 [J]. 南京农业大学学报（社会科学版），2016 (4)：139-147，159-160.

[58] 赵珍，张帅. 论清代甘州马厂的生态与马政改革 [J]. 青海民族研究，2018，29 (3)：110-114.

[59] 赵珍. 道光朝陕甘总督杨遇春变革马政的环境史考察 [J]. 中国边疆史地研究，2014 (2)：88-97，180-181.

[60] 谢端琚，中国科学院考古研究所甘肃考古工作队. 甘肃永靖秦魏家齐家文化墓地 [J]. 考古学报，1975 (2)：57-96，180-191.

[61] 周本雄. 河北武安磁山遗址的动物骨骼[J]. 考古学报,1981(3):339-347,415-416.

[62] 陈海建. 浅析战国时期的养马业[J]. 山东省农业管理干部学院学报,2010,27(6):139-140.

三、古籍

[1] 司马迁. 史记:匈奴列传[M]. 裴骃,集解. 北京:中华书局,2013.

[2] 班固,班昭. 汉书:卷五十九:张汤传[M]. 北京:中华书局,1975.

[3] 杨孚,曾钊辑. 异物志:卷二[M]. 北京:中华书局,1985.

[4] 魏收. 魏书[M]. 北京:中华书局,1977.

[5] 贾思勰. 齐民要术[M]. 北京:中华书局,1956.

[6] 郦道元. 水经注:浪水:卷三十七[M]. 陈桥驿,译注. 北京:中华书局,2017.

[7] 杨衒之. 洛阳伽蓝记:崇真寺[M]. 北京:中华书局,2020.

[8] 刘昫,等. 旧唐书[M]. 北京:中华书局,1975.

[9] 陈寿. 三国志:魏志:仓慈传[M]. 裴松之,注. 北京:北京图书馆出版社,2006.

[10] 郭璞. 山海经:卷三:北山经[M]. 北京:北京图书馆出版社,2002.

[11] 萧子显. 南齐书:魏虏传[M]. 北京:中华书局,1976.

[12] 房玄龄,等. 晋书[M]. 北京:中华书局,1976.

[13] 李隆基. 大唐六典[M]. 李林甫,等,注. 北京:北京图书馆出版社,2006.

[14] 李延寿. 北史:突厥传[M]. 北京:北京图书馆出版社,2006.

[15] 杜佑. 通典[M]. 北京:北京图书馆出版社,2006.

[16] 范晔. 后汉书：灵帝纪 [M]. 李贤，等，注. 北京：中华书局，1976.
[17] 李昉，等. 太平御览 [M]. 北京：中华书局，1960.
[18] 周应合. 景定建康志：卷十五：疆域志一：地所统县名 [M]. 马光祖，修. 南京：南京出版社，2010.
[19] 欧阳修. 宋祁. 新唐书：卷五十：兵志 [M]. 北京：新华书局，1975.
[20] 司马光. 资治通鉴：卷两百二十三：广德元年七月 [M]. 胡三省，音注. 北京：中华书局，1956.
[21] 司马光. 资治通鉴：卷一百九十三 [M]. 胡三省，音注. 北京：中华书局，1956.
[22] 司马光. 资治通鉴：卷一百九十四 [M]. 胡三省，音注. 北京：中华书局，1956.
[23] 王溥. 唐要会：卷七十二：诸蕃马印 [M]. 上海：上海古籍出版社，2012.
[24] 文彦博. 文渊阁四库全书：潞公文集 [M]. 台北：台湾商务印书馆，1984.
[25] 朱弁. 曲洧旧闻：卷五 [M]. 北京：中华书局，1985.
[26] 脱脱，等. 辽史：卷六十：食货志下 [M]. 北京：中华书局，1974.
[27] 脱脱，等. 辽史：地理志：卷三十七 [M]. 北京：中华书局，1974.
[28] 脱脱，等. 宋史：兵志 [M]. 北京：北京图书馆出版社，2005：6.
[29] 宋濂，等. 元史 [M]. 北京：中华书局，1976.
[30] 魏浚. 西事珥：卷五：夷风记略 [M]. 济南：齐鲁书社，1996.
[31] 董诰，等. 全唐文：卷二百二十六 [M]. 上海：上海古籍出版社，1990.

［32］刘启端，等．钦定大清会典事例：卷六百四十八：兵部：马政：牧马（一）［M］．昆冈，等，修．上海：上海古籍出版社，1995.

［33］王谟．汉唐地理书钞［M］// 张勃．吴书地理志［M］．北京：中华书局，1961.

［34］张穆．蒙古游牧记：卷十二：青海和硕七［M］．何秋涛，补．上海：上海古籍出版社，1995.

［35］张廷玉，等．明史：卷三百一十七：广西土司一［M］．北京：中华书局，1974.

［36］吴震方．小方壶斋舆地丛抄第七帙：岭南杂记［M］．杭州：西泠印社，2006.

四、学位论文

［1］陈宁．秦汉马政研究［D］．苏州：苏州大学，2006.

［2］高仁．西夏畜牧业研究［D］．银川：宁夏大学，2016.

［3］何海龙．边缘之拓治：秦汉时期岭南地区的开发［D］．厦门：厦门大学，2007.

［4］张磊．明代卫所与河西地区社会变迁研究［D］．西宁：青海师范大学，2019.

［5］赵彦风．元代官牧场及相关问题研究［D］．西安：陕西师范大学，2011.

［6］支峭原．唐代岭南羁縻之法研究［D］．广州：华南理工大学，2017.

五、报纸文章

［1］胡晓军．中国栽培水稻源自江西万年［N］．光明日报，2016-11-29（9）.

六、析出文献

[1] 唐嘉弘. 论畜牧和渔猎在西周社会经济中的地位 [C]// 西周史学术讨论会. 西周史研究. 西安：陕西人民教育出版社，1984：62-66，68.

[2] 尤中. 从滇国到南诏 [C]// 杨红斌. 大理民族文化研究论丛（第四辑）. 北京：民族出版社，2010：3-71.

部分插图来源

[1]《马志》：国家畜禽遗传资源委员会主编，《中国畜禽遗传资源志·马驴驼志》，中国农业出版社，2011.

[2]《牛志》：国家畜禽遗传资源委员会主编，《中国畜禽遗传资源志·牛志》，中国农业出版社，2011.

[3]《羊志》：国家畜禽遗传资源委员会主编，《中国畜禽遗传资源志·羊志》，中国农业出版社，2011.

[4]《猪志》：国家畜禽遗传资源委员会主编，《中国畜禽遗传资源志·猪志》，中国农业出版社，2011.

[5]《家禽志》：国家畜禽遗传资源委员会主编，《中国畜禽遗传资源志·家禽志》，中国农业出版社，2011.

[6]《特种畜禽志》：国家畜禽遗传资源委员会主编，《中国畜禽遗传资源志·特种畜禽志》，中国农业出版社，2012.

[7]《蜜蜂志》：国家畜禽遗传资源委员会主编，《中国畜禽遗传资源志·蜜蜂志》，中国农业出版社，2011.

[8]《农业历史卷》：中国农业大百科全书编委会编，《中国农业在百科全书·农业历史卷》，农业出版社，1995.

索 引

一、文献

二、畜禽

三、养殖技术

四、古民族

五、人物

六、地名

七、职官

八、机构

后 记

拙作《中国少数民族科技与文明·养殖卷》第二次审改竣结，顿然感到一阵轻松和愉悦。2018 年年底，承蒙万辅彬教授和王晓义分社社长的盛情邀请，由笔者和曹幸穗教授共同承担《中国少数民族科技与文明·养殖卷》的编写。启笔翌年，猝然暴发了空前严重的新型冠状病毒感染疫情。一时间，所有的生活节奏和行动空间全被打乱，学校停止课堂授课，公共图书馆停止借阅服务，外出田野考查更是无从谈起。然而，凡事都有两面，祸兮福所倚。疫情阻门闭户，宅在书房的时间就增加了，写作的速度反而快于平时。再加上科技昌明，互联网通达，古今典籍，时贤论著，均可“电读网购”获得。越寒暑三巡，面壁笔耕，到 2021 年年底,《中国少数民族科技与文明·养殖卷》初稿悄然在南京苜蓿园蜗居里孵化出壳了。

笔者将初稿通过 互联网发送给曹老师。其实初稿只是粗稿，距离成书还要跨越许多要津险隘。幸好曹老师对这部书稿，情有独钟，着力甚巨，增删逾 10 万字，内容品格跃然提升。

本书从涓滴滥觞到洗砚收笔，前后整整 6 年。其间得到许多机构和同道帮助拍摄插图照片，铭感殊深。在此，谨向中国畜牧业协会原秘书长助理于洁、内蒙古自治区鄂尔多斯市政府办原主任秦燕和原农牧局长兰君林、内蒙古自治区赤峰市原农牧局长张立、内蒙古民族文化产业研究院院长全小国、新疆维吾尔自治区奇台县原农牧局长孙荣辉、四川省绵阳中泰科技有限公司董事长淳于权、云南省曲靖市原农业局局长陈吉清、贵州省台江县农业农村局长陆德敏、广西壮族自治区隆安县农业农村局长黄福源等同志，以及插图上标注姓名的诸位拍摄者，致以最诚挚的谢忱！

最后，笔者要特别感谢著名农史学家、中国科学院自然科学史研究所曾雄生教授，应允垂阅书稿并慨然作序。曾先生从篇章布局到引文句读，从遣词组句到错讹衍遗，匡其不逮，实其虚隙，使书稿增色良多。笔者还要特别感谢万辅彬教授和王晓义分社社长，感谢项目团队的郭世荣、李晓岑、董杰诸位师长，为书稿的写作和修改，提供了宝贵的意见和建议。

承蒙多方襄助，拙作得以面世，何其荣幸。但囿于作者学识谫陋，舛错疏遗，在所难免。惧有未当，恳请读者见谅。

朱冠楠

2024 年 12 月 27 日于南京

丛书后记

这套丛书从最初酝酿到最终付梓，历经 12 年，从策划、推动项目申请落地、组织编委会，到审定编写提纲、推进编写进度、确保编写质量，一共开了 12 次编委会，辗转贵阳市、赤峰市、北京市、南京市、昆明市、苏州市、南宁市等地，使人既疲惫又兴奋，好像翻越了一座又一座高山，终于抵达既定的目的地。

忘不了 2013 年 4 月一个周日晚上万辅彬和王晓义的彻夜长谈，由此开启了《中国少数民族科技与文明》丛书的构想；忘不了苏青社长不顾重感冒听取我们的汇报后当即表示支持的那一刻；忘不了第十次中国少数民族科技史研讨会期间，第一次编委会在贵阳市召开，与会者群情激动，跃跃欲试，纷纷主动请缨承担 20 卷主编的场面；忘不了 2013 年秋天中国科学技术出版社、中国科学技术史学会少数民族科学技术史专业委员会和广西民族大学三方简朴而隆重的签约仪式；忘不了 2014 年出版社邀请丛书编委会和学术顾问前往出版社所在地共同审定各卷提纲和样章的经过；更忘不了一次又一次编委会会议对编写进度的督促、对编写规范的强调、对质量的要求，以及对部分卷册主编的调整。

令我们倍感欣慰的是，这个大型出版项目自始至终都得到了出版社领导的大力支持，尤其是苏青社长、秦德继社长两任社长与颜实总编辑、吕建华总编辑、秦德继总编辑三任总编辑的鼎力支持和积极推动。具体负责丛书组稿、出版编辑工作的科学教育分社社长王晓义同志更是尽职尽责，盯进度、抓规范，协助总主编及时调整各卷编纂人员。由万辅彬丛书主编和郭世荣教授、李晓岑教授两位丛书副主编主持的丛书编委会则始终勠力同心、坚持不懈，鼓励督促各卷主编确保进度和质量。丛书主编万辅彬 2023 年 9 月出现了一次脑卒中，所幸病灶在下丘脑，脑干未损，恢复情况还算良好。他已是耄耋老人，仍带病坚持做好统筹工作，对大部分分卷的书稿进行认真初审，并逐一提出初审意见，阅读量在 500 万字左右。

感谢陈久金、诸锡斌等 17 卷分卷主编不计得失、矢志不渝的辛勤付出。感谢曹幸穗教授及时邀请朱冠楠副教授接受《养殖卷》编写任务。感谢董杰教授和全小国研究员在原主编身体出现状况的时候挺身而出，接手《饮食卷》编写工作。感谢李晓岑副总主编在《造纸卷》原主编请辞时主动肩负起编写任务，将他和朱霞教授几十年来田野调查和深入研究的成果和盘托出，完成了富有学术价值的《造纸卷》书稿。感谢苏州丝绸博物馆王晨书记在《纺织技术卷》原主编身体突发异常的情况下，毅然挑起重担。感谢学养深厚的杨大禹教授在《建筑卷》原主编因初稿不合格被辞退时，临危受命，联合全国各地的同行完成了高质量的书稿。感谢黄羽研究员在《乐器卷》遇到多重困难的情况下，积极主动协助仪德刚教授和蒋英教授调整该卷结构，认真统稿，较好地完成了编写任务。感谢年过七旬的王进玉研究员在家人遭遇意外大麻烦的情况下，克服重重困难笔耕不辍，在认真编写《化学化工卷》的同时，将自己多年积累的有关冶金、造纸等方面的宝贵资料提供给其他分卷的主编。特别要感谢诸锡斌教授，在修订《通史卷》的过程中，他不仅提出修改意见，并且亲力亲为调整结构，将各卷主编提出的增补内容融入《通史卷》中。

少数民族科技史是中华民族大家庭科技文明花园中的一朵奇葩，为了展现少数民族科技史丰硕的成果，中国科学技术出版社携手中国科学技术史学会少数民族科学技术史专业委员会，在迈开了无数艰难的步伐之后，终于使本丛书付梓。我们虽然已经取得了丰硕的成果，但仍然相约继续共同努力，让《中国少数民族科技与文明》丛书的典藏版、百科版和通俗版在不久的将来与广大读者见面。我们相信，这朵奇葩将在更广阔的天地中绽放，为中华民族科技文明的传承和发展添上浓墨重彩的一笔。

《中国少数民族科技与文明》丛书编委会

2024 年 12 月